翻译哲学研究丛书

《论语》英译原理研究

蔡新乐 ○ 著

中国社会科学出版社

图书在版编目（CIP）数据

《论语》英译原理研究／蔡新乐著 . —北京：中国社会科学出版社，2022.8
（翻译哲学研究丛书）
ISBN 978 – 7 – 5203 – 9973 – 9

Ⅰ.①论…　Ⅱ.①蔡…　Ⅲ.①《论语》—英语—翻译—研究　Ⅳ.①H315.9
②B222.25

中国版本图书馆 CIP 数据核字（2022）第 049176 号

出 版 人　赵剑英
责任编辑　刘　艳
责任校对　陈　晨
责任印制　戴　宽

出　　版　中国社会科学出版社
社　　址　北京鼓楼西大街甲 158 号
邮　　编　100720
网　　址　http://www.csspw.cn
发 行 部　010 – 84083685
门 市 部　010 – 84029450
经　　销　新华书店及其他书店

印　　刷　北京明恒达印务有限公司
装　　订　廊坊市广阳区广增装订厂
版　　次　2022 年 8 月第 1 版
印　　次　2022 年 8 月第 1 次印刷

开　　本　710 × 1000　1/16
印　　张　29.5
插　　页　2
字　　数　426 千字
定　　价　158.00 元

总　序

蔡新乐

推出本丛书的主要目的是，希望能为翻译哲学这一方面的研究略尽绵薄之力，并力图站在这样的高度对中国翻译理论的重构有所推进。

作为人文研究或人文学科之中的一个部门的翻译研究，它是需要哲学来指导的。但是，我们看到的实际情况却是，在有关著述之中，翻译哲学并没有在很多地方出现，或者更准确地说，此一名目很少见到。

但是，一旦离开哲学，理论探讨和说明是无法道出合理的东西的，也就是说，没有办法"说理"。但是，迄今为止，似乎还没有看到哪一种翻译理论是依之为参照，来进行理论建构的描述、说明和分析的。具象的上升为抽象，才可提至一定的高度，演绎、推理，显现思想水平，而见其用。尽管确有学者总结过一些相应的哲学家的有关观点，但就"学科建设"而论，则很少看到成果用于其中。与此同时，"翻译史"的写作也一样是以史事的总结为中心的。故而，鲜有"翻译思想史"的书写出现，即使出现，也并不一定以"哲学"为导向，更遑论以之为指导。

种种迹象表明，一向被视为"实践活动"的翻译，似乎也就只有"实用主义"的种种门径可以加以致思。但若论起"形而上"，则一定会被侧目。如此，一般而论，既然是"实践活动"，依之为参照，就足以建构理论，然后再回归其中，所谓"理论来自于实践，进而再指导实践"，也就成为不刊之论，教条一般规约并且进而限制着人的思维。

这样的局面，因有"新三论"（系统论、控制论及信息论）的出现，而遭到致命打击。不过，相应的论说，偏重的本是"科学的论理"。随着"后现代"种种思潮的出现，有关"显学"失去效应，连"逻各斯中心主义"也早已成为问题。如此，"逻辑化论述"有可能成为游戏，而"工具理想主义"的横征暴敛，也被视为近代以来帝国主义侵略背后的一种支撑。

翻译研究本就是跨文化研究的一种，那么，多元文化的局面是确保人类存在本身的基本条件。设若"一体化"到了只有某一单一或单义的文化存在，世界的丰富性变为扁平的东西，深度和高度不再在场，人类的末日一定指日可待。

因此，在新的学术形势之下，也就有必要启动"比较哲学"来审视有关问题。易言之，跨文化翻译研究，需要提升至此一层面，才可能真正实现历史的突破，并与现实相对接，以保证翻译研究的有关思考和探讨是高层次的、有深度的，甚或是有内涵的。

而这毫无疑问意味着，中国也应存在相应层面的思想：哲学。道家"清心寡欲"，释家"言语路绝，心行处灭"（《高僧传·义解三·僧肇》）①，二者不可能注重"交流"。不过，历史的经验书写和回溯告诉我们的都是，只有释家才因其经典东传而有其"翻译理论"。

儒家的祖师孔子"祖述尧舜、宪章文武"，而尧法天、舜法人；"舜无一不取于人"②。就人与人的交流、人与自然的交流而论，世上少有如此的通达之论。更何况《周易·系辞上》特别突出"感而遂通"③，"情"字成为沟通人我与天地的必要条件。因此，在中国文化

---

① 释慧皎：《高僧传》，汤用彤（校注）、唐一玄（整理），中华书局1992年版，第251页。

② 爱新觉罗·毓鋆：《毓老师说春秋繁露》（全二册），陈绚（整理），花山文艺出版社2019年版，第733页。

③ 王弼（注）、孔颖达（疏）：《周易正义》（李学勤主编，《十三经注疏》之一），北京大学出版社1999年版，第284页。

的思想传统之中，儒家有相应的系统值得认真思考、运用。但是，长期以来，仍是历史的原因，如鲁迅先生所说的"汉字不灭，中国必亡"之所示，人们对儒家的认识很多也一样仍是停滞于"封建社会"的"思想奠基者"之中，罕能脱出。但时至今日，要想真正使中华文化见出她的真美，仍是需要从中找到"新的思想资源"的。这样，也才可能填补历史的缺失，并为之纠偏。

正如儒学研究家姜广辉最近所指出的："中华文化的'根'就是'六经'，'六经'所承载的核心价值观就是中华文化的'魂'。'六经'去，则国无魂。这个问题非常重要，可惜经学发展两千年，并无人有此认识。"① 看来国人对儒家哲学的轻视，其倾向不是近代以来才形成的。如其所指出的，蔡元培 20 世纪初任南京临时政府教育总长时，主持"废除尊孔读经"，其后又为胡适所著《中国哲学史大纲》作序，称其不从"六经"而是从诸子百家讲起，是"截断众流"，这"无异于对中华文化斩'根'断'魂'"②。前人对先贤的不敬虽有特别的原因，但不敬造成的却可能是"抛弃自家无尽藏，沿门托钵效贫儿"③，跨文化研究领域尤其如此。时至今日，我们要继续发扬传统，不仅要精研其理，还应跨文化地加以运用。这已经成为历史的任务或曰使命。

近代以来历史巨变，翻译事业蓬勃发展，但为因应"启蒙"之需，有关活动呈一边倒之势。据著名翻译家汪榕培与王宏先生统计④，百年里，外译汉的图书种类高达 10 万种，汉语典籍外译仅有区区 500 种。前者是《四库全书》的 10 倍，而后者若按年计算不过是 5 种之数，对外影响极微，或可忽略不计。

---

① 姜广辉（主讲）：《新经学讲演录》，肖永贵、唐陈鹏（录音整理），中国社会科学出版社 2020 年版，第 2 页。
② 姜广辉（主讲）：《新经学讲演录》，肖永贵、唐陈鹏（录音整理），中国社会科学出版社 2020 年版，第 3 页。
③ 王守仁：《王阳明全集》（全二册），吴光、钱明、董平、姚延福（编校），上海古籍出版社 1992 年版，第 790 页。
④ 《中国典籍英译》，汪榕培、王宏（主编），上海外语教育出版社 2009 年版，第 15 页。

诗人郑敏 20 世纪 90 年代曾忧心忡忡地指出，中华文化正经历一场"慢性自杀"，并强调现代新诗的语言已深度异化。而由目前的翻译教科书的译文例子来看，这种局面并无大的改观。一个重要原因是，历经战乱和政治运动成长起来的几代人，"救亡图存"的要求远远重于教育，文化异化融入无意识，几成趋势或取向。

在此背景下，西方翻译思想在我国译学界已成绝对主导。这固然在中国翻译事业的起步及发展中发挥过不可替代的作用，但也限制了中国经典思想的对外传播。可以说，以西方思想为指导来翻译中国经典，已使我国传统思想在跨文化交流领域找不到自己家园的定位。中西思想在轴心时代已大不相同，海德格尔与萧师毅合作翻译《道德经》时就指出，老子那里并没有亚里士多德的逻辑学说。然而，那些探讨我国古代哲思著作的论著和译著，少有深究西方思想和以之为指导所形成的译学对我国文化的同化、遮盖，甚或侵蚀。

这样的局面突出地存在四大问题：（一）跨文化交流严重失衡，历史应如何持续？（二）面对把持翻译界话语权的西方译学，学界能否依据中国经典文化，开拓出自己的翻译思想和系统性的理论论说？（三）中华文化是不具备内涵来拓展翻译思想，还是有待系统性地深入探讨并做出相应的"发现"？（四）近代以来奠基于我国传统文化的翻译理论，未得到足够的重视，而"国学"成为"国故之学"，即将中华文化视为研究对象或材料，使之仅具历时的意义：过时的，当是有过失的；而深感问题严重的众多学人、思想家将传统文化束之高阁。长此以往，文化多元的力量逐渐销声，最终岂不趋向无可交流？

直到 20 世纪八九十年代，学界才有人提出"中国特色的翻译理论"和"中国学派的翻译研究"，局面似欲为之一变。但惜乎有关研究并未真正展开，不是表现为提出口号，就是试图以逻辑化、概念化的建构为导向，而不思如何启用中华文化本身的思想资源。

随着 21 世纪的到来，"翻译学中国学派"呼声渐起，时见论文发表。但目前为止，似很少见到此一方向的专著，在学理上进行精深和全面的研究；有关论文也并不注意如何生发思想力量，而期在比较哲学的视域展开。易言之，没有比较的策略，不能站在哲思层面，有关探索仅仅停留在起步阶段，且思路还可能存在严重问题。

因此，推出"中国翻译理论体系的历史追溯与重构研究"丛书，以针砭时弊、正本清源，进而固本清流，重构理论体系，或将具有一定的历史性的学术意义和价值。

此一丛书的推出，关乎翻译理论和实践两方面思想路线的历史追溯和理论系统的重构，有助于中华文化的外传外译，亦可推动翻译研究领域本身的理论建设走向正轨。

第一，对传统中国翻译理论的重新认识。因佛教经文传译东土长达千年，传统中国翻译理论一向以佛典翻译活动之中翻译家的经验体会为重心，以之为建构模板。但"思维道断，言语路绝"的精神追求是否会在现世形成困境，而使交流陷入瘫痪？这样的哲学问题似从未进入研究者的视野，进而造成有关研究照搬照抄，突出技术、技巧方面诸如"五失本、三不易"（道安）、"五不翻"（玄奘）等要求，而难及理论的思想之真，更遑论系统建构及其对人本身的建构的要求。博学如钱锺书甚至也坚持认为，"信达雅"出自支谦《法句经序》①，根本无视严复所引用的儒家经典对之所作的训解，其精神取向和思想追求是在哪里。

第二，传统中国翻译思想史的反思。近代翻译活动勃兴，到了现代时见翻译思想的总结。但有关系统化的努力，仍徘徊于只言片语的缀合或断章取义的释解，并未启动形而上的探讨。如"案本—求信—神似—化境"，其"本"无所据，"信"去"诚体"，本应统合为一的"神似"和"化境"竟然成为两种或两类论述，二者关系如何，未见辨析。更多书写翻译思想史者，还未及加以归总，只及"事实"描述，不仅没有系统化，甚至见不到学理讨论。另一例子是，有人提出以"翻译话语"取代"翻译理论"。如此，不仅后现代的"权力"与

---

① 钱锺书：《管锥编》（第三册），中华书局 1986 年版，第 1101 页；钱锺书：《钱锺书论学文选》（第四卷），舒展（编），花城出版社 1990 年版，第 367 页。

"话语"的哲学思辨未得思考，而且不无解构传统思想的倾向，进而消解理论的哲学化，最终将使有关论述成为一种随意而为的言说？理论意识疲软和哲学思想缺席，是该正视的时候了。

第三，儒家翻译学的建构。受传统观念影响，翻译研究一向突出的是技术和技巧的走向，理论论述则取向西方，待后现代的"反逻各斯中心主义"袭来，"逻辑化"不再成为理论论述的重心，而其他资源已无可启用，翻译理论的建构停滞不前。儒家翻译学此时也就应成为一种资源力量，不仅能使儒家本身焕发出活力，而且也可大力推动翻译理论的哲学建构。一方面，"为己之学"的主导思想就在于人自身的打造，而作为一门人文学科的翻译研究需要培养和论述的核心正是跨文化的人，就此而言，儒家的思想观念和方法，可为国内翻译研究事业探索出一条新出路；另一方面，在长期遭到排拒、打击甚或蹂躏的情况下，儒家思想的引入，也一样有助于其本身通过新的领域的应用研究而体现出它的历史价值和意义。

第四，比较哲学与哲学比较。因为一贯将翻译研究视为实践性的学科，哲学的引入不得其门，而有关探索仍停留在初步阶段，诸如马丁·布伯的宗教翻译思想、于尔根·哈贝马斯的行为交往理论、保罗·利科的翻译哲学以及雅克·德里达的解构翻译思想等，或未及深入研究或梳理，甚或未能引入翻译研究领域，进行一般的讨论和吸收。而最为严重的可能是，海德格尔的翻译哲学始终未能成为资源。如此，他由阐释学而来的翻译思想，本可体现正统的、根植于西方哲学的翻译理论之精华，却付诸阙如，甚至是未得应有的正视。而翻译理论的探索，有必要建构在哲学基础上，海德格尔是不可回避的思想源泉。这样，有关研究首须认同中国哲学的独立存在定位及其与西方哲学的比较的历史作用；也只有这样，其理论建构才可能是双向的、互惠的，也才是常态的和可行的。同时，翻译研究领域对海德格尔的吸纳，亦应呈现基本的关切和基础研究的面貌。哲学早已成为比较哲学，比如，希腊的已成为德语文化的，同时亦是世界的。无此比较视力，则已无所谓哲学。翻译研究正可求助于哲学以期推动中国翻译理论的建构，同时促成真正的思想交流在跨文化场域的正常运作和展开。

第五，儒家思想的引入对于翻译实践的重要性。关注中华文化思想尤其是儒家思想，首先应对中华文化的外译产生相应的作用。经历了一个多世纪的灾难性打击的儒家，若时至今日仍不能予以正视或认同，则不仅西方著述之中很多表达方式无可转译，原因是塑造人的理想的有关观念早就被当作应弃之于垃圾堆中的东西，而且，即使从儒家经典的外传来说，也很难落实到位。如此，有关跨文化交流活动，不是仍以理雅各基督教式的翻译为典范，就会以安乐哲的现代化或曰西化翻译为模板，"以儒解儒"既难实现，结果仍不免重蹈历史覆辙。

第六，重视海德格尔翻译哲学的实践意义。海德格尔哲学不仅创造性地发展了阐释学，形成阐释学哲学，而且，他的哲学论述本身不仅为德语，同样也为其译文在诸多目的语之中，引发出全新的表达方式的创造。后者可以为我们在实践活动之中新的表达方式的大胆创造，为将翻译活动促成为思想创造活动（"翻译即哲学的通道"，德里达语)① 提供有力的借鉴。

丛书目前可从以下四个方面考虑，收录有关著述：

1. 以中华文化为视角对翻译的有关现象、问题的研究以及翻译史专题研究；

2. 以儒家为理论指导，对儒家经典进行跨文化再阐释的翻译研究论著；

3. 对海德格尔以及其他现代哲学家的翻译思想的探索；

4. 比较哲学视域下的翻译理论建构的研究。

究竟我们能做到什么地步，最后的结果如何，尚且不得而知，但计划已如上述。所谓"极高明而道中庸"（《礼记·中庸》)②，因而，

---

① Jacques Derrida, "La pharmacie de Platon", *Tel Quel* Vol. 32 & Vol. 33, 1968, p. 9.

② 郑玄（注）、孔颖达（疏）：《礼记正义》（李学勤主编，《十三经注疏》之六），北京大学出版社 1999 年版，第 1455 页。

"虽不能至，然心向往之"（《史记·孔子世家》)①。我们自觉，会认真努力的。也希望学界有识之士，能够参与其中，助力而又增益；学术乃天下之公器，只有志同道合的同仁一起努力、共同探讨，才能见其有真正的起色和发展。

---

① 司马迁：《史记》（全九册），韩兆琦（译注），中华书局 2010 年版，第 3845 页。

前　言

　　本书提出应建构出适应历史需要的儒学翻译学，将中华文化思想的重要资源运用于翻译研究之中，推动翻译研究走出后现代虚无主义的困境，最终建立起新的"跨文化的人的构成"的理论系统，以促使翻译研究的理论建构走向"中国化"道路。

　　以此为思想导向，本书主要致力于儒家思想的方法论的探索及其在《论语》英译之中系统性的运用。笔者经过详尽的考察和分析指出，尽管朱熹早就提出，中庸之道乃儒家"道统"之所寄，但即使他本人在其"集解"之中也并没有突出加以运用，而在现代有关思想在今译和英译之中亦没有发挥应有的作用，故而，儒家"为己之学"所要求的对人的打造的"德"，往往被外化为"道德"，恰与夫子之追求截然相反。如此，重振"合外内之道也，故时措之宜也"（《礼记·中庸》）的中庸哲思，也就有必要将之引入译论建构，确定其方法论地位并以之为导引，才可跨文化再现儒家经典之真。

　　因而，"以儒解儒"不仅是语内解释更是语际译解的主要的时代课题，而需要大力倡导和进一步落实。而本书通过学理分析、相应的例证的讨论、研判以及对《论语》有关论断的重译，高屋建瓴，试图揭示出有关方法论的运用的可能性和可行性。

　　本书收录论文 13 篇，加上"绪论"和附录的批评文字，一共收录 15 篇。

目　　录

第一章　绪论：儒家翻译学的
意义和作用

第一节　思路的可行性："求放心"的意义

思路说的是这篇绪论的思路，但作为支撑的当是儒家翻译学建构的合理性、可能性及可行性。

我们无意对本书所收论文的内容逐一进行介绍，因为正文或可告诉有心人，它们做了什么样的工作。这里只是理顺绪论的思路，亦即对研究的重心进行说明。

我们首先将描述，翻译研究目前的处境和问题，进而试图确定"儒家翻译学"的取向及其任务，并对本书的研究重心、"现代性"追求之中虚无主义的倾向、"中庸"之导向以及《论语》英译原理研究与本书的探索课题作出说明。绪论之中特地引用尼采的论述，以求说明，在"西方"深入"现代"之后，虚无主义横行于翻译研究领域，而儒家思想作为另一种理论形态，或可有以正之。

首先应该指出，由于历史的偏离，几乎使中华文化在跨文化的翻译研究领域无以言说：无以道出自己所应道出的思想；而且，不论是在理论建构的支援或支持上还是实践上，对其特质的印证方面，莫不如此。之所以如此，一个重要的原因是，儒家既重"心性"①，而

① 儒家"心性"之说，或可说起自孟子"尽其心者，知其性也。知其性，则知天矣。存其心，养其性，所以事天也。夭寿不贰，修身以俟之，所以立命也"（《孟子·尽心上》）[赵岐（注）、孙奭（疏）：《孟子注疏》（李学勤主编，《十三经注疏》之十一），（转下页）

"心丢了"却偏偏在翻译研究领域早已成为几乎无人正视、无须注意抑或毫无价值的话题？但是，我们之所"欲"求之于"思想"，不是处处离不开这样的"心"吗？难道说，"言为心声"，而此"心"在目的语之中不得其所，理论阐发中根本见不到踪影，我们之所欲论、之所欲说、之所欲吐露的等等，都未经这颗"心"，而是随口道出？但即使"随意而为"，不还是要"用心"，才可使"心之所至"之"志意"或"意志"成为可能？

夫子自道其追求："吾十有五而志于学，三十而立，四十而不惑，五十而知天命，六十而耳顺，七十而从心随欲不逾矩。"（《论语·为政》）[①]这足可说明，他的一生是"修心"的一生，最终的境界达至"从心所欲"：他最后修成的"心"当是天心之在我者，或天以我而体现之心。从"有志于学"之"志"，即"心之所之"，到"不惑"，也就是"没有或心"，即"没有二心"或"并非三心二意"，亦即"一心一意"，到最后"从心所欲"，亦即以天心为人心，而以我为主、我以此"心"为天地主宰，此一圣域之境，或只有夫子可以企及，而带给我们的启示应是：如何培养、扩充其心，以提升此世生存的价值。

由夫子所坚持的求道原则，亦可见出"心"之要义。夫子自称："吾道一以贯之"，曾子解之曰："夫子之道，忠恕而已矣。"（《论语·里仁》）[②]朱熹解释："尽己为之谓忠，推己之谓恕。"[③]不论"尽己"

（接上页）北京大学出版社 1999 年版，第 350—351 页］。程颐、朱熹等坚持"性"即"理"；而陆九渊则主张"心即理"，认为"心"、"性"无别。后世亦将宋明理学称为"心性之学"。其影响之大，在近世介绍西方哲学"第一人"的严复那里亦有体现。严复在1906 年撰写的文章《述黑格尔唯心论》之中称："欧洲之言心性，至迪伽尔［即笛卡尔］而一变，至康德而再变。"［严复：《严复集》（上），中华书局 1986 年版，第 212 页］"心性"赫然在焉。这意味着，在严复看来，西方哲学之所以能与中国哲学相交流、相融会，是因为二者的"重心"彼此一致。

① 何晏（注）、邢昺（疏）：《论语注疏》（李学勤主编，《十三经注疏》之十），北京大学出版社 1999 年版，第 15 页。

② 何晏（注）、邢昺（疏）：《论语注疏》（李学勤主编，《十三经注疏》之十），北京大学出版社 1999 年版，第 51 页。

③ 朱熹：《四书章句集注》，中华书局 1983 年版，第 72 页。

还是"推己"，其重心必是"心"：有此心，则有可"尽"、可"推"者。子贡求教夫子"有一言而可以终身行之者乎"，夫子回答："其恕乎。"（《论语·卫灵公》）① 另一处将"恕"称为"仁之方"（《论语·雍也》）②。"忠恕"亦以"心"为底，字形如此，字义亦复如是。而儒家最高境界之"仁"，是要通过"恕"这一途径来展开的，其重要性无可比拟。"仁"即"仁心之人"、"人爱之仁"。而一切以"心"为归依，以"仁（心）"为最终目的。"心"之义大矣！

"思想"有"心"做底，以之为依：回到"心田"才有"思"，也才"可思"，进而，才能与人"相思"或曰彼此"思想"。不仅"思"为"心田"之中的"思"，或曰须臾不可离开"心田"的那种"思"，而且，"想"也一样是"彼此相与之思"，或曰"相互之间依心而思"。汉字既如此书写，先人智慧无可更易，我们如何脱离得了"心"？但流行或风行于翻译研究领域的众多所谓理论，难道不是表现为"无心"之"思"吗？如此，过往的历史业已传递传播传达的怎么可能是儒家之"心"，又如何会有儒家之"心"？甚至还可质疑说，以儒家经典的移译和跨文化理论探讨为名者，何曾留意于其"心"，也何曾突出过这颗"心"？

现代汉语仍有"天塌了"的感叹句式，那是要吐露，天灾人祸的危害让人猝不及防、无可奈何，人便只能悲叹、哀叹或叹息出这近乎无用的三个字眼。但是，今天很多人或已"不愿关注"，"天人合一"，如钱穆生平最后一篇文章之中重加强调的，是对人类思想最为伟大的贡献③。如此，"人心"之缺席于跨文化交流，她所必然"偶对"的那个"天"何以存在：那不是"天塌了"，又能是什么？

不知何时，中国古人的宇宙论遭到更易或抛弃，而使"天塌了"？

---

① 何晏（注）、邢昺（疏）：《论语注疏》（李学勤主编，《十三经注疏》之十），北京大学出版社 1999 年版，第 214 页。

② 何晏（注）、邢昺（疏）：《论语注疏》（李学勤主编，《十三经注疏》之十），北京大学出版社 1999 年版，第 83 页。

③ 钱穆：《中国文化对人类未来可有的贡献》，载刘梦溪（编）《中国文化》（第 4 期，1991 年春季号），生活·读书·新知三联书店 1992 年版。

那么，"人"在哪里？

基本的思想路径既不得延伸，在"我们"的"世界观"大大改观之后，在存在论意义上，"我们"可能身在何处？或者也可追问，被"我们"视为"存在"之同义词的那种"（我们的）生命"，其立足的场地又在哪里？

因此，跨文化的翻译研究，或许已可帮助"我们"理顺，"我们为什么已经不再可能就是我们"。如果"天塌了"成为现实，"人心"业已不复存在，身处"跨文化交流"之"流"中的"我们"，还能持有什么，加入这样的交流，以增强其力量，更遑论，以其"思想"？！

"思想"之所依、"思想"之基底，俨然不在，"我们"到哪里去寻找"我们"？所以，是否可以说，"跨文化交流"真的是见不到"中华思想"，就是因为"我们"已经"失去了'我们'及其心力"？

或许有人质疑这里的悲观主义的调子说，翻译研究就是要研究"其本体"，与人本身有何干系？牵强附会将之拉入，每一种文化是否都要建构"翻译学"，数目岂不太过繁多，翻译理论还有统一性和同一性吗？对于这样的质疑，可以回答：其一，"其本体"说的若是"翻译本体"，为什么"翻译会以其自身为本体"？那样的"本体"，其"本"来自何处，又如何"本于其体"同时"体以其本"，已成问题。其二，世界唯一具有数千年连续性的文化系统，其本其体，当需承担其历史的"跨入世界文化的思想交流"的责任，这当然也就是"我们"的责任。因而，如果某种思想系统能够"求其放心"（《孟子·告子上》）①，则对它的理论化，必可推动此一文化的移译走向正轨，同时亦能真正使其生命力正常显扬。

二者合观，就可以说，"翻译"固可"以其本身"为"其本体"，但真正能使之如此且亦可使之"非本非体"者，即促成或毁弃"此本此体"者，当然是"有心之人"，因而，"人心"之先在，决定了

---

① 赵岐（注）、孙奭（疏）：《孟子注疏》（李学勤主编，《十三经注疏》之十一），北京大学出版社1999年版，第310—311页。

"翻译本身"以及"翻译本体"的归属，也就可说明，后者并非始源意义上的"本体"？

而现在的问题是，"人心"缺席，"天心"无以显映，天心人心之合的那颗"大心"，根本没有进入跨文化研究的视域，作为重心得到关注，那么，"我们"之立身既有缺失，进入"交流"只能随波逐浪，而不是斩风破浪，自然也就无法成为中流砥柱，或者是，领航导航。"思想"外倾，因为外来的才是"思想"。那么，其中即有"有心者"，可以安抚"我们"吗？如果"安心之途"是在别处开出，远离家园的人如何找得到归路？

在丧失思想家园的同时，"我们"也一直在带着或不带着"我们的先贤"与"我们"一起流浪；惜乎，与此同时，"我们"中间很多人还会强调，那是进入"现代"的表现，亦即"进步"的表征。因为，"科学"研究之所向，就需将"封建糟粕"丢进历史垃圾堆，亦必有"弑父"之"决心"？

可问题在于，"我们"今天"思想"，还是以"心"做底、以"心"为依的"思想"。因而，也正是在这里，有可能开出一条路来，既不同于"科学之路"，又与"现代思想"迥异？

为此，儒家翻译学最终追求的应是这样的一条路：可帮助我们"求放心"的路。既早已置身于"世界文化"而不可脱离，为之做出贡献的力量源泉，仍然来自先贤和父辈，儒家的经文就是其"心灵"呈露的一个所在。因而，从中可能走出更为合宜的路子，推动翻译研究。

第二节 翻译研究的处境及其问题

在时间上看，"我们"早已置身于一个新的世纪；但就翻译研究的跨文化一般追求而言，几乎还是停留或停滞在"现代"之中。其特征表现为：以理性主义为思想标尺，以科学主义为研究导向，以知识进步为取向，最终突出的是一种强行推进的普适性的论说如何建构及其影响力的世界化的功用或曰效益，而不是人本身的思想建设和精神升华；或者是，对所有这些甚少或根本不予反思，而是沉湎于"有史以来即已如此"的那种一般理论言说的时下化和常识化，尽心尽力于如此框架之下的"探索"，并且逐渐趋向数据的穷尽和全面，而以其尽可能具有包罗之力的、近乎了无争议的大数据的呈现及其公式化的严密分析，来显扬有关"研究"的客观性识见和结论。

很明显，有关取向很少关注，翻译研究的人文导向，首应关注"人的跨文化建构"的指向及其构造；而这样的构造，自非"逻格斯中心主义"的一偏之向所可导出。恰恰相反，后者的目的就是要赢取并强占话语的权势。而在近代以来，如此的话语霸权无数次地表现为，对任何其他可能的话语取向的消解、取缔或压灭。跨文化所立足的多元性文化存在，在一元化或曰单一化的趋势下，可谓哀鸿遍野、"民不聊生"：丧失了话语权的种种民族，其文化有很多不是已渐趋消沉，而难见复活、复现甚或复出之机了吗？"现代"的强权论者，将诸多语言和文化一个个推进"前现代"的"角落"，使其再见不出光热和生命力，当然也就无力进入"后现代"，无法"进步"。

但是，"我们"目前的翻译研究在很大程度上仍在趋向上固守"科学研究"的"现代思想"。依其论说，"我们"既需止步于一个名叫"西方"的所在，将"源起于彼的科学"认同为解决问题的万应良药，岂不知正是这样的"药品"在时刻威胁着任何可能的文化不同和地区差异。而且，它原本就不是那么灵妙甚或见效；或者更准确地说，这样的处方药并非强身健体的"仙丹"，而有可能在一开始就不能消除"水土不服"的反应，而使本来的常态的生存化为异态，异态的变易为不可求知？因为话语权并不在"用药者"手中，而施药人的配方之秘有可能分享他人吗？但问题在于，接受如此"良药苦口"之说者秉持的信念是，"早晚"就是这样一条"归路"。但是，世界上真的只有一条"科学研究"的路可走，因而，其他途径都是邪路、歪路、黑路，至少不是正途、正轨、正道？

若世间，不论物质意义上的还是精神导向上的，仅有一条道路可走，那会不会造成尼采所说的："什么是真理（inertia［惰性］，使满足感得以出现的假设，精神力量的最小消耗，等等）？"① 因而，亦如尼采所说："统一性（一元论）是 inertia（惰性）之需要：解释之多样乃是力量的标志。不要把世界令人不安的和谜一般的特征一笔勾销啊！"②

儒家翻译学意欲诞生和敞开，它所要面对的，就是这样一种处境。

第三节　儒家翻译学的趋向及其任务

儒家③翻译学试图通过语内、语际的双重再思，趋向儒家之圣域、哲思之真意，进而依义理宣解其经典的微言大义。一方面，它期望揭开历史的沉积，以还原经文意向；另一方面，还原所依的方法论，亦期运用于跨文化的传译。

"学分汉宋"，但其共同的源头是先秦经文。汉学注重"文字训诂"，而宋学突出"义理思辨"，尽管自其对经文的注疏来看，二者不乏趋向上的合通之处，但毕竟主导旨趣不相一致，因而导致很多问

---

① ［德］尼采：《权力意志——1985—1989 遗稿》，孙周兴（译），商务印书馆 2007 年版，第 148 页。

② ［德］尼采：《权力意志——1985—1989 遗稿》，孙周兴（译），商务印书馆 2007 年版，第 141—142 页。

③ 这里并没有按照一般作文方式点出"精神儒学"、"政治化儒学"和"大众儒学"的区分（详见 Shu-hsien Liu, *Essentials of Contemporary Neo-Confucian Philosophy*, Westport：Praeger Publishers, 2003, p. 23）。实际上，Spiritual Confucianism, Politicalized Confucianism 以及 Popular Confucianism 之类的名目，因其特定的拉丁化，而并不能体现儒家的"真精神"，那是当年传教士在传译儒学时以"科学"为尚所取的名称。拉丁适得其时，故而，如此处理时代印记鲜明，亦需修正。而如后文所述，我们的倾向相当明显：若新的历史需要"复归"儒家，则那一定是"精神"上的追求。但就译名而论，我们还是倾向于运用 *Ruism* 这一名称。不然，如同样拉丁化的 Confucius 之所示，因拉丁语处理与音译的杂合，一个名字颇类"西来的哲人"的人，带着一群名字并未拉丁化的"中国"学生，会形成一个奇异的不中不西的语境，不一定能传递"孔子"、"孔夫子"或"夫子"的真名号可能有的异域情调和意涵。随之而来的是，"孟子"的 Mencius（孟菲斯）等，亦需改回"原名"比较合理。这样也可与未及拉丁化的"荀子"、"朱熹"（或"朱子"）等保持一致。

题的产生。比如，对于《论语》，各种注疏、解释和论述，可谓派中有派，精妙纷呈。① 但如此汗牛充栋的注释著作，的确又必让人产生一个问题：真意何在？借用顾颉刚的"古史层累说"，越是影响力大的经典，其后世就越有可能"众说纷纭"甚或"莫衷一是"，而"剥离"或"清除"其"层层积累"起的各种疏解、论断和学说，以求"正义还原"，需认真甄别、推敲和分析，依据何在？

我们认为，首先需理解儒家的宇宙论：儒家对人在宇宙之中的存在位置和境况的预设、认定和描述。朱熹认为"子思子忧道之失其传而作"②，进而被后世视为儒家"哲学著作"的《中庸》讲得明白："故君子不可以不修身。思修身，不可以不事亲。思事亲，不可以不知人。思知人，不可以不知天。"③ "知人"必先"知天"，因人性乃为天之赋予。如此偶对的存在，是儒家思想的起点。《论语·泰伯》记夫子歌颂尧帝"大哉，尧之为君也！巍巍乎，唯天为大，唯尧则之"，"焕乎，其有文章"④，说尧帝以其大能效法天之所为，进而"则天"，而期与之齐。夫子本人亦"欲无言"，并以天之作为为据自辩："天何言哉？四时行焉，百物生焉。天何言哉？"（《论语·阳货》)⑤ 其追求与尧帝完全一致。这可以说明，儒家之所以提倡"聪

① 蔡尚思先生指出："《论语》一书的注释著作，既然多到令人无法全读，实在也没有全读的必要。因为大体说来，汉代、清代考据者注释的是一种，魏晋玄学家与历代佛学家注释的是另一种，而宋明理学家注释的又是一种。他们的注释带有各时代的浓厚色彩。不仅如此，即使在同一时代，因学派不同，对《论语》字句的理解也会不同。例如：汉代经学有今文、古文两派；清代经学先有吴、皖两派，继有今文、古文两派；宋明理学有程朱唯理、陆王唯心两派；直到近代，也还有尊孔、反孔两派。"（蔡尚思（导读）、吴瑞武（评注）：《论语》，中华书局2018年版，第28页）
② 朱熹：《四书章句集注》，中华书局1983年版，第14页。
③ 郑玄（注）、孔颖达（疏）：《礼记正义》（李学勤主编，《十三经注疏》之六），北京大学出版社1999年版，第1440—1441页。
④ 何晏（注）、邢昺（疏）：《论语注疏》（李学勤主编，《十三经注疏》之十），北京大学出版社1999年版，第106页。
⑤ 何晏（注）、邢昺（疏）：《论语注疏》（李学勤主编，《十三经注疏》之十），北京大学出版社1999年版，第241页。

明圣知达天德"①，其原因就在于，那里有人生存在最根本的原动力。无怪乎，钱穆毕生最后一篇文章，其主题即为"天人合一"乃中华文化对人类"最大的贡献"②，而儒家思想有荣与焉。

天人偶对而形成的互动，体现宇宙存在"生生不息"的动态过程；以《周易·系辞上》之中的表达，此即为"一阴一阳之谓道"③。而对"道"的把握，唯朱熹所说的"子思子忧道之失其传"而作或曰归纳、总结出的"中庸"，可担当此任。故而，朱熹称之为"道统"之所在。《论语·尧曰》载尧帝面授机宜传与舜帝的"允执其中"④，《尚书·大禹谟》记舜帝继而传授于大禹时，将之扩展为"人心惟危，道心惟微，惟精惟一，允执厥中"。朱子认为，古代圣人"皆以此接夫道统之传，若吾夫子，则虽不得其位，而所以继往圣、开来学，其功反有贤于尧舜者"⑤。以此推之，儒家尤其是夫子依"中庸之道"才得承接圣人之意，进而显扬天道之真髓；如此，不论什么情况下，都应将之发扬光大。但是，实际情况远非如此。

《论语·雍也》记夫子感叹："中庸之为德也，其至矣乎！民鲜久矣。"⑥ 此一感叹，《礼记·中庸》作"中庸其至矣乎！民鲜能久矣"⑦，说明子思之时，中庸已"罕能久行"⑧。而且，子思复引夫子

---

① 郑玄（注）、孔颖达（疏）：《礼记正义》（李学勤主编，《十三经注疏》之六），北京大学出版社 1999 年版，第 1461 页。

② 钱穆：《中国文化对人类未来可有的贡献》，载刘梦溪（编）《中国文化》（第 4 期，1991 年春季号），生活·读书·新知三联书店 1992 年版。

③ 王弼（注）、孔颖达（疏）：《周易正义》（李学勤主编，《十三经注疏》之一），北京大学出版社 1999 年版，第 268 页。

④ 何晏（注）、邢昺（疏）：《论语注疏》（李学勤主编，《十三经注疏》之十），北京大学出版社 1999 年版，第 265 页。

⑤ 朱熹：《四书章句集注》，中华书局 1983 年版，第 14—15 页。

⑥ 何晏（注）、邢昺（疏）：《论语注疏》（李学勤主编，《十三经注疏》之十），北京大学出版社 1999 年版，第 82 页。

⑦ 郑玄（注）、孔颖达（疏）：《礼记正义》（李学勤主编，《十三经注疏》之六），北京大学出版社 1999 年版，第 1424 页。

⑧ 郑玄（注）、孔颖达（疏）：《礼记正义》（李学勤主编，《十三经注疏》之六），北京大学出版社 1999 年版，第 1424 页。

之所云"道其不行久矣夫"①，甚至指出，"人皆曰予知，择乎中庸，而不能期月守也"②，更为恶劣的是，"天下国家可均也，爵禄可辞也，白刃可蹈也，中庸不可能也"③。有关情况，屡经历史风雨，现代更甚，颇类尼采之描述：

> 最后的德性。
> 道德论者的一种道德。④
> 这最后的德性，我们的德性，就是：正派。在其他所有部件中，我们不过是继承人，也许是挥霍者，即并非由我们收集和堆积起来的德性的继承人和挥霍者。⑤
> 请注意！最后的德性。
> 我们是德性的挥霍者，这些德性是我们的祖先们积累起来的，而且——多亏了他们——就他们长久的严格和节约来看（尽管这是很久以前的事了），我们却（装出）富有而傲慢的样子。⑥
> ——再说一遍，我们心中的猛兽愿意受骗上当，——道德乃是必需的谎言［Nothlüge］。⑦

绪论后文将举例对此进一步说明。这里要说的是，自夫子所奉

---

① 郑玄（注）、孔颖达（疏）：《礼记正义》（李学勤主编，《十三经注疏》之六），北京大学出版社1999年版，第1425页。
② 郑玄（注）、孔颖达（疏）：《礼记正义》（李学勤主编，《十三经注疏》之六），北京大学出版社1999年版，第1426页。
③ 郑玄（注）、孔颖达（疏）：《礼记正义》（李学勤主编，《十三经注疏》之六），北京大学出版社1999年版，第1426—1427页。
④ ［德］尼采：《权力意志——1985—1989遗稿》，孙周兴（译），商务印书馆2007年版，第45页。
⑤ ［德］尼采：《权力意志——1985—1989遗稿》，孙周兴（译），商务印书馆2007年版，第45页。
⑥ ［德］尼采：《权力意志——1985—1989遗稿》，孙周兴（译），商务印书馆2007年版，第67—68页。
⑦ ［德］尼采：《权力意志——1985—1989遗稿》，孙周兴（译），商务印书馆2007年版，第87页。

"中庸"的"至德"已"鲜"，到子思之时"不行久矣夫"。而朱子仍如此突出其重要性，甚至可以说，是将之视为儒家精神命脉之所在，但即使他本人，在其《四书章句集注》中，亦未见突出其"道统"之要义；或者说，他并没有直接将之作为其注解的普遍依据，尽管精彩处不无体现。① 以"存天理"为导向的朱子尚且如此，

---

① 比如，朱子对"文"的注释。"斯文"（《论语·子罕》）［何晏（注）、邢昺（疏）：《论语注疏》（李学勤主编，《十三经注疏》之十），北京大学出版社1999年版，第113页］，其注为："道之显者谓之文，盖礼乐制度之谓。不曰道，而曰文，亦谦辞也。"（朱熹：《四书章句集注》，中华书局1983年版，第110页）这看似将"文"与"天道"等同，实则未及道出"天道之在人心"，亦即未及说明"天道与人心之合"的那种"文德"（《论语·季氏》）［何晏（注）、邢昺（疏）：《论语注疏》（李学勤主编，《十三经注疏》之十），北京大学出版社1999年版，第221页］才是"文"的意向。朱子既偏向一端，当然也就难与另一端，应为未能把握好"中庸"之"执其两端"法则的表现。"文"在《学而》亦即在整部《论语》第一次出现时，朱子注曰："谓诗书六艺之文。"（朱熹：《四书章句集注》，中华书局1983年版，第49页）这便有可能割裂"行有余力，则以学文"［何晏（注）、邢昺（疏）：《论语注疏》（李学勤主编，《十三经注疏》之十），北京大学出版社1999年版，第7页］之"行"与"学"的关系，也就是人的视听言动与"德"的不断"切磋琢磨"的修习之间的关系。易言之，朱子所注，突出的是"余剩下的精力或闲暇之时"才可尽力于"六艺"的学习。岂不知，若将"六艺"本身视为载道之体、传道之书，那岂是"闲暇"才需致力于？《八佾》"周鉴于二代，郁郁乎文哉！吾从周"［何晏（注）、邢昺（疏）：《论语注疏》（李学勤主编，《十三经注疏》之十），北京大学出版社1999年版，第36页］之中的"文"，朱子直接以"礼"解之，称"言其［周］视二代之礼而损益之"（朱熹：《四书章句集注》，中华书局1983年版，第65页），而未及说明这样的"文"之为"礼"的"内德"问题。对"孔文子"（《论语·公冶长》）［何晏（注）、邢昺（疏）：《论语注疏》（李学勤主编，《十三经注疏》之十），北京大学出版社1999年版，第62页］的谥号，朱子解曰："谥法有以'勤学好问'为文者。"（朱熹：《四书章句集注》，中华书局1983年版，第79页）这是在讲人的修德之勤，但也仍然不是"文"本身的意义。而对"夫子之文章，可得而闻也。夫子之言行与天道，则不可得而闻也"（《论语·公冶长》）［何晏（注）、邢昺（疏）：《论语注疏》（李学勤主编，《十三经注疏》之十），北京大学出版社1999年版，第61页］，朱子注曰："文章，德之见乎外者，威仪文辞皆是也。性者，人之所受之天理；天道者，天理自然之本体，其实一理也。言夫子之文章，日见乎外，故学者所共闻；至于性与天道，则夫子罕言之，而学者有不得闻者。"（朱熹：《四书章句集注》，中华书局1983年版，第79页）此解将"文章"固化为"概念"，因而，将之板结为"威仪文辞"，因未及关注"文德之内化"之"化天道"之力，实在于人自身，而夫子实为修德之典范，所以，"内德充盈"才可充分"彰显"（章）。夫子之所以"罕言性与天道"，是因为，他的"文章"通过其视听言动，已见出"天道之生物之妙"；故而，再予言说，未免画蛇添足。"体道"之深，见于立身行事的各个方面，口说何益？《论语·阳货》载："子曰：'予欲无言。'子贡曰：'子如不言，则小子何述焉？'子曰：（转下页）"

11

遑论他人。

（接上页）'天何言哉？四时行焉，百物生焉。'"［何晏（注）、邢昺（疏）：《论语注疏》（李学勤主编，《十三经注疏》之十），北京大学出版社1999年版，第241页］说的正是，夫子试图以天为法，而见其"生生"之义，因而，不言胜于千言万言。朱子或不解，"文章"即"文德"打造乃为人心吸纳天道之所"得"亦即"文德"，进而自觉加以显扬之义，而直接以外在的"礼仪制度"或"文辞"出之，实已由"内德打造"之"内"走向"外"，故而可以说，是背离了"合外内之道也，故时措之宜也"（《礼记·中庸》）［郑玄（注）、孔颖达（疏）：《礼记正义》（李学勤主编，《十三经注疏》之六），北京大学出版社1999年版，第1450页］的中庸原则。而对夫子歌颂尧帝的"大哉尧之为君也！巍巍乎，唯天为大，唯尧则之。荡荡乎！民无能名焉"（《论语·泰伯》）［何晏（注）、邢昺（疏）：《论语注疏》（李学勤主编，《十三经注疏》之十），北京大学出版社1999年版，第106页］，朱子注为："言物之高大，莫有过于天者，而独尧之德能与之准。故其德之广远，亦如天之不可以言语形容也。"（朱熹：《四书章句集注》，中华书局1983年版，第107页）这里是在说尧帝"德配天地"。在对紧接着的下文"巍巍乎！其有成功也，焕乎，岂有文章"［何晏（注）、邢昺（疏）：《论语注疏》（李学勤主编，《十三经注疏》之十），北京大学出版社1999年版，第106页］，其注曰："文章，礼乐法度也。尧之德不可名，其可见者此尔。"（朱熹：《四书章句集注》，中华书局1983年版，第107页）在这里，"外内合一"可以见出。但"文章"本身却被释为"礼乐法度"，实为制度上的设置，而不是将"文章"之为内德之打造之后的显扬作为重点。易言之，朱子之解，突出的仍是"文章"本身的"概念化"，而不是修德的过程。由此可见，"文"字意义既未得正解，他也就没有将中庸作为方法论的作用一以贯之地突出出来。因而，有时导向正确，亦未能见出经文意义。如《论语·颜渊》："曾子曰：'君子以文会友，以友辅仁。'"［何晏（注）、邢昺（疏）：《论语注疏》（李学勤主编，《十三经注疏》之十），北京大学出版社1999年版，第169页］何晏注引孔安国曰："友以文德合。"（同上）邢昺正义云："言君子之人以文德会合朋友。"（同上）朱子注曰："讲学以会友，则道益明；取善奕辅仁，则德日进。"（朱熹：《四书章句集注》，中华书局1983年版，第140页）"文"之"文德"之义，未及突出，直接走向"道益明"。有时，朱子干脆走外倾之路，进而直接提取现成解释。如《论语·宪问》："公孙文子之臣僎与文子同升诸公。子闻之，曰：'可以为文也。'"［何晏（注）、邢昺（疏）：《论语注疏》（李学勤主编，《十三经注疏》之十），北京大学出版社1999年版，第193页］朱子释曰："文者，理顺而成章之谓。谥法亦有所谓锡民爵位曰文者。"（朱熹：《四书章句集注》，中华书局1983年版，第154页）此解前半句是将"文"外化为"章"，如此便将"文"与"章"二者之义混淆起来。后半句则直引"谥法"，并不作解释性追溯。实际上，即使是"小人"，也不得不关注如何启用"文"的力量，以显示或炫耀其也和君子一样，尽心尽力打造内德。故而，《论语·子张》记："子夏曰：'小人之过也必文。'"［何晏（注）、邢昺（疏）：《论语注疏》（李学勤主编，《十三经注疏》之十），北京大学出版社1999年版，第257页］何晏引孔安国注曰："文饰其过，不言情实。"邢昺正义云："言小

那么，随着"现代"思潮的涌入，儒学被"知识化"，进入文史哲完全拉开距离的诸多部门，此一"至矣乎"的"德"，几乎不再被视为人的精神的终极依据。

于是，郑玄所注"仁者，人也"（《礼记·中庸》）[①]的"人也，读如相人偶之人。以人意相存问之言"[②]之"偶"，或只能在"仁"的训诂，也就是"训解古时之物"的过程中起到相应的作用，而对于"仁"本身所体现的"偶对"存在特质，则已被遗忘？故而，人的存在无所谓天，天的存在亦无所谓人，因而，释解便只能纠缠于人际关系，世界也随之陷入如此的关系，或美之名曰"道德"的所在，而将完全外化的意识形态作为生存的依据？一端不存，也便只能倾向于另一端，但那还可能是"另"吗？如此宇宙论的失效，造成的当

（接上页）人之有过也，必文饰其过，强为辞理，不言情实也。"（同上）此解已将"文"完全外化为"以虚饰之物加以遮掩"，因而，并未体现，即令小人也一样心存善良，而期像君子那样有以自新之义：只不过，在不适宜之处，出现了不适宜的事情，或产生了不适宜的举动，因而，为了显现自己还是要做"君子人"的，也就不得不加以"文饰"。这样理解，则"文德"之内向锻造是首要意向，而"文饰"或"伪饰"所透出的虚伪之意，应是次一级的意义。但朱子却注曰："文，饰之也。小人惮于改过，而不惮于自欺，故必文以重其过。"（朱熹：《四书章句集注》，中华书局 1983 年版，第 189 页）这是从消极的方面来释解"文"，同时使之外在化，故而，最终的结果是，"小人"只能是"小人"，而且，只能"犯错"，不能"改过"，甚至是，只能不断"重其过"？这不应该是"与人为善"的释解态度，更遑论大气磅礴的夫子作为千古宗师倡言的是"有教无类"（《论语·卫灵公》）[何晏（注）、邢昺（疏）：《论语注疏》（李学勤主编，《十三经注疏》之十），北京大学出版社 1999 年版，第 218 页]？夫子说过"过而不改，是为过也"（《论语·卫灵公》）（同上书，第 216 页），当然希望人能"改过"。而且，他还强调"吾非斯人之徒与而谁与"（《论语·微子》）（同上书，第 250 页），说的是，要"与天下之徒众相亲"（邢昺疏，同上）。有此抱负，他还会认为人性本恶，进而断定"小人"不愿"改过"因而永远就是"小人"吗？朱子的解释，因为不计人的内在德性的培植，而失去了合理性。此亦可见，他并没有关注如何充分发挥中庸之道在注疏之中本可发挥的指导性的作用。

① 郑玄（注）、孔颖达（疏）：《礼记正义》（李学勤主编，《十三经注疏》之六），北京大学出版社 1999 年版，第 1440 页。

② 郑玄（注）、孔颖达（疏）：《礼记正义》（李学勤主编，《十三经注疏》之六），北京大学出版社 1999 年版，第 1440 页。

然是"中庸"的不复有用。①

这样，时下对"德"的译解，所能看到的往往是"道德"，岂不知这样的意识形态，根本上就是夫子思想的反动："道之以政，齐之以刑，民免而无耻。道之以德，齐之以礼，有耻且格。"（《论语·为政》）②"道德"的板结导向社会化的制约，形成对"内德充盈"的"为己之学"的基本要求的背道而驰。之所以外在化被突出，而内在化遭到遮蔽，其实还是因为，"人心与天心或道心之合德"不复存在。也就是说，人立身行事的根据已遭拆解，余剩下的路子，只能是外倾。

这样，所谓"执其两端"（《礼记·中庸》）③，才可"致中"，但"两端"既有一端失落或曰缺席，不偏于一端，又能如何？解释学的困境，来自对人生存在的方略的认同的失效，因为那样的方略早已"过时"。

---

① 陈少明提出，"方法论是西方哲学的命脉"，同时，"它[也]是中国思想的弱点所在"[详见陈少明《讲求方法：来自西方哲学的启示》，载中山大学西学东渐文献馆（编）《西学东渐研究》（第二辑），商务印书馆2009年版，第63页]。因此，自近代以来，如严复所指出的，"故取西学之规矩法戒，以绳吾'学'，则凡中国之所有，举不得以'学'名；无所有者，以彼法观之，特阅历知解积而存焉，如散钱，如委积"[严复：《救亡决论》，载王栻（编）《严复集·诗文卷》，中华书局1986年版，第52页]。以西学解"国学"或以西方哲学的框架来限定进而解释中国哲学的意义，早已成为一时风尚；以至于陈少明强调"过度西化的中国哲学论述应该放弃，而注疏式的研究本身有它的学问价值"[陈少明：《讲求方法：来自西方哲学的启示》，载中山大学西学东渐文献馆（编）《西学东渐研究》（第二辑），商务印书馆2009年版，第60页]。那么，若就儒学而论，它本身就有其"方法论"，何不启用，以示解经之正轨？但如后文所指出的，传统的注疏的确并没有关注如何加以有效运用，当然也就体现不出其相应的系统性。本书所做的，正是通过复原中庸之道的作用，而体现儒家"心性"导向的思想至于其经文的跨文化翻译的意义。陈先生的下一论断让人不得不关注："由于学中国哲学者很少接受西方技术性哲学方法的训练，同样，治西学者要顺利阅读中国古籍也必须接受专业训练。"（同上书，第66页）就笔者而言，情况尤其如此：一方面，求学或曰攻读各种学位期间，并没有参与以"思想训练"为名的课程，因为"外语学科"的培训一般注重的是"语言能力"（实为"言语表达的模仿能力"）或"技巧"（所谓"听说读写译"），而与思想的建设和提升完全脱节或不相干。而另一方面，待进入所谓"学界"，忙于应对"本职工作"而不一定有时间和精力在学术训练方面下到真正的功夫。但是，也绝没有必要将学养不足的原因归咎于他人和教育制度，学术的追求取决于个人的努力。现在的问题是，就学理而言，既然中庸之道是"道统"之所系，那么，传统的注疏之中并没有见到突出它应有的引领作用或制约力量，而在现代则因"知识"的划分的不适应和"德性修习"与"学"的分离而近乎处于"失传"状态，偶尔还会在历史的回顾之中见"其名"，但至于"其实"则似已归入沉寂。在这种情况下，梳理、解释、应用等，都一样需要"方法论"的提示。

② 何晏（注）、邢昺（疏）：《论语注疏》（李学勤主编，《十三经注疏》之十），北京大学出版社1999年版，第15页。

③ 郑玄（注）、孔颖达（疏）：《礼记正义》（李学勤主编，《十三经注疏》之六），北京大学出版社1999年版，第1425页。

　　所以，时至今日，再论再探中庸，也只能是走回归之路；否则，便会一事无成。

　　与此同时，我们还肩负着另一种任务：在充分体贴"至德"的同时，对中庸为方法论的系统加以应有的构建并且将之应用于跨文化外译的活动之中。本书力图有所突破的点，则定为"核心词"在经文之中的寓意及其英译的跨文化处理。①

---

　　① 这里对"儒家翻译学"可能的布局展开讨论。一方面，这是秉持学术求实的原则的表现；另一方面，此书的重心在于，此一宏大课题之下、之内的《论语》的跨文化的英译的核心词的处理的原理的探究。此处则可对之略加补充：儒家翻译学既欲迎合时代需要，它所应突出的，当是人的跨文化的构成。而此一问题，并不能局限于某一文化或语言系统之中，而应是"全世界"所形成的跨文化领域人的生存、生成问题及其与翻译的关系。以此为纲，则不仅可扩充、扩大儒家的思想范围和领域，以适应时代需要；而且，也能为人的精神世界的走向的研究贡献力量，进而有助于甚或比较有力地脱出单一文化的藩篱，避免形成"族裔的或地区性的中心主义"，使文化真正为世人所共享成为可能。而目前来看，儒家乃至中华文化仍处于劣势地位，因而，我们也只能就急迫的问题展开思考和探索。这也是我们要将注意力置于儒家"第一书"《论语》的原因。而就儒家翻译学的研究分支或子课题而论，则可涵盖以下范围：（一）儒家的思想与翻译研究的关系，亦即，它可能在此一领域具有的作用。此一课题需依儒家思想，深入探究，作为人文学科的翻译研究之中的"人"的存在问题及其作为使动者，在翻译活动之中的精神呈现及其文化创造作用。（二）营造儒家解释学的方法论，以имей思有关典籍比如儒家《十三经》的跨文化移译，所牵涉的传统注疏的非或反正规倾向，以及基督教和"理性主义"倾向与"感通"的相悖及其消解、克服。此一课题需在历史反思的基础上，回归儒家正轨，进而依之为理论指导，以便为历史问题定型和定性，最终提出有效的解决方案。（三）吸取相关儒家哲学（包括新出土文献的研究）、海外"汉学"的成果，在比较哲学的视域之下，展开思考，以如何道术的创造，而不是在目的语之中直接引用既定的词语，来移译有关观念，以真正再现经文的大义。其一，以梁漱溟、熊十力为发端的现代"新儒家"的理论思想，其第二代诸如徐复观、唐君毅和牟宗三的哲学、思想史研究，第三代成中英、刘述先以及杜维明等的哲学探索，以及近年来的有关研究，都应是儒家翻译学必予参照和吸收的思想资源。如此，才可反顾近代以来的历史的沉淀，进而返回原始儒家。这方面的另一个重要的资源，当是新近出土的儒家思想文献的研究，其亦应被纳入"跨文化翻译"的主流之中，而得其精髓，进而为将之传于世提供理论思考。其二，外海汉学的成果，不仅包括一般儒家思想探究，比如"波士顿儒学"的研究，而主要应关注，西方传教士来华以后的诸多经典的传译的得与失，其历史展现和变化的规律及其问题的思考和探索。对理论和实践的两方面的反思，应促成儒家经典外译史的系统探讨。其三，之所以要在比较哲学的视域之下，展开思考和探究，不仅是因为翻译研究本身就需要提升自己的思想水准，而且，还因为只有通过高水平的思想比较和对比，才可能找到问题的症结，进而，透过相近、相反、类似或类同的观念的名称的运用的研究，而期儒家有关概念的定名能够找到适宜的目的语表达方式。如此，理论的建构，历史的回归，新的实践所必需的创造，这三者应是儒家翻译学未来施展力量的天地。但这是理论建构方面应重视者。而在实践上，则需关注如何走出"中国无哲学"的误区，也就是理应站在哲学的高度审视历史问题，并以儒家哲学来应对和解决有关问题。不然，我们可能还会止步于黑格尔所说的夫子之教，尽皆"常识"；他绝非"思辨哲学家"，甚至不如西塞罗。这种偏见，在西方哲学界和中国哲学界并没有多少改变。比如，德里达就坚持："哲学本质上不是一般的思想，哲学与一种有限的历史相连，与一种语言、一种古希腊的发明相连，它首先是一种欧洲形态的东西，其次经历了拉丁语与德语的'翻译'的转化等，它是一种偶像形态的东西，在西欧文化之外存在着同样具有尊严的各种思想和知识，但将它们叫做哲学是不合理的。"（［法］雅克·德里达：《书写与差异·（接下页）

第四节　儒家思想的负载词、关键词和
核心词与本书的研究重心

　　翻译研究领域一向有"文化负载词"之说，但 culture-loaded words 或 culturally loaded words 只是指"负载"文化特定的素质的那些词语，也就是符合因而有力量包含特定文化一般特色的用词。比之更高一层的，应为"文化关键词"（culture keywords），指的是把握特定文化的"关键"，因为有关用语可以体现其比较重要的特色、特质，故而可为进入有关文化的"锁钥"。学界时下流行的，正是对种种关键词的传译的探究，等于说，将之视为研究的核心。但若仅是一项，

（接上页）访谈代序》，张宁（译），生活·读书·新知三联书店 2001 年版，第 9—10 页）张志扬振聋发聩地指出："哲学是希腊人的发明，专属希腊人所有，其他非希腊人不能有；但是，经过拉丁语、德语、法语的翻译，就成了欧洲共有的，希腊的也是法国的，比如一个叫德里达的法国人就可以说'哲学是欧洲形态的东西'。这意思是说，经过语言的转化可以为非希腊人所有。可为什么经过阿拉伯语、印度语、汉语、日语的转化，却不能为非西方人所有呢？其实欧洲人知道的'希腊哲学'最早还是保存在中世纪阿拉伯世界中并经过阿拉伯世界转译的，而且所谓'欧洲'语源还离不开'印欧语系'。"［张志扬：《此行何处？迷途问津："西学东渐"再检讨之三》，载中山大学西学东渐文献馆（编）《西学东渐研究》（第二辑），商务印书馆 2009 年版，第 45—46 页］支撑德里达做出这样的论断的，仍然是"欧洲中心主义"。但德里达同时还认为，他自己在进行哲学书写时，已关注到"翻译"问题："我必须注意这种进行中的广义的翻译工作（那不只是语言的翻译，也包括文化和传统的翻译），而这对我的思想与写作大概产生过某种影响。它使我在写作中十分重视法语习语的同时（我酷爱法语，而且几乎总是以不可翻译的方式、一种向法语借债的方式写作），无论怎样还是不断地想到翻译问题：有时预先做些准备，有时则无法预备。比如，我会看到翻译成英文和德文的困难是什么：当我用法文写作时，我已经想到翻译的问题。显然，我无法设想中文或其他语言的翻译。但我相信这种对非法语目的的关注正是我这四十年来哲学工作背景变化的最重要特征之一。"（［法］雅克·德里达：《书写与差异·访谈代序》，张宁（译），生活·读书·新知三联书店 2001 年版，第 6 页）如此，不承认"欧洲之外有哲学"的德里达，在无视翻译的历史作用及其"转化"功能的同时，又在热切希望并且期待他本人的哲学著作的"可译性"，而且是超乎"欧洲"的那种"可译性"。如果封堵了某种语言的"思辨力量"，是否意味着，以这一语言为思想工具的人，并无"思想"能力，故而，其对"西方"或曰"希腊化哲学"的传译，总是有问题的？那么，就我们的课题来说，还存在另一方面的问题：以往翻译因为未及重视哲学化的处理，而使比如说儒家经文取向黑格尔所说的"常识"。因而，关涉思想的词语词句，的确是该反向思考以达至"极高明"的时候了。而有关经文的重译，势必在这一方面做出努力，否则走老路必然会重蹈覆辙。但是，历史既已进入新的世纪，岂容倒退？

作为概念，是很难成立的。即令是将之与负载词一起讨论，也可能造成非此即彼的效果，而难见概念框架的合理性。因而，必应启用第三项或第三层的概念以与之相互作用，才可使概念化呈现出应有的可行性。而且，正如夫子在为子路辩解之时所说的，"由也升堂也，未入于室也"（《论语·先进》）①。而真正能凭之既"得其门而入"并得"见宗庙之美，百官之富"（《论语·子张》）② 的，应是"文化核心词"（culture core words），因为它们可以体现文化的最为根本的原理及其实质精神。③

　　若对比一下学界这方面的处理，或可衬托如此分类的意义。比如，安乐哲与罗思文及倪培民的《论语》英译中分别辟有 Chinese Lexicon（汉语词汇）和 Key Terms（关键术语）。前者收有"道"、"天"、"仁"、"礼"、"信"、"义"、"知"、"心"、"和"、"德"、"善"、"文"以及"孝"等词语，疏解过程中还触及"忠"、"恕"等次一级用语，"学"、"思"、"觉"等思想活动用词，"正名"、"名"和"命"等系列名词，以及"大人"、"善人"、"成人"、"仁者"、"仁人"、"君子"、"圣"和"圣人"等称谓系列用语。④ 后者收入"仁"、"孝"、"德"、"性"、"天"、"天命"、"道"、"命"、"义"、"礼"、"正名"、"无为"、"和"、"乐"、"文质"、"权"、"政"、"士"、"君子"、"圣"、"忠"、"恕"、"信"、"直"、"学"、"知"以及"中庸"等词语。若依我们的三分法，则可看出两个词汇表并无层次之别或轻重之分。

　　尽管两个词汇表主要是依翻译的需要设计进而展开疏解的，但若加以次序的理顺，岂不更能体现儒家思想术语孰轻孰重以及相互之间

---

① 何晏（注）、邢昺（疏）：《论语注疏》（李学勤主编，《十三经注疏》之十），北京大学出版社 1999 年版，第 148 页。

② 何晏（注）、邢昺（疏）：《论语注疏》（李学勤主编，《十三经注疏》之十），北京大学出版社 1999 年版，第 261 页。

③ 有关三个术语的讨论，可参拙文《想象可以休矣：论〈浮生六记·童趣〉文化关键词的英译》，《中国翻译》2015 年第 6 期。

④ Roger T. Ames and Henry Rosemont, *The Analects of Confucius: A Philosophical Translation*, New York: The Ballantine Books, 1998, pp. 45–65.

的关系？依牟宗三，若对"《中庸》以前的儒家思想中一系列重要的概念，加以最具概括性的总结"，则可得一"恒等式"：

天命、天道（《诗》、"书"等古籍）＝仁（《论语》）＝诚（《中庸》）①

此一等式可告诉我们，（一）夫子最为重要的概念，当是"仁"。（二）"天命"和"天道"等，作为重要概念，其地位在《论语》之中，或者说在夫子那里，并没有以往那么重要，或可视为"关键词"，而不是"核心词"。但两个词汇表既不区分，所有收录其中的便可能都是"核心词"？

"仁"乃"为己之学"的核心②，如此也就包含诸如"忠"、"恕"、

----

① 牟宗三：《中国哲学的特质》，上海古籍出版社1997年版，第39页。

② "仁"与"礼"孰轻孰重、谁先谁后，是一个争论很多的问题。《论语》之中"礼"凡75见，而"仁"则109见。但这只是二字出现的频次，无关重心，尽管可以之为参照讨论有关问题。蔡尚思坚持认为："'礼'是孔子中心思想。"［蔡尚思（导读）、吴瑞武（评注）：《论语》，中华书局2018年版，第34页］他"深信陈澧所说'《论语》所言皆礼也'"，并且强调"这是给予《论语》这一部书的最好的总结"。他同时指出，王源所说"六艺不出乎礼，圣人以礼修身，以礼齐家，以礼治国，以礼尽性至命，以礼经纬天地，小大内外，精粗显微，一以贯之。童而习者此也，神而化之亦此也。故可以尽仁道之全，备圣人之道自大"（《再与毛河右先生书》），是"最好的给予《六艺》全部的总结"，进而指出"近今王先谦、柳诒徵、李大钊、陈独秀、宋庆龄、侯外庐、赵纪彬等也都看出了礼教是孔子的中心思想"（同上书，第40页）。不过，"礼教"并不等同于"礼"，二者应是两个概念。"礼教"的核心若是"仁"，则孔子学说的中心，便仍可定为"仁"。应该指出，蔡尚思对"礼"的解读，并没有关注"人天"的关系。比如，他举的第一个例子"不学礼，无以立"（《论语·季氏》）［何晏（注）、邢昺（疏）：《论语注疏》（李学勤主编，《十三经注疏》之十），北京大学出版社1999年版，第230页］。依之，这是在强调"没有'礼'就无以立身成人"［蔡尚思（导读）、吴瑞武（评注）：《论语》，中华书局2018年版，第35页］。但这只是字面意思。而夫子之所说，应释为："礼"之制度化传统，必加修习，否则就无法"立"。"礼"体现着仁道的精神，寄托着前圣先贤的智慧，不认真修炼守护，则无法立身于世。因而，"礼"，不论是指"礼节"、"礼俗"、"礼仪"还是"礼貌"，都应导向人与天相合所托出的那种"大爱"，也就是"仁爱"。"礼"若止步于其自身，或以其自身为目的，那便可能形成僵化的或束缚性的力量。只有依照天道运行之法则不断变易的"礼"，彰显"仁义"之相合，才可形成"义者，宜也"的局面，进而不断得到强化。而"礼"之庄严和不可侵犯，正可突出人之"仁爱"的取向，也就能反过来（转下页）

"信"、"智"、"勇"等各种德目。不过，"仁"不仅局限于"人之仁"，还应包含"天地之仁"，故而，它在宇宙论设置和存在论之中的位置是独一无二的。在这一意义上，它可以直接指涉或包含"道"、"天道"、"天命"。易言之，这些词汇，既可视为"仁"的下义词，有时也可替代之，成为同义词，比如"一贯之道"的"道"。

因为为己之学突出的是，人的自我修习和打造，也就是"成人"，故而，有关的学习活动用词，如"学"、"习"、"思"、"行"，可作为一个系列，置于"仁"的追求活动之中，并可罗列于"礼"的相应仪式和行为之内。

而就趋向修德的极致之境看，"圣人"无疑是最高的位格，夫子曾说："圣人，吾不得而见之矣。得见君子，斯可矣。"他同时还感叹："善人，吾不得而见之矣。得见有恒者，斯可矣。"（《论语·述

（转下页）说明，"仁"之核心作用，可在"礼"的设置和规范之中体现出来。否则，何以为"礼"？蔡先生罗列出21条证据，以突出其"'礼'之中心说"。但他对《论语》所作的引证，在说明之中，却不顾及"天"的维度。如第6条，蔡先生举的是"礼之用，和为贵。先王之道，斯为美，小大由之"（《论语·学而》）［何晏（注）、邢昺（疏）：《论语注疏》（李学勤主编，《十三经注疏》之十），北京大学出版社1999年版，第10页］。他认为，这是在说"'中和'离不开'礼'"，也就是理想的行为或社会理想，离不开"礼"的支撑或约束。他进而指出，"此即《礼记·仲尼燕居》孔子所说'礼乎礼！夫礼，所以制中也'"［蔡尚思（导读）、吴瑞武（评注）：《论语》，中华书局2018年版，第36页］，并提示读者"请回头参看金景芳说"："依古人的观念，礼也就是中，依礼而行，即为执中。"（《金景芳自传》）（同上书，第34页）有关表达过于简单。比如，"此即"岂非某物等同于另一物？"也就是"、"即为"等，莫不如此。再如"'中和'离不开'礼'"，"中和"指的是什么？为什么离不开"礼"？其表现又是什么？蔡先生言简意赅，实则又是不能给予应有的、合理的分析和说明的表现？"中和"出自《礼记·中庸》："喜怒哀乐之未发谓之中，发而皆中节，谓之和。中也者，天下之大本也。和也者，天下之达道也。"［郑玄（注）、孔颖达（疏）：《礼记正义》（李学勤主编，《十三经注疏》之六），北京大学出版社1999年版，第1422页］"中和"既是"天下之大本，天下之达道"，都离不开"天"。而人天一体的倾向，若是引入解释，则"中和"说的就是宇宙之"中和"，那显然不是"礼"所能涵盖的。也只有认为，"礼"起自"仁爱"并最终回归其中，才可印证"中和"在于"人心"之"未发、已发"之态，与"天"的关系。若崇信"科学"，而认定"天"属于神秘甚或迷信，那么，"天人合一"既不在论域之中，"礼教"或"礼"不及于"天"，何来生存庄严，又何来"仁爱"源头的滋养与培植？

而》)① 夫子又自谦："若圣与仁，则吾岂敢。"(《论语·述而》)② 同时，他并不轻易许人以"仁"。故而，修德之士这一系列的词语，既是依"德养"之"备"的程度高低区以别之，那么，圣人、仁者或仁人、大人、君子、成人、贤人、善人、士，与民、众等，应为"仁"的修成效果的体现。

同时，若依语境，"仁"有时也并不都是"核心词"，有的情况下还只是"文化负载词"。比如，"井有仁焉"（《论语·雍也》)③，其中的"仁"乃指"仁人"。而有的时候，则可能是"关键词"，如"若圣与仁，则吾岂敢"（《论语·述而》)④，这说的是"仁人"，既以"仁"为尺度，说明那是一个衡量标准。

这样，就概念系统而论，"仁"无疑是儒家思想的"核心"，扩而大之，诸如"一贯之道"及其修炼的方法"恕"和作为"至德"的"中庸"，亦可视为"核心词"。

而诸如"学"、"思"、"行"等"体道"之法，"圣人"、"大人"及"君子"成道之体等系列称谓，则可作为关键词，说明那是修习的手段，亦即成就理想的结果或表现。

因为儒家突出的内在的修炼，期待人内德充盈，故而，诸如"礼"、"乐"固为重要，但作为礼仪的社会化和规范化，应是"内德"之"仁"的外在表现，因而，可归入关键词，而不是核心词。"善"亦是德目之一种，故而，一样如此。但根据不同的语境，如"礼"与"仁"并列，它有可能至于"核心位置"，以突出那是在显现"仁"通过"礼仪"、"礼节"或"礼数"等在人间得到发扬。

至于负载词，很多德目都可视为儒家"修德"努力的体现，因而，"负载"着有关意向。而与之相关的表达方式，可谓繁多。以

---

① 何晏（注）、邢昺（疏）：《论语注疏》（李学勤主编，《十三经注疏》之十），北京大学出版社1999年版，第93页。

② 何晏（注）、邢昺（疏）：《论语注疏》（李学勤主编，《十三经注疏》之十），北京大学出版社1999年版，第97页。

③ 何晏（注）、邢昺（疏）：《论语注疏》（李学勤主编，《十三经注疏》之十），北京大学出版社1999年版，第81页。

④ 何晏（注）、邢昺（疏）：《论语注疏》（李学勤主编，《十三经注疏》之十），北京大学出版社1999年版，第97页。

《述而》为例，如"五十以学《易》，可以无大过矣"①，其中的《易》既是儒家典籍，亦可视为中华文化的负载词。"无大过"的谦逊说辞，亦可视为谦谦君子的德性体现。因而，它们都可归入此类用语。而"子所雅言"②之中的"雅言"，据何晏引郑玄注，指的是儒家与"正言其音"的那种"言"，因而，可谓独特的儒家之"雅"。"子以四教，言，行，忠，信"③，若就"四教"而论，则应视为关键词，因夫子依之教导诸生；但若分而论之，则又可视为负载词，因为，那是儒家独特的教育科目或方式。而"吾无隐乎尔"④之"无隐"，体现夫子的正派和开放，亦应以负载词视之。"多闻，择其善者而从之，多见而知之"⑤之中的"多闻多见"，亦为一般的负载词。"君子不党"⑥、"奢则不孙，俭则固"⑦之中的"孙"和"俭"，是对身为君子的人的一般要求，"躬行君子"⑧亦复如是，二者都是负载词。他如夫子体其德性的"诲人不倦"⑨之"诲"，"子疾病，子路请祷"⑩的"祷"，亦是负载词。至于夫子特别的作为，如"饭疏食饮

---

① 何晏（注）、邢昺（疏）：《论语注疏》（李学勤主编，《十三经注疏》之十），北京大学出版社 1999 年版，第 91 页。

② 何晏（注）、邢昺（疏）：《论语注疏》（李学勤主编，《十三经注疏》之十），北京大学出版社 1999 年版，第 91 页。

③ 何晏（注）、邢昺（疏）：《论语注疏》（李学勤主编，《十三经注疏》之十），北京大学出版社 1999 年版，第 93 页。

④ 何晏（注）、邢昺（疏）：《论语注疏》（李学勤主编，《十三经注疏》之十），北京大学出版社 1999 年版，第 93 页。

⑤ 何晏（注）、邢昺（疏）：《论语注疏》（李学勤主编，《十三经注疏》之十），北京大学出版社 1999 年版，第 94 页。

⑥ 何晏（注）、邢昺（疏）：《论语注疏》（李学勤主编，《十三经注疏》之十），北京大学出版社 1999 年版，第 96 页。

⑦ 何晏（注）、邢昺（疏）：《论语注疏》（李学勤主编，《十三经注疏》之十），北京大学出版社 1999 年版，第 98 页。

⑧ 何晏（注）、邢昺（疏）：《论语注疏》（李学勤主编，《十三经注疏》之十），北京大学出版社 1999 年版，第 97 页。

⑨ 何晏（注）、邢昺（疏）：《论语注疏》（李学勤主编，《十三经注疏》之十），北京大学出版社 1999 年版，第 97 页。

⑩ 何晏（注）、邢昺（疏）：《论语注疏》（李学勤主编，《十三经注疏》之十），北京大学出版社 1999 年版，第 98 页。

水"的"欣乐"、"不义而富且贵，与我如浮云"① 的逍遥，"天生德于予"② 的激昂，"子钓而不纲，戈不射宿"③ 的护生之意，整个表达都已成为格言，似亦可归入负载词。体现某种文化特性的，如"执鞭之士"④，"子所慎者，斋，战，疾"⑤ 之"斋"，"子在齐闻《韶》"⑥ 之"韶"，"自食于有丧者之侧"⑦ 之"有丧者"，"束脩"⑧，作为一种时代符号的"吾不复梦见周公"之中的"周公"及"窃比于我老彭"之中的"老彭"等，也都是一般的负载词。

按照上文所析，蔡尚思所说的，"在孔子的思想中，似以上述礼、仁、孝、忠、中庸五者为最重要"⑨，就可修正为：孔子思想之中，最为重要的观念，依次为：仁、中庸、恕、礼以及孝。

那么，本书的研究，其中触及的主题包括："心"、"仁"、"端"、"学而时习之"一章、"心安"、夫子的"作与不作"、子贡的"闻一知二"和子路的"知与不知"，以及"子以四教"。依上述分类，要突出的正是，在中庸之道方法论的推动下，"仁道"的跨文化传输。不妨从理论建构上再来看一下，内德打造导向的要义。

① 何晏（注）、邢昺（疏）：《论语注疏》（李学勤主编，《十三经注疏》之十），北京大学出版社1999年版，第91页。
② 何晏（注）、邢昺（疏）：《论语注疏》（李学勤主编，《十三经注疏》之十），北京大学出版社1999年版，第93页。
③ 何晏（注）、邢昺（疏）：《论语注疏》（李学勤主编，《十三经注疏》之十），北京大学出版社1999年版，第94页。
④ 何晏（注）、邢昺（疏）：《论语注疏》（李学勤主编，《十三经注疏》之十），北京大学出版社1999年版，第88页。
⑤ 何晏（注）、邢昺（疏）：《论语注疏》（李学勤主编，《十三经注疏》之十），北京大学出版社1999年版，第89页。
⑥ 何晏（注）、邢昺（疏）：《论语注疏》（李学勤主编，《十三经注疏》之十），北京大学出版社1999年版，第89页。
⑦ 何晏（注）、邢昺（疏）：《论语注疏》（李学勤主编，《十三经注疏》之十），北京大学出版社1999年版，第87页。
⑧ 何晏（注）、邢昺（疏）：《论语注疏》（李学勤主编，《十三经注疏》之十），北京大学出版社1999年版，第86页。
⑨ 蔡尚思（导读）、吴瑞武（评注）：《论语》，中华书局2018年版，第49页。

第五节　"中国译论"的建构与儒家翻译学的
##　　　　内德打造：尼采的"透视主义"与
##　　　　儒家的"感通"

　　若再作历史反省，儒家翻译学也并不是没有资源可以借鉴、利用的。实际上，翻译在近代见用之始，便不能不启用中国思想资源。严复提出"信达雅"①，直引儒家经典为据；他如鲁迅的"忠实、通顺"②、钱锺书的"化境"③及傅雷的"神似"说④等，都有儒家思想做支撑，惜乎有关理论聚焦于"外译中"，几与中华文化外译无涉。

　　严复所欲突出的，正是"诚之"（《礼记·中庸》）之教，尽管他可能并无此哲学意识：那指向的是，如牟宗三所指出的，最为崇高的追求，或曰天地之道之追求。严复以"修辞立其诚"，引用的是《周易·乾卦·文言》中的"子曰：君子进德修业。忠信所以进德也；修辞立其诚，所以居业也"⑤来释解他所说的"三难"之中的第一难"信"。他或未意识到：（一）此"诚"若导向"诚体"，可真切引入"天道"因而能得"修德"之妙，而即令是作为"文章"的跨文化翻译亦有"修德"的要求。如《左传·襄公二十四年》之所示："大上有

---

　　① 严复：《天演论·译例言》，商务印书馆 1981 年版，第 XI 页。
　　② 这是许广平的总结［详见许广平《鲁迅与翻译》，载罗新璋、陈应年（编）《翻译论集》，商务印书馆 2009 年版，第 388 页］。依许广平所记，鲁迅讲的是"凡是翻译，必须兼顾着两面，一当然力求其易解，一则保存着原作的丰姿，但这保存，却又常常和易懂相矛盾，看不惯了"［许广平：《鲁迅与翻译》，载罗新璋、陈应年（编）《翻译论集》，商务印书馆 2009 年版，第 373 页］。鲁迅的"两面"亦即儒家所说的"两端"，这样，"执其两端"，也就是把握好"易解"或"易懂"与"原作丰姿"的互动关系，就等于是把握到了主要的"矛盾"。翻译活动也就是有关问题的解决过程。
　　③ 钱锺书：《林纾的翻译》，载钱锺书《钱锺书散文》，浙江文艺出版社 1997 年版，第 269—311 页。
　　④ 傅雷：《〈高老头〉重译本序》，载罗新璋、陈应年（编）《翻译论集》，商务印书馆 2009 年版，第 623—624 页。
　　⑤ 王弼（注）、孔颖达（疏）：《周易正义》（李学勤主编，《十三经注疏》之一），北京大学出版社 1999 年版，第 15 页。

立德，其次有立功，其次有立言。虽久不废，此之谓不朽。"①"立言"有功，亦可"不朽"。（二）"诚"之锻造，主要目的是在"成人"。

对于前者，上引牟宗三的论断，已足以告诉我们，"诚"之导向是在哪里。《礼记·中庸》讲得明白："诚者，天之道也。诚之者，人之道也。"② 故而，严复没有展开论述的是：（一）"天道"并不在场，"人道"之"诚"如何形成或成立？（二）仅仅将"修辞立诚"之"诚"作为强调重心，是否已因倡言"人作文应诚信"，而趋向次一级的要求，故而，将人与天及天道拉开距离，同时也就不能体现"真诚"或"至诚"？（三）怀抱此"作文立诚"之"诚"，有何针对性的意义，而可使一种文化的理论论说，适用于跨文化的交流？

我们在与严复拉开距离之后，才可发现：这里的思路的偏颇，不也一样是对"执其两端"的中庸之道的偏离吗？但是，这里还是可以引出儒家思想的译论，似乎并未见继承，我们看到的却是，"同类"的理论系统之中另外一些名号。

现代诸如"中国特色的翻译理论"（张柏然）③、译论的"中国翻译理论"（刘宓庆）④，以及"三美"、"三化"及"三之"（许渊冲）⑤等议题，尝试以普适性的中国形态理论话语，为译论建构定调。近年

---

① 《春秋左传注》，杨伯峻编著，中华书局 1981 年版，第 1088 页。

② 郑玄（注）、孔颖达（疏）：《礼记正义》（李学勤主编，《十三经注疏》之六），北京大学出版社 1999 年版，第 1448 页。

③ 张柏然、姜秋霞：《对建立中国翻译学的一些思考》，《中国翻译》1997 年第 2 期；张柏然、张思洁：《翻译学的建设：传统的定位与选择》，《南京大学学报》2001 年第 4 期；张柏然、辛红娟：《中国需要创建自己的翻译学派》，《中国外语》2005 年第 5 期；张柏然：《建立中国特色翻译理论》，《常州工学院学报》2008 年第 6 期；张柏然、许钧：《典籍翻译：立足本土 融合中西》，《中国社会科学报》2017 年 5 月 26 日。

④ 刘宓庆：《中国翻译理论基本原则刍议》，《湖南社会科学》1989 年第 2 期；刘宓庆：《中国翻译理论的基本模式问题》，《现代外语》1989 年第 1 期；刘宓庆：《中国现代翻译理论的任务——为杨自俭编之〈翻译新论〉而作》，《外国语》1993 年第 2 期；刘宓庆：《再论中国翻译理论的基本模式问题》，《中国翻译》1993 年第 2 期；刘宓庆：《关于中国翻译理论的美学思考》，《青岛海洋大学学报》1995 年第 1 期；刘宓庆：《流派初论——迎接中国译坛流派纷呈的时代》，《中国外语》2006 年第 6 期。

⑤ 许渊冲：《再谈"意美、音美、形美"》，《外语学刊》1982 年第 4 期；许渊冲：《三谈"意美、音美、形美"》，《深圳大学学报》1987 年第 2 期；许渊冲：《知之·好之·乐之·三之论——再论发挥译语语言优势》，《外语与外语教学》1998 年第 6 期。

来的"文学翻译标准和谐说"（郑海凌）①、"和合翻译学"（吴志杰）②
及"大易翻译学"（陈东成）③，这些论述都具有一定的理论形态，但
效验或待审查。很明显，这些理论系统，亦都未以中庸之道为纲。

不过，从"中国特色"到"中国化"的呼声唤出，中国翻译研
究已见新貌。但"以儒解儒"，方可彰显中华文化精神核心部分的儒
家思想真意，而对翻译理论建构必需的人文省察、儒家经典"以儒解
儒"再解读和重译及阐释学走出虚无主义，产生作用。

尼采提出"上帝死了"④，认为"人从中心滚到未知的 X 中"⑤，

---

① 郑海凌：《翻译标准新说：和谐说》，《中国翻译》1999 年第 4 期。

② 吴志杰：《中国传统译论研究的新方向：和合翻译学》，《南京理工大学学报》2011
年第 2 期；吴志杰：《和合翻译学论纲》，《广西大学学报》2012 年第 1 期；吴志杰：《构建
和合翻译学的设想》，《外语教学》2012 年第 2 期。

③ 陈东成：《大易翻译学中的"译之义"》，《华北水利水电学院学报》2012 年第 5
期；陈东成：《翻译本质的大易视角研究》，《贵阳学院学报》2013 年第 6 期；陈东成：《翻
译标准的大易视角研究》，《湖南第一师范学院学报》2013 年第 6 期；陈东成：《翻译批评
原则的大易视角研究》，《云梦学刊》2014 年第 1 期；陈东成：《翻译审美的大易视角研
究》，《湖南社会科学》2014 年第 1 期；陈东成：《复译原因的大易阐释》，《广州大学学
报》2014 年第 4 期；陈东成：《翻译伦理的大易阐释》，《外国语文》2014 年第 2 期；陈东
成：《大易翻译学初探》，《周易研究》2015 年第 2 期。

④ 尼采特地提出："在康德看来，如若没有再生，所有人类的美德就都是一些耀眼
的蹩脚货。这种改善只有借助于理智性格才是可能的；要是没有后者，就不会有自由；既
不会有世界中的自由，也不会有人类意志中的自由，也不会有达到恶之解脱的自由。如果
这种解脱并不在于改善，那它就只可能毁灭。经验性格的起源，向恶的习气、再生，在康
德那里乃是理智性格的行为；经验性格必须在其根源处经历一种改过自新。"（［德］尼采：
《权力意志——1985—1989 遗稿》，孙周兴（译），商务印书馆 2007 年版，第 309 页）这里
的"性格"亦可解为"人格"，而"人的人格"，如尼采所指出的，是要经历"神"的挽
救，才可企及"真正的格"，或者说真正有其"格"的"新生"的，但是，那岂不是在另
一个世界？即令身在此世，可得"神"之救助，"理智性格"之在"根源处"，其起初就是
"原罪"滥觞的结果，又如何得救或曰"改过自新"？因而，如此的"理智性格"最终衬托
出的或体现的，至多不过是"人生虚无"，还能有别的价值和意义吗？如此，"理智"便几
乎像"上帝"一样，必让人首先承认此世之"人"之"原罪之恶"，方可显扬"彼岸之善"
之魅；而且，在这样的过程中，追求"科学的进步"？无怪乎，尼采鞭辟入里地指出："对
'进步'的信仰——在理智的低级领域里，它表现为上升的生命：但这是一种自欺；在理智
的高级领域里，它表现为下降的生命。"（同上书，第 337 页）如此，"路德复述了基督教的
基本逻辑，道德的不可能性因而也包括自我满足的不可能性，恩典的必然性因而也包括奇
迹以及命定的必然性。根本上，是一种抑制状态的告白以及一种自我蔑视的发作"（同上
书，第 6 页）。"黑格尔：他的通俗的方面是关于战争和伟人的学说。正义归于胜利者，胜
利者就是人类的进步。"（同上书，第 192 页）

⑤ ［德］尼采：《权力意志——1985—1989 遗稿》，孙周兴（译），商务印书馆 2007
年版，第 149 页。

"最高价值的自行贬黜"①，经由后现代"作者死了"、"历史终结"乃至"人死了"等终结论，阐释学深陷虚无主义；仍如其所说，"同一个文本可以有无数种解释：没有什么'正确的'解释"②。尼采强调："世界是可以有不同的解说的，它没有什么隐含的意义，而是具有无数的意义，此即'透视主义'。"③ 如果西方认识论之下的"解释"就是趋向如此的"透视主义"，而且，最终趋向的是"虚无主义"，那么，要想使之具有"人"的价值和意义，而不是尼采所说的"世界的价值就包含在我们的解释中"、"与我们有某种关涉的世界是虚假的，亦即并不是一个事实"④，或只有另辟蹊径，而不是再运用"透视主义"？因为，和认识论一样，"透视主义"也一定会突出人作为"观察者"，以其"看"来决定事物的"本质的解释"，经过如尼采所说，"透视性（das Perspektivishce）给出'虚假性'特征"⑤。而这样的"看"，选择的立场、占据的位置，乃至选择的角度，岂不一样与认识论形成一致的"视点"，进而"聚焦"于所看之物，而如此突出的"焦点"也就会导致被看者的"透镜"⑥ 透出，而背景消隐？

---

① ［德］尼采：《权力意志——1985—1989 遗稿》，孙周兴（译），商务印书馆 2007 年版，第 400 页。
② ［德］尼采：《权力意志——1985—1989 遗稿》，孙周兴（译），商务印书馆 2007 年版，第 38 页。
③ ［德］尼采：《权力意志——1985—1989 遗稿》，孙周兴（译），商务印书馆 2007 年版，第 362 页。
④ ［德］尼采：《权力意志——1985—1989 遗稿》，孙周兴（译），商务印书馆 2007 年版，第 135 页。
⑤ ［德］尼采：《权力意志——1985—1989 遗稿》，孙周兴（译），商务印书馆 2007 年版，第 1109 页。
⑥ 尼采揭示："一个人证明给他人看的行动应当比他证明自己的行动更高级，而他人也同样如此，如此等等；［人们］之所以把行动称为善的，只是因为一个人在行动时心里没有自己，而只想着［他者］的幸福——这个看起来疯狂的想法自有其意义，因为作为集体意志的本能，它的依据是那种估价，即：个人根本上没什么要紧的，但所有人集合起来就十分重要了，前提是，他们要构成一个共同体，具有共同的感受和共同的良心。也就是一种练习——熟练某个确定的目光方向，是力求一个透镜（Optik）的意志，一个想使人不可能看到自己的透镜。"（［德］尼采：《权力意志——1985—1989 遗稿》，孙周兴（译），商务印书馆 2007 年版，第 323 页）这方"透镜"的确力量非凡，因为它实则能制约着人的视线，甚至最终决定着自己在"共同体"中的走向和选择，并且最为重要的是，它可以成为这样的"共同体"的制造者。易言之，"透镜"所体现的"人"的那种"看"或曰"透视"，实则已决定人自身的社会化生存及其思想导向和道德之"人为性"。尼采显然是要揭示此"透镜"使用的"原理"的"伪造"特质，以期启迪读者：人本身就是以此方式或依之为根据在为自己做解释，而且，人就是这样的"解释"的结果。果如此，岂非与认识论迥异？那么，"透镜"既可能存在于"情感透视主义"之中，尼采又何以避开认识论的"透视"？

也就是说，看所采取的种种方法，也必和认识论一样，重其重心而忽视其边缘之物，在突出物之为物的特性的态势，丢下它所应有的全面或全貌，最终造成看本身对物的割裂和游戏？那么，即使尼采要求以"情感的透视理论替代认识论"①，最后的结果依然还是一种新的"认识论"，而且，是以"情感"为名而行"认识论"之实的认识论？尼采强调"理性思维乃是一种根据我们不能摆脱的模式进行的阐释"②，在没有摆脱掉如此的"理性思维"的情况下，"情感透视主义"的提议不啻是一种奢谈，如果这样的"情感"需要顾及或留意"物之为物"的物性以及人之为人的那种人性的"面面观"？"主动和被动意味着什么呢？难道不是意味着做主人和被征服吗？还有主体和客体呢？"③

如尼采所说，"思维"在"出发点"上就有问题："客体和主体——有缺陷的矛盾体。它们不是思维的出发点！我们让语言迷惑自己"④；而且，其"本质"乃是"强加"："思维的本质是，把不受制约的东西强加给受制约的东西，就像把'自我'强加给众多的过程一样，这都是臆想。因为思维要按照它自己设定的标准来衡量世界，即根据它臆造的'不受制约之物'、'目的语手段'、事物、'实体'、逻辑规律、数量和形态来衡量世界"⑤；那么，换一种方式去对待这个世界，是否更具针对性？因此，尼采强调："我想，你不要用'为

---

① 此语的英译为：In place of "epistemology," a perspective theory of affects，参见 Friedrich Nietzsche, *The Will to Power*, trans. Walter Kaufman and R. J. Holligale, New York: Vintage Books, 1967, p. 255。译文参见朱彦明《尼采的视角主义研究》，复旦大学博士学位论文，2008 年，第 16 页。孙周兴译为："以情绪的透视学说［……］取代'认识论'。"（参见［德］尼采《权力意志——1985—1989 遗稿》，孙周兴（译），商务印书馆 2007 年版，第 389 页）另一个译文是："用欲望的远景观取代所谓'认识论'。"（引自［德］尼采《权力意志：重估一切价值的尝试》，张念东、凌素心（译），中央编译出版社 2000 年版，第 154 页）

② ［德］尼采：《权力意志——1985—1989 遗稿》，孙周兴（译），商务印书馆 2007 年版，第 225 页。

③ ［德］尼采：《权力意志——1985—1989 遗稿》，孙周兴（译），商务印书馆 2007 年版，第 358 页。

④ ［德］尼采：《尼采遗稿选》，虞龙发（译），上海译文出版社 2005 年版，第 56 页。

⑤ ［德］尼采：《尼采遗稿选》，虞龙发（译），上海译文出版社 2005 年版，第 79 页。

了'和'因为''目的是'去做某事，而是为了事物的本身和对它的爱。"① 儒家思想就是这样的"不为别的什么"，但能体现"为了事物本身和对它的爱"的思想。

如此，一力弘扬"仁爱之人"的儒家思想如何打造跨文化的"人"，便成历史需要。"心"起着十分关键的作用。这一点，可以《周易·系辞上》中的一段论述为证：

> 易无思也，无为也，寂然不动，感而遂通天下之故。非天下之至神，其孰能与于此？夫易，圣人之所以极深而研几也。唯深也，故能通天下之志；唯几也，故能成天下之务；唯神也，故不疾而速，不行而至。子曰：《易》有圣人之道四焉者，此之谓也。②

这里的"感而遂通"，或正可印证儒家的思想导向，与西方的"认识论"截然不同。"易道"作为先天的原则，体现着宇宙智慧的统一，故而，它是"无思"、"无为"的，而一旦发动，或曰一旦"相感"，即可"贯通"。不过，对"感"，诸家的解释并不清楚：

> 王弼注：至神者，寂然无不应也。
> 孔颖达疏：有感必应，万事皆通，是"感而遂通天下之故"也。③
> 朱熹注：易，指筮卦。无思无为，言其无心也。寂然者，感之体。感通者，寂之用。人心之妙，其动静亦如此。④

---

① ［德］尼采：《尼采遗稿选》，虞龙发（译），上海译文出版社2005年版，第86页。
② 王弼（撰）、楼宇烈（校释）：《周易注》，中华书局2011年版，第354—355页。
③ 王弼（注）、孔颖达（疏）：《周易正义》（李学勤主编，《十三经注疏》之一），北京大学出版社1999年版，第284页。
④ 朱熹：《周易本义》，廖明春（点校），中华书局2009年版，第238页。

　　王弼之注只是点出"寂然无不应"，孔颖达之疏则突出"有感必应"，都未及说明"感"究竟为何意。而朱熹将"易"解为"筮卦"活动本身，大大缩小了"易"之为"易"的规律性显现的范围，同时也就降低了它的哲学高度，甚至使之平庸化。他复将"寂然"与"感通"联系起来解释，但"感"究竟指的是什么，也一样未及说明。①

　　一般而言，"感"被释为"阴阳交感"②；也有将之解为"受命后产生的反应，即'其受命也如响'之意"③。"其受命也如响"为《周易·系辞上》中句子。全文为："是以君子将有为也，将有行也，问焉而以言，其受命也如响，无有远近幽深，遂知来物。"④ 显然这也是将"感"与卜卦联系起来，像朱熹一样，没有关注或突出其形而上意向。此二解亦未释"感"本身的意义。

　　而另有一解曰："综核言之，易有圣人之道者三：即其本言，则精一执中，见机而作，故能成天下之务，所谓天下之至精；即其末言，则深微幽渺，万物遂情，故能通天下之志，所谓'天下之至变'；即其本末兼核而言，则不疾而速，不行而至，'感而遂通天下之故'，所谓'天下之至神'。几者，微也，孟子所谓端也、研几，即于心体端微处用功，使终能感而遂通也。然此所谓心非止一人之心，实天地万物一体之心也。"⑤ 这里对"感"的解释似乎突出的是

---

　　① 牟宗三强调，"这一段话这个神最清楚最精辟"，"体现《易传》最洁净精微的就是这一段"（详见牟宗三《四因说演讲录·周易哲学演讲录》，中国台北联经出版事业有限公司 2003 年版，第 92 页）。但是，他对"感"的解释也并没有达到应有的高度："但是你一问，你有占卜这个感应呀，它一感就通天下之故。［……］故，当故事讲。通天下，全部宇宙的故事，统统通到。'通天下之故'，就是一通全通，就是全部宇宙都通彻。"（同上书，第 137 页）此解仍然坚持"占卜"之人的作为，不一定突出"易"本身的"感而遂通"？

　　② 张延伟、张延昭：《周易溯本》（下），河南大学出版社 2014 年版，第 623 页；王振复：《周易精读》，复旦大学出版社 2009 年版，第 305 页。

　　③ 《周易评注》，唐明邦（主编），中华书局 2009 年版，第 251 页。

　　④ 王弼（注）、孔颖达（疏）：《周易正义》（李学勤主编，《十三经注疏》之一），北京大学出版社 1999 年版，第 283 页。

　　⑤ 郑秉元：《周易义疏》，上海古籍出版社 2011 年版，第 391 页。

"圣人之道"与之的关系。

实际上，若将"无思"和"感"合而观之，就会发现，此语说的是，"易道"之为天道之体现，原初意义上是"无思、无为"的，但一旦发动，便"无思而无不思"、"无为而无不为"。其原因在于，人心与之息息相通，而使之与人心相"感"。而这意味着，不论是人还是易道所体现的天道，其核心就是"心"。二心交互感应，而导致"遂通天下"，也就是"使天下相沟通或贯通"。应该强调，"思"依其字义，应作"心田"解，在这里说的是，"易道"起初无所谓"心田"，但一旦与人心相感，则"心田"既立，并与人心一起形成真正的"天地之心田"。同样地，"感"字之构成为"咸心"，也就是"全部是心"。"思"之"心田之中的生命萌动"，引发万事万物"全体之心"，故而整个"天下"息息相关、息息相通，也就是自然而然的事情了。

因此，中国古人相信，整个世界是可以相互影响的世界，而彼此相关的预设在于，不论是人还是物，都能印证宇宙精神，而这样的精神端在于，"心"的"全体大用"。故而，朱熹即使将"易"解为"筮卦"，也一样要强调，"人心亦如此"。如此的强调，其背后的思想支持乃是，这个世界充溢着勃勃的生机，而既然都是生命的表现，其中的"心"自然可以相互往还、交流。因此，这里并不存在尼采所说的"透视主义"的视角选择、人物分别、边缘排斥、弱项清除的意味，而只有对生命本身的认可及其一致性的礼赞。

同样是哲学思想，二者全然不同，本可互为补充①。而长期以来，"（易道之）感通"被遮蔽在"迷信"的远古洪荒之中，对其

---

① 这是与西方思想倾向截然相反的。尼采强调："人们把两种思维方式相互对置起来，就仿佛它们在真理问题上相互争吵似的：而实际上，两者只不过是各种状况的征兆，它们的斗争证明了一个基本的生命问题的现成存在，而不是一个哲学家问题的现成存在。我们何所归属？——我们是——"（［德］尼采：《权力意志——1985—1989 遗稿》，孙周兴（译），商务印书馆 2007 年版，第 1141 页）

思想之体现，迹近失迷①。可以注意到，我们正是透过字体本身所含的意义来释解"思"和"感"的意义的。而这正是跨文化翻译一向不太关注的。也就是说，本来汉字书写系统作为与西方文字系统不相一致的系统，若其意涵适宜于义理的体现，那本来是应在跨文化翻译之中加以转译的。历史的忽视，不仅使汉语这方面的优势得不到印证，而且，即令是在语内的释解之中，也未必见出其优胜之处。

翻译研究领域，大有尼采所说的"虚无主义"滋生温床的意味。比如说，试图走海氏路线的斯坦纳坚持，翻译无理论，岂不知它所关涉的正是人生之真谛②。皮姆的《哲学与翻译》亦承认海氏的重要性，但文末却把本来设置为哲学、译论和实践三层的系统，缩略为理论与实践两层，大有游戏文字之势③。提出"文化转向"影响一时的巴斯奈特著文《文化与翻译》，本应得出"转向"对象为"文化"的结论，但却强调文化与语言"密不可分"④。另一位名家赫曼斯著文再思"厚重翻译"，但亚里士多德的《诗学》中的"爱"字，竟推崇

---

① 比如，墨子刻就将"贯通"解为：forming a logically unified understanding out of enlightened ideas（参见墨子刻《论唐君毅哲学与西方哲学的权威性问题》，载刘笑敢编《中国哲学与文化》第八辑《唐君毅与中国哲学研究》，桂林：广西师范大学出版社2010年版，第89页）。这里，"贯通"被直接以 logic 取代，岂不知"中国哲学"极少见对之的重视？此或正是将"西方哲学"强加给中国哲学的表现。至于"通"，其前有"贯"，很容易让人联系上"吾道一以贯之"（《论语·里仁》）[何晏（注）、邢昺（疏）：《论语注疏》（李学勤主编，《十三经注疏》之十），北京大学出版社1999年版，第51页]和"予一以贯之"（《论语·卫灵公》）（同上书，第207页）。而此处的"一"当可解为"心"。如此，"贯通"主要意向便是"心通"，这和"逻辑"或"逻格斯"有何干系？

② George Steiner, *After Babel*: *Aspects of Language and Translation*, Shanghai: Shanghai Foreign Language Education Press, 2001.

③ Anthony Pym, "Philosophy and Translation", eds. Piotr Kuhiwczak and Karin Littau, *A Companion to Translation Studies*, Clevedon: Multlingual Matters Lmt., 2007, pp. 24 – 44.

④ Susan Bassnett, "Culture and Translation", eds. Piotr Kuhiwczak and Karin Littau, *A Companion to Translation Studies*, Clevedon: Multlingual Matters Lmt., 2007, pp. 13 – 23.

具象化英译①。如此不遵"逻辑"规矩，抑或"逻辑"到了后现代确已失效？

"若以逻辑与认识论的观点看中国哲学，那么中国哲学根本没有这些，至少可以说贫乏极了"（牟宗三语）。若逻格斯/逻辑本非理论构建之主宰，中国哲学尤其是儒家思想正可发挥优势，而为翻译理论"说法"，以其"仁本主义"来影响世界。

有诸如熊十力、梁漱溟、钱穆、牟宗三及杜维明等新儒家"文化大同"的创发，有多年来国学和哲学界所获成果如成中英"本体诠释学"②、王博"以儒学为中心的中国的解释学"③、林维杰"朱熹阐释学"④、李幼蒸"儒学解释学"⑤、汤一介"中国阐释学"⑥ 及黄玉

---

① Theo Hermans, "Cross-cultural translation studies as thick translation", *Bulletin of the School of Oriental and African Studies*, Vol. 66, No. 3, 2003, pp. 380 – 389.

② 成力:《成中英谈本体诠释学》,《哲学译丛》1986 年第 3 期；成中英、毛晓:《本体诠释学是什么?》,《唐都学刊》1996 年第 4 期；成中英:《本体诠释学体系的建立：本体诠释与诠释本体》,《安徽师范大学学报》2002 年第 3 期；成中英:《本体诠释学三论》,《安徽师范大学学报》2004 年第 4 期；On-cho Ng, "Toward a Hermeneutic Turn in Chinese Philosophy: Western Theory, Confucian Tradition, and CHENG Chung-ying's Onto-hermeneutics", *Dao*, Vol. 6, No. 4, 2007；成中英:《论本体诠释学的四个核心范畴及其超融性》,《齐鲁学刊》2013 年第 5 期；成中英、管月飞:《诠释学中的存在接受性与意义创造性：从伽达默尔到本体诠释学》（上）,《安徽师范大学学报》2014 年第 5 期；成中英、管月飞:《诠释学中的存在接受性与意义创造性：从伽达默尔到本体诠释学》（下）,《安徽师范大学学报》2014 年第 6 期；路强:《本体诠释学：本体与超融——成中英教授访谈录》,《晋阳学刊》2014 年第 3 期；成中英:《船山易学的本体诠释》,《船山学刊》2015 年第 4 期；成中英:《经典诠释的公理化方法与本体诠释学》,《九江学院学报》2017 年第 4 期。

③ 详见《〈中国解释学史——以儒学为中心〉的中期检测报告》, 2018 年 2 月 5 日,《全国哲学社会科学工作办公室》网站（http://www.npopss-cn.gov.cn/n1/2016/1201/c355774-28918238.html）。

④ 林维杰:《宋明儒学之分系问题及其诠释学上的意涵》,《安徽师范大学学报》2000 年第 4 期；林维杰:《朱熹与伽达默尔对话中的存有论转化》,《国际汉学》2009 年第 2 期。

⑤ 李幼蒸:《儒家解释学》, 中国人民大学出版社 2009 年版。

⑥ 汤一介:《论创建中国解释学问题》,《学术界》2001 年第 4 期；汤一介:《论创建中国解释学问题》,《社会科学战线》2001 年第 1 期；汤一介:《再论创建中国解释学问题》,《中国文化研究》2000 年第 1 期；汤一介:《三论创建中国解释学问题》,《中国文化研究》2000 年第 2 期；汤一介:《"道始于情"的哲学诠释——五论创建中国解释学问题》,《学术月刊》2001 年第 7 期。

顺"生活儒学与阐释学"① 研究等的强力支持，有西方阐释学至于翻译研究的运用研究（如朱健平）的先例借鉴，构建儒家翻译学，已成学术正途之延伸。

自传教士东来，《四书》等儒家元典经基督教化、常识化和近年的哲学化，其历史轨迹虽逐见对儒家思想本身的忠实，但鲜见取法儒学正轨，有偏大义不可避免。自朱熹的《集注》问世以来，《四书》成为科举必读书目，以其强大的感染力深刻影响中国历史、国人的行为和思想，而致力于此者，从 David D. Collie（1828）、理雅各到 James R. Ware；从 Arthur Waley、Burton Watson、Edward Slingerland、Ezra Pound、白牧之与白妙之到安乐哲等；从陈荣捷到 Wm. Thedore de Bary；从林戊荪、赵甄陶到许渊冲；从辜鸿铭、林语堂、刘殿爵、金安平，以至于倪培民（2017），儒家典籍的翻译名家

① 黄玉顺：《生活儒学——儒家哲学的重建》，《纪念孔子诞生 2555 年国际儒学联合会会议论文集（卷二）》，2004 年；黄玉顺：《复归生活 重建儒学——儒学与现象学比较研究纲领》，《人文杂志》2005 年第 6 期；黄玉顺：《论生活儒学与海德格尔思想——答张志伟教授》，《四川大学学报》2005 年第 4 期；黄玉顺：《"生活儒学"以及公民道德问题》，《北京青年政治学院学报》2006 年第 2 期；黄玉顺：《儒学与现象学的分野——关于〈生活儒学导论〉的对话》，《原道》2007 年；黄玉顺：《"儒学"与"仁学"及"生活儒学"问题——与李幼蒸先生商榷》，《四川大学学报》2008 年第 1 期；黄玉顺：《生活儒学：关于"实践"的"理论"——答干春松教授》，《杭州师范大学学报》2009 年第 3 期；黄玉顺：《生活儒学的正义理论》，《当代儒学》2011 年第 1 期；黄玉顺：《中国正义论的重建——生活儒学的制度伦理学思考》，《文史哲》2011 年第 6 期；黄玉顺：《生活儒学关键词语之诠释与翻译》，《北大中国文化研究》，2011 年；黄玉顺：《生活儒学关键词语之诠释与翻译》，《现代哲学》2012 年第 1 期；黄玉顺：《生活儒学与中国正义论——从我研究儒学说起》，《深圳大学学报》2014 年第 1 期；黄玉顺：《"角色"意识：〈易传〉之"定位"观念与正义问题——角色伦理学与生活儒学比较》，《齐鲁学刊》2014 年第 2 期；黄玉顺：《情感与存在及正义问题——生活儒学与中国正义论的情感观念》，《当代儒学》2014 年第 2 期；黄玉顺：《论"重写儒学史"与"儒学现代化版本"问题》，《现代哲学》2015 年第 2 期；黄玉顺：《当代儒学：路在何方？——〈原儒〉二十周年纪念座谈会上的发言》，《当代儒学》2015 年第 1 期；黄玉顺：《论"生活儒学"与"生活的儒学"》，《中州学刊》2016 年第 10 期；黄玉顺：《前主体性诠释：主体性诠释的解构——评"东亚儒学"的经典诠释模式》，《哲学研究》2019 年第 1 期；黄玉顺：《面向生活本身的儒学——黄玉顺"生活儒学"自选集》，四川大学出版社 2006 年版；黄玉顺：《爱与思——生活儒学的观念》，四川大学出版社 2006 年版；黄玉顺：《儒学与生活——"生活儒学"论稿》，四川大学出版社 2009 年版；黄玉顺：《儒家思想与当代生活——"生活儒学"论集》，光明日报出版社 2009 年版；《黄玉顺生活儒学研究》，涂可国（主编）齐鲁书社 2017 年版。

辈出，成就不能不认可，但返本开新需复归正途。其思想价值不辩自明。

第六节　安乐哲的"中庸"focusing the familiar 的"透视主义"问题

儒家翻译学，最为重要的，还可能是，"诚心正意"的"心道"作用：它作为一种理论系统，或与西方的"认识观"并不能趋向一致。不妨仍以尼采笔下的"碎片"为例加以说明：

我的眼睛从现今观望过去，所见的总是同一个东西：残肢断体和可怕的偶然——唯独没有看见人！①

---

① ［德］尼采：《扎拉图斯特拉如是说：一本为所有人又不为任何人所写之书》，黄明嘉、娄林（译），华东师范大学出版社 2009 年版，第 240 页。此句的英译为：And if my gaze flees from the now to the past；it always finds the same：fragments and limbs and grisly accidents - but no human beings！（Friedrich Nietasche：*Thus Spoke Zarathustra*：*A Book for All and None*, trans. Adrian Del Caro, Cambridge：Cambridge University Press, 2006, p. 110）。第二个英译是：And when mine eyes fleeth from the present to the bygone, it findeth ever the same：fragments and limbs and fearful chances - but no men！（引自 Friedrich Nietasche：*Thus Spoke Zarathustra*：*A Book for All and None*, trans. Thomas Common, http：//www. doc88. com/p-4095130374136. html, 2019. 7. 4）。第三个译文为：And if my eye flees from the now to the formerly, it always finds the same thing：fragments and limbs and terrible accidents - but no men！（引自 Friedrich Nietasche：*Thus Spoke Zarathustra*：*A Book for All and None*, trans. Thomas Wayne, New York：Algora Publishing, 2003, p. 106）。另见其他四个汉语译文，其一："我的眼睛由现在逃回过去里，而我发现的并无不同：断片，肢体与可怕的机缘，——而没有人！"（［德］尼采：《查拉图斯特拉如是说》，尹溟（译），北京文化艺术出版社 1987 年版，第 152 页）其二："移我的眼光由现在入于往古：则所发现者大致一般，残片，断肢，与可怕的偶然——但寂无其人！"（［德］尼采：《苏鲁支语录》，徐梵澄（译），商务印书馆 1992 年版，第 139 页）其三："当我的眼睛从现在逃往过去时：看到的也总是同样情况：碎块和断手断脚和偶然——可是却没有任何人！"（［德］尼采：《查拉图斯特拉如是说》（详注本），钱春绮（译），生活·读书·新知三联书店 2007 年版，第 157—158 页）其四："我的眼睛由现在逃回过去里：而我发现的并无不同：断片，肢体与可怕的机缘，——而没有人！"（［德］尼采：《尼采文集·查拉斯图拉卷》，王岳川（编），周国平等（译），青海人民出版社 1995 年版，第 114 页）这里抄录的第一个和第四个中文译文，行文未见有何差异。

我们注意到的是，尼采所说的"看"。在前文之中，尼采笔下的查拉斯图特拉感叹：

> 真的，朋友们，我在人群里走着，像在人类之断片与肢体里一样！
>
> 我发现了人体割裂，四肢抛散，如在战场上屠场上似的，这对于我的眼睛，实是最可怖的事。①

"发现"、"眼睛"所突出的仍是"看"，凭着如此之"看"才察觉到"最可怖的事"。而这样的"看"显然是尼采本人所说的"透视主义"的一种能力：以眼力来观察事物、判断世间的变化进而断定问题所在。不过，正是这样的"看"可使我们发现，一向被人视为观点激进到极致的尼采，实质上还是在沿袭古希腊人的"看"。因为，依海德格尔，真理就在于遮蔽和解蔽的二重性之中。而不论解蔽还是遮蔽，都是要取决于"看"的能力。而尼采的"透视主义"之要点是，没有真理，只有解释②。"看"，在海德格尔那里，若还存在传统二元论思想承继的话，在尼采这里，因"人本身"的"碎片化"而使其结果目不忍睹到"可怖"的惨状：人本身被肢解，或曰解构。人的完整性或整体性，因"看"之"后现代化"而进入虚无主义，再无复原如初的可能。抑或是，尼采所说的"价值重估"依需启用"看"之"审视"、"见证"和"分析"，其结果是否一样会导致"残肢断体遍地"？

这是因为，若是采用"看"，则人便可能置身事外，而力求"客观"，似乎是要脱离自身，而进入另一种"第三者"的地位，进而放开眼光，而精审万有，以期捕捉到最为根本性的东西。但如果解释也

---

① ［德］尼采：《尼采文集·查拉斯图拉卷》，王岳川（编），周国平等（译），青海人民出版社 1995 年版，第 114 页。

② 参见张典《尼采透视主义中的生命哲学和实证主义精神》，《西南政法学学报》2011 年第 3 期。

就只是解释，是为解释而进行的解释，并且最终仍然不过是既定的解释，那么，它们的目的何在？仅仅是为了凸显"虚无主义"无所不在？

尼采强调："一切赞扬和责难都透视性地从一种权力意志出发。"① 如此，"权力意志"也才是"透视"的真正目的。那么，移之于翻译研究，就难免会产生重要的疑问：若这样的观点，一直充斥于历史上的译文之中；也就是，上文所说的"认识观"一直支配着儒家经典乃至所有中华文化的跨文化的翻译，"看"是否也已因体现"终极价值"的"上帝死了"，而使人也"不复存在"？易言之，本来强行或强硬地被拉进"认识论"之"观点"、"观念"、"视角"、"视点"或"视域"下的"看"之中的"心道"与"心性"，是否相安于这样的"看"这一问题，学界还没有注意或提出，而尼采的"透视主义"的"审视"所可能带来的新的冲击，却告诉世人，这样的"看"原本就只能走向"虚无主义"，或者说，其本身就是"权力意志"的反映，那么，"我们"作为"译者"或"信使"，究竟要站在什么样的位置或立场上，才可认定，自己所欲传递、传播或传达的，就是"人"？

若是"看"的问题已经如此突出，在有关语境之下，"我们"是否应首先关注，如何另辟蹊径，而真正张扬另一种道路，如此，才可有对应性地移译"心性"的"声音"？

否则，即使换一个"视角"所产生的"解释"，是否也一样会出现尼采笔下如此惨烈的场面，即到处是"片断"和"肢体"而见不到"人"的踪迹？抑或是，所有的视角都最终会推导出如此的画面，以至于"透视主义"本身就意味着"杀戮之后的结果"？

尼采"虚无主义"地认为，"'把握一切'——这意思就是扬弃

---

① ［德］尼采：《权力意志——1985—1989遗稿》，孙周兴（译），商务印书馆2007年版，第24页。

一切透视性关系，这意思就是无所把握，错认了认识者的本质"①。但他同时又提出："透视性的领域和谬误是如何形成的呢？那是因为——借助于某个有机体——并非某个生物，而是斗争本身意愿保存自己，意愿增长并且意愿意识到自身。"②"'自我'、'主体'，透视目光的颠倒。"③

"如果对我们来说，我们的'自我'就是唯一的存在，我们要根据这种存在来使一切存在或者来理解一切存在：很好啊！这样一来，人们就蛮可以怀疑这里是不是有一个透视性的幻想——虚假的统一体，就像在地平线中，在这个统一体中一切都联合在一起了。"④

透视主义如此重视"斗争"，也一样试图突出"统一"，但是，儒家的"心"，比如说，能这样外化到引入"看"的那种特定"视角"之中，而得见的只是，如同水杯之中变形或弯曲的"筷子"吗？

但是，在尼采的后现代描述之下，"敬重"与"实存"距离遥遥，而虚无主义就是这样的"无心"之产物："我们所敬重的世界与我们所经历、我们所是的世界之间的对立渐渐明朗起来。剩下的事情是，要么取消我们的尊重，要么取消我们本身。而后者就是虚无主义。"⑤"'主体'概念的心理学历史。身体，这个事物，这个由眼睛构造起来的'整体'，唤起那种关于某个行为与行为者的区分；行为者，越来越精细地被把握的行为的原因，最后只剩下了'主体'。"⑥

他质疑说："基本问题：透视是否属于本质？而且不光是一种观

① ［德］尼采：《权力意志——1985—1989 遗稿》，孙周兴（译），商务印书馆 2007 年版，第 37 页。
② ［德］尼采：《权力意志——1985—1989 遗稿》，孙周兴（译），商务印书馆 2007 年版，第 40 页。
③ ［德］尼采：《权力意志——1985—1989 遗稿》，孙周兴（译），商务印书馆 2007 年版，第 107 页。
④ ［德］尼采：《权力意志——1985—1989 遗稿》，孙周兴（译），商务印书馆 2007 年版，第 126 页。
⑤ ［德］尼采：《权力意志——1985—1989 遗稿》，孙周兴（译），商务印书馆 2007 年版，第 154 页。
⑥ ［德］尼采：《权力意志——1985—1989 遗稿》，孙周兴（译），商务印书馆 2007 年版，第 168 页。

察方式，不同本质之间的一种联系？是不是不同的力处于联系中，以至于这种联系维系于感知之透镜？倘若一切存在本质上都是某种感知之物，那么这就是可能的。"① 但是，一切都由"透视"来决定，而"透镜"在原理上是物理学意义上的"观察"，因而需要"透镜"来首先决定。如此，若"一切存在"不是尼采这里所说的"某种感知之物"，物理学的原理如何加以把握，"透镜"之"观察"不是无效的吗？但是，这是西方思想的一贯倾向。所以，尼采强调：

我们的"认识"局限于对量的确定，也就是说

但我们不可能用什么来阻止把这种量的差异当做质来感觉。质是一种对我们而言的透视性真理；并不是一种"自在"。②

世界的多样化的存在，并不是只有一种管道可以企及，而将它的纷纭复杂归结为"质"的"透视性真理"，自然并不是真正的世界的"自在"。相反，是人的"认识"本身的"局限"，将之拉向"真理"的虚构。

那么，"看"若是最终带来的"虚无主义"的"真理"或曰"非真理"，亦即对"我们自身"的最终取消，"我们"身为"主体"，既不"存在"，"看"本身还能存在吗？即令其存在，它还有意义吗？

但是，尼采激进的断言并非"分析"的结果，而是一种"观察"，"透视性的观察"。而对于这样的观察，其导向如此，其结果亦即如此，因而是值得注意或警惕的："我们"不能将"我们自己"带入"不存在"？因此，如此的"观察"，其"透镜"的把握，还是要表现观察者自身的权势地位。所以，"阐释：何以世界解释乃是一种

---

① ［德］尼采：《权力意志——1985—1989 遗稿》，孙周兴（译），商务印书馆 2007 年版，第 219 页。

② ［德］尼采：《权力意志——1985—1989 遗稿》，孙周兴（译），商务印书馆 2007 年版，第 228 页。

支配性欲望的征兆"①。

所以，在安乐哲与郝大维所用的 focusing（焦点化）之中得到一个答案：进行此一活动的，乃为"主体"，而他或她可以其优势位置，采取适宜于自己或有利于自己的观点或曰"视角"（perspective），来对事物进行观察，以期求得"客观的效果"，也就是，将事物转化成"客体"的同时，以此特定的"眼光"的审视，而企图得出一种解释。那么，"主体客体"的二分的间隙，也就被加以弥缝，形成二者的最终关系：支配与被支配。因此，"征兆"之存在，乃是"欲望"之先在，而"欲望"的表征当然是一种"权力意志"：促使人掌握世界、把握其规律，以期求得更好地生存其中的愿望的实现。

安乐哲与郝大维合译的《中庸》，最为鲜明的引人注目之处乃是"中庸"的译文：focusing the familiar②。汉语回译为"切中伦常"③。其中的 familiar 因与 family 一词为同一词根，因而，以之来译"庸"，的确有其妙处。不过，就 focusing 而论，解为"切中"，固然有还原"中庸"之"中"的意味，但毕竟还确有"不切"之处。以尼采的"透视主义"审视有关问题，便可见出其中问题。

不过，应该指出，我们并不认同，自"透视主义"而来或与之相关的"虚无主义"：

虚无主义的极端形式或许是，一切信仰，一切持以为真，都必然是错误的：因为压根儿就没有一个真实的世界。也就是说：这是一个透视主义的假象，其起源就在我们心中（我们不断地迫

---

① ［德］尼采：《权力意志——1985—1989 遗稿》，孙周兴（译），商务印书馆 2007 年版，第 296 页。

② Roger T. Ames and David L. Hall, *Focusing the Familiar: A Translation and Philosophical Interpretation of the Zhongyong*, Honolulu: University of Hawaii Press, 2001.

③ ［美］安乐哲、郝大维：《切中伦常：〈中庸〉的新诠与新译》，彭国翔（译），中国社会科学出版社 2011 年版。

切需要一个狭隘的、压缩的、简化的世界)。①

而只是认为,以 focusing 来移译"中庸"之"中",既与"透视主义"(Perspektivismus, perspectivism)一脉相承,凸显"焦点化"的作用,但其中的问题何在?能否再现"中庸"之"中"?

第七节 "中庸"之导向、《论语》英译原理研究与本书的探索课题

传统对《论语》的注疏和解释,一般不注重其形而上内涵,而是在随文注解的同时比较关注夫子之"伦理学"或"道德论"方面的问题,或与其政治学思想的突出不无关系,但毕竟失于一偏:在出发点上舍弃了"极高明"(《礼记·中庸》)②的追求,而将目标设定在"人间"或更准确地说"人际"的范围之中,似乎夫子的思想仅适用于人与人关系的洞察。但是,若是时过境迁,则有关思想岂不过时甚或成为思想障碍?而且,限于如此的关系来探讨夫子的思想,岂不是将之拉入特定的区域,使之无可凭借,也就是,找不到真正的"法则"以为标杆,而无以揭示社会既定现象的规律?而这意味着,儒家不是要批判,而是要迎合社会现状?若是如此丢掉儒家的批判精神,不仅会使之成为早已过时的东西,而且,这样的思想原本就是无所谓哲学意义和作用的?

但是,如是所述,即使朱熹也并未将"中庸之道"作为其"集解"的指针,到了当代,问题或更为严重。不妨仍以蔡尚思对"中庸"的解说为例,对之进行说明,进而才能对"中庸之道"至于《论语》的英译的要义展开讨论。

---

① [德]尼采:《权力意志——1985—1989 遗稿》,孙周兴(译),商务印书馆 2007 年版,第 404 页。

② 郑玄(注)、孔颖达(疏):《礼记正义》(李学勤主编,《十三经注疏》之六),北京大学出版社 1999 年版,第 1455 页。

蔡尚思列举出《论语》有关"中庸"的论述，一共有 11 个方面的内涵①：（一）它是"至德"（《论语·雍也》）②；（二）"允执厥中"（《论语·尧曰》）③ 是尧、舜、禹、汤、武相传下来的；（三）中庸之次为狂狷（《论语·子路》）④；（四）中庸也是调和配合，如"文质彬彬"（《论语·雍也》）⑤、"和而不同"（《论语·子路》）⑥ 及"群而不党"（《论语·卫灵公》）⑦；（五）孔子的中庸批评，如"过犹不及"（《论语·先进》）⑧；（六）孔子的中庸举动，如"再，斯可矣"（《论语·公冶长》）⑨；（七）孔子的中庸态度，如"子温而厉，威而不猛，恭而安"（《论语·述而》）⑩，又如他主张的"五美"（《论语·尧曰》）⑪；（八）他的中庸诗说："《关雎》乐而不淫，哀而不伤"（《论语·八佾》）⑫；（九）他的"中庸吃荤"，"子钓而不纲，

---

① 蔡尚思（导读）、吴瑞武（评注）：《论语》，中华书局 2018 年版，第 47—49 页。
② 何晏（注）、邢昺（疏）：《论语注疏》（李学勤主编，《十三经注疏》之十），北京大学出版社 1999 年版，第 82 页。
③ 何晏（注）、邢昺（疏）：《论语注疏》（李学勤主编，《十三经注疏》之十），北京大学出版社 1999 年版，第 265 页。
④ 何晏（注）、邢昺（疏）：《论语注疏》（李学勤主编，《十三经注疏》之十），北京大学出版社 1999 年版，第 179 页。
⑤ 何晏（注）、邢昺（疏）：《论语注疏》（李学勤主编，《十三经注疏》之十），北京大学出版社 1999 年版，第 78 页。
⑥ 何晏（注）、邢昺（疏）：《论语注疏》（李学勤主编，《十三经注疏》之十），北京大学出版社 1999 年版，第 179 页。
⑦ 何晏（注）、邢昺（疏）：《论语注疏》（李学勤主编，《十三经注疏》之十），北京大学出版社 1999 年版，第 214 页。
⑧ 何晏（注）、邢昺（疏）：《论语注疏》（李学勤主编，《十三经注疏》之十），北京大学出版社 1999 年版，第 148 页。
⑨ 何晏（注）、邢昺（疏）：《论语注疏》（李学勤主编，《十三经注疏》之十），北京大学出版社 1999 年版，第 65 页。
⑩ 何晏（注）、邢昺（疏）：《论语注疏》（李学勤主编，《十三经注疏》之十），北京大学出版社 1999 年版，第 99 页。
⑪ 何晏（注）、邢昺（疏）：《论语注疏》（李学勤主编，《十三经注疏》之十），北京大学出版社 1999 年版，第 269 页。
⑫ 何晏（注）、邢昺（疏）：《论语注疏》（李学勤主编，《十三经注疏》之十），北京大学出版社 1999 年版，第 41 页。

戈不射宿"（《论语·述而》）①；（十）他的中庸迷信："敬鬼神而远之"（《论语·雍也》）②；（十一）他的中庸经济，如"君子周急，不济富"（《论语·雍也》）③。

蔡尚思的举证解释，缺失的维度正是哲学。首先，他并未注意，中庸与儒家宇宙论的关系，也就是人生存在整个"天下"之中的位置的特性呈现，是以偶对为之的：偶对，形成对偶，此即夫子所说的"叩其两端而竭焉"（《论语·子罕》）④的"两端"。既然世界如此存在，中庸之运用，必还之以如此的存在。也就是说，中庸之道的力量，就在于还世界以真实、真相，或曰还世界一个它自己。正是在这样的意义上，或许才可说，夫子是一个伟大的思想家。其次，蔡尚思忽视了《论语》中有关"中庸"更为重要或最为重要的表述，这便是夫子所说的"逝者如斯夫！不舍昼夜"（《论语·子罕》）⑤。"昼夜"说的是天地变化之所显示的"两端"，而对之的"不舍"，强调的则是，中庸之道体现出如此的天道变化之成规或常态，也就是，上遂之阴阳之道。因而，中庸之最为紧要的作用，是对"时"的印证："昼夜"之"不舍"，即为"执中"，而后者要求在适宜的时间去做适宜的事情，这样才可与天地之道相合。故而，《礼记·中庸》有云："道也者，不可须臾离也，可离非道也。"⑥ 在这里，才会见出"至德"的意义："不可离"的"道"，必也印证"昼夜"之相互推移规律于人身，才有所谓生存。因而，中庸之道使人上及于天或曰天道。

---

① 何晏（注）、邢昺（疏）：《论语注疏》（李学勤主编，《十三经注疏》之十），北京大学出版社 1999 年版，第 94 页。

② 何晏（注）、邢昺（疏）：《论语注疏》（李学勤主编，《十三经注疏》之十），北京大学出版社 1999 年版，第 79 页。

③ 何晏（注）、邢昺（疏）：《论语注疏》（李学勤主编，《十三经注疏》之十），北京大学出版社 1999 年版，第 71 页。

④ 何晏（注）、邢昺（疏）：《论语注疏》（李学勤主编，《十三经注疏》之十），北京大学出版社 1999 年版，第 115 页。

⑤ 何晏（注）、邢昺（疏）：《论语注疏》（李学勤主编，《十三经注疏》之十），北京大学出版社 1999 年版，第 119 页。

⑥ 郑玄（注）、孔颖达（疏）：《礼记正义》（李学勤主编，《十三经注疏》之六），北京大学出版社 1999 年版，第 1422 页。

依此两点，诸如蔡尚思所说的"狂狷"、"文质"、"乐淫"以及"敬远"等，都可视为"天道"体现于人道，或曰化为人道之所必依者。故而，只能说是"两端"之例，若是不加以"时"这一重要维度，也就无法恰切地解释中庸之义。因此，蔡尚思的举例解释，还遗漏了第三个意向："义"的问题。《礼记·中庸》强调："合外内之道也，故时措之宜也。"① 在蔡尚思这里，"天"的维度既未重视，人天相合之义自不能突出，而人心与天心之趋，也自然不能在场。夫子所代表的儒家似乎一味关注的只是，如何营造人世的生存之中相互之间的关系的规定性、规约性甚或稳固性，而不是"合宜"之"义"的顺天之理。如此，岂不同时取消了人可能的"下学而上达"（《论语·宪问》)② 的追求？随之而来的是，人之"行宜"之道，也就一样不能找到终极的依赖。那么，一方面，夫子自道"述而不作，信而好古"（《论语·述而》)③，将先贤的"文献"视为文化生命的精神，如何承继，若他们所弘扬的，也一样是"天道"之"正"？另一方面，若"道德"上的追求止步于既定既成的社会关系的特定性，夫子教人以"诗书礼乐"，其效果能达到基本要求，即可以使昏庸的社会变好吗，若这样的社会仅仅认同一己之我所处的位置及其与他人的关系的认同、理顺、发挥和改变？

蔡尚思将"敬鬼神而远之"视为"中庸迷信"，指出"又敬又远，既不很迷信鬼神，又不很否定鬼神，就中庸了"④。而从哲学的角度视之，这一解释就是不合理的。首先，既然夫子"既敬又远"，"不很迷信"，如何算得上真"迷信"？"迷信"可解为"迷惑"进而"崇信"，夫子表现出这样的"迷惑"、"痴迷"或"痴于迷"了吗？其次，"鬼神"之名既经点出，那是认可其存在，它们之所指作何理解，不需要探

---

① 郑玄（注）、孔颖达（疏）：《礼记正义》（李学勤主编，《十三经注疏》之六），北京大学出版社 1999 年版，第 1450 页。

② 何晏（注）、邢昺（疏）：《论语注疏》（李学勤主编，《十三经注疏》之十），北京大学出版社 1999 年版，第 199 页。

③ 何晏（注）、邢昺（疏）：《论语注疏》（李学勤主编，《十三经注疏》之十），北京大学出版社 1999 年版，第 84 页。

④ 蔡尚思（导读）、吴瑞武（评注）：《论语》，中华书局 2018 年版，第 48—49 页。

究，然后才可下断言吗？复次，为什么"又敬又远"，就是"中庸了"？那不还是"叩其两端"？那么，夫子之"叩"岂非属于一样的"迷信"？因而，最后，"中庸迷信"指的是"中庸"本身就是"迷信"，抑或是"迷信"之途或对象，是以"中庸之道"示之？若指的是后者，在解释之中，如此借重于"中庸"，岂不是说，思想上的"中庸"不应如此，而是要趋向"极高明"？"高明所以覆物也"（《礼记·中庸》）[①]，解释不趋向"高明"，如何使之解释力产生应有的涵盖面？

相反，如果我们认同夫子所说的"鬼神"指的是人的精神力量的某种存在方式，显露或隐匿为"归"（鬼），而它之"归来或归去"必合"一阴一阳之谓道"之义，而"神"乃为遗爱于人间的先贤之魂，故而，它们会以其"神而化之"、"神乎其神"的神秘力量，而常人难以理解[②]。与此同时，自我归入的"鬼"既往往归向其自身，我们难知其所之；而遗爱于人间的"神"则反之，二者"一鬼一神"，其本身就是"偶对"的表现，而且，相辅相成，俨然是另一种"人间"或另一个世界。"鬼神"如此的"精神动态"印证，既是"不知所以"，只能是"敬而远之"，亦即再一次还它一个"不知所以"。也就是说，夫子在强调，"鬼神"之"两端"属于"不可确知"，因而，"敬而远之"的"两端"并起之以中庸之法，便可还它一个"不可知"。其中的妙处正在于，不论是"鬼神"本身，还是"敬而远之"，夫子之所说，都是在突出中庸之道。

因此可以说，中庸之道的要义，首先表现为，它对"人道天道"之"两端"的把握，亦即，对人心企及天道的规律的呈现。此即为"合外

---

① 郑玄（注）、孔颖达（疏）：《礼记正义》（李学勤主编，《十三经注疏》之六），北京大学出版社 1999 年版，第 1450 页。

② 牟宗三指出："'神'最后跟天命不已合在一起，那'神'就有本体的意义，这从'妙万物而为言者也'那个地方见"（见牟宗三《四因说演讲录·周易哲学演讲录》，中国台北联经出版事业有限公司 2003 年版，第 147 页），因为《周易·说卦》之中所说的"这个神是就着它在万物后面而能妙万物"（同上书，第 130 页）讲的，故而与"阴阳不测之谓神"（同上书，第 272 页）和"知变化之道者，其知神之所为乎"（同上书，第 282 页）之中的"神"（同上书，第 129 页）不同。但蔡先生似对"神"此一意向未及体认。

内之道也"。这样的把握托出的应是宇宙的实在或曰真实。其次，它突出的是，依照天道的运行规律，人得其自在之"适宜"。此即为"故时措之宜也"。如此，中庸之道也就是"一阴一阳之谓道"在人间的"合宜"或曰"合义"的呈现。最后，既然人的存在呈现为如此的方式，那么，人际关系或曰道德法则，当然也就必依之而行。

"鬼神"只是理解儒家思想应遵循什么样的原理的一个例子，尽管不是最有代表性的，但足以说明，若不依之则释解不对应或曰不能达到要求，别的一切也都谈不上了。既然在儒家思想的设计中，事物的存在是如此方式，而且只有中庸之道才可企及并保持为如此的方式，那么，在进行跨文化移译的过程中，不坚持这样的道路，有其他别的道路可走吗？

故而，我们在探讨之中，并没有关注如何更加容易或快捷地为目的语读者接受这个问题，而是首先要求在学理上，怎么依"极高明"的追求，去营造新颖的东西，以再现儒家本来不是目的语文化之中原有的，而是新奇、新颖的，而这样的新奇、新颖，只有通过义理的最高要求的打造才可趋向真正的经文大义。因而，在传译过程中，也只能依靠这样的要求，来营建或曰杜撰相应的表达。

总结的话，按照我们的理解，《论语》的跨文化移译，遵循的方法论应是中庸之道。其中最为关键的是，如何凸显"天人合一"的精神，以求企及"一阴一阳之谓道"的天道理想；其次，这样的要求，表现在人事上，则首先是"合宜"的"顺时"亦即"顺天"的要求，而不是道德论的要求；复次，建造在"阴阳相合"的基础上的新词①，应呈现为动静兼具的动态过程；最后，这一过程的实质是，

---

① 瞿秋白早就说过："一般的说起来，不但翻译，就是自己的作品也是一样，现在的文学家，哲学家，政论家，以及一切普通人，要想表现现在中国社会已经有的新的关系，新的现象，新的事物，新的观念，就差不多人人都要做'仓颉'。这就是说，要天天创造新的字眼，新的句法。实际生活的要求是这样。"［见瞿秋白《鲁迅和瞿秋白关于翻译的通信·瞿秋白的来信》，载罗新璋、陈应年（编）《翻译论集》（修订本），商务印书馆2009年版，第339页］。"新的文字"的创造者"仓颉"，似乎并没有出现在近年来的儒家经文的英译舞台上，尽管其中关涉的观念的确对目的语读者而言，仍是"新的"？

事物的自我回还或曰回归。

因此，本书的研究重心置于以下这些课题："心"的历史性缺席，及其之后"思"的锻造如何可能；"中庸"本身的移译如何处理，"仁"、"绘事后素"及"学而"章的回环问题在英文之中的再现；仍然接着"心"的线索，"圣人"之"安"的社会理想的译解如何可能，夫子"作与不作"的意义、子贡的"闻一知二"和子路的"知与不知"的跨文化诠释的导向；"中庸之道"框架下，"两端"与"异端"的体知和英文再现，以及"夫子四教"的回环的内德打造。本书收录的十三篇文章，加上这里的"绪论"和附录所收的批评文章，都是要试图探究："心源"如何真正建立于英文之中？

由于前人的经文注疏注重的是"道德法则"，而英译关注的则为"以文解经"，因而，方向不同，方法迥异，我们的讨论会引出很多问题，而杜撰的新词因是实验性的，故而，也会导致很多疑问，或许只能说，所有的文章坚持"正轨"，而希求的是，未来能对《论语》跨文化的移译以及儒家翻译学有所贡献。而目前之所作，或只是开启了一个方向而已。

不过，儒家思想之跨文化传译既是"实践"问题，但更多地表现为理论的哲学化课题。或许和众多的翻译项目一样，强调思想的提升和理论的严谨是最为重要的，否则，未及思想的翻译从何谈起？但是，我们过去儒家的经文以及其他别的文本的翻译，对哲学给予足够的重视了吗？若的确给予过，翻译哲学的课题性展开，表现在何处？

第二章 "心"丢了以后:《论语》中"一以贯之"的今译和英译问题初探

第一节 问题的提出

程树德指出,"一贯之义,自汉以来不得其解"①,但他复引《朱子语类》"一以贯之,犹言以一心应万事"②,既肯定同时又批评说:"朱子之说一贯,以为犹一心应万事是也。而欲以理贯之,则非也。理者,佛家谓之障,非除去理障不见真如,如何贯串得来?"③

若以"心"解"一贯"之"一",确可突出"吾心全体大用"④,而见天地与我一体之维系之动源,以"统为一贯"。惜乎此意在现代汉语的疏解和译文中,几已荡然无存;而以英文言语表达脉络译解者,更是将"心"流放于无何有之乡,确定并引导文意的,是"逻辑化"或"概念化":"道"被抽象化为"学说"或"理论","一贯"则被再现为一个比喻,突兀而又平庸。

---

① 程树德:《论语集释》(全四册),程俊英、蒋建元(点校),中华书局1990年版,第260页。

② 程树德:《论语集释》(全四册),程俊英、蒋建元(点校),中华书局1990年版,第261页。

③ 程树德:《论语集释》(全四册),程俊英、蒋建元(点校),中华书局1990年版,第261页。

④ 朱熹:《四书章句集注》,中华书局1983年版,第6页。

明时曹端提示过世人："事事都于心上做工夫，是入孔门底大路。"① 时过境迁，"一贯之道"的今译和英译早已丢下这颗"心"。以此观之，很难说，有多少人还能体会得到，若守不住"心"之"家园"，"仁爱"无其居所，"贯之"何以可能？兹事体大，不仅关乎人立身之要，而就我们的论题而言，还牵涉英译有关课题的"心源"建立的可能。

《论语》的跨文化传译，其目的当然不是要"宣扬"西方的"理性"的"原理"、"学说"和"线索"，而首先是要再现那颗能感通、可交流、知冷暖并最终贯通天地的"心"。但荒谬的是，历史可能是在开玩笑：本来是在讲述"心"的要义的经文，在"心"未及跨出文化边界，在今译中已隐而不彰；而在英译中，取而代之的，往往是无所不在的"（理性或科学的？）原理"，或竟为只可作为比喻的某种"线索"所贯通。这是在"反向传译"进而刻画"西方或西来的孔子"？

本章试图在中庸之道指导下，先对学界对"一以贯之"的意义疏解进行分析，进而对今译的有关问题加以揭示，然后就英译展开讨论，最终在文末推出英文新译。我们认为，中庸之道理应作为方法论，为《论语》的译解提供思想指南。这本是解析儒家思想进而处理有关问题的最为基础性的东西，但越是"中国的"、"古典的"，学界和译界越是没有给予应有的甚或基本的关注？因而，本章以抛砖引玉之求，期待学界更多努力。

第二节 "一贯之道"：传统疏解中的"心与理"与现代疏解中"心"的缺席和"理性"的登场

《论语》之中，"一贯之道"出现两次，涉及"夫子之道"，进而

---

① 黄宗羲：《明儒学案》（下册），沈芝盈（点校），中华书局 1985 年版，第 1061—1063 页。

关乎"夫子之学"：

> 子曰："参乎！吾道一以贯之。"曾子曰："唯。"子出，门人问曰："何谓也？"曾子曰："夫子之道，忠恕而已矣。"《论语·里仁》①
>
> 子曰："赐也，女以予为多学而识之者与？"对曰："然。非与？"曰："非也，予一以贯之。"《论语·卫灵公》②

《论语注疏》中，何晏并未为"一以贯之"加注。而邢昺疏曰：

> "吾道一以贯之"者，贯，统也。孔子语曾子言，我所行之道，唯用一理以统天下万事之理。③

这显然与上文所引程树德所批评的朱子的论断相近。不过，朱熹也并不是没有提及"心"的作用。他的"理一分殊"，是在对曾子所说的"夫子之道，忠恕而已矣"所做的注中提出的。而他对"一以贯之"的注则是：

> ［……］贯，通也。［……］圣人一心，浑然一理，而泛应曲当，用各不同。曾子于其用处，盖已随事精察而力行之，但未知其体之一尔。夫子知其真积力久，将有所得，是以呼而告之。［……］④

---

① 何晏（注）、邢昺（疏）：《论语注疏》（李学勤主编，《十三经注疏》之十），北京大学出版社 1999 年版，第 51 页。
② 何晏（注）、邢昺（疏）：《论语注疏》（李学勤主编，《十三经注疏》之十），北京大学出版社 1999 年版，第 207 页。
③ 何晏（注）、邢昺（疏）：《论语注疏》（李学勤主编，《十三经注疏》之十），北京大学出版社 1999 年版，第 51 页。
④ 朱熹：《四书章句集注》，中华书局 1983 年版，第 72 页。

虽"用各不同"已有"理一分殊"的意味，但朱子这里突出的毕竟是"圣人一心"及其所形成的"浑然一理"。若不计其二元论分设，而聚焦其可能的一元论倾向，则上引程树德的批评或不对应；也就是说，将"心"与"理"完全对立起来的思路是说不通的。真正围绕着"理"说话，甚至是将"一"解为"理"的，是皇侃及其所引的王弼：

> [……] 贯，犹统也。譬如以绳穿物，有贯统也。孔子语曾子曰：吾教化之道，唯用一道以贯通天下万理也。故王弼曰："贯，犹统也。夫事有归，理有会。故得其归，事虽殷大，可以一名举；总其会，理虽博，可以至约穷也。譬犹以君御民，执一统众之道也。"①

尽管如此，我们仍可说，"理"既是"道"的另一种说法，"心即理"便可体现为"道"。认可这种观点，似就可消除或减弱将"吾道"拉向抽象的"理（障）"的思想倾向。兼顾两端，既不偏重于"心道"的虚悬高设，又不偏执于"理（性）"的抽象，而是将此心之所得不断付诸践履，而充分体会天生之大德，涵养之、弘扬之②。这也本来就是儒家的中庸之道的解释学要求。不过，应该指出，

---

① 皇侃：《论语义疏》，高尚榘（校点），中华书局2013年版，第90页。
② 应该指出，"理学"与"心学"毕竟各有侧重，但二者或有方法上的不同，因思想导向而产生争论。比如，朱熹《大学章句补传》曰："必使学者即凡天下之物，莫不因其已知之理而益穷之，以求至乎其根。至于用力之久，而一旦豁然贯通，则众物表里精粗无不到，而吾心全体大用无不明矣。"（朱熹：《四书章句集注》，中华书局1983年版，第6页）这无疑是欲求道于"格物致知"而进至"吾心全体大用"。而王阳明则在《大学问》中批评说："人惟不知至善之在吾心，而求之于外，以为事事物物皆有定理也。而求善于事事物物之中。是以支离决裂、错杂纷纭，而莫知有一定向。"［王阳明：《王阳明全集》（上、中、下册），吴光等（编校），上海古籍出版社2011年版，第1068页］阳明子显然和陆九渊一样，是在批判朱子之学"外向"求索，因而不免"支离"。

"理"并非孔子时代用语①，而有脱离夫子经文语境而难及于"贯之"的危险，而这说明，解经以中庸之道为据，才可确保"不过不及"。

但到了现代，在诸多疏解和译介中，已见不到这样的"中庸"追求。理想既已不再，或曰可以无视，看似在解说或译介《论语》，但何尝聆听得到遥远古代传来的"心声"？

一个例子是中国台湾学者的疏解。首先是爱新觉罗·毓鋆及其两位弟子。爱新觉罗·毓鋆指出，"一贯之道"传统上有二解：一是将"一"解为"元"②。这也是他个人的一贯主张，因而，他对《论语》的讲述，很多地方都提及此"元"。二是将之释为"仁"。但他并未对二解进一步说明，而他讲论"吾道一以贯之"时指出，夫子讲"一以贯之"是在"打谜语"，曾子亦并未真正理解，故而以"忠恕"释之，"将一变为二"③。

他的一位学生刘君祖一方面将夫子与曾子的对话比作"拈花一笑"，另一方面则强调，"如果孔子的'一'比'忠恕'更丰富、更广博，曾参当时的'唯'就有问题了，很可能是不懂装懂"④。他的另一个学生许仁图也一样认为，"忠恕之道是曾子自己的揣摩，不见得是孔子原意"⑤。

那么，这个在《论语》中得到尊称、被夫子本人评价为"鲁"（《先进》)⑥、传说中是《孝敬》撰写者或特别传人的"曾子"（《学

---

① 张岱年指出："作为哲学范畴的'理'，起源于战国中期。《论语》、《老子》中无'理'字。"（张岱年：《中国古典哲学范畴要论》，中国社会科学出版社1989年版，第39页）他还强调："在宋代哲学中，'理'成为一个这样的哲学范畴。"（同上书，第41页）

② 爱新觉罗·毓鋆：《毓老师说论语》，陈絅（整理），中信出版集团2016年版，第390页。

③ 爱新觉罗·毓鋆：《毓老师说论语》，陈絅（整理），中信出版集团2016年版，第106页。

④ 刘君祖：《新解论语》（上篇），中信出版集团2016年版，第136—137页。

⑤ 许仁图：《子曰论语》（上册），上海三联书店2014年版，第156页。

⑥ 何晏（注）、邢昺（疏）：《论语注疏》（李学勤主编，《十三经注疏》之十），北京大学出版社1999年版，第149页。

而》)①，竟然不懂夫子"一贯之道"，的确是"鲁"得过头？但夫子为什么偏偏要对这位"高弟"一人，道出"吾道一以贯之"？那不是说明，夫子对之充满信任？但这样的信任到最后却只能说明，这位高弟竟愚笨到只能让其绝望？若他还"虚伪"到"不懂装懂"，能撰写或讲述《孝敬》吗？

其次，南怀瑾也以"拈花微笑"的佛家传承来解夫子与曾子的对话，同时也一样强调，"一贯之道"类如"四字禅"，是在"打哑谜"。而曾参愚笨无知，故而将"一"改为"二"，从而形成了"'二'以贯之"②。

若曾子真的如此愚钝，接下去可能的推论，或不是论者所能注意的：（一）夫子品评曾子"鲁"，就能证明他没有能力理解夫子"一贯之道"？（二）那是否已在预设，论者才有能力知之解之；甚至是，只有他们可为解人，尽管那完全可能是自解或随意之解，而非真解？因此，（三）不顾具体情形，不能站在他人立场，又如何体贴他人优胜之处？（四）论者如此而为的确不无抬高自己、贬低古人的智慧之嫌。（五）在未及走向曾子之时，已以夫子之"鲁"的评论，将之贬至尘埃，进而认定以"忠恕"解"道"即为"以二为一"。而这正可说明，（六）论者对曾子用以解释"一贯之道"的关键词"忠恕"并无体会。（七）而这也就意味着，"忠"的"以心为中"、"此心必中"未得解会，"恕"的"将心比心"的"向心力"亦未得关注；甚至可以说，"心"的引力在这里已被摒弃，故而，论者才会说，"忠恕"是"二"而非"一"。但二字的"底层"，不就是一个"心"字吗？它不能与其本身"相贯通"吗？

依字释义，"忠"描述的是心之中时，即要求心保持"中"的动

---

① 何晏（注）、邢昺（疏）：《论语注疏》（李学勤主编，《十三经注疏》之十），北京大学出版社 1999 年版，第 4 页。

② 南怀瑾：《论语别裁》（南怀瑾《南怀瑾选集》第一卷），复旦大学出版社 2014 年版，第 159 页。

态,亦即时时相宜①,时时琢磨,而期达致"从心所欲不逾矩"(《论

---

① 依字源字典解释,金文的"忠"字,上部一"中",下部一"心"的象形描写,两形表意,用心田内有一面"守正持中"的旗帜,表示心中牢记氏族所在,即"忠诚"之义(唐汉:《图说字源》,红旗出版社 2015 年版,第 818 页)。史学家对"忠"观念何时出现是有争论的。范正宇提出,三代没有这一观念(范正宇:《"忠"观念溯源》,《社会科学辑刊》1992 年第 5 期)。李奇认为,西周奴隶社会鼎盛时期没有产生此一观念(李奇:《论孝与忠的社会基础》,《孔子研究》1990 年第 4 期)。曲德来认为,"忠"在春秋以前不曾产生(曲德来:《"忠"观念先秦演变考》,《社会科学辑刊》2005 年第 3 期)。张继军亦指出,"忠"在西周没有出现(张继军:《先秦时期"忠"观念产生极其演化》,《求是学刊》2009 年第 2 期)。王子今对范正宇提出批评,认为考古学和文献学所提供的,并不能作为充分的证据,也不能根据尚有数千字需要释读的甲骨文来确定夏商周有无"忠"的观念(王子今:《"忠"观念研究——一种政治道德的文化源流与历史演变,吉林教育出版社 1999 年版,第 18—19 页)。思想史家指出,"忠"之道德含义经过历史变化,而形成"尽心之忠"、"忠贞之忠"及"忠君之忠"三个"范畴"(张义生:《忠恕》,载《中国哲学关键词》,王月清等编著,南京大学出版社 2011 年版,第 271—278 页)。而伦理学史家则认为,"忠"的内涵主要有三个方面:与"中"古字相通,有"尽心"之意,可解为"诚"、"信"、"敬"等(欧阳辉纯:《传统儒家忠德思想研究》,人民出版社 2017 年版,第 19—29 页);论者进而在"做人之忠"和"为政之忠"两个维度加以探讨(同上书,第 37—69 页)。我们认为,上述所有这些研究,基本上都是将"忠"界定为"道德观念"。以中庸之道观之,此一取向偏重于人事,而忽略了天道。而依孟子所说的"天之所与我者,先立乎其大者"[赵岐(注)、孙奭(疏):《十三注注疏·孟子注疏》,李学勤主编,北京大学出版社 1999 年版,第 314 页]以及《礼记·中庸》所讲的"极高明而道中庸"[郑玄(注)、孔颖达(疏):《礼记正义》(李学勤主编,《十三经注疏》之六),北京大学出版社 1999 年版,第 1455 页],则"忠"之天道维度的意涵,一定是基础性的。而与此同时,只有保证"心"的存在,才可能做到"忠"。所以,"忠"主要突出的并不是或不应确定为人际关系意义上或社会化意向上的"诚信"之类的"观念",而首先应理解为人与天地相维系的那种"原动力"导向上的"忠":对"天"的效法——适时而动,而无所不宜。而这样的"忠"首先体现的是"中心",或更准确地说是"心之时中"。这是拆分作解,但亦应符合儒家强调动态过程之意,而有助于生生不息的哲理的突出。"中心"是指"心时时处于其应处的位置",也就是,"心"与时相合宜,亦必地相合宜,而只有与时、地二者相宜,"心"才能确保自身的存在是顺应天道之诚之实的。或许,在这样的情况下,"诚"的"诚体"之意才可显现。因而,"忠"首先应是一个天道的观念,牵涉到人生存在的根本导向的力量聚集。若局限于伦理学范围,则必不能解释,人为何要对天道保持忠诚。"忠"既顺应天时,那么,才可使人心"不偏不倚"(朱熹《中庸章句》)(朱熹:《四书章句集注》,中华书局 1983 年版,第 17 页),而"居处于天地之心",亦即"与天地相合宜"。无此适宜的顺应,心不在中心,天地何以存在?因而,确定了天道之心,才可说,人心之忠,源头何在,又为何要"对己忠"、"对人忠",同时也"对事忠"。朱子强调"道之本源出于天而不可易,其实体备于己而不可离",故而,"学者于此[须]反求诸身"(同上书,第 18 页)。不能取向天道的要求,就不能成就"天地之心",也就无法居于天地之中。此亦即为,《左传·成公十三年》所引的刘康公"民受天地之中以生,所谓命也"[左丘明(传)、杜预(注)、孔颖达(正义):《春秋左传正义》(李学勤主编,《十三经注疏》之七),(转下页)

语·为政》)①。而"恕"则要求以此心度人心,"能近取譬"(《论语·雍也》)②,以赢得人、物之心与我心之殊途同归。那么,"忠"可谓心的内向省察,亦即仁德或人德吸纳天道之所赐而形成的那种天德,并对之加以内向含纳和滋养,而"恕"则是这样的内德的打造之后的弘扬光大,而见于立身行事。忠是恕的内涵,恕为忠的外

(接上页)北京大学出版社 1999 年版,第 755 页],会成为"述中国思想史所必引的名句"(牟宗三:《中国哲学的特质》,上海古籍出版社 1997 年版,第 24 页)的一个原因。以《论语·学而》之中曾子所说的"为人谋而不忠乎"[何晏(注)、邢昺(疏):《论语注疏》(李学勤主编,《十三经注疏》之十),北京大学出版社 1999 年版,第 4 页]为例,或可说明,"忠"的最为重要的意向一定是形而上的:只有在适宜的时间、适宜的地点,做出适宜于此心之所思的事情,并且达到适宜的效果,才算得上"忠"于"所谋"之事。反过来追溯,就会认为,既然对"谋事"已"忠",那么,对为之"谋事"的人也一样是"忠"的;因这是心力之动,故而人也一样对自己实现了"忠",并且同时也就对天道体现了同样的"忠"。这也本是天对人心之所赐,没有产生此一功效,如何算得上人?因而,可以认为,曾子最终是从人的生存着眼来突出"忠"的内涵和要义的。而生存本身必关乎天的运作,故而,也就不能直接从道德的角度或伦理学的概念系统入手,来辨识儒家的"忠",并且将之禁锢于一个狭窄的既定区域,进而以短视的眼光审视说,曾子没有能力了解夫子之道。就生存本身而言,这是在否定曾子对天道的体贴的能力,因而,当然是说不通的。实际上,曾子在《学而》章有关的几句话"吾日三省吾身:为人谋而不忠乎?与朋友交而不信乎?传不习乎?"(同上)将"忠"作为首先考量的对象。这一首选已可说明,被夫子批为"鲁"的曾子远远比我们一般人在思想上要高远,或许正是因为"年代久远"、"时过境迁",我们已经丢掉了体认他的能力的那种能力,所以真正"鲁"的是我们。真实的情况可能是:我们还远远谈不上夫子所说的"鲁"。还应指出,如牟宗三所强调的,依儒家思想,超越性即为内在性(牟宗三:《中国哲学的特质》,上海古籍出版社 1997 年版,第 36—37页)。而就"忠"的意义而论,这一点就比较好理解。因为,只有取向天道之所赐的"极高明"之境,含蕴此"德",并化天德为人德,才可发皇之。而这也是"忠"趋向伦理学的一个基础:无此哲学的解释,而一味地沉湎在道德和伦理甚或人际关系之中,那是《红楼梦》中所说的"世事洞明皆学问,人情练达即文章",但完全陷落于"人情世故",是否太过庸俗世俗,与真正的"学问"有何干系?

① 何晏(注)、邢昺(疏):《论语注疏》(李学勤主编,《十三经注疏》之十),北京大学出版社 1999 年版,第 15 页。

② 何晏(注)、邢昺(疏):《论语注疏》(李学勤主编,《十三经注疏》之十),北京大学出版社 1999 年版,第 83 页。

化①。二者一内一外,一求一己之德与天道的相合,一取一己之德与世人之心的相契。二者当然是二而一的关系,何来"以二为一"?

"忠"的哲学意蕴,就见于"忠"的书写之中:"中"为"时中",即适时而作、适时而动,恰到好处。这也就是"中庸"的首要意向:"时中"即"中时"②。只有"置身大化流行"之中,适时而为,也才能说,"心随天动"而自成其是。如此,人的"心"挺立,而"吾十有五而志于学",思想日渐强大,而最终止于"随心所欲而

---

① 此一观点,取自朱熹。如他所说,"尽己之谓忠,尽物之谓信","有于己为忠,见于物为信"(《朱子语类》卷二十二)。但仍需进一步论证。此解影响很大。比如,蒋梦麟在《西潮》之中批评:"惜乎日本秉国的军阀,知尽忠于己,而不知施恕于人。"(蒋梦麟:《西潮》,辽宁教育出版社1997年版,第212页)不过,若以宇宙论解释人的存在,则或可用"两端并起"进而"执中",但若是讨论复杂问题,如此简单二分,还是有问题的;至少是,只有论断,而未加以论证,不能达到严密。蒋先生坚持认为:"日本对同化中国文化和西方文化都只有部分的成功。例如,日本对忠和恕这两个重要的道德观念之学则忠,却无法了解恕。这或许政治与地理环境之影响而使然,然而日本人之不能以恕道待人,却是事实。忠和恕是中国生活的两大指导原则,忠在封建国家或黩武国家是必不可少的品德,恕则是学者的美德。日本一向坚执己见,不肯考虑别人的观点。日本人心胸狭窄,连他们自己都有此自觉,[……]"(同上书,第214页)蒋先生本来是在讨论日本帝国主义的侵略,在这里引出文化吸收和融会的问题。可以认为,"恕"的缺席,无疑是一种"文化病症";蒋先生是在说,日本人患有这种严重的疾病。不过,若就宇宙论解之,则"忠恕"同为人之存在的两个方面,是缺一不可的。而且,"恕"重于"忠",故而,若脱开蒋先生这里的语境,则它不应只被视为"学者的美德"?若侵略别的国家,试图奴役其他民族,那应该不是"文化"问题,亦不当以"忠恕"来论之,因为侵略者既丧失了人性,其行为是反文化、反人性的。但由此可见,蒋先生悲天悯人,的确是儒家学者,故而,因如此背后支撑的,仍然是"人性本善"的"善念"。儒家教育,深入人心,在蒋先生这里得到充分体现。他在此书另一处特地强调:"儒家说,正心诚意是修身的出发点,修身则是治国、平天下的根基。因此,我想,救国必先救己。"于是决心努力读书、思考,努力锻炼身体,努力敦品励行(同上书,第55页)。蒋先生这里讲的是个人求学时的抱负和追求,他几乎是在声明,那是在依照儒家的教诲来行事。做人的标准,也便一定是儒家的。因而,虽经时代变迁和其他方面的思想冲击,但是,完美的人格理想,依然是需要"人"与"天"相合才可企及的。而"天"只能显现于往哲先贤的身体力行之中,需要"读圣贤书"才可把握。这也本是夫子坚持"述而不作,信而好古"(《论语·述而》)[何晏(注)、邢昺(疏):《论语注疏》(李学勤主编,《十三经注疏》之十),北京大学出版社1999年版,第84页]的一个重要原因。蒋先生所坚持的,仍然是"天人合一"。他强调"大自然是中国的国师"(蒋梦麟:《西潮》,辽宁教育出版社1997年版,第242页),"大自然与人是二而为一的"(同上书,第241页)。同时,他认为中华文化的优秀人物也是如此培养出来的:"大自然是这样善良、仁慈、慷慨,人既然是大自然不可分割的一部分,人的本性必然也是善良、仁慈、诚挚,而且慷慨的。中国人的性善的信念就是由此而来。邪恶只是善良的本性堕落的结果。中国伟大的教育家和政治家始终坚信人的善良本性,就是这个缘故。伟大政治家如孙中山先生,伟大教育家如蔡孑民先生,把任何人都看成好人,[……]除非确实证明是邪恶的。他们随时准备饶恕别人的过错,忘记别人的罪行。他们的伟大和开明就在这里。所以我国俗语说:'宰相肚里能撑船',又用虚怀若谷来形容学者的气度。"(同上书,第241—242页)
② 成中英、麻桑:《新新儒家启思录——成中英先生的本体世界》,商务印书馆2008年版,第28页。

不逾矩"的境界（《论语·为政》）①。"有志于学"之"志"是讲"心之所欲之"，也就是确定"心"之所向、目标或理想追求。夫子就是这样"以一己之心来求学道之成"的。此一榜样，其力量足以告诉世人，那是一颗"心"的追求。这也是《礼记·中庸》所说的"合外内之道也，故时措之宜也"②的表现。相反，若丢掉了"心"，"内"无法形成，外力如何产生，而人亦何在？放弃了"做人"的根本，"克己复礼"③的"为东周"④（《论语·阳货》）的宏大社会抱负，不就成了泡影或根本不可设想的虚妄？

可怕的是，专家释解《论语》，首先放弃的竟是最为重要的字眼？"一言而可以终身行之者"（《论语·卫灵公》）⑤的那个字"恕"中"打底"的"心"，其根本的构成性作用不仅没有得到关注，而且，更有甚者，这样一个"隐含"的字眼，已被丢在"传统"之外，进而，解经也就将解经本身推向"传统"之外。如此的"进步论"，不知包含着多少"现代见识"，真的可行之于《论语》解释之中，而得夫子之教的底蕴？或者说，如此的解经之道，既已经专家声明，是走出了"传统"，若后者是自夫子的"一贯之道"延续而来的"传统"，那不正是说，诸位论者是在"判教"之有益或无利，而不是在将经文的精义视为人生可依之而为的力量？"心"也就这样淡出了解经者的视野，而无可回归于"忠恕"，那么，后者还能成为"忠恕之道"吗，若"此道"即为"天之道与人之道"的合一，如"天道自在人心"之所示？那神圣的、不可抗拒的由天赐予进而必回应之、契合之的"心"，她会发力，避免这样的命

---

① 何晏（注）、邢昺（疏）：《论语注疏》（李学勤主编，《十三经注疏》之十），北京大学出版社 1999 年版，第 15 页。

② 郑玄（注）、孔颖达（疏）：《礼记正义》（李学勤主编，《十三经注疏》之六），北京大学出版社 1999 年版，第 1450 页。

③ 郑玄（注）、孔颖达（疏）：《礼记正义》（李学勤主编，《十三经注疏》之六），北京大学出版社 1999 年版，第 157 页。

④ 郑玄（注）、孔颖达（疏）：《礼记正义》（李学勤主编，《十三经注疏》之六），北京大学出版社 1999 年版，第 234 页。

⑤ 郑玄（注）、孔颖达（疏）：《礼记正义》（李学勤主编，《十三经注疏》之六），北京大学出版社 1999 年版，第 214 页。

运吗？难道说，这是一场针对"心"的围攻？那么，人无须为他或她的"心"发声？"心声"既已不再甚或不在，我们还能拿出什么说，中华文化是"有心"进而可"以心交流"的？

不过，并非所有疏解者都是这样的"现代派"或曰"有识之士"。"保守者"如钱穆，在批评清朝学者将"贯"解为"行"[①] 时，就有针对性地指出：

> 一以贯之，曲说成一以行之，其用意只要力避一心字，不知忠恕故属行事，亦确指心地，必欲去一心字，则全部《论语》多成不可解。[②]

问题在于，难道没有人关注"恕"与"心"是什么样的关系？"仁心"能脱开"心"吗？可以注意到，现代诸多译介者，在对"忠恕"进行翻译时，照抄照搬"忠恕"二字，而不予任何形式的更改或释义[③]。同时，针对夫子对子贡的回答，则也只是点出，"孔子的忠恕之

---

① 如在阮元的《揅经室集》、王引之的《经义述闻》、刘宝楠的《论语正义》以及黄式三的《论语后案》中，都有此说。

② 钱穆：《论语新解》，生活·读书·新知三联书店 2002 年版，第 99 页。

③ "忠恕"，今译基本直接采用原文（最多二者之间加一连词）不加翻译的办法来处理，例如：杨伯峻：《论语译注》，中华书局 1980 年版，第 39 页；钱穆：《论语新解》，生活·读书·新知三联书店 2002 年版，第 99 页；孙钦善：《论语本解》，生活·读书·新知三联书店 2009 年版，第 41 页；李泽厚：《论语今读》，中华书局 2015 年版，第 40 页；徐志刚：《论语通译》，人民文学出版社 1997 年版，第 40 页；《四书辞典》，吴量恺（主编），崇文书局 2012 年版，第 59 页；《四书》，王国轩等（译），中华书局 2007 年版，第 17 页；彭亚非：《论语选评》，岳麓书社 2006 年版，第 73 页；邹憬：《论语通解》，译林出版社 2014 年版，第 49 页；杨逢彬：《论语新注新译》，陈云豪（校），北京大学出版社 2016 年版，第 62 页；杨朝明：《论语诠解》，山东友谊出版社 2013 年版，第 62 页；傅佩荣：《人能弘道：傅佩荣谈论语》，东方出版社 2018 年版，第 105 页；刘君祖：《新解论语》（上篇），中信出版集团 2016 年版，第 135 页；张其成：《张其成全解论语》，华夏出版社 2017 年版，第 108 页；朱振家：《论语全解》，上海古籍出版社 2014 年版，第 49 页；来可泓：《论语直解》，复旦大学出版社 1996 年版，第 97 页。这些都是如此，只有何新将之译为"中庸与宽恕"（《论语新解：思与行》，北京工业大学出版社 2007 年版，第 45 页）。其解释是："恕，松也，纵也。宽纵曰恕，即'己所不欲，勿施于人'。忠，中也，正也，诚也。中，即中庸。忠恕：立身中正，待人宽容。"（同上）

道，侧重于修身以及为人处世方面"①，"如心为'恕'，设身处地为他人着想，正是促进人际关系和谐的上策"②。若夫子此章突出的是"学"，那么，其"学"关注或"侧重"的，或者说，他的整个的"一贯之道"所突出的，就是"处世之方"和"人际关系"，那么，在"心"已缺席的同时，"天"也已被发配荒野，而空余下"人事"或"人际关系"的种种纠缠和烦扰，而将时时需要打造的"人心"的内向化，视为可有可无的东西？同时，也就将天赐的神圣消解为无？

在"心"被弃置一旁的同时，疏解和译介，也就不会再看好"思想"之"心"的作用。如此，孟子所说的"心之官则思"（《孟子·告子上》）③，实已同时被改为"心之官不思"，或"并非心之官在思"，或"思者并非心之官"，故而，"人不可心思"或"人亦不能心思"。不仅文字学家如此论说④，而且，在疏解者、译介者那里，

---

① 杨朝明：《论语诠解》，山东友谊出版社 2013 年版，第 274 页。

② 傅佩荣：《人能弘道：傅佩荣谈论语》，东方出版社 2018 年版，第 471 页。

③ 赵岐（注）、孙奭（疏）：《孟子注疏》（李学勤主编，《十三经注疏》之十一），北京大学出版社 1999 年版，第 314 页。

④ 许慎《说文解字》："思，容也。从心，囟声。"段玉裁本作："思，容也，从心，从囟。"并注："今依《韵会》订。"徐灏笺："人之精髓在脑，脑主记识，故思从囟。"（《汉语大字典》，四川辞书出版社和湖北辞书出版社 1993 年版，第 954 页）段注已将"思"之"功能"归之于"人脑"。章太炎也认为："古人知思用囟，故愿与欲。愿必假思虑，故训大脑，犹今云思想多者必脑精亮是也。"（章太炎：《章太炎说文解字授课笔记》，中华书局 2010 年版，第 427 页）《汉字源流字典》指出，"思"是会意兼形声字，"篆文从心，从囟（囟门），表示用头脑思考"（《汉字源流字典》，谷衍奎（编），华夏出版社 2003 年版，第 458 页）。唐汉则强调，"古文中的'思'字，上部是一个'囟'，表示婴儿的囟门，下边是一个'心'的象形。在古人看来，婴儿的心跳，与囟门的跳动完全合拍。因而，大脑和心脏相通相连，都是思维的器官。心是感知的器官，大脑则是思考的器官，二者结合起来便是'思'。当然，古人不会蠢到相信'心'是思考的器官。只有今人会蠢到相信古人会这么蠢"（唐汉：《图说字源》，红旗出版社 2015 年版，第 413—414 页）。但是，文中分明提及，"大脑和心脏"，"都是思维的器官"。另外，《孟子》的一部专门字典在解释"思"时提出："孟子明确肯定人有思维能力，指出人的思维器官是'心'，'心之官则思'（《孟子·告子上》）。他非常重视'思'在人们道德完善过程中的作用，认为人生而具有仁义礼智之善端，'思'可以使人们从主观上自觉认识和把握自身具有的善端，并'扩而充之'，从而成为仁义礼智四德兼具的大人、君子。但孟子同时又提出'思则得之，不思则不得也'，'耳目之官不思而蔽于物'（《告子上》），则片面夸大了思维的作用，否定了感官认识的可靠性，把思维认识视为脱离感官认识而主观自主的东西，割裂了二者对立统一的关系，陷入了先验主义的唯理论。"（《十三经注疏·孟子卷》，陕西人民出版社 2002 年版，第 203—204 页）不过，若"心之官则思"说的首先是，人与天道沟通的那种"思"，而这种"思"是必然为人生存在"立基"的，又该如何？若根本没有从儒家思想本身来审视，而是以时髦的语句来申述，那么，以此"时过境迁"的"眼光"视之，则永远也不能与其所思所想相应。不过，也不是没有人坚守"传统"。爱新觉罗·毓鋆就指出："'思'心田，'心作良田，百世耕之'。悟，吾心，思而得通，'思之思，鬼神通之'。静思寻思，学思并用。"（爱新觉罗·毓鋆：《毓老师说论语》，陈絅（整理），中信出版集团 2016 年版，第 47 页）

"心思"早已成为明日黄花,而不再是必然能对"置于心中的力量"所揭示的人生存在问题的那种"思"。

李泽厚倒是一方面承认,"这〔引者按:指忠恕〕明显是有关道德的行为准则和情感,绝对而普遍,所以能一以贯之,无往不适";另一方面,又将二者分别解释为"宗教性的私德"和"社会性公德"①。值得注意的是,和上引论者一样,李氏同样没有依照中庸来展开。因为,若依前者,"道德"并不能等同于"德"及其内化修炼的"学"的要求,"心"也就不在他的视界之中。而按后者,不论公德还是私德,其指向都一样是社会化的人生处世问题,而与个人之养德的内在要求并不一定完全相适宜,或至少是没有突出这样的"德"本身的"在心性"及其"则天"的追求。

既然无视"心"的内向的锤炼和超越的追求,有关解释也只能将"一以贯之"外化为某种"行为"。故而,竟有"'恕'只是'己所不欲,勿施于人',则谁都可以这样做"②的论调。但为什么夫子针对子贡所说的"我不欲人之加诸我也,吾亦欲无加诸人",要回应以"赐也,非尔所及也"(《论语·公冶长》)③?子贡这样的俊才尚难做到的"此心之恕",现代的释解者偏偏能捷足先登?这,是在突出人的"现代非心之思"已可超越先贤,甚至抵达儒家传统不可企及的高度,其中也包括孔子?

另外,现代思想家还要剖析或清除《论语》中的"神秘",比如,李泽厚如此说:

> 我以为,巫术理性化后存留在儒、道中有两大特征,一是强调人的力量和地位,从周易的"与天地参"到宋儒的"立人极";一是神秘经验,主要在道家,儒家也有,如"诚"、"敬"

---

① 李泽厚:《论语今读》,中华书局 2015 年版,第 79 页。
② 杨伯峻:《论语译注》,中华书局 1980 年版,第 167 页。
③ 何晏(注)、邢昺(疏):《论语注疏》(李学勤主编,《十三经注疏》之十),北京大学出版社 1999 年版,第 61 页。

等范畴，均非纯理性，而乃情理交融之神秘。其后接受佛教却创发出禅宗，同此。[1]

《周易·说卦》称曰"参天两地而倚数"[2]，《礼记·中庸》云："为天下至诚［……］则可以赞天地之化育，则可以赞天地之参矣。"[3] 那不是在描述，在宇宙论意义上的世界存在之中，人的创造地位吗？因是以"理性"来做取舍，因而，"巫术"亦可称为一种"理性"，形成"巫术理性"。但是，它显然还不是"真正的理性"。而这意味着，仍需或一定要"理性化"的强化，也就是加以厘清、清理，去伪取精，故而，与对待"神秘经验"在诸如"诚"和"敬"等之中的"留存"一样，加以"提纯"或"纯化"，以便使之成为"纯理性"。那么，走向"理性"，就是弃却"人心"与万物"情理交融之神秘"，而力求以"理性的力量"使一切"大白于天下"或"一览无余"。不过，在事事物物敞开其身或被剖开之后，世间还能余剩下什么"自立自主"的存在物能继续作为"可被认识的"的"对象"或"客体"？如此没有"对待"的"理性"，那是独一的神或上帝才具有的力量吗？如此"逐心"，最后所可能导致的，或正是这样不可约束或不与任何别物相联，不受任何制约、支配甚至影响的"独立"、"独一无二"的"无待之物"？但是，如此"观点"或可观之点、以之为观的那种点，不是典型的"一偏之见"的倾向的体现，而正是儒家所要极力批判和否定的吗？

---

① 李泽厚：《论语今读》，中华书局 2015 年版，第 80 页。
② 王弼（注）、孔颖达（疏）：《周易正义》（李学勤主编，《十三经注疏》之一），北京大学出版社 1999 年版，第 324 页。
③ 郑玄（注）、孔颖达（疏）：《礼记正义》（李学勤主编，《十三经注疏》之六），北京大学出版社 1999 年版，第 1448 页。

第三节　今译的问题：没有"心"的"思想"与 只见"理性"的"学说"、"原理"

什么样的思想取向产生什么样的译文。对"一贯之道"的现代汉语翻译，所呈现的也就是：随着"理性"的强势登场，即使是"思想"也已"无心"。

经文 A. 吾道一以贯之。(《论语·里仁》)①

经文 B. 予一以贯之。(《论语·卫灵公》)。②

译文 1A. 我的学说贯穿着一个基本观念。③

译文 1B. 我有一个基本观念来贯串它。④

译文 2A. 我的学说有一个中心思想贯穿其中。⑤

译文 2B. 我是用一个基本内容把它们贯穿起来的。⑥

译文 3A. 我的学说有一个中心思想贯穿其中。⑦

译文 3B. 我用一个中心把它们贯穿起来。⑧

译文 4A. 我的学说是用一个理念可以贯穿的。⑨

译文 4B. 我能用一个基本理念来贯穿它们。⑩

译文 5A. 我的学说有个观念贯穿始终。⑪

---

① 何晏（注）、邢昺（疏）：《论语注疏》（李学勤主编，《十三经注疏》之十），北京大学出版社 1999 年版，第 51 页。

② 何晏（注）、邢昺（疏）：《论语注疏》（李学勤主编，《十三经注疏》之十），北京大学出版社 1999 年版，第 207 页。

③ 杨伯峻：《论语译注》，中华书局 1980 年版，第 39 页。

④ 杨伯峻：《论语译注》，中华书局 1980 年版，第 161—162 页。

⑤ 孙钦善：《论语本解》，生活·读书·新知三联书店 2009 年版，第 41 页。

⑥ 孙钦善：《论语本解》，生活·读书·新知三联书店 2009 年版，第 194 页。

⑦ 《四书》，王国轩等（译），中华书局 2007 年版，第 17 页。

⑧ 《四书》，王国轩等（译），中华书局 2007 年版，第 77 页。

⑨ 邹憬：《论语通解》，译林出版社 2014 年版，第 49 页。

⑩ 邹憬：《论语通解》，译林出版社 2014 年版，第 225 页。

⑪ 杨逢彬：《论语新注新译》，陈云豪（校），北京大学出版社 2016 年版，第 72 页。

译文 5B. 我有个观念贯穿始终。①

译文 6A. 我的学说由一个基本思想贯穿始终。②

译文 6B. 我只是有一个基本观念来贯穿它。③

译文 7A. 我的学说有一个基本思想贯穿其中。④

译文 7B. 我用一个基本思想把它们贯穿起来。⑤

译文 8A. 我的学说是由一个总体原则贯穿始终的。⑥

译文 8B. 我是用一个基本的观点把我的学问贯穿起来。⑦

译文 9A. 我的学说是用一个原则贯穿着的。⑧

译文 9B. 我是用一个道理来贯穿自己的学说。⑨

诸译都以"学说"解"道"。依《现代汉语词典》之释,"学说"指的是,"学术上的有系统的主张或见解",相应的英语表达是:theory, doctrine, systematic theory of academic research 等⑩。"学说"归入"学术",而不论是"主张"还是"见解",或都是个人的创发而最终得到的结果;它也可以是某一学派的"学说",如"儒家学说"或"道家学说"等;同时,它亦能为某种思想的系统化,如"国家学说"、"分权学说"等。但不论是什么"学说",都与"夫子之道"相去甚远。原因不仅在于,言语表达到了"现代"变化太大,名词往往由单字变成二字;而就内涵来说,"学说"若是夫子个人、

---

① 杨逢彬:《论语新注新译》,陈云豪(校),北京大学出版社 2016 年版,第 294 页。

② 张其成:《张其成全解论语》,华夏出版社 2017 年版,第 108 页。

③ 张其成:《张其成全解论语》,华夏出版社 2017 年版,第 311 页。

④ 朱振家:《论语全解》,上海古籍出版社 2014 年版,第 49 页。

⑤ 朱振家:《论语全解》,上海古籍出版社 2014 年版,第 237 页。

⑥ Wu Guozhen, *A New Annotated English Version of the Analects of Confucius*, Fuzhou：Fujian Education Press, 2015, p. 116.

⑦ Wu Guozhen, *A New Annotated English Version of the Analects of Confucius*, Fuzhou：Fujian Education Press, 2015, p. 392.

⑧ 来可泓:《论语直解》,复旦大学出版社 1996 年版,第 97 页。

⑨ 来可泓:《论语直解》,复旦大学出版社 1996 年版,第 416 页。

⑩ 《现代汉语词典》,中国社会科学院语言研究所词典编辑室(编),外语教学与研究出版社 2002 年版,第 2178 页。

某一学派、某个知识部门所宣扬的"主张或见解"，都不一定指的是"天经地义"的"道"，更不会顾及此"道"之"天定"的直截性及其人"心"对之的自发解会和与之的趋合。相反，可能会像李泽厚那样，认为其中包含着"巫术理性"而必加以清理，甚至不遗余力要剔除这样的"糟粕"。如此，"学说"立足于理性的辨识、分析和批判，"道"则突出人与天无可置疑的贯通的自生、自然、自足性。"理性"力求程序化的研判和裁定，沉重得必须怀疑一切。而"道"内涵理性之思，后者作为它所拥有的一种能力，当然也就不能完全求知其意义。故而，若依这样的"理性"解之，或有几近不可思议之时；而其抵及精彩处，则"神来之笔"可直指内心，当下成就。"理性"会接受这样的"天人之合"的神奇的"一贯"吗？

所以，将"道"降格，使之成为"理性"可以把握、掌控或曰支配的"学说"，进而再把"一贯"释为"基本观念"、"中心思想"、"基本理念"、"总体原则"等"理性的基础观念"，而后者作为"理性"的"掌门人"当然可以提纲挈领；将"学说"内中之物整个"贯穿"、"贯串"或"贯通"起来，也自然是其职责所在。如此，"道"所兼有的（与"人道"相共存的）"天道"、（"天道"所可化为的）"人道"以及"天道人道合一的道"三重意蕴，经如此这般的"理性化"之后，完全蜕变成了"属人"的"学说"。这一"理想化"过程，的确是依照"理性"来设计一切：以可知解、调节和最终支配和控制一切的种种办法和手段，清除去"道"之中的任何"不可知"的"神秘"，以便打造出新的"系统"和"一贯"。而这样的作为，与李泽厚可能要说的"去巫术化"步调一致。

这样，有关"思想"便无视"心"的要义和大用，而直接取向"（理性的）见解和（思想的）主张"，以彰显其所构造的新的"体系"的"系统化"。但超越的"天道"被视为"异类"不能收编其中，与之共在的"人心"也早被销声。那么，二者的存在已成问题，何来"贯通"以及"系统化"？走出经文的大义，"思想系统"已经变为另外一些别的什么，而不再可能是"天道人心"的连贯，因而，也就再也谈不上"心思"。于是,"思想"粉墨登场,但那毕竟是"理性"的"思想",而不是"心"的"思想"。因此,译文在以新的话语解释经文意义的同时,不仅埋没了经文的述说的庄严和雅致,而且早已将文字本身所负载的"远古的消息"变为"过时之物",而无须正视。

而这意味着,现代的"夫子之道",既难见夫子的"则天"的远大抱负,同时也体现不出"有志于学"并最终"从心所欲不逾矩"的崇高境界的追求。透过"学说",似乎也只能听到一个"学者"在讲述他的"道理"。而上引译例已见此语,下文引例,也有一见:

> 译文 10A. 我的思想有一个观点贯穿于始终。①
> 译文 10B. 我用一个道理贯串着全部的学问。②

"道"在此例中已彻底变易为"思想",但惜乎并不一定是具有"心思"意向的那种"思想"。之所以如此,正是因为,其中"有一个观点"且要"贯穿于始终"。依上引字典之释,观点指的是:"观察事物时所处的位置或采取的态度",英文对应的表达为 viewpoint、point of view、standpoint 等③。如此,我们便又一次遭遇古代与现代,或亦即为东方与西方的一种"文化冲突"。儒家要突出的"观"应为一种"心观",所以,"内省"、"慎独"等才会成为"君子"日常生活的基本要求。而这样的"省察"一定是内向的。相反,"观点"之"观"是站在特定的立场"看问题",因而,不仅与"恕"之将心比心的内心反省或"反诸己身"方向相反,故而不无纠察(他人毛病)之意,而且,完全不含有"夫子之道"力图企及上天的那种高远和旷达。如此之"观",其由以观之的那种"点",无可超拔,否则"立场"(往往是既定的或特定的,至少是已定或一定的)便不能

---

① 何新:《论语新解:思与行》,北京工业大学出版社 2007 年版,第45页。
② 何新:《论语新解:思与行》,北京工业大学出版社 2007 年版,第202页。
③ 《现代汉语词典》,外语教学与研究出版社 2002 年版,第712页。

"成立"。"观点"因为"点"的特定设置,往往会局限于"此时此刻",因而,注重的一定是"当下的实际"和"有效性"。而这正是"知其不可而为之者"(《论语·宪问》)①的夫子,或不能赞赏的。如此,反过来看,这样的"一己之见"其压缩为"一曲"的那种"观点",若是"贯穿于〔夫子之道之〕始终",那就有可能将此道由高峻拉向平庸、从严肃打入凡俗。如此,"极高明而道中庸","高明"与"中庸"没有形成相辅相成的态势,反而互为反动,又如何解经?

而此例第二个译文之中的"道理",依字典解释,有三个义项:事物的规律(truth, principle; hows and whys);事情或观点的是非得失的根据、理由、情理(reason, argument, sense, grounds for why matters can exist and why arguments can stand);办法、打算(way to do sth, plan, intention)②。依第一、第二两种意义,"予一以贯之"之"一"在这里形成了"严重的西化":若"道理"是指"规律",后者一定是"客观的";而认识进而捕捉到这样的规律的,一定是具有特殊才能的人物。但是,夫子则不一定在其中。原因很明显:"若以逻辑与知识论的观点看中国哲学,那么中国哲学根本没有这些,至少可以说贫乏极了。"③ 如此,将"一"解为"道理"所意味的那种"规律",不正是在突出如此的"逻辑和认识论的观点"?这不就是"以西方哲学为标准来定取舍"④吗?凡是合乎这一"认识论"的,也就是"规律"或"规律性的",也就是正确的;因而,夫子之道或夫子之学,一定要归入西方的那种"认识论"的"规律"之中的"道理",否则就是"不可取"的。

如此侵入的认识论,的确是在将夫子刻画为一个"西方的或西来

---

① 何晏(注)、邢昺(疏):《论语注疏》(李学勤主编,《十三经注疏》之十),北京大学出版社 1999 年版,第 200 页。

② 《现代汉语词典》,外语教学与研究出版社 2002 年版,第 400 页。

③ 牟宗三:《中国哲学的特质》,上海古籍出版社 1997 年版,第 3 页。

④ 牟宗三:《中国哲学的特质》,上海古籍出版社 1997 年版,第 3 页。

的孔子"。但值得注意的是，这会不会是另一种形式的"素朴的认识论和逻辑（学）"，也就是，水平远远"落后"于"同一级"（西方）哲学家？故而，在《论语》之中偶然一见的"予一以贯之"，尽管其中的"认识论"灵光乍现，但最终只不过是西方的"思想余脉"。这是在暗示，夫子不足以作为"至圣先师"，因为他必须向西方学习，才可跨过历史的沟壑，走到"我们的现代"。

如此，可能由"道理"贯穿起来的那种"学问"，早就随着时光流逝而消逝。"心"之"天地之情"的祈求，成了过去的回忆，甚至是连这样的回忆也已无谓，因为，"心之官不思"，而需更易为"头脑"来"认识"事物的"规律"。人们悄然转向的是"头脑"的知性的力量，如此才可走向"认识论"。

因此，夫子一定会惊奇地说：没有"心"，何来"心思"，而没有"心思"，何来"学"？没有"学"，又何来"知识"？为什么要偏重于"理性"之"思想"，连文字结构本身所秉承的意义也要更改为"另一种语言"之中才有的东西？

译文 11A. 我的人生观是由一个中心思想贯穿起来的。①
译文 11B. 我用一个中心思想来贯穿所有的知识。②

"人生观"，字典解释是，"对人生的看法，也就是对于人类生存的目的、价值和意义的看法"，字典还强调"人生观是由世界观决定的"③。"人生观"分明也是一种"观"。但若依儒家，耳目所见所闻，称得上"观"吗？若它导向的是"认识论"意义上的那种"观或看"，那么，走向"客观"便是不可避免的，因此，也就无所谓"心的诉求"？若如此注重"看法"的人生观，对之起决定作用的是相应的"世界观"，那么，后者会否打乱夫子时代的"天下观"，或至少

---

① 傅佩荣：《人能弘道：傅佩荣谈论语》，东方出版社 2012 年版，第 73 页。
② 傅佩荣：《人能弘道：傅佩荣谈论语》，东方出版社 2012 年版，第 322 页。
③ 《现代汉语词典》，外语教学与研究出版社 2002 年版，第 1619 页。

与之不能相应？原因是，在那里，"天"才是决定因素，故而，也才要像尧那样"则之"（《论语·泰伯》）①。为仿效天之作为，故而"子欲无言"（《论语·阳货》）②。吸纳天之赐予，仿效天之所为，最终打造出更为美好的德性或曰心灵。这才是夫子的"心观"的指向，故而，现代意义上的那种偏重"人生"的"人生观"与之很难同调。

下译保留了"道"，但语境大变，"道可道，非常道"（《道德经》第一章）或成现实。

> 译文 12A. 我平日所讲的道，都可把一个头绪来贯串着。③
> 译文 12B. 我是在此多学中有个一来贯通着的。④

"道"在此译中又一次出现，但已成"我平日讲的道"。若认真地说，那只是"口中讲的"？不过，亦可将之解为，平日所追求的。依《辞源》，"头绪"有二解：事情的条理，端绪。这仍然是在讲"事理"，也就是一样将"道"视为"道理"⑤。而这意味着，在现代汉语的语境中，即令保留了"道"，它的意义也会发生蜕变。在这里，它已悄然变易为"理"，即"平日所讲的道"之中特别突出地连贯其他"理"的那种"头绪"。这样，"道"也就因为更易为"理"，或可解为，辩论之中的东西，抑或知性思考的对象。这样，"心思"确已黯然退场。

第二个译文似乎注意到了"头绪"并不那么庄严，于是，保留了"一"来纠偏。不过，书面语与口语混杂的"此多学中"，似乎很难

① 何晏（注）、邢昺（疏）：《论语注疏》（李学勤主编，《十三经注疏》之十），北京大学出版社 1999 年版，第 106 页。
② 何晏（注）、邢昺（疏）：《论语注疏》（李学勤主编，《十三经注疏》之十），北京大学出版社 1999 年版，第 241 页。
③ 钱穆：《论语新解》，生活·读书·新知三联书店 2002 年版，第 99 页。
④ 钱穆：《论语新解》，生活·读书·新知三联书店 2002 年版，第 398 页。
⑤ 《辞源》（第四册），广东、广西、湖南、河南辞源修订组　商务印书馆编辑部（编），商务印书馆 1979 年版，第 3392 页。

说"有个一来贯通着的"。原因是，若在言语表达上，业已出现"理性"掌控不了的东西，"一"又不明确意义，如何"贯通"那么"多学"可能的纷纭和复杂，比如，若那是"异质之物"呢？

当然，若结合上引译者所作的疏解，则"道"、"头绪"以及"一"确亦可联系上"心"。不过，问题在于，即令译者疏解之中在做这方面的努力，但因语言大变或"质变"，人已无力应对，故而，我们读到的，仍是与其他译文一样的东西？而其中最为严重的，也就是"心"的失落？若情况就是："心"的语言已变易为"理性"的话语，"心与情"或曰"心与实"的一体交融随之被"理性"的分析割裂开来，那么，的确是"天变了"，于是，作为"心"这一家园的载体的"语言"业已蜕化抑或是更化为另一种言说，即使译者努力宣扬"心"的要义，又于事何补？

译文 13A. 我所主张的"道"是由一个根本的宗旨而贯彻始终的。①
译文 13B. 我是用一个基本的思想观念来贯穿它们的。②

这一例中，我们在《辞源》③中终于可以找到相应的解释，这意味着，此词可算得上是自有其渊源：依之，"宗旨"指的是"主要的意指"④。但我们的疑问是，那指的是"心意之所指"吗？答案若是否定的，那么，"根本"也就不能在"心中"寻觅，而仍须走向外在。这一理解，第二个译文的"思想观念"可为佐证：那是"头脑"之中的东西，与"心"无涉；因为，这样的"观念"也完全可以因为形式化达到一定的高度，而趋向外在的客观世界并对其规律加以捕

---

① 徐志刚：《论语通译》，人民文学出版社 1997 年版，第 40 页。
② 徐志刚：《论语通译》，人民文学出版社 1997 年版，第 194 页。
③ 《辞海》（"宗"）。
④ 《辞源》（第四册），广东、广西、湖南、河南辞源修订组 商务印书馆编辑部（编），商务印书馆 1979 年版，第 812 页。

捉。在字典中，"观念"有二解："思想意识"，"客观事物在人脑里留下的概括的形象（有时指表象）"①，而"思想"本已作"念头、想法"解②。二者合而言之，进一步强化了"客观"对"主观"的影响或曰掌控：不论是"意识"还是"念头"，它们都是"客观事物在人脑里"留下的印记或对之产生的"形象"。这样，以"一个基本思想观念"来"贯穿它们"，其意是否也就是，以"头脑"所已掌握的"事物的客观规律"，来"系连"其余，以便进一步将整个世界连成一片，并最终真正捕捉到"宇宙的运作规律"？"予一以贯之"的夫子，是否就是要走向这样的"多学多闻"，而在"方法论"上也转向"头脑"最为强大的力量——"理性"的思考和认识能力？

如此"观念"，只有"客观的观"，但见不到"念兹在兹"（《尚书·大禹谟》）的"心念"；"客观"并不排斥也不能排斥与之一起构成"二元"的"主观"，但一定会排斥"心观"，因为那不属于它的"观念系统"和"形态"。如此，这样的译文，其中还有"予一以贯之"的夫子的"贯之"的可能吗？

译文14A. 我的道是由一个基本思想贯穿始终的。③
译文14B. 我是用一个基本观点来贯穿所学的东西。④

此译有关问题，上文业已触及，此处不赘。下引译文中的"思想体系"则值得注意：

译文15A. 我所讲的道是有一个中心思想贯通其中的。⑤
译文15B. 我是用一个思想体系来去贯通所有的。⑥

---

① 《现代汉语词典》，外语教学与研究出版社2002年版，第712页。
② 《现代汉语词典》，外语教学与研究出版社2002年版，第1816页。
③ 《四书辞典》，吴量恺（主编），崇文书局2012年版，第59页。
④ 《四书辞典》，吴量恺（主编），崇文书局2012年版，第136页。
⑤ 刘君祖：《新解论语》（上篇），中信出版集团2016年版，第135页。
⑥ 刘君祖：《新解论语》（下篇），中信出版集团2016年版，第129页。

"思想体系",依《现代汉语词典》指的是:"成体系的思想"(ideological system),或"意识形态"(ideology)①。透过对应的英文解释,或可更清楚地看到,这样的"思想"实质上是"逻辑化的思想",也仍然是"头脑"的最为强大的能力"理性"所产生的那种"思想"。至于"体系"则指的是,"若干有关事物或某些意识互相联系而构成的一个整体"②。如此,再讲"贯通所有的",就有大小混淆之嫌:已成"体系",当然不能"贯通"此一"体系"本身。而以此一"体系"去贯通"所有的",后者若指"其他所有的体系",那也一样不通。因为,若是如此,便等于承认,其他所有的思想体系,夫子之学都可"贯通";而这意味着,夫子(之"理性"已可)天知地知,其知无所不至? 这一定是在将夫子刻画为无所不能的人物,同时贬低他人的学说,态度傲慢,不应为儒家所取。而且,即令没有这方面的问题,仍可注意到,"思想体系"还是"思想"或曰"头脑"之中的"理性"之物,而几与"心"无关,尽管汉字"思想"其本身的"心"赫然在目。

下例译解"吾道一以贯之"时,保存了"道"和"一",但似只空余下两个字眼,尽管加引号以示重要,但仍不免让人觉得模糊一片而不知所指? 而在处理"予一以贯之"时,则更趋"现代":

> 译文 16A. 我的"道"是可以用"一"贯穿起来的。③
> 译文 16B. 我只是擅长用一个根本原理去推导万物,即把握事物内在的规律。④

《现代汉语词典》解释,"原理"指的是,"带有普遍性、最基本

---

① 《现代汉语词典》,外语教学与研究出版社 2002 年版,第 1816 页。
② 《现代汉语词典》,外语教学与研究出版社 2002 年版,第 1885 页。
③ 杨朝明:《论语诠解》,山东友谊出版社 2013 年版,第 62 页。
④ 杨朝明:《论语诠解》,山东友谊出版社 2013 年版,第 274 页。

的、可以作为其他规律的基础的规律;具有普遍意义的道理"①;而
"内在"的意思是:"事物本身所固有的(跟'外在'相对)"②;而
"内在规律"的对应英文表达为 inherent law。如此用词,突出的完全
是一个能力非凡的思想家:他早已把握到了事物乃至宇宙的客观规
律,因而,可以"最具普遍性"和"基础性"的"原理",也就是
"规律的规律",来"推导"其他规律。这里的"推导"也仍导向
"客观规律",故而字典将之解为:"数学、物理等学科中,根据已知
的公理、定义、定理等,经过演算和逻辑推理而得出心的结论。"③

不过,让人担心的是,若前提不正确,亦即,若那个"根本原
理"本身有问题,或者说,根本就不是"根本原理",又当如何?毕
竟,假若没有第三方,有谁能判定,那一定是"普世"的"原理"?
依之所做的"推导"是否会将"万物"推向绝境,而身为"思想家"
的"领导者"仍不自知,甚至是自得其乐?

但若依此描述,夫子一定是胜似任何一位古人,而早已进入现
代,甚至也可称为典型的"西式"现代"理性人"。因为,他已凭认
识论这一得力的理性工具,而得对事物分解、分析之所依,故能"把
握"事物之"本",最终解剖万物,进而揭示其"内在规律"甚或
"根本原理"。不过,尽管这的确可谓"理性"的典范,但很难说与
夫子之学之道有何关联。

下例,既不见"道",也未见"学说",而是另有说法:

译文 17A. 我的思想行为是贯通一致的。④

译文 17B. 我是用一个基本看法来贯穿它们。⑤

---

① 《现代汉语词典》,外语教学与研究出版社 2002 年版,第 2359 页。
② 《现代汉语词典》,外语教学与研究出版社 2002 年版,第 1401 页。
③ 《现代汉语词典》,外语教学与研究出版社 2002 年版,第 1948 页。
④ 李泽厚:《论语今读》,中华书局 2015 年版,第 79 页。
⑤ 李泽厚:《论语今读》,中华书局 2015 年版,第 286 页。

此译将"道"译为"思想行为",如此也就将之普凡化为"行为",因"思想"亦可视为一种"行为"。二者的"贯通一致"充其量可说明,夫子"思想"与"行为"相互"贯通",而"道"或隐含其中,作为支撑性的力量驱动之。但若仔细分辨,则"思想"是"脑子"做主,而"行为"由"思想"引导,那么,不论是"思想",还是"行为",都可能不会发自人的心灵深处或应心而起,而完全是情景化的、随机应变的。因而,"道"的在心性和切身性,并非此译所关注的。其中所能表达的,也只是,思想行为的偶对和配合的和谐而已。

译者的疏解进一步强化了我们的看法。他认为:"不如从字面释义,即知识不过是些材料,更重要的是统率贯穿这些知识的基本观念和结构。无这基本观念、结构,尽管博闻强记,学问仍如一地散钱而已。所谓的大学问家,不也有如此的么?"① 这的确是在强调,"道"作为"学问",一定要"概念化、体系化",即符合逻辑的基本要求。

行文至此,需强调指出,本章并无意于寻章摘句而沉迷于词句意义的解析,而是试图通过对有关问题的讨论,看看经过时代变化和语言变化之后,夫子之道的现代传译还能保持多少真意。理应承认,翻译并不是原文复制,不可能实现高保真;翻译既然用的是另一种言语表达,也并不能再现经文某些方面的意义。但是,这些都不是新的表达所欲回避的一个重大问题的理由:对夫子之道的传译,在什么意义上,还能确保,译者是依之让夫子讲话,而不是译者在说话?尽管我们也发现译者都各自显现出一定的特色,但是,似乎在现代汉语的译文之中,更多的是时代在讲话:转化过的是一种现代汉语的书面语言,而且是被西方"概念化"的现代语言。如此时代,是在让这个"时代的语言"讲话,而且,是以"理性的语言"的形式在讲话。那么,名义上是在翻译夫子的"一以贯之",实则别具他理,而另见其

---

① 李泽厚:《论语今读》,中华书局 2015 年版,第 287 页。

意,因而,与《论语》愈来愈远。

如此,随着译解走向外在化的力量,而受制于"理性的系统化",日本学者冈田武彦在为其《王阳明与明末儒学》所作的《中文版序》中所说的对儒家思想"内在性研究"① 业已在走向上发生了逆转:

> [……] 在研究一个人的哲学思想时,把他的体验移入自身,然后设身处地地加以体验的方法,而不仅仅是在科学的实证中弄清楚他的哲学思想。
>
> 然而,考虑到东洋思想相对于西方哲学的特色,就不能不关心和重视内在性研究,但这一点却正在逐渐被人遗忘。②

曾子以"忠恕"来解"吾道一以贯之",而"恕"分明突出的,也就是如何设身处地、移情入心,但诸多译解显然连这一基本立场也弃置一旁。如此,在态度上,试图抵及"学说"的"思辨";就"求知"而论,力图达到"客观";而从"思想追求"来看,则是要力争"贯通一切"。这样的气魄,若是描写某个西方现代思想家则不可谓不标准,但若以之来描述夫子,则愈是"系统",愈是"有道理",则距离人之"天"之"心"愈远,直到完全不能发生联系。

而熊十力早就在《答徐复观》之中指出:

---

① 对人的"内在性"的关注,的确是儒家思想传统的基础。即令新出土的文献,如《五行》对之也有突出的强调:"五行:仁形于内谓之德之行,不形于内谓之行。义形于内谓之德之行,不形于内谓之行。礼形于内谓之德之行,不形于内谓之[行。智形]于内谓之德之行,不形于内谓之行。圣形于内谓之德之行,不形于内谓之行。"[李零:《郭店楚简校读记》,中国人民大学出版社 2009 年版,第 100 页;另见池田知久《马王堆汉墓帛书五行研究》,王启发(译),中国社会科学出版社 2005 年版,第 140 页] 论者认为,"德与内在有关。所以'弗志不成',德一定要励志、从内部的要求出发才行"(陈来:《竹简〈五行〉篇讲稿》,生活·读书·新知三联书店 2012 年版,第 20 页),"德是行于内的东西,是人内在的德性,不仅仅有内在的意义,也有天道的意义,因为它体现了天道"(同上书,第 16 页)。他认为,此段最后一句应厘定为:"圣形于内谓之德之行,不形于内谓之德之行。"(同上书,第 14 页)

② [日] 冈田武彦:《王阳明与明末儒学》,吴光等(译),重庆出版社 2016 年版,第 3 页。

侍思辨者，以逻辑严谨胜，而不知穷理入深处。须休止思辨
而默然体认，直至心与理为一，则非逻辑所施也。侍思辨者，总
构成许多概念。而体认之极旨，则所思与能思俱泯，迥然大明，
荡然无相，则概念涤除已尽也。［……］学不极于体认，毕竟与
真理隔绝；学不证真而持论，总未免戏论。①

在另一封信《答某生》中，他再一次强调：

西洋人如终不由中哲反己一路，即终不得实证天地万物一体
之真，终不识自性，外驰而不反，沦于有取，以丧其真。②

但是，从上文的分析来看，"一以贯之"的现代汉语译文早已成
为"逻辑［之］所施"的"概念"设置，"心"丢了，"体认之真"
何以可能？

第四节　英译之中的"一贯之道"："原理"的霸权与"线索"的暴敛

若不论"道"字，今译之中有诸如"学说"、"原理"及"原
则"等，这和下文所引的英译的关键词如出一辙。再加上句型的相
同，两相对照，不免不让人觉得，这些译文并没有在翻译《论语》，
而是在相互翻译。不过，本节的分析，注重的仍是思想。

后文所引英译中有三个特别突出的字眼：doctrine、principle 及
thread。第一个意为"学说"或"教义"，第二个意思是"原理"或
"原则"，第三个可解为"线索"或"绳子"。前一个运用较少，最后

---

① 熊十力：《十力语要初续》，上海书店出版社 2007 年版，第 49 页。
② 熊十力：《十力语要初续》，上海书店出版社 2007 年版，第 52—53 页。

一个较多,大概是为了与经文之中的"一贯"相配匹。因此一"线索"亦可解为"贯穿",故而,这也是与今译一样的一个重心。Doctrine 意义较为繁多,但指向的是静态的抽象,已是将夫子之道化为某种理性的论断。似乎如此"理性化"还不够,principle 复将之提升为"原理"的高度,"道"于是成了"理性化的原则",而不再是事必躬行的"心之所向"。而最后一个字眼突出的是"贯",旨在再现夫子之道是由一条线索或曰绳子串联起来,才成为一个整体或体系的。这两种思路,形成了两个极端:一端体现的是"理性"的强化已至极限,而夫子之道不论是"学说"还是"原理",实则都已由"为之置基"的"理性""贯穿"或"贯通"起来。另一端则呈现的是,夫子之道不过如一道"线索"一般,普凡而又平庸,见不到形而上的高妙和伟岸:由一条"绳子"连接起来的,也就是夫子的"吾道"?不论是哪一个极端,其中当然都不会含有"心"。"人心"既已不复存在,"天道"在哪里能找到依托、寓居之所?天人又何以共处?而这意味着,中国古人所遵依的天人合一宇宙论,在《论语》的英译之中,已不见其痕迹。

实际上,这种倾向,即令在时下的语内的疏解之中,也一样大行其是。比如,傅佩荣提出"一贯"可有思想、知性、生死及天人四种分类。在解释"天人一贯"时,他强调,"这是说孔子面临死亡威胁时,把人的生命处境与天的要求连贯在一起,所以说'五十知天命',这就是天人一贯的表达方式"。不过,天人一贯成了"危机时刻"所造成的局面,甚至如此事关生死,那么,"天人"的"沟通"早已成了问题,人的生存境地是否早已岌岌可危?而那正说明,天人的"一贯"时时都是确保"天人共在"的"条件"①。所谓"三生万物"(《道德经》第四十二章),第三项所突出的联结,才是至关重要、无可比拟的?因为它触及的是,人的生存的境地必由这样的"一贯"来勾连、确定、强化,其基础才是稳固的;若无此基础,"天"

---

① 傅佩荣:《人能弘道:傅佩荣谈论语》,东方出版社 2012 年版,第 75 页。

和"人"本身是否可能已成问题，遑论其余？

　　而一旦论及这一宇宙论，则必产生"连接点"何在这一问题。夫子用的是"一贯"，已经突出宇宙论的核心。《礼记·中庸》强调，人应"与天地参"①，一样强调人在连贯中的中心位置；而张载提出"为天地立心"（《张载集·拾遗近·思录拾遗》)②，更是说明，天地之中心，亦即为"人心"。如此，人心亦即天心，有了这一"心"，天和人的存在才可确保，"叁"（三）的存在格局也才能成立。天人之心，表现为仁爱。人与天地与万物的贯通和沟通，依赖的也就是这样的"感通之心"。故而，王阳明有"一体之仁"之说③。

　　但是，此一"心道"或"道心"不仅在今译中无处可见，而且，在英译中也一样化为"学说"（doctrine）、"原理"或"原则"（principle），并且要由一条"绳索"（thread）串并起来。看似在传译《论语》，但这样的言语转换实则已经"今非昔比"而使"昔不至今"成为现实："心"在英译之中也一样被遮蔽，或者说，根本就没有成为关注点，而余剩下的那个"绳索"之喻有如别有用途的东西，逼使译文走向凡俗和常识。

　　如此，"无心之失"或已成为当今移译《论语》的"悲剧"之标识？情况具体如何，还需逐个解读下引诸译：

　　译文 18A. My doctrine is that of an all-pervading unity. ④

　　译文 18B. I seek a unity all-pervading. ⑤

　　此处的 doctrine 意义繁多，如 belief, canon, credendum, credo,

---

　　① 郑玄（注）、孔颖达（疏）：《礼记正义》（李学勤主编，《十三经注疏》之六），北京大学出版社 1999 年版，第 1448 页。

　　② 依《张载集》，横渠先生四字教，并不是时下流行的"为天地立心，为生民立命，为往圣继绝学，为万古开太平"，而应为"为天地立心，为生民立道，为去圣继绝学，为万世开太平"［张载：《张载集》，张锡琛（点校），中华书局 1978 年版，第 376 页］。

　　③ 《传习录》中《答顾东桥书》［王阳明：《王阳明全集》，吴光等（编校），上海古籍出版社 2011 年版，第 62 页］有云："天地万物一体之仁。"《大学问》（同上书，第 1066 页）之中则曰："一体之仁。"

　　④ James Legge, *The Analects*, Nanjing: Yilin Press, 2010, pp. 30 – 31.

　　⑤ James Legge, *The Analects*, Nanjing: Yilin Press, 2010, p. 143.

creed，dogma，formulated belief，gospel，maxim，philosophy，precept，principle，professed belief，rule，system，system of belief，teaching，teachings，tenet，universal principle，可译为上引今译几乎都用过的 "原则"、"原理"、"学说" 以及 "系统" 等。主要意思有四个：A principle or body of principles presented for acceptance or belief，as by a religious，political，scientific，or philosophic group；dogma（信仰原则，宗教原理，哲学原理，科学原则，信条，信念）；A rule or principle of law，especially when established by precedent（法律规则或原理，尤其是经过程序确定者）；A statement of official government policy，especially in foreign affairs and military strategy（政府政策声明）；*Archaic* Something taught；a teaching（所教之物，教义）①。大概理雅各是在最后一种意义上使用此一古词的。all-pervading 意为 spreading through or into everything（遍及各方面的，无孔不入的）。Unity 意为 the state of different areas or groups being joined together to form a single country or organization（统一或联合状态），一般译为：统一体、（艺术等）完整、（文学、戏剧）（情节、时间和地点的）统一性、团结一致等。那么，理雅各的译文似可依之分别回译为：吾教乃一无所不至的统一的那种；我寻求一种周遍万有的统一。如此看来，重心是 unity，而非 "通贯" 或 "贯通"。而且，就我们的论题而论，显然很像是上引译文的翻译，而不是 "吾道一以贯之" 的译文。因为，不是有很多今译都在强调 "我的学说" 吗？只不过，理雅各突出的，可能只是 "周遍万有的统一"。后世运用 doctrine 的，还有陈荣捷：

译文 19A．There is one thread that runs through my doctrines. ②

译文 19B．I have a thread（*i-kuan*）that runs through it all. ③

---

① 译文解释引自 *The Free Dictionary*（https：//www. thefreedictionary. com/doctrine），2018. 9. 4 采集。

② Wing-tsit Chan，*A Source Book in Chinese Philosophy*，Princeton：Princeton University Press，1963，p. 27.

③ Wing-tsit Chan，*A Source Book in Chinese Philosophy*，Princeton：Princeton University Press，1963，p. 43.

而更早的传教士用的则是 principle：

译文 20A. My principles all unite in one harmonious whole. [1]

译文 20B. I concentrate all in one principle. [2]

此例一突出所有的原理都统一为一和谐的整体，二亦强调将一切集中于一个原则。后世效法者时而可见：

译文 21A. In all my life and teaching there is one underlying connected principle. [3]

译文 21B. I unite all my knowledge by one connecting principle. [4]

此译第一个译文中的 underlying，意为：in the nature of something though not readily apparent, located beneath or below, being or involving basic facts or principles[5]。可译为：表面下的、下层的、潜在的、隐藏的、深层的或根本的等，译文用最后一个意思。Principle 可直接译为：原理、原则、行为规范等。其回译或是：我的一生和教学过程中，有一种支撑性的贯连原则。显而易见，此译的确比理雅各还要再进一步，因为它强调的是，统一的"原则"不仅贯穿其学说，而且贯通其终生。不过，若这样的"原则"是"被贯连"的（connected），那么，便似与经文中的"贯"主动的意向相悖？而"道"也一样未见踪迹？而在第二个译文中，被动的"贯连"改为主动的（connecting），"原则"仍是最后一个词，可谓"句末焦点"。但此译的"予一以贯之"，其意向可能是"我凭贯连的原则将所有我的知识统一起来"。和第一个译文一样，"一"并未再现？而这意味着，经文之中高妙而又神圣的贯通世界、勾连宇宙的"一"——"整一"、

---

① David Coolie, *The Chinese Classical Work: Commonly Called the Four Books*, Malacca: The Mission Press, 1828, p. 14.

② David Coolie, *The Chinese Classical Work: Commonly Called the Four Books*, Malacca: The Mission Press, 1828, p. 73.

③ Hongming Ku, "The Discourses and Sayings of Confucius", ed. Huang Xingtao, *Gu Hong Ming Wen J*, Haikou: Hainan Publishing House, 1996, p. 370.

④ Hongming Ku, "The Discourses and Sayings of Confucius", ed. Huang Xingtao, *Gu Hong Ming Wen Ji*, Haikou: Hainan Publishing House, 1996, p. 462.

⑤ 引自《可可查词》（http://dict.kekenet.com/en/underlying），2018.9.4 采集。

"一统"的那颗"心"——在经过"我"的特别"用力"之后,丢下了它可能与天地的联系,亦即,用庄子的话来说,放弃了它"与天地精神相往来"(《庄子·逍遥游》)的意绪,转而专注于夫子一人的"知识"的理性化:将这样的知识整合为一,或曰使之统一起来,等等。那么,庄严的形而上的"道"、夫子追求的与"则天"意味,也就悄然丧失于"世间的求知"的过程中,而再无法企及天道?最为严重的可能是,在这一切背后,缺席的"心"早已脱离了英文新的语境,而被放逐进沉默。而这一次,真的是连对之的"联想"或"暗示"也见不到了。

译文 22. There is a central principle that runs through all my teachings. ①

译文 23A. All my teachings are linked together by one principle. ②

译文 23B. I string them all into one principle. ③

译文 24A. There is one principle that runs all through my doctrines. ④

译文 24B. I just hold of one principle that runs through all my learning. ⑤

可以注意到,这些效法者都是中国学者。大概是"(科学)原理"早已渗透"人心"(如译文 23B 所示,我只是抓住贯穿我的整个学问的一个原理:贯穿也必在某种程度上产生渗透的效果,使夫子之

---

① Lin Yutang, *The Wisdom of Confucius*, Beijing: Foreign Language Teaching and Research Press, 2009, p. 144. 林语堂并没有专门译《论语》,而是创作了 *The Wisdom of Confucius*,大量译介此著以及其他儒家经典之中的言辞,来宣讲孔子的思想。因而,此著之中未见"予一以贯之"的译文。查核其汉语译本,亦未发现[详见林语堂《孔子的智慧》,黄嘉德(译),湖南文艺出版社 2016 年版]。

② Pan Fuen and Wen Shaoxia, *The Analects of Confucius*, Jinan: Qilu Press, 1993, p. 35.

③ Pan Fuen and Wen Shaoxia, *The Analects of Confucius*, Jinan: Qilu Press, 1993, p. 181.

④ Wu Guozhen, *A New Annotated English Version of the Analects of Confucius*, Fuzhou: Fujian Education Press, 2015, p. 118.

⑤ Wu Guozhen, *A New Annotated English Version of the Analects of Confucius*, Fuzhou: Fujian Education Press, 2015, p. 392.

"学"趋向"原理化"），或已取而代之：既然"人心不古"，此"心"何"用"？在修身先必存活，养心只能依赖相应的物质基础这一条件看得更清楚的情况下，生存本身的问题，也就是物质的"创造"，解决"根本"问题才是人生真正的追求。如此，孔夫子在《论语》的英译之中，至少在这里，也一样是在按照"（科学）原理"办事，且依之附之遵之营造人生，同时塑造出他心目中"新时代"的人的形象，其中也包括他自己？

译文 25A. My principles can be simplified. ①

译文 25B. I know only one in many and many in one. ②

抽象化的"原理"的运用似乎还远远不够，所以，在诗人翻译家这里，我们看到的是进一步的"简化"或曰"单纯化"（simplified），似是要取得简洁明快的效果，但无奈粗糙得近乎对经文施暴。因为，即令原理，也不至于太过"简化"：按照汉语思路来看，若已是"原理"，其中体现的是"元"、"原"或"源"，或为"善之长"（《周易·乾卦·文言》）③，又何以再行简化？把这样的"原"打破吗？这是以分解、分析的思想方法继续寻找事物的规律，那么，"原"难道不就是或意味着事物的本性的那种"初"吗？若依英文思路，则principle 一词既源自拉丁文 *principālis*（最早的、原始的）和 *principium*（开端、基础），而此二字又都可溯至 *princeps*（首要）④，那么，业已企及事物如此部位，还要再行"简化"，又是什么道理？或仍是继续研究，务求使其实质大白于天下，能够解释。但这样的解释或曰揭示，是否等于说，对事物的剖析真的成了一种解剖，即使事物的内在已被展现，仍然不够，还需寻找到更多、更深层的规律？依此译思路，则可断定，在如此的"科学原理"启动之处，物是无生命的，

---

① Xu Yuanchong, *Thus Spoke the Master*, Beijing: China Intercontinental Press, 2012, p. 29.

② Xu Yuanchong, *Thus Spoke the Master*, Beijing: China Intercontinental Press, 2012, p. 105.

③ 王弼（注）、孔颖达（疏）：《周易正义》（李学勤主编，《十三经注疏》之一），北京大学出版社 1999 年版，第 12 页。

④ 详见"youdict 优词"（http：//www. youdict. com/w/principle），2018. 9. 1 采集。

即令其具有生命,也是要不得,或可有可无的。对物施暴,无异于对人自身施暴。但这种"原理"的"客观化"追求的确就是这样"没有止境"的。

至于第二个译文,则更是如此认识(论)的"现代"简化版:夫子说的"予一以贯之",在这里变成了"予惟知一中含多、多中有一"。那么,且不说"贯"荡然无存,若如此"认识"世界,有此"常识",算得上是夫子之"心得"吗,又何须道及?而且,若有"异类"在场,"多与一"的这种关系,又如何成立?

译文 26A. My process is unified, penetrating, it holds things together and sprouts. ①

译文 26B. For me there is one thing that flows through, holds things together, germinates. ②

与上一位诗人翻译家的处理思路完全相反,此译关注的是动态过程。比如,第一个译文第一个词就是 process(过程),最后一个则是 sprout(to produce new leaves or buds; to start to grow 发芽、抽芽、抽条或生长)③。很明显,诗人要突出的是生命的"滋荣",不过,他并未在译文中点出那发自内部的力量源泉。因而,第一个译文似只能表达:我的过程被统一、在渗透,它将诸物收拢在一起,进而发芽。这似乎是在描述某个植物暗自涌动着生机进而萌芽初露。第二个译文说的是,对于我来说,存在着一种东西,流过、将事物收拢在一起、萌芽。二译意义取向一致。尽管突出的是"过程",但毕竟点出了"生命",因而与众不同。至少是不像众多的译者看似对经文亦步亦趋,但仅得字面意义,实则早已死在句下。下例亦很独特:

---

① Ezra Pound, *Confucius*; *The Great Learning*; *The Unwobbling Pivot*; *The Analects*, New York: A New Directions Book, 1959, p. 207.

② Ezra Pound, *Confucius*; *The Great Learning*; *The Unwobbling Pivot*; *The Analects*, New York: A New Directions Book, 1959, p. 263.

③ 引自《必应字典》(https://cn.bing.com/dict/search? FORM = BDVSP6&q = Sprout), 2018.9.1 采集。

译文 27A. My Way is penetrated by a single thread. ①

译文 27B. I penetrate all with one. ②

此译用 penetrate，意为"插入"、"穿透"、"打入"、"渗透"以及"领悟"等等。"贯"的"丝线"的比喻保留：a single thread。第一个译文回译可为：吾道是由单一的线索穿透的。而在经文中，"贯"是"心"之对天地万物的"贯连"、"贯通"。而在第一个译文中，与辜鸿铭的第一个译文一样，此"贯"是以被动的形式再现的，那么，其系连作用，有如穿针引线，尽管或有"客观"效果，但难免机械？第二个译文改为主动语态，可回译为：我以一贯透多。但这样的译文是否像在众多今译那里一样，引起这样的疑问：若是一贯透多，是否会出现"过犹不及"的情况，比如说，"多"是杂多，并不属于一个性质的事物？

译文 28A. My Way has one（thread）that runs right through it. ③

译文 28B. I have one（thread）upon which I string them all. ④

此译保留了经文"线（索）之贯"的比喻。但和其他译文一样，正因为如此，形而上的庄严也就被世俗化了。因为，若"吾道如线"，说的不过是它"直截"而又"顺畅"，并没有突出严整的一体，更遑论那是天地人的一体，且必经"人心上遂天道"所形成的那种"贯"？

译文 29A. There is one thing that pervades my teachings. ⑤

译文 29B. I have one single thread with which to bind together everything I know. ⑥

---

① A. Charles Muller, *The Analects of Confucius*, 2020. （http：//www. acmuller. net/con-dao/analects. html）.

② A. Charles Muller, *The Analects of Confucius*, 2020. （http：//www. acmuller. net/con-dao/analects. html）.

③ Arthur Waley, *The Analects*, Beijing：Foreign Language Teaching and Research Press, 1998, p. 45.

④ Arthur Waley, *The Analects*, Beijing：Foreign Language Teaching and Research Press, 1998, p. 199.

⑤ Lin Wusun, *Getting to Know Confucius — A New Translation of The Analects*, Beijing：Foreign Language Press, 2010, p. 73.

⑥ Lin Wusun, *Getting to Know Confucius — A New Translation of The Analects*, Beijing：Foreign Language Press, 2010, p. 73.

此译第一个译文之中"贯"以 pervade 出之,意为:spread or diffuse through(贯穿,弥漫,渗透,普及,遍及,充满)。第二个译文仍用"线"喻,强调"以单一的线索将所知的一切紧紧连在一起"。此二译问题与上译类同。

译文 30A. My Way has one theme running throughout![1]

译文 30B. I have one thread that links it all together.[2]

此例及下引五例趋向与上译相同。

译文 31A. There is one single thread binding my way together.[3]

译文 31B. I have a single thread binding them all.[4]

译文 32A. By one single thread is my Way bound together.[5]

译文 32B. There is one thing I use to string them together.[6]

译文 33A. My Way has a thread running through it.[7]

译文 33B. I bind it together into a single thread.[8]

译文 34A. My Way (*dao* 道) is bound together by one continuous strand.[9]

译文 34B. I just put it together by one single continuous strand.[10]

---

[1] Burton Watson, *The Analects of Confucius*, New York:Columbia University Press, 2007, p. 33.

[2] Burton Watson, *The Analects of Confucius*, New York:Columbia University Press, 2007, p. 106.

[3] D. C. Lau, *Confucius:The Analects*, Beijing:China Publishing House, 2008, p. 59.

[4] D. C. Lau, *Confucius:The Analects*, Beijing:China Publishing House, 2008, p. 277.

[5] Raymond Dawson, *Confucius:The Analects*, Oxford:Oxford University Press, 1993, p. 14.

[6] Raymond Dawson, *Confucius:The Analects*, Oxford:Oxford University Press, 1993, p. 60.

[7] Annping Chin, *The Analects*, New York:The Penguin Group, 2014, p. 30.

[8] Annping Chin, *The Analects*, New York:The Penguin Group, 2014, p. 86.

[9] Roger T. Ames and Henry Rosemont, *The Analects of Confucius:A Philosophical Translation*, New York:The Ballantine Books, 1998, p. 92.

[10] Roger T. Ames and Henry Rosemont, *The Analects of Confucius:A Philosophical Translation*, New York:The Ballantine Books, 1998, p. 92.

译文 35A. One thread runs through all my teaching. ①

译文 35B. I string them all. ②

译文 36A. In my Way is one thing that runs throughout. ③

译文 36B. With me there is the one that runs throughout it all. ④

此二译尽管并没有明确运用 thread，但"线索"的意味倒是确实的：在吾道之中，有一种东西贯穿始终；在我这里，有那个一整个贯穿它始终。

译文 37A. All that I teach can be strung together on a single thread. ⑤

译文 37B. I bind it all together with a single thread. ⑥

此例意为：我所教的一切，都可被单一线索连贯在一起；我把它整个用一个单一线索联合在一起。下二例亦用 thread 作喻：

译文 38A. My Way: by one thing I link it together. ⑦

译文 38B. I have one thing by which I string it all together. ⑧

译文 39A. My Way is implemented through（*guan* 贯） a single thread. ⑨

---

① James R. Ware , *The Sayings of Confucius*, New York：Bartleby Com. , 2001, p. 9.

② James R. Ware , *The Sayings of Confucius*, New York：Bartleby Com. , 2001, p. 41.

③ Irene Bloom, "Confucius and Analects", eds. Wm. Theodore de Bary and Irene Bloom, *Sources of Chinese Tradition*（Vol. I）, Princeton：Princeton University Press, 1991, p. 49.

④ Irene Bloom, "Confucius and Analects", eds. Wm. Theodore de Bary and Irene Bloom, *Sources of Chinese Tradition*（Vol. I）, Princeton：Princeton University Press, 1991, p. 59.

⑤ Edawrd Slingerland, *Confucius：Analects with Selections from Traditional Commentaries*, Indianapolis and Cambridge：Hackett Publishing Company, Inc. , 2003, p. 34.

⑥ Edawrd Slingerland, *Confucius：Analects with Selections from Traditional Commentaries*, Indianapolis and Cambridge：Hackett Publishing Company, Inc. , 2003, p. 174.

⑦ Bruce Brooks and A. Taeko Brooks, *The Original Analects：Sayings of Confucius and His Disciples*, New York：Columbia University Press, 1998, p. 149.

⑧ Bruce Brooks and A. Taeko Brooks, *The Original Analects：Sayings of Confucius and His Disciples*, New York：Columbia University Press, 1998, p. 136.

⑨ Peimin Ni, *Understanding the Analects of Confucius：A New Translation of Lunyu with Annotations*, New York：State University of New York Press, 2017, p. 155.

译文 39B. I implemented them through (*guan* 贯) one single thread. ①

此译所用 implement,意为:to make something that has been officially decided start to happen or be used(使生效、贯彻、执行或实施)②。此译突出清时学者所释的"行"。如此,a/one single thread 在这里也就完全成了比喻,而见不到"一贯"之中的"一"的"一体"意味,更谈不上"一"的"仁化"之"心之向"的内涵。

如此,可以清楚地看到,英译不是趋向"学说"或"原理"的抽象,就是落实于"线索"的具象,来传译"一以贯之"的意义。但是,如上所述,不论如何展开,因为其中"心"的不在,而不足以传递最为基本的消息,而导致译文不是注重于事理,就是突出一般性的比喻的结局,因而,说不上成功,而简直可以判断说,那是完全外在的、浮泛的意义译解,只见皮毛,而没有内涵:"一以贯之"主要强调的是,夫子之道或之学,以人心或曰仁心贯通天地,而使之最终俨然归入一体。其中的"道"既非纯然的"天道",也不是单一的"人道",而是二者的合一;而其中的"一贯",就是能够确定"天道"与"人道"连贯一致或贯通为一气的"中心"的那种"心"之"贯通"或"贯连",因而,它绝不是"学说"(doctrine)或"原理"、"原则"(principle)能够再现的。实际上,和很多词语一样,不仅"吾道"之"道"在英文之中找不到特定的对应词,而且,"一贯"也一样找不到这样的匹配。否则,我们还需要翻译吗?但英文译者似乎对此没有基本认识,因而,总是在目的语之中直接而又干脆地以现成的词语,来传译"道"和"一贯"等,故而,核心词已成为英文"已有"或"既定"之物,夫子之道不就是如此特定的语境之中显现它的其来有自吗?于是,它似乎也就成了英文之中的传统的东西,而不再是或不可能再是外来的、陌生的或异域之物?

---

① Peimin Ni, *Understanding the Analects of Confucius: A New Translation of Lunyu with Annotations*, New York: State University of New York Press, 2017, p. 349.

② 引自《必应字典》(https://cn. bing. com/dict/search? cvid),2018. 9. 1 采集。

那么，若是走儒家路线，以中庸之道作为方法论，来寻找解决的途径，是否会有对应性？

不妨来看一下译者以 thread 来传译"一贯"，或可确定，中庸之道的要义，对于传译能起到什么样的作用：

> "贯"意思是"线"（thread），但皇侃将之解读为一个比喻：夫子所教的一切都在理论上为一个原则所统一，有如物体被系连在一个单一的线索上。不过，《论语》强调实践胜过理论，使得这种情况成为可能："一贯"［the single thread，单一的线索］是一种行为上的连贯，而不是统一的理论原则，而这也为曾子下文的具体解释（elaboration）所支持。①

可以注意到，译者尚未说明"理论上的统一"是怎么回事，就已经转向了"行为上的连贯"。而这也就意味着，这位译者和其他译者一样，注重的不是"道"本身的心向性，而是首先像清时的疏解者那样趋向"行"。但是，问题就在于，如果"心"的内在精神世界还没有建立，如何在"行"的外在活动之中，彰显"道"的应有力量？

《礼记·中庸》之中讲"合外内之道也，故时措之宜也"②。夫子的"一以贯之"要说的就是："道心"或"心道"安顿下天地之心，因而可使人之"视听言动"无往而不与之相合，故而，时时相宜而处处相宜；相合相宜，而连贯为一。万物如是，自可生生不息。"心"就处于"天地"之"中"，因而，此一"中"即是"心"，故而，《左传》之中强调："民受天地之中以生，所谓命也。"③ 人处于

---

① Edward Slingerland, *Confucius: Analects with Selections from Traditional Commentaries*, Indianapolis and Cambridge: Hackett Publishing Company, Inc., 2003, p. 34.

② 郑玄（注）、孔颖达（疏）：《礼记正义》（李学勤主编，《十三经注疏》之六），北京大学出版社 1999 年版，第 1450 页。

③ 左丘明（传）、杜预（注）、孔颖达（正义）：《春秋左传正义》（李学勤主编，《十三经注疏》之七），北京大学出版社 1999 年版，第 755 页。

天地之"中"，亦即为"人心"或"仁心"就是这一"中心"。

可是，在英译之中，"与天地参"（《礼记·中庸》）① 已成历史的神话，已经不在这一"中心"的，还能称为"人"吗？这可能才是问题的中心？

第五节　英文亦需之"心道"："一以贯之"之三重意蕴及其仁化循环和自我回归

不过，应该承认，英译所用的"贯线"，在传统疏解中倒是有根据的。皇侃"义疏"云："贯，犹统也，譬如以绳穿物，有贯统也。孔子语曾子曰：吾教化之道，唯用一道而贯统天下万理也。故王弼曰：'贯，犹统也。夫事有归，理有会。故得其归，事虽殷大，可以一名举；总其会，理虽博，可以至约穷也。［……］'"② 钱穆也解释说："贯，串义，亦通义。如以绳穿物。孔子言道虽若所指繁多，实可会通，归于一贯。"③ 但是，这样解释，即令将"一贯"的比喻坐实，也仍未能说明，究竟"一贯之道"之"一贯"所指为何。而诸多英译显然也就是依照这样的解释，或者说，依经文的字面意思直接转换成了英文的比喻：thread（安乐哲与罗思文所用的 strand）的意思是"线索"甚或"绳子"，如此设喻，似乎夫子或是穿针引线，缝合"道"这块"大布"；或是在拉绳扯线，预备做别的什么？因而，突兀之外，乏味得让人觉得，那似乎是用不着道出的，为什么又偏偏能体现"吾道"精神，而且与夫子之"学"紧密联系起来？如此重大的字眼，岂止是保留比喻所能了结的？

对于"吾道一以贯之"，朱熹的解释是："圣人之心，浑然一理，而泛曲当，用各不同。曾子于其用处，盖已随事精察而力行之，但未

---

① 郑玄（注）、孔颖达（疏）：《礼记正义》，（李学勤主编，《十三经注疏》之六），北京大学出版社 1999 年版，第 1448 页。

② 皇侃：《论语义疏》，高尚榘（校点），中华书局 2013 年版，第 90 页。

③ 钱穆：《论语新解》，生活·读书·新知三联书店 2002 年版，第 98 页。

知其体之一尔。夫子知其真积力久，将有所得，是以呼而告之。曾子果能默契其指，即应之速而无疑也。"① 这个解释不可谓不周全：（一）朱子点出"心"与"理"的关系，实则是讲"心即理"，故而可以周遍而无余，"泛应曲当"。（二）万事一理，尽可通过"圣人之心"的照察，而学者通过一己之体验，也一样能默会其中真意。曾子就是其例。（三）此心之理，要透过人自身之"行"才可体贴。故而，在对"予一以贯之"解释时，朱子又强调，"然彼以行言，此以知言"②。不过，朱子的解释最后突出的是，他所提出的"理一分殊"，其中不无可议之处。比如，若以一般立场观之，则很容易提出疑问说，人与物毕竟是"二"，如何"贯通为一"？"一"是否可能，难道就是建立在"理"的基础上吗？而"理"并不是夫子时代的"理论"要点，如此解释不是"超脱"或"僭越"也就是"脱离"了经文？若以"心学"观之，则可认为朱子之学"为世之所谓事事物物皆有定理而求之于外"③（《王阳明全集·寄邹谦之五》），或曰"求理于外，求理于事物"④？而且，依照经文，曾子既然点出"忠恕"即为"夫子之道"，那么，"心"赫然在焉，而岂可回避，而转向"理"并以之来笼罩一切？

朱子以"行"来彰明"吾道一以贯之"的主旨，清朝学者也如此解释⑤。钱穆批评指出："一以贯之，曲说成一以行之，其用意只要力避一心字。不知忠恕固属行事，亦确指心地，必欲避去一心字，则全部《论语》多成不可解。"⑥ 不过，也不是所有的清时学者都从"行"入手来解释"一贯之道"。宋翔凤依据易理并参照道家之言，

---

① 朱熹：《四书章句集注》，中华书局 1983 年版，第 72 页。

② 朱熹：《四书章句集注》，中华书局 1983 年版，第 161 页。

③ 王阳明：《王阳明全集》（上、中、下册），吴光等（编校），上海古籍出版社 2011 年版，第 230 页。

④ ［日］冈田武彦：《王阳明与明末儒学》，吴光等（译），重庆出版社 2016 年版，第 55 页。

⑤ 黄式三：《论语后案》，张涅、韩岚（点校），凤凰出版社 2008 年版，第 94 页。

⑥ 钱穆：《论语新解》，生活·读书·新知三联书店 2002 年版，第 99 页。

为夫子之语释义①。而戴望则直接将"一"解为"仁":

> 贯,读如一贯三为王之贯。贯,中也,道也。一谓仁也,仁为德元,义、礼、智、乐皆由此出,故变文为言一。②

此论与朱子另一处的论述相一致:

> 天地以万物为心者也。而人物之生又各得夫天地之心以为心者也。故语心之德,虽其总摄贯通,无所不备,然一言以蔽之,则曰"仁"而已矣。③(《朱熹集》卷六十七《仁说》)

故而,如上文所说,"道"即"心道"或曰"仁心之道"。把握到了这样的"心道"或"道心",才可"为天地立心"。

另外,还应关注"吾道一以贯之"的表达形式。"道"既为"仁道",或曰"仁心之道",那么,"一"即"道体"显露为"一",二者是一二一的关系:

> 孔子强调自己有一个"一贯之道"的思想主旨:道。这个"道"乃是"一"。"一以贯之",即以"一"贯穿孔子之道,这是从孔子思想的内在依据层面说的。④

依此解,则(一)"道"必最终呈露为"一",或曰与其自身合体或同一化,才可实现自身而为"道体";(二)欲达此一目的,需"一以贯之",也就是"合一之"、"整合之"或"一体之"。如此,

---

① 宋翔凤:《论语说义》,杨希(校注),华夏出版社 2018 年版,第 80—81 页。
② 戴望:《戴氏注论语小疏》,郭晓东(校疏),华东师范大学出版社 2014 年版,第 90 页。
③ 朱熹:《朱熹集》(第四、六卷),郭齐、尹波(点校),四川教育出版社 1996 年版,第 3542 页。
④ 杨朝明:《论语诠解》,山东友谊出版社 2013 年版,第 62 页。

"一以贯之"中的"之"指的应是,"一以贯之"实现之后的真正的道体的显露之"道"。这样,即令从字面上看,"吾道一以贯之"强调的也是"道本身"的自成、自行和自显:夫子要说的是,"吾道以其一体之身,贯串一切,而进之于业已完全同一化的新的道体之中"。显而易见,没有"贯"的步骤,也就是,用海德格尔的话来说,没有"出离"或"绽出"自身,"道"就是不可能的①。只不过,这样的"离开"为的是回还,也就是对其自身的复原和强化。此一过程便显现为"贯",即吸纳万有,而融汇宇宙,或曰统合一切。

如此解释,便会发现,夫子的气魄的确惊人,因而,不以"(道)心"释之,则很难说明,他心目中的那个"天下"究竟是什么样的趋向。而相比而言,后人的解释,又是多么苍白无力,多么庸俗而又乏味!

那么,此一过程明显有三个阶段:"道"之初始,当为"仁心之始发";而经由此心之体贴,宇宙万物尽皆显现"一体之仁",故而自然"为我同类",而这当然意味着"仁心有如一线贯通所有人、物",并最终再归并为"全体大用"(朱熹)之此道此心的进一步"团结"与"同一"。如此,"贯(通)"是"仁心的贯通",亦即为"仁心对万事万物的贯通",并最终成为仁心之遍在的"标识"。有此"一贯",仁心才彰显出它空前的力量,影响一切,并最终为事事物物注入新的生命动力和活力。

这样来看,夫子的确是在宣扬大爱的要义。因而,若是不计"心"的大用,无视"仁"的要义,译解便很难说是成功的。

不过,可能会有人质疑说,"吾道一以贯之"说的难道不是"道自身的贯之"吗?为什么将"之"解为它对"万物"的"一贯"?这仍需解释。

"吾道一以贯之",其中的"一"是"道体"的"一",或曰它

---

① 海德格尔指出:"时间性是源始的、自在自为的'出离自身'本身。"(引自[德]海德格尔《存在与时间》,陈嘉映、王庆节(译),生活·读书·新知三联书店1999年版,第375页)

的显露为"一"。而一旦它显露，必出离自身，而触及别物。而这样的别物便指向万事万物。而这意味着，"一"作为"统一"意义上的动词，其对象不仅是或不止于"道"，而是囊括万有，如此才可说明"道"之"合一"——合万有为一——的"心体之大用"。

这一解释，其思想根据仍在于"合外内之道"（《礼记·中庸》）①。因为，"道"本身即"一"，否则无所谓"道"。既然它已是"一"，夫子特地强调，正说明，"道体"必显露于外。也就是说，"道"之存在立足于其内，而"一"使之走向"外"，但它最终又必回归其内。而这一自我归入，由"贯"作为特别标识：万事万物都"自然如是"，有如"绳索"贯通、统合起来，统统体现出"道"的大用，而"道"本身依然也是这样。

这样，夫子此语便可产生两套解释：一是"道"的自我回归之"一贯"；二是"道"如此"一贯"，事事物物的自我保持和回复也一样是"一贯"。显而易见，这都是在说，"道一"。

将此解释付诸李泽厚的今译"我的思想行为是贯通一致的"②，便会发现，此译只突出了"思想行为"，而未见"道"本身的"一"。道理很简单："道"本身是不可分割为"思想行为"的，而只能是体现或显露于事事物物之中，因而，无须说明，"道法自然"，"道"俨然自在于其中。对之的特别强调，不免有"过犹不及"之嫌。不过，这一今译还是点出了其他译文未及注意的问题："思想行为贯通一致"之后，必然上升为"道"，而可"一"。也就是说，"一"已隐含于此译之中，但未加以突出。不过，还有另外一个问题，若是"道"的普遍性就这样体现于人的思想行为之中，那么，它是否并不能显露于别物？若以此推论下去，宇宙便不是"一"，因为世间万物并没有如此"同一"的"思想行为"？

由此可见，只有转换思路，而将"仁心"之大爱引入，才可使解释顺畅而又自然。

---

① 郑玄（注）、孔颖达（疏）：《礼记正义》（李学勤主编，《十三经注疏》之六），北京大学出版社 1999 年版，第 1450 页。

② 李泽厚：《论语今读》，中华书局 2015 年版，第 79 页。

我们认为，上文所说的两套解释，合二为一，才可突出"道之一贯"的真意：一切的一切，都在见证"道"的自我回归。因而，上文之中我们才会解释说，"道体"经由"一"对天下万物的"合一"而达致最后的"贯通"，从而形成"道之通道"，使万物既得保持其自身，同时又必与他物息息相关。

在这里，很明显也有"理一万殊"的意味，不过，"一"的自我分化，在这里实则显现的是"仁"的"一体"之"同化"，而不是"理"的"分解"。朱子的"万殊"之分，应与王阳明的"一体"之合，合而观之，才可呈现夫子"吾道一以贯之"的真意。值得注意的是，皇侃将"贯"解为"统"，而朱子将之释为"通"，二者一有"统合"、"统制"之意，一见"通过"、"沟通"、"通联"之旨，而后者若以"仁心"说之，则更显切题。

因而，"吾道一以贯之"讲的就是：吾道以仁作一体分有，而见万物所中之心，有如使之一线相连，最终得以相互贯通。道以仁合一，万物依之合一：道通，而万物亦通；道贯，而万物亦得相贯。两方面运作并行不悖，正说明道之体用相合。

若上文所说还有些道理，那么，似就应承认，"吾道一以贯之"有三重意蕴：一是字面义，即夫子强调，吾遵依之道之所以一体化，是因为仁心普适，有如一条线索横穿其中。二是引申义，即夫子声言，吾心所从之道，如万事万物一样，并且由之所见证，其一体化进程最终仍维系于一心，恰似一线之贯。三是形上义，即吾心向往、践履之道，溢出自身，同时体现于万物，而有如一线之贯，而使得万物及此道本身自我回归。

那么，我们也就很容易像在上文之中那样，联想到海德格尔所说的，事物走出自身，经过异域之地，而最终如河流向着自身的"源头"回流一般①。这，实则也就是钱锺书所引的普洛克勒斯所说的

---

① Martin Heidegger, *Hölderlin's Hymn The Ister*, trans. William McNeill and Julia Davis, Bloomington & Indianapolis: Indiana University Press, 1996, p. 7.

"真理探索的三阶段":家居、外出和回家（*epistrophe*）①，当然亦可印证他所引的诺瓦利斯的"哲学其实是思家病，一种要回归本宅的冲动"②。

奇妙的是，夫子以及儒家后学对"仁"字本身的解释，也一样依照自我循环，或曰事物的自我回归。如《孟子·尽心下》讲"仁也者，人也"③，《礼记·中庸》亦云"仁者，人也"④。解者认为，那是强调"人其人"⑤。实际上，"仁者，人也"，昭示的是，"仁"最终归于"人"本身。而这意味着，人的本性的最高阶段便是"仁人"的形成。如此，以音训之法，则亦可认为，"人"的社会性二元互动，本就是人的本性的体现，而它之所以回归，就是因为，最终人是要以一己之身，来作为它所来有自的处所。而这意味着，仁只能被视为人的本性的自我回复。有了这样自我回复、修复的能力，"人其人"在人自身之中才可发挥作用。也就是说，"人其人"理论上才是成立的。

以此反观众多译文，我们基本上看不到，有哪一家注意到了，"事物"本身这样看似奇妙实则普遍的自我"回归"，不仅可以用以解释"仁"本身的构成性意义，同时亦可印证"吾道一以贯之"的确就是突出的"仁"的这种自我回归。

以此为线索，或可发现，上引论者的有关解释所彰显的这种"循环"的确是应该用在很多东西的解释上，其中就包括"恕":

---

① 钱锺书:《说"回家"》，载钱锺书《钱锺书散文》，浙江文艺出版社1997年版，第542页；Qian Zhongshu, "The Return of the Native", Qian Zhongshu, *A Collection of Qian Zhongshu's English Essays*, Beijing: Foreign Language Teaching and Research Press, 2005, pp. 351–352.

② 钱锺书:《说"回家"》，见钱锺书《钱锺书散文》，浙江文艺出版社1997年版，第542页。

③ 赵岐（注）、孙奭（疏）:《孟子注疏》（李学勤主编，《十三经注疏》之十一），北京大学出版社1999年版，第389页。

④ 郑玄（注）、孔颖达（疏）:《礼记正义》（李学勤主编，《十三经注疏》之六），北京大学出版社1999年版，第1440页。

⑤ 李零:《丧家狗:我读〈论语〉》，山西人民出版社2007年版，第108页。

《广雅·释诂四》："恕，仁也。"古人说，恕和仁，意思差不多。但严格来讲，两者还不完全一样。仁是人其人，拿人当人；恕是如其心，将心比心。恕字从心如声，古人常说"如心为恕"（如《左传》昭公六年孔疏），这是拆字为解。准确地说，就是推己及人，设身处地为他人着想，"以心揆心为恕"（《楚辞·离骚》王逸注），"以己心为人心曰恕"（《中说·王道》阮逸传）。孔子说："己所不欲，勿施于人"，正是这个意思。①

论者批评拆字为解，不过，即以其所引王逸注和阮逸传，其中"以心揆心"和"以己心为心"，本质上不还是"以心为心"吗？而且，若"心"乃宇宙大我之心，那么，此一表达正是对之的最佳说明，故而，可以突出事物的本性。因而，事物的自我循环，通过文字的重复而得到体现。尽管那也的确是在表现思想家的"回家的冲动"，但儒家的这种"重复"、"循环"，自有其哲学原理作为支持，因而，便可为我们在英文之中为"仁"及"恕"等一系列关键词寻找新的表达方式提供可靠的理论保证。

如此，便可推出"吾道一以贯之"和"予一以贯之"的英文新译：

My Heart-Way threads itself（and all the things concerned）in its oneness.

I thread them all in their oneness（by my Heart-Way）.②

需要解释的首先是，我们认为，有必要杜撰一个词，来传译"吾道"——Heart-Way。理由是，在英文之中，和很多别的词一样，此处经文中的"吾道"也找不到对应的表达，而"心"字又需特别突

---

① 李零：《丧家狗：我读〈论语〉》，山西人民出版社 2007 年版，第 108 页。

② 二句的最新译文是：I cherish a basic principle that goes through all my teachings（Shi Zhikang, *Confucius's Analects: Translation & Critical Comments*, Shanghai: Shanghai Foreign Language Education Press, 2019, p. 79），I have made consistent efforts in practicing one guiding principle throughout my life（Ibid, p. 310）。

出。将 heart① 与 way 合而言之，并将之大写，或可说明，二者一或作
人心，一可为天道；heart 与 way 有望负载起"心道"之意涵：我们
期待，在这一杜撰词之中，一 Heart 一 Way，一内向一外达，二者可
相得益彰。而"一贯"在英文之中，则保留上引诸多译文所用的
thread，但将 one 修正为 oneness。这样，一具体，一抽象，也一样适
合中庸之道的平衡追求。Oneness 本就有"统一性、同一性、单一性、
完整"的意思。以 thread in 而不是 thread through 或 throughout 来传译
"贯之"，或可突出，那本来就是"一体"之物，而无须外在干预。
此外，译文有意运用 thread itself 这种表达，意在表明，"心道"回还
自身，才形成"一贯"。括号之中添加的 all the things concerned 是要
强调，心所及之物，都以其"一贯"之力，而得相互贯通。戴震有
云:"一以贯之，非以一贯之。"② 因而，只有"心"③ 向外发力，天

---

① 儒家的"心"的英文对应词，过去用的一般是 heart；而 Wm. Theodore de Bary 所著
的 *Neo-Confucian Orthodoxy and the Learning of the Mind-and-Heart*（Wm. Theodore de Bary, *Neo-
Confucian Orthodoxy and the Learning of the Mind-and-Heart*, New York: Columbia University
Press, 1981），如书名所示，将之译为 mind-and-heart；安乐哲与罗思文将之译为 heart-and-
mind（Roger T. Ames and Henry Rosemont, *The Analects of Confucius: A Philosophical Translation*,
New York: The Ballantine Books, 1998, p. 56）；倪培民将之简化为 heart-mind（Peimin Ni,
Understanding the Analects of Confucius: A New Translation of Lunyu with Annotations, New York:
State University of New York Press, 2017, p. 116）。后者的"有志于学"的译文是: I had my
heart-mind set on learning；但在翻译"从心所欲不逾矩"时，却将之译为 I could follow my
heart's wishes without overstepping the boundaries（Ibid）。这说明，和众多汉语经典用词一样，
"心"字在英文中亦无定译。可以认为，依孟子的"心之官则思"，"心"已包含"脑"的
能力；但以 heart 作为直接的对应词，自然有待接受。

② 黄式三:《论语后案》，张涅、韩岚（点校），凤凰出版社 2008 年版，第 94 页。以
此观之，本章开篇所引的朱子的论断"一以贯之，犹言以一心应万事"，应改为"吾心为
一，其力足应万事，是为一贯"，才更合理。

③ "心"字在《论语》之中凡六见:"七十而从心所欲，不逾矩"（《为政》）[何晏
（注）、邢昺（疏）:《论语注疏》（李学勤主编，《十三经注疏》之十），北京大学出版社
1999 年版，第 15 页]；"回也，其心三月不违仁"（《雍也》）（同上书，第 73 页）；"有心
哉，击磬乎!"（《宪问》）（同上书，第 201 页）；"饱食终日，无所用心，难矣哉!"（《阳
货》）（同上书，第 243 页）；"帝臣不蔽，简在帝心"（《尧曰》）（同上书，第 265 页）；
"天下之民归心焉"（《尧曰》）（同上书，第 266 页）。大致都可解为人的"内心"、"内
在"，突出的是"内德"的打造。但这似与英文中一般所用的 heart 所具有的"情感"方面
的意味不相吻合，后者往往表现于外。

地才得安顿，人才能行事，故欲再现其所本应有的使动作用。此外，in its/their oneness，要强调的是，"心道"之自我回归，本是其作为一个"一"之"一性"所决定了的。如此，后二者相合，则意味着，不论是"吾道一以贯之"或是"予一以贯之"，说的都是，"心道之回归，是以自身之一贯，在一体之内的回归"。这样，此二语若有"回归"意向，则经文之中的那种关涉万有的"心体"的回还的三重意蕴，似已包含其中。

还需说明，heart 在英文之中亦可见"全体大用"。例如，《奥赛罗》之中有 My cause is hearted 的表达，意为深仇大恨扎根心中。如此，heart 应是人最为强烈情感的始发处。同剧之中的 Yield up, O love, thy crown and hearted throne 一句表达的意义全然相反，但其中的 hearted 的含义也一样是"内心深处"，说明最可珍贵的情意其来有自[①]。而约瑟夫·康拉德所著的 *The Darkness of the Heart* 及卡森·麦卡勒斯所著的 *Heart Is a lonely Hunter* 这两部小说的书名都表示，heart（"人心"）可为生存本身的代名词，故而，可与儒家作为"天地人"的连接点的"心"或"中心"相提并论。

第六节　本章小结

王国维认为："古之儒家，初无所谓哲学也。孔子教人，言道德，言政治，而无一语及于哲学。言性与天道，虽高第弟子如子贡，犹以为不可得而闻，则虽断为未尝言焉可也。"[②] 他还指出："然则孔子不言哲学，若《中庸》者又何自作乎？曰：《中庸》之作，子思所不得已也。"[③] 他复解释："孔子亦说仁说义。今说种种德矣。

———————————

　① 刘炳善：《英汉双解莎士比亚大词典》，河南人民出版社 2002 年版，第 511 页。
　② 王国维：《书辜氏汤生英译〈中庸〉后》，载王国维《王国维论学集》，中国社会科学出版社 1997 年版，第 390 页。
　③ 王国维：《书辜氏汤生英译〈中庸〉后》，载王国维《王国维论学集》，中国社会科学出版社 1997 年版，第 390 页。

今试问孔子以人何以当仁当义,孔子固然由人事上解释之。若求其解释于人事以外,岂独由孔子之立脚地所不能哉,抑亦其所不欲也。"① 静安先生的这一观点,实足说明,国人一向对儒家的解释,其立足点在于"人事"上的"行"。这与清时诸家对夫子"一以贯之"一脉相承。但是,若只论"人事",则"人事"何来?已经成为问题。而偏于一端,难道不是《论语》之中所批评的"过犹不及"(《先进》)②?《论语》之中夫子的"则天"之说(《泰伯》)③、"天何言哉"(《阳货》)④ 之论,在在突出的都是对至高无上的境界的追求。如此,没有"天",人何以生存?天人相合的前提是,天人的同时存在,而在其中发挥"一贯"作用的,当是"心"。因而,这样的"一贯"当然也属于形而上的论说。

的确,夫子并没有西方人的那种"系统"的"哲学",但这并不意味着,对于形而上学,"夫子不欲",子思之作也是"不得已",否则便只能说,夫子见识平庸,而沦于常识。此亦即为黑格尔当年的谬论⑤。

静安先生还强调:"其于思索,未必皆悉精密;而其议论,亦未必有界限。如执近世之哲学,以述古人之说,谓之弥缝古人之说则可,谓之忠于古人则恐未也。夫古人之说,固未必悉有条理也。往往一篇之中,时而说天道,时而说认识。岂独一篇中而已,一章之中,亦复如此。"⑥ 但是,这正说明,不能以"(西方)哲学"来"定取

---

① 王国维:《书辜氏汤生英译〈中庸〉后》,载王国维《王国维论学集》,中国社会科学出版社 1997 年版,第 391 页。

② 何晏(注)、邢昺(疏):《论语注疏》(李学勤主编,《十三经注疏》之十),北京大学出版社 1999 年版,第 148 页。

③ 何晏(注)、邢昺(疏):《论语注疏》(李学勤主编,《十三经注疏》之十),北京大学出版社 1999 年版,第 106 页。

④ 何晏(注)、邢昺(疏):《论语注疏》(李学勤主编,《十三经注疏》之十),北京大学出版社 1999 年版,第 241 页。

⑤ [德]黑格尔:《哲学史讲演录》(第二卷),贺麟、王太庆(译),商务印书馆 1959 年版,第 119 页。

⑥ 王国维:《书辜氏汤生英译〈中庸〉后》,载王国维《王国维论学集》,中国社会科学出版社 1997 年版,第 391 页。

舍"（牟宗三）。那么，"弥缝"前人，不是在说，古人之"缺陷"太大太多，不能"一贯"吗？而就"不精密"① 而论，"思想"若如"机器"一般运作，则一定会"整齐划一"，且"一切如是"？因此，无可怀疑的是，面对一种思想，最为重要的是坚持什么样的立场，而不是别的什么。而静安先生似已转向一种比较，但并无意深究二者各自的优胜之处。

而就本章的论题而言，则"一以贯之"说的正是静安先生可能没有注意到的儒家的一个"可系统化"的形而上要点："以心贯物，而道在其中，万物一体。"如此，在未及取向"心道"之前，业已转向另一种"哲学"，则可能人生智慧也就"落实"于"人事"，而无可企及于"天道"。这也正是诸多论者译者的着眼之处，因而，也就恰恰因"执其一端"而坠入某种独断，进而认定"中国哲学"并不能"极高明而道中庸"，而只能是"非高明而趋平庸"。黑格尔的谬论，因而大行其道。历史仍在延续，而且，更是以业已"西方化了的汉语"和"逆向翻译的孔子的言说"在延续。

---

① 鲁迅在给瞿秋白的信中也提出："中国的文或话，法子实在太不精密了。［……］这语法的不精密，就在证明思路不精密，换一句话，就是脑筋有些糊涂。"（鲁迅：《鲁迅和瞿秋白关于翻译的通信》，载罗新璋、陈应年（编）《翻译论集》，商务印书馆 2009 年版，第 346 页）这里的"不精密"在程度上要比静安先生所说的严重得多，因是在讲整个（现代）汉语的"缺陷"。这也是鲁迅之所以提出，翻译"不但是在输入新的内容，也在输入新的表现法"的原因。瞿秋白回应说："我们应当改变一个新的方针：就是竭力使新的字眼，新的句法，都得到真实的生命，——要叫这些新的表现法能够容纳进活的言语里去。"（同上书，第 354 页）鲁迅和瞿秋白都提倡，翻译工作应"帮助中国现代文的发展"（同上）。这样的观点应是"五四"以来的主流思潮的反映，亦可说是国人近代以来回应西方文化影响的主导性思想的体现。但全盘否定传统的思想，本已不可取；为适应"现代化"的"发展"而远离甚至舍弃精神家园，又有什么历史价值？我们认为，就翻译而言，若是输入，确需敞开胸怀，尽可能吸纳外来的思想，以利跨文化的交流。但若是输出，则只能立足于本有的文化立场，依托传统的经典，否则又能拿出什么与人谈论"思想"，又遑论"跨文化交流"？逆向思考，也应有一种基本认识：中华文化本身，即令是输入，也有必要坚守特定的立场。

第三章 "思之心"英译的原理研究

第一节 问题的提出

以往的跨文化《论语》英译乃至儒家经典的移译，最为严重的问题可能是，对"心"的忽略。而这关涉的是：（一）"心性"之学的关键未及注意或凸显，致使有关翻译有可能导向上就已经不再是儒家立场上的传译，而是另一种形式的翻译；（二）情况往往是，以"知识"或"认识"来取代"心思"，也就是以主客二分的机制来取代"天人相合"的宇宙论预设。这样，在出发点上，儒家在进入英文之后，因思路的置换，业已被改写为另一种思想系统，进而造成的是，"心"被搁置在被遗忘的角落。

但是，若儒家所注重的就是这样的"心"或曰这颗"心"，又该如何？我们不是需要向之回归，进而加以复原吗？不过，正因为历史的原因，即使我们有意或期望它复原，但在英译之中，可能性何在？比如说，如何营造一种语境，使之复原如初？或者说，如何使之真正在英文之中有其立足之处？而本章之所作，也只能论证，什么样的表达，才能在英文之中托出儒家之"真心"，进而营造出一种氛围，带动有关语境的建构。

第二节　儒家之"思"的意义

海德格尔有句名言："科学不思。"① 若不计他之所论的特别语境，而以"能思者"与"可思者"观之，则似便可说，"思"不能像近代以来学界之所为，在单一的导向之下展开，也就是，不能仅仅以某一种尺度为法则，而需真正体现"思"本身的力量。但长期以来，"能思者"被固化在"唯科学主义"或"以科学为尚"的途径，而将人文思想的生发视为它的附庸或下属知识部门。在这样的趋势下，科学与人文两个宏大领域被简化为一个维度，奔走在同一条道路上，美其名曰"科学研究"。这一条路径上的"可思者"，随之也就被"客观化"为同一种东西。可以想见的是，这样的东西在"研究"起始之时甚或未及开始之际，已经有了可以推断的结论：那是"属人的"，因而可以其特定的"人性归属"而见出其"本质"，故而研究者可以其本身的力量来确定甚或决定如此这般的"物"之特质、走向和未来。

人似乎是站在"客观的"立场，但最终希冀的是，将"物"变为自己的囊中之物，亦即归为一己之所有。于是，大千世界、广袤宇宙，也就成了"人的私有"。随着这方面的财富的积累和激增，人之"现代的收获"无限制的扩展，"科学之思"不断统一、同一，"物"也就被不断固化为可资利用的对象。舍此，无所谓"物"，也便无所谓世界和宇宙？"思"因而也就真的变为"不需思"，故而，"科学不思"也就真正成为现实？因为，只要能捕捉到"物"之"本质"，使之大幅度提高被利用的效率，就可以说，有关研究业已成功；而且，也只能如此，研究才可能成功。

这样，所有的研究便只剩下一条道路，这就是"思路"的"科

---

① 海德格尔的这句话的英译是：Science does not think（Martin Heidegger, *What Is Called Thinking?*, trans. Fred D. Wieck and J. Glenn Gray, New York: Harper & Row, Publishers, 1968, p. 8）.

学"的唯一性。一切都必向它看齐，一切也要依之为标准和原理，否则，无人可懂，也无人愿懂。如果连"科学不思"也被引入"科学研究"进而最终被"科学化"，我们的确已无其他的道路可走，竞相追逐于其中的，还是"科学"。

但是，这和"翻译研究"有什么关系呢？

一个回答是，那不是也要或已经拉向"科学"的路径了吗？马上会有人反驳说，如尤金·A. 奈达之所为，尽管他的著作特标"科学"（*Toward a Science of Translating*）①，但从中能见到"科学不思"的影子吗？难道不是牵强附会，故作解人，在脱离开海德格尔特定的语境之后，将本来与翻译研究毫无瓜葛的东西拉进来，危言耸听，乱说一通？

应该注意，奈达的指向和志向是要传播《圣经》的"福音"，故而，其理论论说依之为归路，一开始启用的是乔姆斯基的"转换生成语法"，而后者的哲学支撑恰恰就是笛卡尔的"我思"（之同一）。乔姆斯基的语言学趋向停滞，在不能"不断进步"的情况下，奈达的"科学"只能解释为"一种学说"；而且，本来也就没有做到"放诸四海而皆准"。"我思故我在"的哲学追求，试图与基督教的"上帝"比翼齐飞，甚至是要取而代之。二者相统合之后，在奈达那里凸显的仍然是一种宗教信仰，而还不是"跨文化"的交流真正所需的那种立足平等、思想相互促进、精神彼此启迪。恰恰相反，在宗教一元论的支配下，他的所谓"功能对等"或曰"动态对等"始终脱不开"基督教教理"的传播的需要和限制。若欲"择善而从之"，也就不能一味地倾听一个声音，而且是唯一的声音，而是要首先培养人本身的"初心"之"善力"的不断强化的能力；最终形成"万物并育而

---

① Eugene A. Nida, *Toward a Science of Translating*: *With Special Reference to Principles and Procedures Involved in Bible Translating*, Leiden: E. J. Brill, 1964; Eugene A. Nida, *Toward a Science of Translating*: *With Special Reference to Principles and Procedures Involved in Bible Translating*, Shanghai: Shanghai Foreign Language Education Press, 2004.

不相害，道并行而不相悖"（《礼记·中庸》）① 的局面。

那么，走出"科学不思"的那种"唯一"，而倡导"多元并存"的世界思想和文化格局，儒家大哲的深刻洞见，可为之立说。

朱熹在注释"学而时习之"之"学"时，强调"学者为言效也"，"以后觉效先觉，明善而复其初也"②，突出的正是，人之"初心"之"善"的养成和强化的要义：与基督教视人"天生有原罪之恶"相反，儒家视域之下的人一定是"本性本善"，故而可为"君子"，而"天行健，君子以自强不息"（《周易·乾卦·象传》）③。另一方面的不同在于，以"效"之音训之义"孝"、"肖"之所示，中国古人历来崇尚传统，甚至将之奉为比自己的生命还要重要的精神财富。故而，孔夫子自道："述而不作，信而好古。"（《论语·述而》）④ 视传播、承继"斯文"（《论语·子罕》）⑤ 并将之发扬光大为自己毕生的使命。这样，一方面人与人之间可能的隔阂、隔离便会被消除在继承文化的修习之中，突出的是一己之德之于天道之合；另一方面，则经由"天"之由万事万物之体现，而视之为同等重要的生命，可同时印证夫子所说的："天何言哉？四时行焉，百物生焉，天何言哉？"（《论语·阳货》）⑥

如此展开的"思"便能引导出一种包容的力量：上可及"天"之神秘之魅，下可趋人我之和谐；内不断强化心力，外建息息相通的交流场域。

---

① 郑玄（注）、孔颖达（疏）：《礼记正义》（李学勤主编，《十三经注疏》之六），北京大学出版社 1999 年版，第 1460 页。

② 朱熹：《四书章句集注》，中华书局 1983 年版，第 47 页。

③ 王弼（注）、孔颖达（疏）：《周易正义》（李学勤主编，《十三经注疏》之一），北京大学出版社 1999 年版，第 10 页。

④ 何晏（注）、邢昺（疏）：《论语注疏》（李学勤主编，《十三经注疏》之十），北京大学出版社 1999 年版，第 84 页。

⑤ 何晏（注）、邢昺（疏）：《论语注疏》（李学勤主编，《十三经注疏》之十），北京大学出版社 1999 年版，第 113 页。

⑥ 何晏（注）、邢昺（疏）：《论语注疏》（李学勤主编，《十三经注疏》之十），北京大学出版社 1999 年版，第 241 页。

巧妙的是，汉字本身的魅力可以揭示，"思"之意趣。因为，如文字本身所示，那是"人之心田"，亦即为思想的活水源头："心"并不只是人心，而是天心与人心之合之后的那颗"心"，是"天光云影共徘徊"（朱熹《观书有感二首　其一》）的"心源"。有此"源"，才可能有人之思。

至于"止"，依其字义，可为"停止之止"，亦可指涉"脚趾前进"之"行"。"文明以止，人文也"（《周易·贲卦·象传》)[1] 说的是，"人的文德或曰内德"之"彰显"（明），立足于"止"，即止其所当止，而行其所当行。反过来说，以之为法，"内德之文"才可得"明"、见"明"。因而，《礼记·大学》所讲的"大学之道，在明明德，在亲民，在止于至善"[2]，正是对之的绝妙解释。行止有据，而不失其道，既是人立身行事的基本要求，岂不正是跨文化交流的正规路线？

易言之，儒家思想既重人之为人的原初之力，那么，其善心既在，何愁不能为跨文化提供以人为善同时也与人为善的跨文化交流的一套理论预设和畅通无阻的途径，而不是阻隔于"科学不思"的"知识"部门之中，而将人同时拆解为研究本身的对象或曰囊中之物？

第三节　三种"常识"之于儒家思想的（跨文化）传译

不过，本章的话语论域限于《论语》的英译原理的探讨。作为儒家"第一书"，《论语》的重要性不言而喻。但是，我们首先注意到的是，如何从"常识"之中摆脱出来。

---

① 王弼（注）、孔颖达（疏）：《周易正义》（李学勤主编，《十三经注疏》之一），北京大学出版社 1999 年版，第 105 页。
② 郑玄（注）、孔颖达（疏）：《礼记正义》（李学勤主编，《十三经注疏》之六），北京大学出版社 1999 年版，第 1592 页。

　　这牵涉两个方面的"常识"问题。一是历史遗留下的那种"常识",即认为,即使承认儒家是中华文化思想之中儒道释三大思想系统之一,那也不过是过去的事情,只有在某一个时间段才有其针对性的作用或意义;而且,即令正面对待这种思想系统,也应持以"客观的态度"。如此的识见实际上是将《论语》等经典视为特定历史化的文本,而不是"心田以及心田之中彼此相思"的那种"思想"。也就是说,在将儒家"思想"定位为"国故"之类的"过去时"的东西的同时,就已背离了中华文化最为关键的导向:人与人彼此之间的"思想",正是汉字本身所意指,而复为儒家所不断体现和显扬的那种"思想"。

　　这意味着,在"国故"论者那里,儒家作为过去的思想,只能对传统的释解发挥作用,而不及现代生活。远离如此的"现代"的儒家,其效验只是书本上的、"可远观而不可亵玩焉"。毫无疑问,这样的观点已将儒家界定为"对象"性的"知识",而试图通过"认识论"之中的定位将之并入现代的"知识部门",但最终发现,单列之后,那不过是类如"锈迹斑斑"的青铜器,美则美矣,但只是博物馆中的物件,而与日常无关。或者说,它可以成为日常中的东西,但那只是一种配件,或者是一种装饰之物,仅有"欣赏"的价值,而难以付诸实际活动。

　　而这恰恰与儒家意在强调的"人伦日常"的思想运用背道而驰。儒家提出:"道也者,不可须臾离也,可离非道也。"(《礼记·中庸》)① "道"既是"不可须臾离也",它就必然践行于人的生活之中。而儒家经典作为"载道之体",在"现代"之思潮冲击之下,经过诸多人等的注疏、解释、介绍以及翻译,最终也并不能脱离开"知识对象"的地位。因而,可以想象,《论语》的跨文化翻译史,在"常识"由"伦常之所系"的那种"人与人相处的常道"的"常",

---

　　① 郑玄(注)、孔颖达(疏):《礼记正义》(李学勤主编,《十三经注疏》之六),北京大学出版社1999年版,第1422页。

或类如《道德经》第十六章之中所说的"知常曰明"的那种"常"，蜕变为庸俗凡俗的常见之识的那种"常"，不仅将它由统辖人的精神性的原则化解为"过时的知识"的某种汇总，而且，时不时还通过将之拉向"历史的遗忘的角落"并且依之为据来说明，那本就不是真正的"思想"。

这便关涉到第二种"常识"，也就是黑格尔在读到一部《论语》英译之后大放的厥词。他认为，夫子所说皆为"常识"，这样的东西西方到处都有，那种格言毫不足取。因而，夫子尚且比不上西塞罗。他根本就不是一个"思辨哲学家"。因而，他的结论就是，夫子的著述还不如不翻译的好①。

若将夫子视为中华文化的一个代表人物，这一结论也就意味着：中华文化无所谓"思想"，至少是没有西方形态的思想，因而，算不得思想，故而，也就等于没有思想。按照这样的"逻辑"，若是自中华文化的视角或曰站在中华文化的立场上视之，又该如何？

不过，迄今为止，似乎还没有人如此而为。这，或正可说明，世界历史上唯一具有数千年连续性的文化传统，其容纳力和接受性是非凡的。因而，其中也必有跨文化翻译研究所应汲取的精神资源力量。惜乎，并没有多少人关注这样的力量之为力量的那种"心源"。

而在上文所说的两种"常识"并合之后，就会发现，它们实则为二而一。因为，黑格尔所说的"常识"，其定位在于将儒家排除于"思辨性"的"思想"的范围之外，而将有关"领地"交与西方人来继续建构，或者说，交与依之来展开思路的人来占据。至于"不若不译"的夫子等东方大哲，其"思想"既不能应时趋势，覆灭也就成了唯一的不是出路的出路了。

不过，且慢！我们不是还有另外一种"常识"，即"常道之识"吗？若依之来传译夫子教导，岂不能起到对应的作用？

---

① ［德］黑格尔：《哲学史讲演录》（第二卷），贺麟、王太庆（译），商务印书馆1959年版，第119页。

易言之，在《论语》等的传译史之中，我们与之相遇的，往往可能是经由"知识化"的辨识、知解、分析和综合，而形成的那种儒家的论说，而不是需要体认、生活之中身体力行，并且不无神秘地试图"与天齐"的努力的儒家。儒家之"常"，遗落在历史长河之中；至少是，跨文化的传译之中几近无人知会。比如说，没有多少人会以坚定的信念坚持，《论语》塑造了中国人的心灵，其价值无可比拟；没有多少人会认为，"天不生仲尼，万古如长夜"（《朱子语类》卷九十三），作为历史的贡献，其影响力至今依然，因为早已深入国人的生命血脉之中。

那么，《礼记·中庸》强调"极高明而道中庸"①，既然"极高明"成为不可能，又何以"道中庸"？放弃了"道"之期之大，而乞灵于人与人之间关系方面的知识，并聚焦于此，又如何显现儒家之崇高精神追求？因此，在对"天"和人的关系弃之不顾的情况下，儒家乃至整个古代中国的宇宙论塌陷，人丧失其生存的空间，被置换的又不一定能滋养其心性心灵，这样的"思想"导向，在翻译活动之中所能造成的，也就只能说是一种"信息"的再现：只要自以为能捕捉到文本意义，也就可以不计儒家的思想导向，而肆意为之。

思想之为心田，种种规矩，有关义理，甚至是原则性的"本应"，在现代的"知识化"的要求之中，被消解殆尽，当然也就见不到基本的作用。

那么，如何从"译意"的论说之中走出来，也就成了一个不折不扣的重大的历史任务。

第四节　"心"的传译需要"极其原理"

《礼记·中庸》之中所说的"极高明而道中庸"②，孔颖达正义

---

① 郑玄（注）、孔颖达（疏）：《礼记正义》（李学勤主编，《十三经注疏》之六），北京大学出版社 1999 年版，第 1455 页。

② 郑玄（注）、孔颖达（疏）：《礼记正义》（李学勤主编，《十三经注疏》之六），北京大学出版社 1999 年版，第 1456 页。

曰："高明，谓天也，言贤人由学极尽天之高明之德。"① 《礼记·大学》有云："君子无所不用其极。"② 郑玄注云："极，犹尽也。君子日新其德，常尽心力而不有余也。"③ 设若丢掉了"德"之培养的那个"心源"，又如何"日新其德"？这一问题质疑的是，如果人并没有建立"心源"这一养德、培德的所在，内德充盈，遥不可及，要想成为真正的人，已成问题，又如何建造"人间"的那种"间"？是否营造出的只是"间离"之"间"，而不是透出光线而时刻准备迎接大自然的美好的那种"门中之月"的"间"，亦即为将"天"之所赐化为"人间"的规约和美好的那种"间"？

这，可能就是儒家思想的跨文化传译最为严重的问题所在：失去了天的精神支撑，进而丢下人心与天心的"共徘徊"，将儒家思想板结为"道德"的论述系统，而不思如此的意识形态化的意指是否背离了"道之以德，齐之以礼，有耻且格"（《论语·为政》）④ 的教义，最终纠缠于人际关系或曰人事的纷扰之中，将《论语》化解为"庸俗之见的常识"，并以之作为传译的目标：达到了"意义的输出"，似乎也就万事大吉。因而，在文义的纠葛之中争执不休，在寻章摘句的过程中"辨识"并传递"意义"，也就成了近乎"矢志不移"的方向，尽管这样"常识"，如黑格尔所说，不是无须传译的吗？

那么，走平庸路线，而局限于"国故之学"的话语，来传译，还是"极高明"而按照儒家的正规思想来传递其微言大义，也就成为不可不辨（辩）的问题。

---

① 郑玄（注）、孔颖达（疏）：《礼记正义》（李学勤主编，《十三经注疏》之六），北京大学出版社 1999 年版，第 1457 页。

② 郑玄（注）、孔颖达（疏）：《礼记正义》（李学勤主编，《十三经注疏》之六），北京大学出版社 1999 年版，第 1594 页。

③ 郑玄（注）、孔颖达（疏）：《礼记正义》（李学勤主编，《十三经注疏》之六），北京大学出版社 1999 年版，第 1594 页。

④ 何晏（注）、邢昺（疏）：《论语注疏》（李学勤主编，《十三经注疏》之十），北京大学出版社 1999 年版，第 15 页。

若是遵循后者，则问题在于，以什么样的方式体现儒家经义之精义？不妨举例说明。

《论语·宪问》载："子曰：'不逆诈。不亿不信。抑亦先觉者。是贤乎。'"[1] 李学勤主编的《十三经注疏·论语》中此语最后用的是感叹号。而如此标点，正是朱熹的研究结果。朱子指出："言虽不逆不忆，而于人情之伪，自然先觉，乃为贤也。"[2] 而孔安国的注则为："先觉人情者，是宁能为贤乎？或时反怨人。"[3] 一个问号，一个感叹号，有何不同？论者指出，孔注的意思是："虽然能预先察觉别人的阴谋和失信，而这并非贤者的必备条件；预先察觉也有可能冤枉好人"；而在朱注之中，"'先觉'被解释为'自然先觉'，意即'人之情伪'定能显露于外，而贤人对于'人之情伪'自能觉察"[4]。

论者并没有道及的是，（一）孔安国与朱熹，哪一个是趋近夫子之意的？进一步的问题是，（二）遵循或依照什么，能够判断孔安国或朱熹，哪一个是"正解"？（三）二者的区别的重心既在于问号和感叹词，它们之间又可能建立起什么样的关系？

我们的回答是，论者总的问题是，未及点出"中庸之道"。因为，就第三点而论，显而易见，朱子以感叹号，说明那种慨叹或感叹是真情而发，因而，可以包容否定和肯定，问号所示的疑问，亦应含其中。比如说，对一个年轻女子，完全可以感叹：你真漂亮啊！这里使用的感叹号，根据不同的语境，既可能是否定，因而，体现反讽；又可能是疑问，故而，突出话里有话，而所指对象担当不起；同时，它也可能是叙述的另一种变体。理由是，若是感叹，预设的就是对实际情况的描述或介绍。这样，朱子的注显然比孔安国更具包容力。但是，这并不是或不能说，此解一定就是正确的或者唯一适宜于夫子之

---

① 何晏（注）、邢昺（疏）：《论语注疏》（李学勤主编，《十三经注疏》之十），北京大学出版社1999年版，第197页。

② 朱熹：《四书章句集注》，中华书局1983年版，第157页。

③ 何晏（注）、邢昺（疏）：《论语注疏》（李学勤主编，《十三经注疏》之十），北京大学出版社1999年版，第197页。

④ 肖永明、陈锋：《〈四书〉诠释与儒学演进》，中华书局2017年版，第73页。

义的。那么，靠什么来做出判断？

答曰："中庸之道。"因为，之所以确定感叹之词即为夫子之义，是因为，如此设计可以包含肯定的叙述或否定的疑问，故而，能体现出"执其两端"（《礼记·中庸》）① 的意向：从而将选择交由读者。如此高明的注解，实非孔安国所能比拟。因后者所用的疑问，排除了一切别的可能：似乎夫子在说的只能是，贤者即使通晓世情，而自身"不忆不诈"，仍可能造成"人怨"，因为并不能准确判断人间是非。如此，便可推论说，人本身不能向善，或者说，人天生就有不能直觉判断善的能力，故而，即使"贤者"也不能达到对人做出准确判断的能力？这样，"原初之善"遭到怀疑，人间社会岂不是不存在可以参照、依照或曰以之为根据的那种精神力量？如此推论，孔安国之注，与"人之初"② 的信条岂不违背？

与之相反，朱子的注解，以感叹句出之，既可以解为，人识人之力不可小觑；同时，更重要的是，他是在说，人之所以可以"先觉"，是因为能当下辨别出可能的"邪恶"或"邪念"。如此的辨别之力、识见之能，眼光敏锐，而思维快捷，足以使有关歪思邪念消除于无形，这样，人间社会可以一片美好，而最终回归"原初之善"的境地。看似在感叹多能者才德罕见，实则是在凸显人之"原初"！

因而，我们要说的是，"中庸之道"之"名"早已不副其实，或者更准确地说，有其实而不见其名？孔安国作为汉学的重镇未见运用，朱熹虽用但未及点明，而后世的理论阐释更是隐而不彰？难道说，如夫子本人所说，"中庸之为德也，其至矣乎！民鲜久矣"（《论语·雍也》）③，不仅是夫子时代如此，后来的历史也是这样缺席的？

---

　　① 郑玄（注）、孔颖达（疏）：《礼记正义》（李学勤主编，《十三经注疏》之六），北京大学出版社 1999 年版，第 1425 页。

　　② 此语为《三字经》第一句。其义理根据应是《论语·阳货》之中夫子所说的"性相近也，习相远也"［何晏（注）、邢昺（疏）：《论语注疏》（李学勤主编，《十三经注疏》之十），北京大学出版社 1999 年版，第 233 页］。

　　③ 何晏（注）、邢昺（疏）：《论语注疏》（李学勤主编，《十三经注疏》之十），北京大学出版社 1999 年版，第 82 页。

《礼记·中庸》之中有表达略有不同的记载："中庸其至矣乎！民鲜能久矣。"① 似是要从"能"的角度进一步感叹这样的现象。

"百姓日用而不知，故君子之道鲜矣。"（《周易·系辞上》）② 如果承认《礼记·中庸》之中所说的"夫妇之愚，可以与知焉。及其至也，虽圣人也有所不知焉"③，"至"与"极"趋向一致；故而，孔颖达疏云："言匹夫匹妇愚耳，亦可以其与有所知，可以其能有所行者。以其知行之极也，圣人有不能，如此舜好察迩言，由此故与。"④那么，《周易》岂不是在说，尽心致力于儒家经文者，不一定能体会出"极高明"之义，因而，使"君子之道鲜矣"成为现实了吗？

第五节　"诗教"与英译之"心"

儒家之"极"既未现身后世疏解与解释，自然很难运用于儒家经典的释解之中。比如，新儒家哲学家徐复观如此强调：

> 有建设性的中庸之道的复苏，这将是国家命运的复苏，也是中国知识分子命运的复苏。［……］因为中国民族是不可能被消灭掉；而中庸之道，乃出于人心之所同然。⑤

若中庸之道"乃出于人心之同然"，那么，作为对中华文化的维系，根脉所在，它一定可用以解释孟子的"践形"。但徐复观的解释

---

① 郑玄（注）、孔颖达（疏）：《礼记正义》（李学勤主编，《十三经注疏》之六），北京大学出版社1999年版，第1424页。

② 王弼（注）、孔颖达（疏）：《周易正义》（李学勤主编，《十三经注疏》之一），北京大学出版社1999年版，第269—270页。

③ 郑玄（注）、孔颖达（疏）：《礼记正义》（李学勤主编，《十三经注疏》之六），北京大学出版社1999年版，第1429页。

④ 王弼（注）、孔颖达（疏）：《周易正义》（李学勤主编，《十三经注疏》之一），北京大学出版社1999年版，第269—270页。

⑤ 徐复观：《在非常变局下中国知识分子的悲剧命运》，载徐复观《中国思想史论集》，台湾学生书局1975年版，第277页。

并未朝着这一方向努力：

> 践形，可以从两方面来说：从充实道德的主体性来说，这即
> 是孟子以集义养气的工夫，使生理之气，变为理性的浩然之气。
> 从道德的实践上来说，践形，即是道德之心，通过官能的天性，
> 官能的能力，以向客观世界中实现。这是意义无穷的一句话。孟
> 子说到这里，才把心与一切官能皆置于价值平等的地位，才使人
> 自觉到应对自己的每一官能负责，通过官能的活动，可以把心的
> 道德主体与客体结合在一起，使心德实现于客观世界之中，而不
> 是停留在"观想"、"观念"的世界。孟子的人性论，至此而才
> 算完成。再确切地说，孟子的尽心，必落实到践形上面。能践形
> 才算是尽心。践形，乃是把各官能所潜伏的能力（天性）彻底发
> 挥出来；以期在客观事物中有所作为，有所构建，否则无所谓践
> 形。所以由尽心践形所成就的世界，必是大同为量的现实世界。①

徐复观用的是"主观"和"客观"等认识论名词，若说它们体
现"实践儒学"的思想，则或难产生说服力。比如，人调动"官能"
的能力，将"心的道德主体与客体结合在一起，使心德实现于客观世
界之中"，这里的"心的道德主体"如何与"客体结合在一起"，就
需继续思考②。因为，主客既为主客，如何"结合"？如此一来，"大

---

① 徐复观：《中国人性论史·先秦篇》，台湾商务印书馆 1969 年版，第 185—186 页。
② 论者指出："自从康德确定了现代西方哲学关于主客体概念及其用法以来，所谓客体
是指主体所意识、思考和认识的一切对象，甚至如果这一主体被反思，那么这时它也就成了
一个客体。"（金惠敏：《后儒学转向》，河南大学出版社 2008 年版，第 25 页）不过，如论者
所强调的，"这是一个悖论，全部西方哲学史即无论是以本体论为中心的古代哲学还是转向了
认识论的近代哲学，都在致力于解决主体如何才能与客体同一的问题，而这同时也就是自我
与他者的关系问题。柏拉图不能解决这一问题，所以他乞灵于认识的'突然跳跃'（ek-
saiphnes）、灵感或狂迷；康德不能解决这一问题，所以其普遍而必然的先验知识不过仍然是主
体关于自我而非客体的知识；胡塞尔不能解决这一问题，因而其声嘶力竭的呼喊'返回到对
象，返回到现象，返回到本质'最终不过是无可奈何地'返回主体'，其'先验自我'如果
不是被设定为一个超绝本体，那么在认识论范围内它就仍是一个主体；萨特不能解决这一问
题，以至于在《禁闭》中恐怖地尖叫'他人就是地狱'"（同上书，第 7 页）。

同世界"何以可能？但在后文中徐氏强调，"主体"将"潜伏的官能（天性）彻底发挥出来"，"以期在客观事物中有所作为，有所构建"，"否则无所谓践形"。那么，问题在于，（一）尽数发挥，且复"彻底"，还只可做到"以期"，亦即"有所期待"？这是否说明，如此发挥未必能"完全成功"，亦即，不能在极限上达到要求，也就是不能真正"成就圣人"之为"圣人"的要求。这正可说明，这样的解释并未沿着"极高明"路线前进，因而，最终会使圣人的"事业"沦入无谓。（二）"有所作为，有所构建"，也只是"有所"，说明"官能能力的发挥"之在"客观世界"的作用极其有限，至少只能部分或在某种程度上可行，那么，原因何在？

不走儒家思想正轨，即令精研儒家的"新儒家"思想家也一样会出现"文不对题"。

而我们关注的还是，如何在跨文化翻译之中突出"心的交流"。但是，"心"与其耦合或偶合的"天"，在英文之中，如安乐哲所辨析的，以往以 Heaven 及 God 之类面目或名目出现，其超验性与中国古人的"天"自然不相适宜。故而，在其与人合译的《论语》之中，只能以音译的形式处理①。至于"心"，则到目前为止，其英译的呈现一致徘徊在 heart，mind，heart-and-mind，mind-and-heart 之间，了无定论。

我们认为，heart 或更适应儒家"心"的大义的传译。一方面，它具有"中心"之意，故而或可体现《礼记·中庸》之中所说的"可以赞天地之化育，则可以与天地参矣"②，亦即，可以其居于"中心"而显现其"参赞"之意。另一方面，heart 如 *Heart of Darkness* 和 *The Heart Is a Lonely Hunter* 之所示，可以代表"存在"本身，而与"心"意相合。而且，heart 亦与"心"一样，有"本质"或"本性"

① Roger T. Ames and Henry Rosemont, *The Analects of Confucius: A Philosophical Translation*, New York: The Ballantine Books, 1998, pp. 46–47.
② 郑玄（注）、孔颖达（疏）：《礼记正义》（李学勤主编，《十三经注疏》之六），北京大学出版社 1999 年版，第 1448 页。

之"心"的意味。

与之相比，mind 可能没有上述意涵；heart-and-mind 与 mind-and-heart 这样的表达方式，尽管可以直观地再现"感情和理想"两个方面"心"的能力，但这说的正是"人际"方面的力量，而不一定能体现其形而上的意涵："心"之天心与人心相融合，而见宇宙之"大心"之"心"，人生存之追求所能见出的那颗"心"以及为此追求而需不断修习的那种"心"。

如此，夫子在庭训之中所说的"不学《诗》，无以言"（《论语·季氏》）①便有了在英译之中落实的办法。若"诗"可代表宽泛意义上的中华文化，那么，其外传的历史理应重新开始？因为，如上文所不断强调的，若理解就没有遵依儒家思想正规，而且连最为基本的字眼都没有移译得当，不重新做起，难道不是愧对历史的赋予？

而夫子对"三百篇"的总结："《诗》三百篇，一言以蔽之，曰：'思无邪。'"（《论语·为政》）②其中的"思无邪"，何晏引包咸注曰："归于正。"邢昺疏云："《诗》之为体，论功颂德，止僻防邪，大抵归于正，故此一句可以当之也。"③但这分明是在说，人"心"其本身可能是"僻邪"的？因而，需要"止防"？因而，如此的解释，一方面不及人"心"原初之"正"，或者说否定了这样的"正"，故而，与儒家思想大义不符；另一方面，即令是对人生在世行事应走正道的提示、提醒，也一样有其问题：既然"心正"，何来"邪僻"？如此，此解仍有否定"原初"之"心"行事之正的决定作用的意味？因而，若说"归于正"，意即"归于心之正"，"心"仍是家园之"心"、"原初之心"，应为人的精神的源泉和动力，那么，这样的"思"便通过字形就可辨识：那是"心田"之"正"，不论何时何地，

---

① 何晏（注）、邢昺（疏）：《论语注疏》（李学勤主编，《十三经注疏》之十），北京大学出版社 1999 年版，第 230 页。

② 何晏（注）、邢昺（疏）：《论语注疏》（李学勤主编，《十三经注疏》之十），北京大学出版社 1999 年版，第 15 页。

③ 何晏（注）、邢昺（疏）：《论语注疏》（李学勤主编，《十三经注疏》之十），北京大学出版社 1999 年版，第 15—16 页。

它一定是"正",即正当正常、适宜适当,人才可能生存,对此予以否定,"一切不正"或"不能正"便可能成为现实?

那么,"心田"既"正"或曰既在或既能守"原初"之"正",为何又会出现"邪"的可能?那是因为后天的濡染的结果。《论语·阳货》之中记夫子之言,讲得明白:"性相近也,习相远也。"① 如此理解,"思"之"心田"之"心"应是相应不变的、稳固的,而对应的"思路",也就是人在行事于世之过程中所走的甚或开启的路径,则可能走向或陷入"邪僻"。"心"之"正"如此也就可以作为杠杆或尺度,来衡量判断"思路"之正邪或弯直,进而纠正之、理顺之并最终规划和归化之。这样,不仅"心"与"行"两方面的释义得到保证,二者不相妨碍,或者说,"心之正"与"行之异"之间的区分,得到解释;而且,"心"之"初善"也就成为真正的"无邪"的源头力量。

因此,可以看出,若不发挥汉字本身的优势,则天道与人心之合,是难以见出的,而纠缠于人事之中,只能将"思无邪"拉向"心本身可能的邪僻"之途径,这样也就可能否定"心正"之义,而背离儒家之诗教:人心初善,无可否定;而行事在世,可能有违,故而,邪事出现,亦可通过回归,即包咸所说的"归于正"而得解决。很明显,这样的解释背后的支撑只可能是中庸之道,因为突出了"心田"之"思","心"之"得其正"的"天性之能"或"天赋之力"在焉,而可能的"错谬之途"亦可得其纠正之机,因为"心正之源"依然如故,而依"天"而在。

理雅各的英译 Having no depraved thoughts②,以其直译,或只能突出《诗经》本身并无"堕落的思想"之意,是说它纯粹而又高雅,故而,世间之"邪僻"难及?但是,只不过是停滞在"世间"

---

① 何晏(注)、邢昺(疏):《论语注疏》(李学勤主编,《十三经注疏》之十),北京大学出版社 1999 年版,第 233 页。

② James Legge, *The Four Books*, Beijing: The Commercial Press, 1912, p. 13.

这一层面？而安乐哲与罗思文的译文 Go vigorously without swerving①，说的则可能是，君子的追求：强健地（vigorously）行，而不走偏（swerving）。显然这是在传递"天行健，君子以自强不息"之意。不过，"思"之"心思"之"心"，恰恰被遗弃？而理雅各的译文之中，不是一样没有"心"的存在吗？因为，thoughts 本可能就是固化的"思想"，而且，是多重多种的思想，故而用复数，倘若这样的"思想"已全部"堕落"，没有一个具体的依赖，人即令洞若观火，又如何可能纠正？同样地，若依安乐哲与罗思文的译文，人在行走人间之时，发现 swerving（turning aside or being turned aside abruptly from a straight path or established pattern：逸出正规，脱离常规，偏离正道），又该如何解决？而且，此译的句式几乎像是在颁布命令，要人服从②？这是"温柔敦厚"（《礼记·经解》）③的儒家的"诗教"吗？

因而，不让"心"出现于在场，使之发挥应有的作用，如何"纠偏"，而使"无邪"真正可能？更何况，夫子说得不是非常清楚："思无邪"？那么，他要强调岂不是"心思无邪"，"思路才可不邪"，故而，才能"天行健，君子以自强不息"（《周易·乾卦·象传》）④？

按照这一理解，我们认为，可以将此语译为：The field of heart

---

① Roger T. Ames and Henry Rosemont，*The Analects of Confucius：A Philosophical Transla-tion*，New York：The Ballantine Books，1998，p. 76.

② 同样的句式，见于 A. Charle Muller 的 *The Analects of Confucius* 之中的译文：Don't think in an evil way（不要以邪恶的方式去思考）（http：//www. acmuller. net/con-dao/ana-lects. 2019. 6. 30 采集）。此译更进一步突出了，人有可能本性"邪恶"或曰"心术不正"？而这恰恰是儒家对人的认同的反面。最新译文如出一辙：Never let evil hold a seat in your mind（Shi Zhikang，*Confucius's Analects：Translation & Critical Comments*，Shanghai：Shanghai Foreign Language Education Press，2019，p. 25）。后者可回译为："永远也不要让邪恶在你的头脑中占据一席之地。"

③ 郑玄（注）、孔颖达（疏）：《礼记正义》（李学勤主编，《十三经注疏》之六），北京大学出版社1999年版，第1368页。

④ 王弼（注）、孔颖达（疏）：《周易正义》（李学勤主编，《十三经注疏》之一），北京大学出版社1999年版，第10页。

finds no erroneous way（心田之中无邪路）。英国诗人蒲柏（Alexander Pope）的诗 *An Essay on Criticism* 之中有已成名句的 to err is human, to forgive is devine（犯错是人，宽恕为神）；歌德有名言 Man errs as long as he strives（人只要奋斗，就会出错）。"人会犯错"，此与常态的表达如 There is no man but errs. Everybody is possible to make mistakes（没有人是不出错的。任何人都可能犯错）如出一辙。因而，errorneous（此词的中古英语来自法文 *erroneus*，后者直接源自拉丁，意为 vagrant［流浪的、游移不定的］，wandering［漫游的、闲逛的］）或可传递"邪"意。

付诸检测，《论语·为政》"思而不学而罔，学而不思则殆"①，理雅各译为：Learning without thought is labour lost; thought without learning is perilous②。安乐哲与罗思文译作：Learning without due reflection leads to perplexity; reflection without learning leads to perilous circumstances③。后者模仿前者的迹象十分明显，尽管不免复杂化。不过，在后一个译文之中，第一个"思"以 reflection 出之，严格来说，这样的"反思"虽可解为 a calm lengthy intent consideration（安静、冗长而又专注的思考），但它根子上离不开"反射"之影（the image of something as reflecting by a mirror），因而，是具有典型的"表象主义"（representationalism）特征的哲学用语。安乐哲与罗思文既在其译本题目之中运用 A Philosophical Translation，那理应指涉儒家哲学，而不是目的语的哲学。

Waley 译为 Let there be no evil in your thoughts④（不要让你的思想之中存在任何邪恶吧），但如此"呼吁"，是否说明，（一）人不能避

---

① 何晏（注）、邢昺（疏）：《论语注疏》（李学勤主编，《十三经注疏》之十），北京大学出版社 1999 年版，第 20 页。

② James Legge, *The Four Books*, Beijing: The Commercial Press, 1912, p. 19.

③ Roger T. Ames and Henry Rosemont, *The Analects of Confucius: A Philosophical Translation*, New York: The Ballantine Books, 1998, p. 79.

④ Arthur Waley, *The Analects*, Beijing: Foreign Language Teaching and Research Press, 1998, p. 13.

免"思想之中的邪恶",因为其本身就是"邪恶"的?(二)人既无能力规避此"恶",呼吁、强调、突出,又奈他何?也就是说,译文之中既不"预设"人心之善之正,"恶念"甚或"邪恶"就有可能蠢蠢欲动,而一方面则印证人本身乃"恶"之化身,另一方面又无力克服甚至纠正之。如此预设,又如何移译儒家思想?

辜鸿铭的译文 Have no evil thoughts(千万不要有邪恶的思想)一样以近乎命令的句式出之,那是在说,人心邪恶,因而即使有《诗》三百篇之诗教在,也难以挽回。而林戊荪译为 a pure heart saturated with unadulterated sentiments(濡染没有杂质的情感的纯粹的心),倒是点出了"心",而且,试图突出"此心之纯"。但是,纯粹(pure)而又"不掺杂的"(unadulterated)未免叠床架屋,"无"之动态过程何在?

Watson 的 Think nothing base[1](不要去思想粗鄙之物),警示背后仍然是人性恶?

倪培民译文 Oh(si 思),let there be no deviation[2],将"思"还原为《诗经》中"思无邪"之中的"思"的语助词,故以 Oh 的感叹词出之,可谓创造。而"无邪",突出的仍是"切不可有偏离",也是在发号施令,而"人恶"之思路显然。

若"思"以 the field of heart(心田)作解,则或可将"思而不学则罔,学而不思则殆"译为:The field of heart without learning leads to no harvest; learning without finding the way in the field of heart leads to perplexity(不学习的心田不能导向收获,学习而不在心田之中找到道路则引向迷惑)。应注意的是,何晏注引包咸曰:"学不寻思其义,则罔然无所得。不学而思,终卒不得,徒使人精神疲殆。"[3]"学而不思

---

① Burton Watson, *The Analects of Confucius*, New York: Columbia University Press, 2007, p. 20.

② Peimin Ni, *Understanding the Analects of Confucius: A New Translation of Lunyu with Annotations*, New York: State University of New York Press, 2017, p. 115.

③ 何晏(注)、邢昺(疏):《论语注疏》(李学勤主编,《十三经注疏》之十),北京大学出版社 1999 年版,第 20 页。

则罔"之译，启用的是 harvest（收获），以为比喻，而"思而不学则殆"之中添加的 finding no way，意在突出"心田"之中开出道路，或在其中找出途径，"学"才不至于陷入 perplexity（trouble or confusion resulting from complexity 困惑，混乱，复杂，困难），即困惑甚或惶恐的局面，而得其"学"之所向：在"心田"之中依赖正规，而使自身不断回归。

后世之移译，因不思其义，而陷入简单化。如"学而不思则罔，思而不学则殆"，Waley 译为：He who learns but does not think，is lost. He who thinks but does not learn is in great danger[1]（学者不思则迷失，思者不学则陷于危殆）。这里的疑问是："学"的过程之中不能"思"，同样地，"思"不是蕴含着特定的"学"吗？否则如何"知不足"？不能"知其不足"，算得上"思"？不能"思"，又何以称得上"学"？因而，夫子之义不能依字面意思来判断，而是应该充分体贴其"微言大义"，所谓"信而好古"的那种"崇信"当然包含着对先人文字创造上的坚信，因为负载其中的应是天地之道。

同样地，诸如辜鸿铭的 Study without thinking is labour lost. Thinking without study is perilous[2]（研究而不思考是失效的劳动，思想而不研究则是危殆的）及林戊荪 Learning without reflection will end up in confusion；reflection without learning will end up in peril[3]（学习而不加反思最终陷入混乱，反思而不予学习最终陷于危殆），Watson 的 Learning without thought is pointless. Thought without learning is dangerous[4]

① Arthur Waley, *The Analects*, Beijing: Foreign Language Teaching and Research Press, 1998, p. 19.

② Hongming Ku, *The Discourses and Sayings of Confucius*, Kunming: Yunnan People's Publishing House, 2011, p. 21.

③ Lin Wusun, *Getting to Know Confucius – A New Translation of The Analects*, Beijing: Foreign Language Press, 2010, p. 45.

④ Burton Watson, *The Analects of Confucius*, New York: Columbia University Press, 2007, p. 21.

118

（学习而不思考无意义，思考而不学习是危险的），Muller 的 To study
and not think is a waste. To think and not study is dangerous①（学习但不
思考是浪费，思考但不学习是危险的），以及倪培民的 Learning with-
out thinking leads to confusion (*wang* 罔); thinking without learning leads
to trouble (*dai* 殆)②（学习而不思考引向混乱，思考而不学习引向麻
烦），存在一样的问题。③

现今人的"心路历程"观念，大致来自英国作家班扬（John
Bunyan）的 *The Pilgrim's Progress*，但那是在讲"信奉上帝者"或曰
"虔信者"走向"天国"，不为艰难险阻的不断的"进步"。因而，实
际上，与"人心"无涉，而是在突出人的信仰的力量的施加，对人
生终极的作用和意义。

与之相比，儒家的"心路历程"，在"思"之中原本就有体现
的，却被遗忘。而除了"思无邪"之外，我们的确也能看到，儒家
是以此"心"来作为追求的定点和出发点的。

因此，夫子自道："吾十有五而志于学，三十而立，四十而不
惑，五十而知天命，六十而耳顺，七十而从心所欲而不逾矩。"

---

① A. Charles Muller, *The Analects of Confucius*, 2020. (http://www.acmuller.net/con-dao/analects.html).

② Peimin Ni, *Understanding the Analects of Confucius: A New Translation of Lunyu with Anno-tations*, New York: State University of New York Press, 2017, p. 124.

③ 此语最新的译文是：If you read without thinking, you are apt to be confounded without learning anything; if you think without reading, you are apt to find yourself in danger (Shi Zhikang, *Confucius's Analects: Translation & Critical Comments*, Shanghai: Shanghai Foreign Language Educa-tion Press, 2019, p. 37). 此语或可回译为："如果你读书但不思考，就会遭遇困惑，学不到任何东西；如果你思考但不读书，就会陷入危险。"除了见不到"心"之外，译文将"学"改为 read（读书），并在前半句添加 without learning anything（学不到任何东西）。蒋梦麟指出："理解力也不能凭空生存。想得太多，结果除失望外一无成就。这样是犯了孔子所说的'思而不学'的毛病。当然，导向正确思想的途径还是从思想本身开始，然后从经验中学习如何思想。你不可能教导一个根本不用动脑的人如何去思想。后来我留美时读到杜威的《我们如何思想》，使我的信念更加加强。"（蒋梦麟：《西潮》，辽宁教育出版社1997年版，第55页）蒋先生认为，"思想"一定与"学"相结合，才可见其"切合"之处；不过，"思想"本身亦可自成一统，而无须别的因素参与或干预。后者应是他个人的观点，而与夫子之所说无涉。不过，他的"学思结合"的观点，已足可说明，"学"与"思"确实不可分离。

（《论语·为政》）夫子强调，在他的一生当中，"心"起着无与伦比的作用："吾十有五而志于学"之"志"，朱熹注曰："心之所之谓之志。""志"乃"心之所之"。而"四十而不惑"中的"惑"，字形本身就告诉我们，那是"心至于或然"，因而不在自身之中，故而，可能摇摆不定，或不能稳定，也就是，不能"达其所安"。何晏引孔安国注曰"不疑惑"①，已是次一级的意义：心不安之义未见显现。而朱熹集解亦云"无所疑"，也一样是避开了"心"的大用②。夫子对"心"的突出，当然最为明显的表现，还在于最后一句"从心所欲不逾矩"。这里的"心"，依然已成与天相合的"心"，因而才可企及"不逾矩"的境界。何晏引马融注曰"从心所欲无非法"③，说的就是，人心既已与天道相合，因而，此"心"即"法"，故而，人之视听言动无非"法"的体现。而朱熹的集注则为："随其心之所欲，而自不过于法度，安而行之，不勉而中也。"④ 这一注释不仅突出"心即道"之意涵，而且，点明此"道"即"不勉而中"之"道"，亦即为中庸之道。此语引自《礼记·中庸》："诚者不勉而中，不思而得，从容中道，圣人也。"⑤ 朱子要说的是，夫子最终"从心所欲而不逾矩"，已达圣域。

如此看来，"心"的确是"不可须臾离也"（《礼记·中庸》）⑥的"道"的体现，因而，也就不可不在跨文化移译之中加以再现。但是，迄今为止，我们很难看到这方面的努力。以下是相应的译文：

---

① 何晏（注）、邢昺（疏）：《论语注疏》（李学勤主编，《十三经注疏》之十），北京大学出版社1999年版，第15页。
② 朱熹：《四书章句集注》，中华书局1983年版，第54页。
③ 何晏（注）、邢昺（疏）：《论语注疏》（李学勤主编，《十三经注疏》之十），北京大学出版社1999年版，第15页。
④ 朱熹：《四书章句集注》，中华书局1983年版，第54页。
⑤ 郑玄（注）、孔颖达（疏）：《礼记正义》（李学勤主编，《十三经注疏》之六），北京大学出版社1999年版，第1446页。
⑥ 郑玄（注）、孔颖达（疏）：《礼记正义》（李学勤主编，《十三经注疏》之六），北京大学出版社1999年版，第1422页。

At fifteen, I had my mind bent on learning. At thirty, I stood firm. At forty, I had no doubts. At fifty, I knew the decrees of Heaven. At sixty, my ear was an obedient organ *for the reception of truth*. At seventy, I could follow what my heart desired, without transgressing what was right. [1]

At fifteen I had made up my mind to give myself up to serious studies. At thirty I had formed my opinions and judgment. At forty I had no more doubts. At fifty I understood the truth in religion. At sixty I could understand whatever I heard without exertion. At seventy I could follow whatever my heart desired without transgressing the law. [2]

At fifteen I set my heart upon learning. At thirty, I had planted my feet firm upon the ground. At forty, I no longer suffered from perplexities. At fifty, I knew what were the biddings of Heaven. At sixty, I heard them with docile ear. At seventy, I could follow the dictates of my own heart; for what I desired no longer overstepped the boundaries of right. [3]

When I reached 15, I began devoting myself to learning. At 20, I could stand on my own. At 40, my mind was no longer confused. At 50, I knew what Heaven demanded of me. At 60, I was able to distinguish right from wrong in what other people told me. And since 70, I have been able to follow my heart's desire without transgressing the rule. [4]

From fifteen, my heart-and-mind was set upon learning; from thirty I took my stance; from forty I was no longer doubtful; from fifty I realized the propensities of *tian* (*tianming* 天命); from sixty my ears was attuned; from

---

① James Legge, *The Four Books*, Beijing: The Commercial Press, 1912, p. 14.

② Hongming Ku, *The Discourses and Sayings of Confucius*, Kunming: Yunnan People's Publishing House, 2011, p. 17.

③ Arthur Waley, *The Analects*, Beijing: Foreign Language Teaching and Research Press, 1998, p. 13.

④ Lin Wusun, *Getting to Know Confucius — A New Translation of The Analects*, Beijing: Foreign Language Press, 2010, p. 39.

seventy I could give my heart-and-mind free rein without oversteeping the boundaries. ①

At ffteen I set my mind on learning; by thirty I had found my footing; at forty I was free of perplexities; by fifty I understood the will of Heaven; by sixty I learned to give ear to others; by seventy I could follow my heart's desires without overstepping the line. ②

At fifteen, I had my heart-mind set on learning. At thirty, I was able to take my stand. At forty, I had no more perplexities. At fifty, I knew the mandate of heaven (*tianming* 天命). At sixty, my ears (*er* 耳) were attuned. At seventy, I could follow my heart's wishes without overstepping the boundaries. ③

At fifteen my heart was set on learning; at thirty I stood firm; at forty I was unperturbed; at fifty I knew the mandate of heaven; at sixty my ear was obedient; at seventy I could follow my heart's desire. (Muller, 2018)④

---

① Roger T. Ames and Henry Rosemont, *The Analects of Confucius: A Philosophical Translation*, New York: The Ballantine Books, 1998, pp. 76 - 77.

② Burton Watson, *The Analects of Confucius*, New York: Columbia University Press, 2007, p. 20.

③ Peimin Ni, *Understanding the Analects of Confucius: A New Translation of Lunyu with Annotations*, New York: State University of New York Press, 2017, p. 116.

④ A. Charles Muller, *The Analects of Confucius*, 2020. (http://www.acmuller.net/condao/analects.html) 夫子自道的最新译文是: At fifteen, I was bent on learning. At thirty, I established myself in society. At forty, I was no longer disoriented. At fifty, I was aware of the fact that my fate was preordianed by Heaven. At sixty, nothing was strange to my ear. At seventy, I was able to follow my heart without going beyond the boundaries of commonly acknowledged code of behaviors (Shi Zhikang, *Confucius's Analects: Translation & Critical Comments*, Shanghai: Shanghai Foreign Language Education Press, 2019, p. 27)。应该指出，译者也不是没有注意"心"的大义。比如，在处理"见贤思齐"(《论语·里仁》)[何晏(注)、邢昺(疏):《论语注疏》(李学勤主编，《十三经注疏》之十)，北京大学出版社1999年版，第51页] 时，译文就出现了"心": When we see a virtuous and kindhearted person, we should model ourselves upon him in words and deeds (Shi Zhikang, *Confucius's Analects: Translation & Critical Comments*, Shanghai: Shanghai Foreign Language Education Press, 2019, p. 81)，意思是: 我们见到一个具有美德并且好心的人，就应该在言行上以之为榜样。此处的 kindhearted (having or proceeding from an innately kind disposition, 慈善的、好心的、仁慈的)，含有 heart (心)字。尽管如此处理，可能是译者为"意译"之便而选取的字眼，但毕竟体现了"心"的大用。

上引译文,第一个"心"出现之时,有的用 heart,有的用 mind,前加 my,以示其"我属",但最后一句中的"心"运用 mind 者,则往往改为 heart,并以 desires 来再现"欲"之意。二者显然并不统一。或是因为,heart 主"情感",mind 重"理性"。但是,若依上文分析,则 heart 本身能够体现"心"之存在之意,同时代表人的本质及其处于宇宙中心的意义,那么,以其替代 mind 或 heart-and-mind,不仅可与"不逾矩"之"心"(heart)相互一致,而且,似还可将最后的 heart 前之 my 改为 the,以示它与 my heart 属于"一心",而且,后者还能体现"天心"与"人心"之相合,因为毕竟最终的"不逾矩"超越了"我心"。

对"心"的漠然,还表现在对"一贯之道"的译解之中。《论语·里仁》记载:"子曰:'参乎!吾道一以贯之。'曾子曰:'唯。'子出,门人问曰:'何谓也?'曾子曰:'夫子之道,忠恕而已矣。'"《论语·卫灵公》则有:"子贡问曰:'有一言而可以终身行之者乎?'子曰:'其恕乎,己所不欲,勿施于人。'"这两处,一处强调"忠恕"即为"一贯之道",另一处突出人生行事最为紧要者即"强恕而行,求仁莫近焉"(《孟子·尽心上》)。

"忠恕"的译文,to be true to the principles of our nature and the benevolent exercise of them to others (Legge,1912:44),分明是一种解释:"忠于(to be true to)我们的本性及其慈爱地对待他人的实践。"conscientiousness and charity (辜鸿铭,2011:53),conscientiousness (the quality of being in accord with the dictates of conscience) 意指"良心",charity (慈善),时而表达对穷人的慈爱之举 (benevolence for the poor),属于直接在目的语之中寻找对等词。loyalty, consideration (Waley,1998:45),一讲"忠实",一论"为人考虑",亦是如此;loyalty and forbearance (林戊荪,2011:73) 更复如是;至于 be loyal and have a sense of reciprocity (Muller,2018) 和 loyalty and reciprocity (Dawson,2007:34) 之中的 reciprocity 意为相互作用、互惠,亦不例外。安乐哲与罗思文的译文是:doing one's utmost (忠) and putting oneself in the other's place（恕）（Ames and Rosemount，1989：92），亦是以解释的办法处理，意谓"尽一己之力，设身处地"。倪培民的译文 whole-hearted devotion and reciprocity[1]，对"忠"的翻译"全心全意投入或奉献（devotion）"或注意到了"忠"的造字结构。

"其恕乎"之中的"恕"的处理，译文为 reciprocity（Legge，1912：229；Dawson，2007：109；Ni，2017：359），charity（辜鸿铭，2011：259），the saying about consideration（Waley，1998：207），forbearance（林戊荪，2011：275），fairness（Muller，2018）意为"公平"。安乐哲与罗思文大概认为无法处理，所以，以音译出之 *shu*（恕）（Ames and Rosemount，1989：189）。

那么，从上引译文来看，"心"或只有倪培民的 whole-hearted devotion（忠）加以突出，而"恕"则诸多译文皆不能见出"心"之义。我们曾作文提出，being heart-to-heart 是一个较好的选择，因为 heart-to-heart 本身有 serious（严肃）、honest（坦率）之意，而在字形上也正可体现，人与人"心心相印"的"恕道"精神[2]。

儒家既将"心性之学"视为一种精神修习追求，提倡人心与天道相感通，那么，其中的关键字眼当然需要认真体贴。我们目前所能做的，也就是这些？不过，无论如何，显而易见，字义本身能够体现中华文化的精神，并与"述而不作，信而好古"的夫子的追求相一致，因而，这方面的努力的确是值得重视的。

所谓百尺竿头，需更进一步。但若这就是历史的使命，没有人会拒绝投入和奉献。

----

① Peimin Ni, *Understanding the Analects of Confucius：A New Translation of Lunyu with Annotations*，New York：State University of New York Press，2017，p. 155.

② 蔡新乐：《从儒家方法论的"恕"看"恕"的英译》，《外语教学》2015 年第 1 期，第 109—112 页。

第六节 本章小结：跨文化交流需走上
心心相印的 "恕道"

如果说翻译研究指向的是人与人之间的跨文化交流，那么，那一定是 "心心相印" 的交流，其导向已体现于 "恕道" 之中：不如此，则无所谓交流。但是，长期以来，我们很少注意，如何运用 "有一言而可以终身行之者乎"（《论语·卫灵公》）① 的 "恕"，甚至是，由于 "强势文化" 的压制和影响，儒家的基本思想并没有在英文之中获得其应有的位置，因而，即令是一般的理解和解释，也是依照目的语的既定思路展开。因此，我们看到，在大多数情况下，有关用语的传译，始终停滞于 "对等语" 的选择之中，而译者基本上不会去考虑，这样的 "对等" 其本身在出发点上就 "绝非对等"。

改变表达方式，等于改写历史，而不以儒家本身的思想来传译儒家，显然是不能产生对应作用的。实际上，历史的教训告诉我们，只有葆有文化立场，才可能真正将有关理论学说提升至它本应有的所在。而这里所能突出的，不过是通过有关例子来说明，的确应该是起步的时候了。

---

① 何晏（注）、邢昺（疏）：《论语注疏》（李学勤主编，《十三经注疏》之十），北京大学出版社 1999 年版，第 214 页。

第四章　求放心以成中庸的英译：以"民鲜（能）久矣"为个案

第一节　问题的提出：无中庸，何以得儒家思想之正解及其外译之进路？

《论语·雍也》云："中庸之为德，其至矣乎！民鲜久矣。"① 《礼记·中庸》曰："中庸其至矣乎！民鲜能久矣。"② 传统将"鲜"解为：罕见，鲜有，很少，非常。赵又春提出，可依《诗·小雅·北山》"嘉我未老，鲜我方将"将之释为"嘉"，即"称善"，故此词意为：称颂、赞美或颂扬。③ 如此，一方认为中庸之为德，民众久已不行；而另一方则坚持，此德，民众称颂已久。

研究《论语》"偏于一端"，是否在印证洞见"鲜见"？"叩其两端而竭焉"（《论语·子罕》）④，岂非夫子"求知"之法？方法论本应"执其两端"（《礼记·中庸》）⑤，结果却是"鲜（能）久矣"？本

---

① 何晏（注）、邢昺（疏）：《十三经注疏·论语注疏》，李学勤主编，北京大学出版社 1999 年版，第 82 页。

② 郑玄（注）、孔颖达（疏）：《十三经注疏·礼记正义》，李学勤主编，北京大学出版社 1999 年版，第 1424 页。

③ 赵又春：《论语名家注读辩误》，崇文书局 2012 年版，第 16 页。

④ 何晏（注）、邢昺（疏）：《十三经注疏·论语注疏》，李学勤主编，北京大学出版社 1999 年版，第 115 页。

⑤ 郑玄（注）、孔颖达（疏）：《十三经注疏·礼记正义》，李学勤主编，北京大学出版社 1999 年版，第 1425 页。

应依中庸之道，却偏要反讽"中庸不可能也"（《礼记·中庸》）①？儒家思想既未运用，能有什么样的今译和英译？

不过，本章之所论，乃是以"鲜（能）久矣"为个案，试图以方法论的探讨而有益于儒家经典的英译。本章在对二处表达的今译和英译进行辨析之后，论及道儒思想的同异，进而引入海德格尔的英译表达，以期推出"中庸"新的英译。

第二节　今译的不通与混乱及其出路：峻极于天的追求与熊十力的中庸观

例1：中庸之为德，其至矣乎！民鲜久矣。（《论语·雍也》）②

译文1. 中庸这种道德，该是最高的了，大家已经是长久地缺乏它了。③

译文2. 中庸之德，可算是至极了！但一般民众，少有此德也久了。④

译文3. 中庸作为一种道德，那是至高无上的了！老百姓缺少它已经很久了。⑤

除了一个译文突出"德"，其他两个都将"中庸"释为"道德"。既为"最高的道德"或"至高无上"，人又"缺乏"已久，说明世人已无最高理想或追求可言？问题是，圣人之道久而不行，"礼崩乐坏"，夫子之类的贤人如何生存？难道说，人们的生活，根本未及

---

① 郑玄（注）、孔颖达（疏）：《十三经注疏·礼记正义》，李学勤主编，北京大学出版社1999年版，第1427页。

② 何晏（注）、邢昺（疏）：《十三经注疏·论语注疏》，李学勤主编，北京大学出版社1999年版，第82页。

③ 杨伯峻：《论语译注》，中华书局1980年版，第64页。

④ 钱穆：《论语新解》，生活·读书·新知三联书店2002年版，第164页。

⑤ 孙钦善：《论语本解》，生活·读书·新知三联书店2009年版，第75页。

"最为合礼"亦即"适宜"的状态?

三方面问题,引发更多疑问:(一)中庸作为"最高的道德"("其至矣乎")本应为人生"最高理想",若它已难趋近,人已麻木?(二)传统不但没有继承,且遭到严重破坏,故而夫子痛感应"克己复礼"(《论语·颜渊》)①?但若众多人等业已丧失理想追求,回复周礼,何以可能?(三)若失去"礼"的约束,是否意味着,人已无所谓思想甚或精神状态?三者合而观之,夫子要说的是,"人的内德"才是突破点:启动始发的源泉力量,才能促成复古之大业,使天下真正导向秩序良好的未来。

但上引诸译似并不能显现或隐含对人的"内在力量"的突出。"德"被改为"道德",成为社会性约束力量,还能导向人心,使之回归原初?那么,"德"是什么?"至德"所指为何?不是很有必要深入辩证,引入今译吗?

译文4. 中庸作为仁德,是最高的了。人们很久没拥有了。②

"仁德"如何可能是"人们很久没拥有了"?"道也者,不可须臾离也,可离非道也"(《礼记·中庸》)③,不是在说人的存在正是中庸的体现,因此,中庸才能成为"至德"?但《论语·卫灵公》不是讲"知德者鲜矣"④,《礼记·中庸》也说"道其不行矣夫"⑤?两处都强调:世人麻木,故而需唤醒其意识,去追求最高的理想。《论语·述而》记夫子之言:"德之不修,学之不讲,闻义不能徙,不善不能

① 何晏(注)、邢昺(疏):《论语注疏》(李学勤主编,《十三经注疏》之十),北京大学出版社1999年版,第157页。

② 李泽厚:《论语今读》,中华书局2015年版,第122页。

③ 郑玄(注)、孔颖达(疏):《礼记正义》(李学勤主编,《十三经注疏》之六),北京大学出版社1999年版,第1422页。

④ 何晏(注)、邢昺(疏):《论语注疏》(李学勤主编,《十三经注疏》之十),北京大学出版社1999年版,第208页。

⑤ 郑玄(注)、孔颖达(疏):《礼记正义》(李学勤主编,《十三经注疏》之六),北京大学出版社1999年版,第1425页。

改，是吾忧也。"① 理想的社会，希望寄托于"人心的向背"，人心定是最为可靠的精神资源。易言之，其中含有最为淳朴、自然的力量，一定不会也不可能"鲜"（罕见、缺少）。它或陷于世俗而变得平庸，或因历史、社会缘故遭到污染，但根本上始终应是人最为根本的精神动力。如此，夫子意欲回复的理想社会，其力量源泉不是昭然若揭了吗？因此，将"人心"置于"至德"之外，显然背离夫子之教之旨：若初心已失，人通向精神源头的道路堵塞，社会中诸多人等成为行尸走肉，夫子施教的对象何在？

　　译文5. 中庸这种道德，该是最高的了，大家已经是长久地缺乏它了。②
　　译文6. 中庸作为道德，该是最高层次了！人们不了解它，已经很久了。③

"最"是和什么相比，才成为最高级？"至"的意思不就是"至于极限"之"至"，也就是"至极于天"？故应联系上"泰伯，其可谓至德也已矣"（《论语·泰伯》）④ 及"周之德，其可谓至德也已矣"（《论语·泰伯》）⑤。"至德"定可"则天"："巍巍乎唯天为大，唯尧则之。"（《论语·泰伯》）⑥ 而那不是说，只有古代的圣人才可做到"以天为法"吗？

这愈发说明，"德"之原初人人同有，此即为本性之善或"初

---

① 何晏（注）、邢昺（疏）：《论语注疏》（李学勤主编，《十三经注疏》之十），北京大学出版社1999年版，第84页。
② 杨逢彬：《论语新注新译》，陈云豪（校），北京大学出版社2016年版，第128页。
③ 何新：《论语新解：思与行》，北京工业大学出版社2007年版，第77页。
④ 何晏（注）、邢昺（疏）：《论语注疏》（李学勤主编，《十三经注疏》之十），北京大学出版社1999年版，第100页。
⑤ 何晏（注）、邢昺（疏）：《论语注疏》（李学勤主编，《十三经注疏》之十），北京大学出版社1999年版，第107页。
⑥ 何晏（注）、邢昺（疏）：《论语注疏》（李学勤主编，《十三经注疏》之十），北京大学出版社1999年版，第106页。

心"；但理想的"至德"，或只圣王可企及。如此也就解释了"至德"的重心所在：它作为"德"首先指人心原初之德；而此德必效法天道，才可与天合一，而成就天德。二者的区别，诸译显未关注。

译文 7. 中庸是一种至高无上的道德，可惜人们已经很久不能看到它了。[①]

译文 8. 中庸作为一种道德，它是至高无上的了，百姓缺少它已经很久了。[②]

"看到"是说，中庸外在，与"人心"无关？不论"最高"还是"至高无上的"，"（老）百姓"可能拥有吗？

译文 9. 中庸这种德，是最高的了！百姓很少能懂得中庸之道了。[③]

除了不及"人心"，此译还将"至德"改为"道"，但未加疏解。

译文 10. 中庸作为一种道德，可算是至极的了！一般民众，很少能达到这种境界。[④]

"一般民众"确不可企及"至极的道德"，夫子讲这句话用意何在？是把人人皆知的"大白话"说来道去？

译文 11. 中庸作为德行，那种境界太高了！现在老百姓已经

---

① 彭亚非：《论语选评》，岳麓书社 2006 年版，第 99 页。
② 朱振家：《论语全解》，上海古籍出版社 2014 年版，第 87 页。
③ 张其成：《张其成全解论语》，华夏出版社 2017 年版，第 149 页。
④ 杨朝明：《论语诠解》，山东友谊出版社 2013 年版，第 107 页。

很少能做到了。①

"德行"之"行"何以成就"太高境界"，若"德性"才可"向心"？

"心"吸纳"天德"才成"人德"。而"心德"与"天德"趋合，也才可企及"天道"。这本是中国古人"天人合一"的宇宙论，但很少译解给予关注。重译也就有必要了：

> 译文 12. 中庸之为心德，必峻极于天，而此一圣人法天之道早已不行于民众之中。

复杂些讲，此章意为：心得天之实，而成心德，亦即为天所赐之德，故此心必诚；如此，心持中执中，顺应天道变化，依实而行，而无不周遍；若抵及极限，至高无上，一般人则望尘莫及，故而，有其为者也"鲜"。《礼记·中庸》曰："苟不至德，至道不凝焉。"孔颖达正义："苟诚非至德之人，则圣人至极之道不可成也。"② 不过，此译尚未译解关键词"中庸"，仍需探讨。

《尚书·大禹谟》载尧对舜云："人心惟危，道心惟微；惟精惟一，允执厥中。"③《论语·尧曰》亦录尧讲的"允执其中"④。朱熹《中庸章句·序》点明："道统之传有自来矣。"⑤ 余英时解释："他显然以《中庸》等同于'允执厥中'之'中'，并进一步断定'中'即是对'道体'的一种描述。所以他注'中也者，天

---

① 刘君祖：《新解论语》（上篇），中信出版集团 2016 年版，第 204 页。
② 郑玄（注）、孔颖达（疏）：《礼记正义》（李学勤主编，《十三经注疏》之六），北京大学出版社 1999 年版，第 1455 页。
③ 孔安国（传）、孔颖达（疏）《尚书正义》（李学勤主编，《十三经注疏》之二），北京大学出版社 1999 年版，第 93 页。
④ 何晏（注）、邢昺（疏）：《论语注疏》（李学勤主编，《十三经注疏》之十），北京大学出版社 1999 年版，第 265 页。
⑤ 朱熹：《四书章句集注》，中华书局 1983 年版，第 14 页。

下之大本也'句说:'大本者,天命之性,天下之理皆由此出,道之体也。'"①

中庸如此重要。论者认为,"《论语》所记的孔子的全部理论和实践,都贯彻着中庸思想,有的记述虽未提'中庸'之名,实际是在论述中庸思想"②。

熊十力强调:"向外找中,不通之论也。"③ 他指出:"《中庸》之中,即中和之中。其以庸言之者,庸,常也。不随物迁,故言常。此义深远。或以庸训用,作用中解者,失其旨矣。中庸、中和,俱是形容一中,元无别体。中也者,本心也。本心无待也,无待,故无不覆载。天下皆两端,私意起,则执一端而又对碍。未能无待而无不覆载也。克治私意,执两而超于其外,故无待之体显,而能用其大中以覆载天下之民也。用之云者,取诸己所固有而用之也。《中庸》曰:'执其两端,用其中于民。'盖显执两,则能自用其中,不执两,则私意为碍,而中体已放失,不得而用也。"④ 这里突出的是"心":心可覆载万物,并为之度量;因而,"心体"之显用,可除一偏,而使人走向大道。

因此,"中庸"之"中"即"心",而"中庸"之"庸"或"用"即为此"心"之"常"之显,其表现为,无偏执,无私意,而可囊括世界,周遍宇宙。如此,可对上译如此调整:

译文 13. 中庸成就心德,必峻极于天,而期与之合一,但此一圣人之道早已不行。

译文试图突出,夫子要说明的"有分别的中庸",亦即起始之初

① 余英时:《朱熹的历史世界:宋代士大夫政治文化的研究》(上册),生活·读书·新知三联书店 2004 年版,第 12 页。
② 夏传才:《十三经讲座》,广西师范大学出版社 2006 年版,第 292 页。
③ 熊十力:《读经示要》,中国人民大学出版社 2009 年版,第 386 页。
④ 熊十力:《读经示要》,中国人民大学出版社 2009 年版,第 386—387 页。

的那种德，与理想追求的那种"至德"；同时，又希望能强调，社会已走向"至德"的反面，亟待纠正、匡扶。

第三节　英译的问题与"中庸"的外传的支点

和今译一样，英译对"中庸"乃至众多汉语词语的处理，未依儒家思想，而是直接代之以目的语现成词语。如此，译文便难与儒家思想导向相契。相反，中庸之道作为方法论，依之疏解经文才可语内得其正解，跨文化翻译相关的活动亦需以之为据。

译文 14. Perfect is the virtue which is according to the Constant Mean! Rare for a long time has been its practice among the people. ①

未能注意"至德"之"至"之"心源"，不能突出"心"的作用，而只有一种"德"（virtue），且是"依中道（the Constant Mean）而行而成完美"的"德"，那便可能是外在、不及人心的？无本之木，即令"长期以来它在人们之间的实践很罕见"，又有何要紧？

译文 15. The use of the moral sentiment, was balanced and kept in perfect equilibrium, — that is the true state of human perfection. It is seldom found long so kept up amongst men. ②

"道德"本为沿以为习的社会性约束。如此，只可能读出其外在化的力量？译文近乎释义，并不与经义内涵密切关联？

---

① James Legge, *The Analects*, Nanjing：Yilin Press, 2010, p. 52.

② Hongming Ku, "The Discourses and Sayings of Confucius", ed. Huang Xingtao, *Gu Hong Ming Wen Ji.* Haikou：Hainan Publishing House, 1996, p. 388.

译文 16. How transcendent is the moral power of the Middle Use! That it is but rarely found among the common people is a fact long admitted. ①

除了将"德"解为"道德"与上译问题一样以外，此译以 transcendent 译"至矣乎"，亦未触及人或人心与天的关系。依儒家，人与天是事物存在的两端，相辅相成；天离不开人，人离不开天。牟宗三指出："孔子的下学上达，便是希冀与天成为知己。"② 儒家不会像 transcendent 所意味的，要"超越人"同时还要"超越天"。

译文 17. Supreme indeed is the Mean as a moral virtue. It has been rare among the common people. ③

Supreme 意为"至高无上"。译文将"德"译为"一种道德上的美德"亦未突出"心"的作用；二者关系不能建立，"至高无上的美德"成为外在于人的力量，比如上帝之类的存在，抑或人生的最终或终极的事情。

译文 18. The Mean（中庸）embodies the highest form of virtue. Yet it has long been found lacking among the common people. ④

除上述问题外，此译将"民鲜久矣"解为"很少在普通人中间见到"亦有疑问：民众已无理想和抱负。但若有关人物是野蛮之徒，社会统一何以可能，"普通人"又身在何处？

---

① Arthur Waley, *The Analects*, Beijing：Foreign Language Teaching and Research Press, 1998, p. 77.

② 牟宗三：《中国哲学的特质》，上海古籍出版社 1997 年版，第 35 页。

③ D. C. Lau, *Confucius：The Analects*, Beijing：China Publishing House, 2008, p. 101.

④ Lin Wusun, *Getting to Know Confucius — A New Translation of The Analects*. Beijing：Foreign Language Press, 2010, p. 113.

译文 19. Perfect is the Golden Mean as a great virtue！But it hasn't been seen in the people for a long time. ①

译文 20. Supreme indeed is the Mean as a virtue，but for a long time it has been rare among the people. ②

此二译和上引诸例一样，以 the Golden Mean 或 the Mean 来译"中庸"，与译文 14 的 the Constant Mean 及译文 16 的 the Middle Use 类同，能再现其精神实质吗？

译文 21. How useful is the Golden Middle Way！It is the highest virtue，but it has not been followed for a long time. ③

此译未依经文传译，突出的不是"至"而是"有益"；亦未关注"德"的"心源"，作为"最高级别的美德"的"中庸"其"有益"之处，是否局限于物质利益？如此，即令它能成为某种"德"或"得"，又何以达到"最高级别"？"长久未依之而行"，不很无谓吗？

译文 22. Attaining a balance all the time in practical matters and in everyday life [zhongyong] — is this virtue not the best？For so long now，it has been rare to find it among the common people. ④

"实际事务和日常生活，任何时间都能达到某种平衡"，亦即"中庸"，且是"最佳的美德"，那么，它一定是外在的？"心源"不

---

① Wu Guozhen, *A New Annotated English Version of the Analects of Confucius*, Fuzhou：Fujian Education Press, 2015, p. 177.

② Raymond Dawson, *Confucius：The Analects*, Oxford：Oxford University Press, 2008, p. 23.

③ Xu Yuanchong, *Thus Spoke the Master*, Beijing：China Intercontinental Press, 2012, pp. 43 - 44.

④ Annping Chin, *The Analects*, New York：The Penguin Group, 2014, p. 42.

立，何谈"最优"？"中庸"只是用来应对一般和日常事务，"很久很少能在普通人中见到"，更可说明，那是物质方面的追求，而与"人心"无涉？这样，"人的精神"已遭放逐？"至德"未至，且永远也不可能至，若它一直不能得到最为基本的注意？这样，夫子所说的"鲜"，译文中也一样"鲜见"？这，不是对儒家的反讽吗？翻译从何说起？

译文23. Even over a long period of time, there have been few people who have actualized the Mean into Manifest Virtue. [1]

"至德"未见译出，"中道"仍出以 the Mean，而"民鲜久矣"则被解为"一直以来，很少有人将中道实际化为显德"，显与儒家"谦德"不合："《诗》曰：'衣锦尚䌹。'恶其文章之著也。"（《礼记·中庸》）[2]"心源"缺席，而显露甚或显摆或炫耀其为"美德"，是否荒唐？

译文24. The pivot that does not wobble (what it's all about, always); looking into the mind and then doing; attain this? Few men have for long. [3]

枢轴并未摇摆（它整个、总是那样）；审视心灵，进而做起来，达到这一点？很少有人持久拥有。此例似在保持一种动态追求，而非取道静态以移译西方读者可能期待的概念。

---

[1] A. Charles Muller, *The Analects of Confucius*, http://www.acmuller.net/con-dao/analects.html, 2018.

[2] 郑玄（注）、孔颖达（疏）：《礼记正义》（李学勤主编，《十三经注疏》之六），北京大学出版社 1999 年版，第 1461 页。

[3] Ezra Pound, *Confucius: The Great Digest; The Unwobbling Pivot; The Analects*, New York: A New Directions Book, 1963, p. 218.

译文 25. The excellence （德） required to hit the mark in the everyday is of the highest order. That it is rare among the people is an old story. ①②

　　"日常"（the everyday）成为核心，用以传递"中庸"之义。但"德"字出之以 excellence，既能指人群中表现卓越、优异，又可指人的长处、优点，或不具"心"或"内在化"方面的意涵。

　　诸译有两个严重问题："德"之"心源"怎样在英文中建立？"中庸"如何翻译或取名？若要解决，都关涉理论依据，亦即译解的方法论。

第四节　《中庸》表达英译解决方案：求放心，道家与儒家的比较及莎士比亚与海德格尔的启示

　　例 2. 中庸其至矣乎！民鲜能久矣。（《礼记·中庸》）③
　　译文 1. 中庸的品德大概是至高无上的啦！极少有人能够做

---

　　① Roger T. Ames and Henry Rosemont, *The Analects of Confucius*：*A Philosophical Translation*, New York：The Ballantine Books, 1998, p. 110.

　　② 夫子此语的最新译文作：The golden mean is supreme in terms of social moralities. Common people have been slack for long in practicing the golden mean（Shi Zhikang, *Confucius's Analects*：*Translation & Critical Comments*, Shanghai：Shanghai Foreign Language Education Press, 2019, p. 141）。此译回译可为："在社会性的道德方面，中道是至高无上的。普通人在实践中道方面懈怠已久"，因而，明显沿用的还是亚里士多德的"中道"之用词——golden mean。"鲜"以 slack（懈怠，松弛）出之，突出普通人（common people）对"中庸"的轻视或不屑。而 golden mean 添加的 in terms of social moralities（在社会道德方面，依照社会道德性），则很容易让读者以为，"中庸"仅仅是"道德"之事，故而，纠缠于人际关系，而不是人本身的内德打造。后者又必依天道之运行规律，反过来，也就可说是，天道至于人道的体现，故而，才可说是"至德"。如此，译文丢掉了"人心"之"修德"之义，也就放弃了"天道"至于人心的作用。

　　③ 郑玄（注）、孔颖达（疏）：《礼记正义》（李学勤主编，《十三经注疏》之六），北京大学出版社 1999 年版，第 1424 页。

到，已经很久了。①

　　译文 2. 中庸实在是最高的德行，百姓长期以来很少能够做到的。②

　　译文 3. 中庸大概是最高的德行了吧！大家缺乏它已经很久了！③

　　程树德引人云："言凡人日用常行之事，如孝悌忠信之类，行得恰好谓之中庸之德。至字只言其至当不易，若说到至高至精，无以复加，则民鲜能之固其宜也，又何用概叹哉？"④ 正可移入，以为对上引诸译的批判。

　　译文 4. ［…］the golden medium how great! Alas for a long time but few of the people have been able to maintain it!⑤

　　Medium 意为"中道"或"折中"，再加上 maintain it，"中道"也就成了客观的标准或标尺，不可不"守"。但如此外在化，与夫子教导指向恰相反。

　　译文 5. Perfect is the virtue which is according to the Mean! Rare have they long been among the people, who could practice it!⑥

　　译文 6. Perfect is the state of equilibrium and harmony! Rare

---

①　王文锦：《礼记译解》，中华书局 2016 年版，第 693 页。

②　傅佩荣：《大学中庸》，东方出版社 2016 年版，第 42 页。

③　Wu Guozhen, *A New Annotated English Version of the Great Learning & the Doctrine of the Mean*, Fuzhou：Fujian Education Press, 2015, p. 35.

④　程树德：《论语集释》，程俊英、蒋建元（点校），中华书局 1990 年版，第 426 页。

⑤　David Collie, *The Chinese Classical Work：Commonly Called the Four Books*, Malacca：The Mission Press, 1828, p. 3.

⑥　James Legge, *The Doctrine of the Mean*, Beijing：Foreign Language Teaching and Research Press, 2011, p. 9.

have they long been among the people who could attain to it!①

前者仍用 the Mean，后者欲求改变。问题是，"中庸"被释为"平衡和和谐的状态"，而不是动态过程，与儒家乃至中国古代哲学的倾向不合；且这样的"状态"，亦并非"人心"所要向往。因为，那全然可能是西方人所说的"客观的东西"。如此，即令"人们试图抵及，但它们很久并未现身其间"，又有什么严重的？

译文 7. To find and get into the true central（中）balance of our moral being, i. e., our true moral ordinary（庸）self, that indeed is the highest human attainment. People are seldom capable of it for long. ②

试图将"德"内在化，以解释的办法强调，要发现并进入我们的道德存在的真正的中心性的平衡，亦即，我们真正的道德的平常的自我，这的确是最高的人类成就。但"天"的意味却未包容其中。因而，和其他译文一样，也是偏于一端，这里是偏于人。此更可印证，不守中庸之道，无法传译"中庸"。

译文 8. Should the highest be the centre, the common? Success in it, has been rare among the people for long. ③

将"中庸"分开译为 the centre（中心）和 the common（平常），是否会割裂"中庸"的完整性？且形容词加冠词的概念化、抽象化和静态化，也与"中庸"的动态过程相反。此外，"成功"（Success）

---

① James Legge, *The Li Ki*, Oxford: The Clarendon Press, 1885, p. 302.

② Hongming Ku, "The Universal Order, Or Conduct of Life", ed. Huang Xingtao, *Gu Hong Ming Wen Ji*. Haikou: Hainan Publishing House, 1996, p. 528.

③ Leonard A. Lyall and King Chien-Kün, *The Chung-Yung or The Centre, The Common*, London: Longmans, Green and Co. Ltd. , 1927, p. 3.

一词若指事功，也一样将事情外在化？

译文 9. Perfect is the mean in action, and for a long time now very few people have had the capacity for it. ①

将"中庸"译为 the mean in action 似欲突出其动态过程，但那毕竟还是亚里士多德式的"中道"，且"行动"中的"中庸"亦将"内德"拉向外在；capacity 意义是"有能力实施或生产/拿出"，进一步强化这一倾向。

译文 10. Center oneself in the invariable：some have managed to do this, they have hit the true center, and then? / Very few have been able to stay there. ②

The invariable（恒定、不变）大有将"中庸"规定为"不变的法则"之势；且要求"应将人本身中心化于恒常之物之中"，亦与"大易"和"苟日新，日日新，又日新"（《礼记·大学》）③ 的儒家思想倾向相反。译文还别出心裁，加以 hit（击中、触及）真正的中心（the true center），但仅是"偶尔的一击"，或不能形成"伦常"之"常"？

译文 11. Perfect is the Mean. For a long time few people have been able to follow it. ④

---

① E. R. Hughes, *The Great Learning and The Mean-in-Action*, New York：E. P. Dutton and Company, Inc. , 1943, p. 106.

② Ezra Pound, *Confucius：The Great Digest*；*The Unwobbling Pivot*；*The Analects*, New York：A New Directions Book, 1963, p. 105.

③ 郑玄（注）、孔颖达（疏）：《礼记正义》（李学勤主编，《十三经注疏》之六），北京大学出版社 1999 年版，第 1504 页。

④ Wing-tsit Chan, *A Source Book in Chinese Philosophy*, Princeton：Princeton University Press, 1963, p. 99.

仍用 the Mean 字，其中的 follow 亦视"中庸"为一种标准，将之外在化。

译文 12. Focusing the familiar affairs of the day is a task of the highest order. It is rare among the common people to be able to sustain it for long. ①

此例一反静态化和名词化的倾向，意欲突出动态过程。但"焦点"并非汉语的取向（详下）：以西方人的视角审视"中庸"，会将之异化为另一种思维方式；就翻译倾向而论，很难说得通；而 sustain it for long（持久坚持它）若指"内在的美德"，一样不通。

译文 13. Perfect is the doctrine of the mean as a great virtue! But it hasn't been found among in the people for a long time!②

此译再回亚里士多德"中道"，若此"中道"已成"伟大的美德"，常人之间久已罕见，这样的人一定不会"守德"，或已走向邪僻或罪恶？

因此，"心"不在上引诸译之中，至少看不到这方面的联想；因而，人与天的互动和互渗，并未作为宇宙论的基础置入。译文所能看到的，或仅为高高在上的"道德"之类的外在性约束作用，而非来自天人相合而内化于人的始源或曰"心源"之力。这样，以圣人为代表的典范不能发挥作用，人为何要企及"最高的德"亦成疑问。

就动态过程而论，诸多译文尤其是英译，未关注汉语的观念并非抽象概念，而是具象与抽象相统合的思想表达，甚至习以为常地以英

---

① Roger T. Ames and David L. Hall, *Focusing the Familiar: A Translation and Philosophical Interpretation of the Zhongyong*, Honolulu: University of Hawaii Press, 2001, p. 90.

② Wu Guozhen, *A New Annotated English Version of the Great Learning & the Doctrine of the Mean*, Fuzhou: Fujian Education Press, 2015, p. 35.

文现成词语取代，进而使译文可能呈现的思想走向亚里士多德式的哲学，将儒家思想封堵在译文的意涵之外。

译文 12 注意到有关问题，在两个方面做出修正：突出动态，将"中"译为 focusing；重视儒家对"家"及"伦常"的关注，将"庸"译为 the familiar 这一与 family 同一词根的字。译者还将之置于历史语境加以说明。① 不过，他们仅提及理雅各的两个译文，亦未清楚说明为何将"中"译为 focusing。②

但是，中国古人的"观"并非西方的"焦点透视"［与"焦点化"（focusing）迥然不同］，而是"心观"或曰"游观"。用沈括《梦溪笔谈》的话说，即"以大观小，如人观假山耳"。直到 20 世纪，宗白华才重新发现这一中国特色的"视界"③。

因此，《孟子·告子上》的论断"学问之道无他，求其放心而已矣"④，似不仅应加以运用以复原中华文化的"视野"本身，且亦应成为跨文化翻译的导向。将放失之心求回，使之投入在场，并保持其核心地位，已成为不可回避的历史责任：

例 1. 译文 26. *The-heart-ever-presencing*（中庸）as an inner virtue：how great it is when it tries to attain to the highest so as to be one with *Tian*（天）！But such a sagely way has not been followed for a long time.

例 2. 译文 14. *The-heart-ever-presencing*（中庸）：how great it is when it tries to attain to the highest so as to be one with *Tian*（天）！But for a long time men have not been able to follow such a sagely way.

人心无极限，天可为之伴。此为古人之追求，今人已少有体悟。

---

① 安乐哲、郝大维：《切中伦常：〈中庸〉的新诠与新译》，彭国翔（译），中国社会科学出版社 2011 年版，第 20—21 页。

② 安乐哲、郝大维：《切中伦常：〈中庸〉的新诠与新译》，彭国翔（译），中国社会科学出版社 2011 年版，第 104—105 页。

③ 刘继潮：《游观：中国古典绘画空间本体诠释》，生活·读书·新知三联书店 2011 年版，第 8—9 页。

④ 赵岐（注）、孙奭（疏）：《孟子注疏》（李学勤主编，《十三经注疏》之十一），北京大学出版社 1999 年版，第 310—311 页。

这里不按字义，而依义理来处理。但"中庸"的英译杜撰仍需说明。

依熊十力，"中"为"心"，故译文以 heart 出之。《中庸》的"未发之中"① 即"心"，指以情感为原初本性的人的根本。

英文中的 heart 也具有几可对等的意向：可指物理意义上的心脏②，以其不可止息昭示"生生"之意；也能指内心、衷心、心肠，尤其是爱心③，情感方面复与汉语的心趋向一致。《奥赛罗》有表达正面和负面情感的话：前者如 My life itself and the best heart of it. / Thanks you for this great care④，后者例为 Yield up，O love，thy crown and hearted throne / To tyrannous hate!⑤ 及 my cause is hearted⑥。前者是说，要以自己生命中最为精华的、最具生机的元素，向人表示最为衷心的谢意；后者则说，人的憎恶植根于心。如此，heart 便与汉语中的"心源"一样，具有不可比拟的力量，可成为人之为人最为根本的东西。同时，heart 在莎剧中也和汉语的"心"一样有事物之核心、中心之义，如 Thy late exploits done in the heart of France⑦，以及 ［…］ and then show you the heart of the message⑧。此外，莎剧中的 heart 还有"周遍世界"、"囊括天地"的意涵：The heart's all⑨。

---

① 郑玄（注）、孔颖达（疏）：《礼记正义》（李学勤主编，《十三经注疏》之六），北京大学出版社 1999 年版，第 1422 页。

② A. S. Hornby，*Oxford Advanced Learner's English-Chinese Dictionary*，Beijing：The Commercial Press，1997，p. 690.

③ A. S. Hornby，*Oxford Advanced Learner's English-Chinese Dictionary*，Beijing：The Commercial Press，1997，p. 690.

④ William Shakespeare，*William Shakespeare Complete Works*，eds. Jonathan Bate and Eric Rasmusse，Beijing：Foreign Language Teaching and Research Press，2008，p. 1394.

⑤ William Shakespeare，*William Shakespeare Complete Works*，eds. Jonathan Bate and Eric Rasmusse，Beijing：Foreign Language Teaching and Research Press，2008，p. 2126.

⑥ William Shakespeare，*William Shakespeare Complete Works*，eds. Jonathan Bate and Eric Rasmusse，Beijing：Foreign Language Teaching and Research Press，2008，p. 2100.

⑦ William Shakespeare，*William Shakespeare Complete Works*，eds. Jonathan Bate and Eric Rasmusse，Beijing：Foreign Language Teaching and Research Press，2008，p. 1172.

⑧ William Shakespeare，*William Shakespeare Complete Works*，eds. Jonathan Bate and Eric Rasmusse，Beijing：Foreign Language Teaching and Research Press，2008，p. 659.

⑨ William Shakespeare，*William Shakespeare Complete Works*，eds. Jonathan Bate and Eric Rasmusse，Beijing：Foreign Language Teaching and Research Press，2008，p. 1019.

"中庸"训为"心常",可联系上《道德经》首章"道可道,非常道"。若"民鲜久矣"已成习见,则"心为道",必非一般人所能"道"或"论说"的"常道"。因而,可以此著的"常"来审视有关问题。

王弼解释:"可道之道,非其常也。"① "常"应为"恒常"之"常"。楚简和马王堆帛书往往都写作"恒",今本改为"常"是避讳②。魏源解释:"老子言道,必曰常,曰玄,盖道无而已。真常者指其无其实。"③ 学者指出,"常"意为"永存的"、"普遍常在的"④;"永恒的"⑤;"常是经常,恒是不变","恒道"是"最抽象的道"⑥。

依魏源,"常"或"恒"会形成悖论:永在的,如何是"无"?儒家则是将之视为日常之常;它持续存在,便有"逝者如斯夫!不舍昼夜"(《论语·子罕》)⑦ 的"生生"之机,如此可解"恒在"的积极意义。

读书所见,注意到"常道"的三种译文 Unvarying Way⑧、the eternal "Dao"⑨ 及 way-making⑩。第三个突出其动态性,以 way-making 出之。

不过,既为"常",必指向"平常之常",才会有"恒常或永恒之常"或曰终极存在。"平常之常"和"永恒之常"都可解为"常在"。如此,"心之常在",亦即熊十力的"心常"之意:在"日常之在"和"永恒之在"之间,联系也就建立起来:"中庸"即对天人合

① 王弼:《老子注》,中华书局 1954 年版,第 1 页。
② 李零:《人往低处走:〈老子〉天下第一》,生活·读书·新知三联书店 2008 年版,第 24 页。
③ 魏源:《老子本义》,中华书局 1954 年版,第 1 页。
④ 陈鼓应:《老子注译及评介》,中华书局 1984 年版,第 54—55 页。
⑤ 任继愈:《老子绎读》(英汉对照),任远(译),商务印书馆 2009 年版,第 44 页。
⑥ 李零:《人往低处走:〈老子〉天下第一》,生活·读书·新知三联书店 2008 年版,第 24—25 页。
⑦ 何晏(注)、邢昺(疏):《论语注疏》(李学勤主编,《十三经注疏》之十),北京大学出版社 1999 年版,第 119 页。
⑧ Arthur Waley, *Laozi*, Changsha: Hunan Publishing House, 1994, p. 3.
⑨ 任继愈:《老子绎读》(英汉对照),任远(译),商务印书馆 2009 年版,第 44—45 页。
⑩ 安乐哲、郝大维:《道不远人——比较哲学视域中的〈道德经〉》,何金俐(译),学苑出版社 2004 年版,第 87 页。

一的印证。在"其至矣乎，民鲜久矣"之中，应能体会到它的超越魅力：中庸作为人的德性的关键，必"须臾不可离也"，同时又要"好上加好"，亦即向理想状态不断努力。此亦为"天行健，而君子以自强不息"（《周易·乾卦·象传》）[①] 的意向。人因之在日常之中，即可印证最为高妙的思想。儒家希望，天人交合互动，所带来的"常"，永远在场，人人都可习见、习练。如此，"无"之为"无"，便可化为生活之中的"有"，或者说"有"推动着对"无"的求索。儒道思想倾向说明，"常道"本身可做相辅相成的解释，而这也正是中国古人"一阴一阳之谓道"（《周易·系辞上》）[②] 的另一种表达。而阴阳的相互推移和生成说明，有无本应互动，而非一方压倒一方。道家在这里无法企及儒家的精神气度。

上引"非常道"英译看不到"常在之道"的意向，海德格尔哲学的英译倒可借鉴：presencing。依字典，presence 作名词，意为 being present in a place（出席，在场，存在）[③]。英译将海氏的 *die Anwesung*（在场化）译为 presencing，有时也对 *die Wesung*（本有化或本性化）这样处理。[④]

如此，presencing（在场化）配以 ever-（always，continually 总是，不停地）[⑤]，其意便是：总是在场，或曰"常在"或"恒在"，可包含日常意义上的存在，亦能表达历久弥新而"生生"的存在之意。且这一表达动静兼具，表现的是"人心"如"生生"一般的不断自我

---

① 王弼（注）、孔颖达（疏）：《周易正义》（李学勤主编，《十三经注疏》之一），北京大学出版社 1999 年版，第 10 页。

② 王弼（注）、孔颖达（疏）：《周易正义》（李学勤主编，《十三经注疏》之一），北京大学出版社 1999 年版，第 268 页。

③ A. S. Hornby, *Oxford Advanced Learner's English-Chinese Dictionary*, Beijing：The Commercial Press, 1997, p. 1162.

④ 参见 Martin Heidegger, *Basic Concepts*, trans. Cary E. Aylesworth, Bloomington and Indianapolis：Indiana University Press, 1998, p. 110；Martin Heidegger, *Contributions to Philosophy*, trans. Richard Rojcewicz and Daniela Vallega-Neu, Bloomington and Indianapolis：Indiana University Press, 2012, p. 420。

⑤ A. S. Hornby, *Oxford Advanced Learner's English-Chinese Dictionary*, Beijing：The Commercial Press, 1997, p. 494.

回还，不仅可走出抽象化的迷思，且能体现朱熹所说的"盖天地之间只有动静两极，循环不已，更无余事"①。

英文中的"中庸"若如此处理——the-heart-ever-presencing，则或可印证熊十力所说的"心体覆载天地"之精神姿质。

第五节　本章小结

就跨文化翻译而论，若无"心源"的意识，则"合外内之道也，故时措之宜也"（《礼记·中庸》）②的中庸原理的要求便无可满足。天理应在场，心亦不能失落，天人相合，才会真正促成中庸的"跨文化"。

"外师造化，中得心源"③，"确乎其不可拔也"（《周易·乾卦·文言》）④。若偏于一端，而忽视另一端，事物便不可能形成，亦即，心不能成为心，物亦不能成为物。而心不可偏，物不可倚。而本章所举的译例，不是丢弃天，便是舍掉心，移译作为儒家最为重要的观念之一的"中庸"本身尚且如此，遑论其他？由此而来的问题是，是否要重新审视儒家典籍的译文，看看"心"之为"常"是否在场？如此，"求其放心"在跨文化思想交流之中也就有了历史性的意义？

---

① 朱熹：《朱熹集》（第四卷），郭齐、尹波（点校），四川教育出版社 1996 年版，第 2252—2254 页。
② 郑玄（注）、孔颖达（疏）：《礼记正义》（李学勤主编，《十三经注疏》之六），北京大学出版社 1999 年版，第 1450 页。
③ 张彦远：《历代名画记》，俞剑华（注释），上海人民美术出版社 1964 年版，第 201 页。
④ 王弼（注）、孔颖达（疏）：《周易正义》（李学勤主编，《十三经注疏》之一），北京大学出版社 1999 年版，第 15 页。

第五章 从"绘事后素"的理解看《论语》英译的方法论问题——与鄢秀、郑培凯商榷

第一节 绪论

鄢秀、郑培凯提出，金安平（Annping Chin）的《论语》英译"根据汉儒经解与清代学者（特别是戴震、凌廷堪与刘宝楠），而不同于宋儒杨时（龟山）与朱熹的说法"，因而，"符合先秦时代绘画的方式"，她"对大多数英译者（包括理雅各、韦利、刘殿爵）的批评，基本上是正确的"①。这一论点笔者未敢苟同，故撰文商榷，请二位专家及读者正之。

我们的讨论，主要针对鄢、郑四个方面的看法：（一）译者在经文的理解方面所应扮演的角色②；（二）"素以为绚"与"绘事后素"究竟有多少种解释③；（三）朱熹与孔子的人性观是否"不一样"④，

---

① 鄢秀、郑培凯：《"素以为绚"与"绘事后素"的注疏与英译》，《东方翻译》2017年第 3 期，第 53—54 页。
② 鄢秀、郑培凯：《"素以为绚"与"绘事后素"的注疏与英译》，《东方翻译》2017年第 3 期，第 49 页。
③ 鄢秀、郑培凯：《"素以为绚"与"绘事后素"的注疏与英译》，《东方翻译》2017年第 3 期，第 50 页。
④ 鄢秀、郑培凯：《"素以为绚"与"绘事后素"的注疏与英译》，《东方翻译》2017年第 3 期，第 54 页。

其解经"错误"到底情况如何①；（四）金安平所译《论语》的解经路径是否可取。除此之外，我们还要提出讨论的第五个方面，即跨文化译解究竟有没有特定的方法论来加以推动。

第二节　儒家经典翻译的"为学"问题、"素以为绚"的几种解释及朱熹的"错误"

第一点，关于译者在经文的理解方面所应扮演的角色，鄢、郑一开篇就强调，"翻译古代经典"，"经常会遇到的情况是：文本的注疏出现大相径庭的解释，有时是南辕北辙"，"译者也就身不由己，成了半路出家的解经学者"；在他们看来，译者"虽然也是学者，但毕竟是以翻译介绍中国经典与文化为专业正职，不是解经学领域的专家"，因而大概也就无须"穿越回到［了］古代"②。笔者认为，这种观点无助于解决译者翻译中国经典时遇到的问题，如此画地为牢，甚或会进一步加剧有关困境。

长期以来，我们一直徘徊在"现代"的路途上，"经学"早已演化为"国故之学"，也就是研究的对象甚或过时的材料。与此同时，"学科"的不断细化复又将人拉向更为封闭的思想区隔，似乎"经典"只具"知识化"的意义，而不再有精神资源的价值。

面对这样的历史和现实，我们所需要的，首先是加以正视，进而采取批判态度，而不是默无一言地予以接受。而对中国经典，尽管容有不同的意见和看法，但既被称为经典，那一定意味着"常"。也就是说，只有重新归入那个精神世界，我们的生命才可能体现出它的其来有自，而家园自在。

---

① 鄢秀、郑培凯：《"素以为绚"与"绘事后素"的注疏与英译》，《东方翻译》2017年第3期，第54页。
② 鄢秀、郑培凯：《"素以为绚"与"绘事后素"的注疏与英译》，《东方翻译》2017年第3期，第49页。

如此，就中国经典的外译和外传而论，专业的划分和"正职"的界定，可能只表现为"知识求索"意义上的那种追求，而不是或根本不应成为我们的跨文化翻译的目标；相反，我们首先要做的，怕还是要深蕴其中，而得其自在，从而使我们的生存不断得到滋养，进而才谈得上展现有关经典的精神魅力和思想力量。这样，跨文化翻译便和语内的理解一样，表现为一种"学"的过程。正如朱熹所说，"学之为言效也，以后觉效先觉，明善而复其初也"①。依朱子，"学"的意义就在于"效"，此"效"亦可解读为"孝"和"肖"，也就是，以后来者的身份，继续发扬先贤们的思想，不断强化价值源泉的力量，将历史作为传统推动下去，走向跨文化领域。论者强调，《论语》开篇"子曰学而""使学习成为孔子第一遗训"，甚至是"开启整部《论语》的钥匙"；而"为学的宗旨在于养德，而不在于一般地求知识，这是孔学的特点"②。跨文化译解也同样是"养德"的组成部分，目的就在于，将"养德"的"方法"介绍给异域读者，以便于他们能有机会依照同样或类似的方式扩展精神生存的空间、享受生活和文化之赐予。

因而，学科的划分，就译者的任务和责任而言，只有第二层面上的意义。与之相比，更重要的是，译者首先应成为文化的历史使命的承担者，也就是负载起"成人成己"的重任，他/她才可能真正能够领悟千百年来中华文化的美好，进而以特定的学科之中的人物的身份，传播之、发扬之。

而且，人文学科或许不会有某种现成的"意义"摆在那里，等着"译者"去介绍、解释和翻译。假若不进入历史现场，不介入所要传译的种种问题，不反思以往的不足和差池，捕捉不到"经学"的基本精神，何来跨文化的"翻译"？

第二点，关于"素以为绚"与"绘事后素"，以鄢、郑二位的介

---

① 朱熹：《四书章句集注》，中华书局 1983 年版，第 47 页。
② 杨义：《论语还原》（上册），中华书局 2015 年版，第 153 页。

绍,"历来有许多不同的解释,最能反映历代解经的复杂多样,以及汉代解经学与宋代解经学的对立情况"①。若是这里所说仅限于对汉宋"解经学的对立情况"的"反映",当不至于再延伸至"历代",尽管的确可以见出经文本身的复杂性。而且,对此二语的解释,一般可分为两种:一是"以素为后";二是"后于素",亦即"素在前"。近年出版的著述,诸如李零、赵又春、杨逢彬②等,都是这样介绍的。

至于第三和第四点商榷之处,需一起讨论:朱子"错"了吗?"错"在哪里?若依鄢、郑二位所论,则朱子似未依汉学解经,就"错了",而金安平的路线的确是可取的。这样的观点,笔者无法认同。

实际上,论者并未指出,朱夫子之"错",如全祖望所点明的,仅仅是在于他选错了征引的对象。所以,程树德才说:"按:金氏之说是也。朱子之失,在引《考工记》不引《礼器》。"③ 因而,论者所说的"全祖望在《经史问答》中的分析,也指出朱熹此章析理混乱,程树德大为赞赏称是"④,依我们对程树德这里的论断的解读,是没有对应性的。应该指出,在儒家典籍中,不仅《周礼·冬官·考工记》⑤ 中有记载绘画的"程序"——批判朱夫子的,都依之为参照——"画缋〔huì 绘〕之事后素功";而且,《礼记·礼器》也记载有:"甘受和,白受采。"⑥ 论者的文章,似乎并未提及第二解的这一源头材料。孔颖达"正义"曰:"记者举此二物,喻忠信之人,可得

---

① 鄢秀、郑培凯:《"素以为绚"与"绘事后素"的注疏与英译》,《东方翻译》2017年第3期,第50页。

② 赵又春:《论语名家注读辩误》,崇文书局2012年版,第192页;杨逢彬:《论语新注新译》,陈云豪(校),北京大学出版社2016年版,第51页。

③ 程树德:《论语集释》(全四册),程俊英、蒋建元(点校),中华书局1990年版,第158页。

④ 鄢秀、郑培凯:《"素以为绚"与"绘事后素"的注疏与英译》,《东方翻译》2017年第3期,第54页。

⑤ 郑玄(注)、贾公彦(疏):《周礼注疏》(下)(李学勤主编,《十三经注疏》之四),北京大学出版社1999年版,第1117页。

⑥ 这句话的今译是:"甜味是各种味道的本味,可以接受各种味道的调和;白色是各种颜色的底色,可以承受各种色彩。"(王文锦:《礼记译解》,中华书局2016年版,第297页)

学礼。甘为众味之本，不偏主于一味，故得受五味之和。白是五色之本，不偏主一色，故得受五色之采。以其素质，故能包受众味及众采也。"①

"白受采"所描述的，正与"后素功"相反。而这意味着，当时就有两种绘画的技巧存在，二者并行不悖；或者也可认为，绘画并没有特定的程序可行。至少，可由此得出结论："素"究竟在前，还是在"后"，并没有"技术"上的重要性。如此，坚持"素"在"前"还是在"后"，其本身无助于解释"礼后乎"的意义。金安平从"技巧"或"技术"（a technique）的视角来解释"素"的意义，甚至将二者等而同之②，显而易见是路线错误。而且，笔者并不认为，非此即彼、选其一种的译解，是回到了"汉学"；同时，她的译文，也并不是像二位论者所说，"符合先秦时代的绘画的方式"③。

第三节　现代人对朱熹的解释的认同及其与他两说的贯通，与"素"的意义

因而，若朱熹征引的是《礼记》，那么，依全祖望，他是不会出什么"差错"的。实际上，朱夫子对"素以为绚"和"绘事后素"

---

① 郑玄（注）、孔颖达（疏）：《礼记正义》（李学勤主编，《十三经注疏》之六），北京大学出版社1999年版，第763页。

② 参见 Annping Chin，*The Analects*，New York：The Penguin Group，2014，p. 29；鄢秀、郑培凯：《"素以为绚"与"绘事后素"的注疏与英译》，《东方翻译》2017年第3期，第53页。

③ 参见鄢秀、郑培凯《"素以为绚"与"绘事后素"的注疏与英译》，《东方翻译》2017年第3期，第53页。书画家启功撰有《读〈论语〉献疑》，指出此章包含数层意义："（1）《诗》句说女子天生的情盼美容，不待脂粉的装饰。（2）孔子说这好比先有白净的缯[zēng；zèng古代对丝织品的总称]帛，然后才能画上图画。（3）子夏联想到人们都先有生来的天性，'礼'是后来所设的规范。"因而，他认为："从这种先后的次序看，'后素'实应是'后于素'之义。省略了表关系的'连词'，古今的汉语都非常习见。所以后世朱注就说'后素，后于素也'，是很明白的。郑玄既熟视无睹，又歪讲绘画技术的通常法则，似有一定的缘故。"（启功：《读〈论语〉献疑》，载启功《光掠影看平生》，陕西师范大学出版社2008年版，第92页）

的解释，其影响的确也是汉时的何晏和郑玄、宋时的邢昺以及后代的任何解经者都不能比的。以下抄录今人的论述，很容易看到渊源何在：

第一，哲学家冯友兰：

在这一段的记载里，主要的一句话是"礼后乎"。"后"于什么呢？就是后于礼。比如绘画，必须先有一个洁白的底子，然后才可能在上面施加色彩。这就是"绘事后素"。就是说，洁白的底子在先，绘画的彩色在后。这就是"素以为绚"。就是说，洁白的底子是彩色的条件。子夏因为这一句话而悟到"礼后乎"。人必须有真性情，真情实感，才可以行"礼"。仁先礼后。孔子对这一解释，大加赞赏。①

第二，诗学研究者俞志慧：

孔子截取"素以为绚"一句立说，谓人工的雕绘不及本色朴素之美，子夏由此展开联想，以为节文之礼仪亦后于本性之仁爱。因其思想的维度与乃师诗学泛道德、泛伦理取向深相契合，故被孔子引为同调。②

第三，马克思主义理论研究者匡亚明：

[……]"巧笑倩兮，美目盼兮，素以为绚兮"，这本是描述美人的诗句，意思是说，有一个美丽的姑娘，"微笑地笑着，眼角留神地看着，像白绸上画的花卉一样美啊"，孔子和子夏对话中却把白绸（素）比作"仁"［原文未明说把白绸（素）比作

---

① 冯友兰：《中国哲学史新编》（第一册），人民出版社1980年版，第146页。
② 俞志慧：《君子儒与诗教——先秦儒家文学思想考论》，生活·读书·新知三联书店2005年版，第110页。

仁，此据杨伯峻《论语译注》补]，把花卉（绚）比作"礼"，结论是"礼"在"仁"后。①

第四，儒学史学者王博：

> 子夏不拘泥于诗的文字的以及孔子的设譬，而能得言外之意，于是有"礼后乎"的说法。这个说法得到了孔子的高度赞赏，谓"起予者商也，始可与言诗已矣"。其最大的原因就是与林放一样涉及到了"礼之本"的问题。绚的根本是素，绘的根本也是素，礼的根本同样是素。朱熹云："礼必忠信为质，犹绘事必以素粉为先。"②

第五，哲学史研究者王国雨：

> ［……］子夏"礼后乎"之悟之所以获得孔子高度肯定，在于他领悟到了孔子诗学的真谛，即将礼乐秩序建立在内心根基之上的努力。朱熹在《论语集注》中对"礼后乎"的注解是："礼必以忠信为质，犹绘事必以素粉为先。"朱熹将"礼后"理解为礼建立在忠信基础之上，或者说以德性为礼质，从解释方向上看是合理的，不过，站在孔子之教的立场上，广义上说，礼之"质"、"素"应是具有真情实感的人心。"礼后乎"是孔门师徒讨论《诗》句过程中感悟到的，也是整个早期儒家《诗》学的话题重心。③

---

① 匡亚明：《孔子评传》，南京大学出版社 1990 年版，第 349 页。

② 参见王博《中国儒学史》（先秦卷），北京大学出版社 2011 年版，第 67 页。《论语·八佾》记载："林放问礼之本。子曰：'大哉问！礼，与其奢也，宁俭；丧，与其易也，宁戚。'"［何晏（注）、邢昺（疏）：《论语注疏》（李学勤主编，《十三经注疏》之十），北京大学出版社 1999 年版，第 30 页］

③ 王国雨：《早期儒家〈诗〉学中的心性论建构》，见潘德荣、施永敏（主编）《中国哲学再创造：成中英先生八秩寿庆论文集》，上海交通大学出版社 2015 年版，第 91 页。

第六,《论语》研究者赵又春:

我以为,对本章的上述传统理解,从以下三个方面看来,是可以成立的:①对"绘事后素"和"礼后乎"的解释训诂有据,不失为"一说";②根据这个解释作出解读结论说,本章的主旨是喻示"仁"和"礼"之间乃是"仁先礼后",或李泽厚说的"仁内礼外"的关系,是合逻辑的;③这个结论明显符合孔子的思想,可说准确、深刻、形象地展示了孔子对于"仁礼关系"的看法。①

第七,《论语》研究者王翼成:

孔子的回答也是围绕着"素以为绚"展开的。孔子解释"素以为绚"时代含义就是"绘事后素",也就是先有白底的素绢,而后在上面绘画。

精彩也就由这里开始,子夏从老师的解释中很快感悟出更深刻的内涵:如此说来,礼乐也是在仁义之后才有的。

子夏的认识有一定道理。仁义是一个人内在的情操,礼乐仪式是对行为起约束作用的外在形式,这种规范常常会随着道德情操的提高而发生变化。

能够从对《诗经》一句话的学习和理解之中感悟出"仁先礼后",是令人欣慰的,所以孔子很高兴在一番启发后与学生继续讨论《诗经》的思想内容。②

第八,《论语》研究者东方桥:

---

① 赵又春:《论语名家注读辩误》,崇文书局 2012 年版,第 192 页。
② 王翼成:《论语说什么》,西北大学出版社 2011 年版,第 51 页。

这首诗的意思是，美人巧笑，那双颊微动，多好看啊！秋波流转，多美呀！粉白的底子上，再画上五彩的颜色，更加美丽了！这三句诗，是指什么呢？

孔子说："这是说画画，先把白底抹好；然后，再加上五彩的颜色。"子夏说："这不就是一个人先要有忠信的美德，然后，再用礼来文饰吗？"孔子说："启发我心意的，是商了；像这样，可以跟你谈诗了。"①

第九，儒学学者臧知非：

"礼后乎"：礼在后面吗？在什么后面，原文没有说出，这里应当是指礼在仁义之后。②

第十，儒学学者蒙培元：

这是一段很著名的对话，很能表现孔子的诗学观。《诗》中描述一位女子长得好看，脸上酒窝，笑得好看；眼睛黑白分明，显得好看；稍加修饰，素得好看。子夏请教孔子，这是什么意思？孔子从中引申出一个道理说，绘画在白素之后，即先有白素的底子，然后再在上面绘画。子夏理解孔子的意思，说，这是不是说，礼乐在好的素质之后呢？孔子十分赞赏子夏的见解，认为子夏启发了他，有了这样的理解，就可以开始讨论《诗》了。③

第十一，儒学学者爱新觉罗·毓鋆：

---

① 东方桥：《论语的方法学》，上海书店出版社 2007 年版，第 72 页。
② 臧知非：《论语》，河南大学出版社 2008 年版，第 121 页。
③ 蒙培元：《蒙培元讲孔子》，北京大学出版社 2005 年版，第 66 页。

"素",一尘不染谈何容易？没有洁白的纸,绝对画不出文采。本质糟,何能有文采？

不圣洁,焉能文采灿烂？说一人知礼,必其人有洁白的人品。①

上引这些学者,为什么会如此赞赏或推崇朱夫子的观点呢?② 不妨抄录他的注解以及论者两次征引③的郑玄注,以资对比。

朱子"集解":

倩④,好口辅也。盼,目黑白分也。素,粉地,画之质也。绚,采色,画之饰也。言人有此倩盼之美质,而又加以华彩之饰,如有素地而加采色也。子夏疑其反谓以素为饰,故问之。绘事,绘画之事也。后素,后于素也。《考工记》曰:"绘画之事后素功。"谓先以粉地为质,而后施五采,犹人有美质,然后加文饰。礼必以忠信为质,又绘事必以粉素为先。⑤

郑玄的注:

---

① 爱新觉罗·毓鋆:《毓老师说论语》,陈䌽(整理),中信出版集团 2016 年版,第 390 页。

② 爱新觉罗·毓鋆认为:"《四书章句集注》是朱子一生精华所在,朱注乃一部禅宗,造谣生事,看看何以有'四书'?"[爱新觉罗·毓鋆:《毓老师说论语》,陈䌽(整理),中信出版集团 2016 年版,第 2 页]。而且,他在这里征引的是《礼记·礼器》,而不是《考工记》。但是,我们还是认为,他受到了朱夫子的影响,只不过注意到如何弥补后者的不足罢了。其他诸如何新以及孙钦善也一样坚持的是朱熹的解释(参见何新《论语新解:思与行》,北京工业大学出版社 2007 年版,第 29 页;孙钦善:《论语本解》,生活·读书·新知三联书店 2009 年版,第 25 页)。后文所引的今译可以说明。

③ 鄢秀、郑培凯:《"素以为绚"与"绘事后素"的注疏与英译》,《东方翻译》2017 年第 3 期,第 51、54 页。

④ 毛传:"倩,好口辅。盼,白黑分。"陈奂曰:"口辅即靥 [yè 酒窝儿] 靦 [同'腼'。意思是从面见,见亦声] 也。"按即笑含酒窝之貌。

⑤ 朱熹:《四书章句集注》,中华书局 1983 年版,第 63 页。

绘，画文也。凡绘画先布众色，然后以素分布其间，以成其文，喻美女虽有倩盼美质，亦须礼仪成之。①

朱夫子的注解是将"素"置于"绚"之前；而郑玄反之，将其置于"绚"之后。但仔细看来，后者也一样突出的是"素"的作用，也就是说，一样是将之置于"绚"或曰"众色"之"前"。

试想，"布众色"之前，画布上并没有特别的颜色，也就是说，呈现的是其"本色"或"无色"，那不就是我们现在还在说的"素色"吗？而这意味着，物即为物，而不假或不加他色，才可成为物：素面朝天，说的就是，事物必立足于其本（色）。一旦施加了别的颜色，物难免就会被遮蔽、失却甚或丧失其"本色"。那么，补救或挽救的办法是什么呢？那便是，将这样的本色重新展现出来；亦即为，再一次将事物的原色原貌显现出来，使之保持于在场之中。

这样的"回还"说明的是：（一）"礼后乎"之中的"后"，若是指绘画技巧或技术导向之中的程序上的先后，便是无所谓的；更重要的是，诗歌所要歌颂的是事物存在的价值指向。在这里的指向是，"礼"对"素"的回归的确保。（二）如此，"素"既然喻示物之为物、人之为人的力量所在，那么，也就可与仁爱（之内在）相提并论。夫子之所以称道可与子夏"谈《诗》已矣"，就是因为这样的"内在世界"的本质力量，在子夏那里得到了突出。（三）事物如此自我回归，人也要这样回归自身。应该强调，这是哲学思想的体现。因为，守候家园—外出—回归家园的三部曲，在钱锺书看来，正是"哲学的怀乡病"，是众多哲学的一个重要主题②。易言之，"礼后乎"的巨大作用就在于，"礼"合乎最为基本的人性向着它自身的不断回复的要

---

① 何晏（注）、邢昺（疏）：《论语注疏》（李学勤主编，《十三经注疏》之十），北京大学出版社 1999 年版，第 32—33 页。
② 钱锺书：《说"回家"》，载《写在人生边上·人生边上的边上·石语》，生活·读书·新知三联书店 2012 年版，第 83 页。

求。因此，《礼记·礼器》之中强调："故君子有礼，则外谐而内无怨。"①

因此，朱熹的注解之所以是成立的，那首先是因为这一解释包含着普遍的甚或普适性的哲学道理：事物的存在，只有立足于本质意义上的"素朴"，才可凝聚起力量，展现出自身的光彩，也就是"绚"。但不论事物存在的力量展现得如何"绚丽多姿"，其本身最终还是要回归原初的那种"素朴"的。朱熹这样的思想倾向，或不是专注于字义和"绘画技术"的汉学以及后世的"朴学"所能赞同的，但是，正因为它具有普适性，后者即使立论重心有异，也不可避免地要被它隐含其中。或者说，观点相反的论断，竟然可被容纳进来。这，的确奇特。或者是出于这一原因，前人讨论此章注解时，亦未及点出。如此，朱熹不但不和清朝的解经者的观点相对立，实则早已将之包容在内。不消说，他的高明，几乎无人可及。

的确，朱熹的"集注"，就这样隐含着论者所说的，"素以为绚"和"绘事后素"的第三种解释：

> 一说：以素为五采之介，犹以礼为五德之闲。绘事必先有素，而后当以素成之。似兼有郑、朱二说之义。刘宝楠《正义》："盖五色之黑、黄、苍、赤，必以素为之介，犹五德之仁、义、礼、智、信，必以信为之闲。且礼者，五德之一德，犹素色者五色之一色。以礼制心，复礼为仁，礼失而采，礼云礼云？太素者，质以为始，则素为质；后素者，绘之功也，则素为文，故曰素以为绚，素也者，万物之所成终而所成始也。"②

之所以说，朱熹的解释，无论是否如论者所说，"刘宝楠所提供

---

① 郑玄（注）、孔颖达（疏）：《礼记正义》（李学勤主编，《十三经注疏》之六），北京大学出版社 1999 年版，第 716 页。

② 安作璋：《论语辞典》，上海古籍出版社 2004 年版，第 251 页。

的早期经解的文献资料，颠覆了朱熹的经解法"①，其本身就包含着刘宝楠的思路。因为，刘氏在这里不是也在强调，事物（之存在）从"太素"起始，经过"绘事之绚"，最后再加以"素功"吗？也就是说，他不是也在要求，绘事最后也要再回到"素"吗？这和我们前文所说的朱熹对"素"的强调，有什么区别？至于"素"作为五色之一，对别的色彩的"居间"（闲）的作用，与"礼"对于其他"四德"的居间作用相一致，那本是"素"和"绚"相互作用的结果。

如此，若上文所论还有一定道理的话，那么，我们便不能不认为，朱夫子的解释贯通其他解释，可谓集三种解释之大成，而进一步突出了夫子之教的哲学意义：孔子的"成人成己"之教，指向的不就是人？而人之自我回归，不正是其"素（之质）"的回归和保持？

这里牵涉到三个观念："素文"、"素功"以及"素质"。"素文"指的是"以素成文"，即"文采斑斓"的画面或曰人之"倩盼"是因为有了"素"才最终形成的。易言之，有了"素"，才有"绚"，二者相得益彰，而人和物如此才可得其自然。"素功"则强调，以"素色"之铺排，其功用足以使"众色"更为富丽多彩，或更加鲜明。而"素质"则要突出，一切都是以"素"为"质"，或以"素"为"本"。很明显，从学理来看，诸家争论的焦点——"素在前"还是"素在后"——若与"素"本身的作用相比，一定是第二层面上的。"素"本身对人、对画的建构意义，才是第一层面的。

还应指出，夫子之教之导向，可与老子的"怀素抱朴"（《道德经》第十九章）② 以及庄子的"夫明白入素"（《庄子·天地》）相

---

① 鄢秀、郑培凯：《"素以为绚"与"绘事后素"的注疏与英译》，《东方翻译》2017年第3期，第50页。

② 任继愈将此句译为："外表单纯，内心朴素"［任继愈：《老子绎读》（英汉对照），任远（译），商务印书馆2009年版，第128页］；陈鼓应的译文则是："保持朴质"（陈鼓应：《老子注译及评介》，中华书局1984年版，第138页）。

媲美①。因而，南怀瑾指出，这牵涉到"中国文化立场"：

> ［……］要懂得，透过诗的感情以培育立身处世的胸襟，而真正了解诗背后的人生、宇宙的境界，这才是懂得诗的道理。换句话说，人更要注意这个"素"字，素就是平淡。所以孔子在后面提到"素富贵行乎富贵，素贫贱行乎贫贱"。这也是后来中国文化里讲人生的道理："唯大英雄能本色，是真名士自风流。"所谓大英雄，就是本色平淡，世界上最了不起的人就是最平凡的，最平凡的也就是最了不起的。［……］②
>
> 这一段说明了"绘事后素"，是指一个人不要迷于绚烂，不要过分了，也就是一般人所谓不必"锦上添花"，要平淡，这以后，又引用孔子的话，说明中国文化传统的立场。

杜维明强调："仁的心理机制与道家的'真人'能体现'道'的思想是一致的③。可是，'道'这个概念不仅自身是无差别的，而且它也防止任何差别的产生。因此，像'朴'、'素'这样的名词在道家中就有了突出的地位。另一方面，存有论的必然性要求'仁'在复杂的世界中区分自己。"不过，也完全可将儒家此处的"素（心）"解为"存在的始源"。所谓"素心"，具有涵摄、融化、承载一切文化和自然的力量的功能，如《孟子·离娄下》之所说："君子以仁存心，以礼存心。仁者爱人，有礼者敬人。"还应指出，

---

① 陈鼓应的相应译文是："像这样明澈纯素，自然真朴"［陈鼓应：《庄子今注今译》（中），中华书局1983年版，第323页］；孙海通的译文为："像他这样心智明澈而达到洁白的境界，虚寂无为而复归自然本性"（孙海通：《庄子》，中华书局2007年版，第208页）；马恒君的译文是："心地明净进入纯素"（马恒君：《庄子正宗》，华夏出版社2014年版，第139页）；傅佩荣的译文为："如果真是明白一切而抵达纯粹"（傅佩荣：《庄子》，东方出版社2012年版，第155页）。

② 南怀瑾：《论语别裁》（《南怀瑾选集》第一卷），复旦大学出版社2014年版，第116—117页。

③ 杜维明：《仁与修身：儒家思想论集》，胡军、丁民雄（译），生活·读书·新知三联书店2013年版，第11页。

"素"和"仁"的关系还是值得进一步研究的。因为，二者并不能等同。爱新觉罗·毓鋆也指出："一个人永远不能失去本色，要素什么，行乎什么。"① 他强调"要保存本色，必要有'存存'的功夫"②，"'存存'功夫，各人不同。本色，不叫它变色，存变色"③。但是，"本色"就一定"是"或指向"仁（爱）"吗？"性生万法"，但"素"不是只有在"空有一物"的条件下，才显现出"绚"的吗？

南怀瑾大概为了避开"绘事后素"之"后"所引起的问题，因而将之解为："绘画完成以后才显出素色的可贵。"④

东方桥也强调：

这是一篇伟大的文学批判作品，人生哲学的生活上的写实，以及艺术绘画的原理；教育上的启发，尤其学生启发了老师，更值得学习。同时，也证明孔子为人师的宽大的胸襟，容得下学生所问。

绘事后素的"素"字，是说绘画要留空白，留个宇宙的空间，其道理无穷无尽。一个人的日常生活，也要有"素"的平淡生活；这是中国人的本色，是我们中国人的文化生活；平淡中有味道，中国人的人情味道。⑤

---

① 爱新觉罗·毓鋆：《毓老师说易传》，陈绚（整理），中信出版集团 2016 年版，第 92 页。
② 爱新觉罗·毓鋆：《毓老师说易传》，陈绚（整理），中信出版集团 2016 年版，第 92 页。
③ 爱新觉罗·毓鋆：《毓老师说易传》，陈绚（整理），中信出版集团 2016 年版，第 94 页。
④ 南怀瑾：《论语别裁》（《南怀瑾选集》第一卷），复旦大学出版社 2014 年版，第 116 页。
⑤ 东方桥：《论语的方法学》，上海书店出版社 2007 年版，第 72 页。

在现代，坚持"素在绚后"、与朱夫子的观点相反动的，除了钱穆①、蔡尚思②以及傅佩荣③之外，还有杨逢彬。后者所论似较全面。

杨逢彬认为，在两个方面，"以后为素""较为可取"。一方面，"对于疑难词句解读这类语言问题，语言系统外的证据是不自足的，即光有此类证据不足以证成某说"。故而，他从《论语》本身，《国语》《道德经》《左传》《孟子》及《晏子春秋》之中提取出例子，以求说明，其中"'后'的动词用法且带有宾语的共 17 例"。其中，"第一种用法的共 12 例"，"第二种用法的有 5 例"，即"以后为素"多于"后于素，即素在前"。另一方面，他也特地提及《考工记》之中的"凡画缋之事后素功"以及郑玄之注。④

我们认为，若是汉语的结构和系统真的符合"现代语法"，这样的分析自有其道理。不过，朱子"集注"的依据，或并非"现代语法"。所谓"语言系统之内的证据"，若将语言视为封闭的，则一定不能与人心乃至世界形成对应。而在极力宣扬"成人成己"之学的孔夫子那里，或许，"语言之外"的"仁爱之心"才是真正的价值源泉所在。因而，"素"之为"素"，就在于这样的"人心"之"素"的回复和回归。因而，语言表达与之相比，是否也就不具有决定性的意义，不可用为解释《论语》的优先的甚至是唯一的标准？这样，论者所说的"我们注意到，无论朱熹、全祖望抑或俞樾，都没有提供任何语言内的证据以推翻前说，则其新说已先天不足"⑤，不无偏激之嫌。实际上，朱熹所关注的，偏重于"义理"，但即令如此，那也并不意味着他置"语言"于不顾。不然的话，他的"集注"是如何"集"来的？既然是"集"来的，其中难道真的就不含有"语言内的证据"？

---

① 钱穆：《论语新解》，生活·读书·新知三联书店 2002 年版，第 60 页。

② 蔡尚思：《孔子的思想体系·孔子哲学真面目》，上海古籍出版社 2013 年版，第 125 页。

③ 傅佩荣：《人能弘道：傅佩荣谈论语》，东方出版社 2018 年版，第 67 页。

④ 杨逢彬：《论语新注新译》，陈云豪（校），北京大学出版社 2016 年版，第 51—62 页。

⑤ 杨逢彬：《论语新注新译》，陈云豪（校），北京大学出版社 2016 年版，第 51 页。

有关"素"的解释，《说文·素部》："素，白致缯也。"段玉裁注："缯之白而细者也。郑注《杂记》曰：'素，生帛也。'然则生帛曰素，对涷缯曰练而言。［……］泽者，光润也。毛润则易下垂，故从系垂会意。"指本色的生帛①。另一部字源字典则指出，"素"作为会意字，其篆书"表示丝织物如天然花朵一样光润柔软下垂"②。

对"素"的突出，是对事物存在以及做人的指归的突出。朱熹对之的强调，与新近发现的孔子的《诗论》中的观点一脉相承："孔子曰：'吾以《葛覃》得氏（是）初之诗，民性古（固）然。'见其美，必谷（欲）反（返）［其］本。"③ 同样地，见到"绚"之"美"，当然，也要返回到"其本"，而这样的"本"也就是"素"。"美"在这里，若展现为"绚"，则此"绚"必依照"素"，也就是要回到"素"这个根基上，才可得到理解。易言之，回归"素"，才会有"绚"。这也就是上文所引的钱锺书所说的"回家"的"三段论"的指向。因而，上文才会强调，朱熹的观点具有普适性。在这里，可以再一次清楚地看出，朱子的解经，与夫子之诗教极其契合。

第四节　今译与英译的问题及其应有的导向

下文举例分析该如何处理，才可能使"绘事后素"得到正确译解；进而，就译解的方法论进行说明。先来看此章的今译（本章未抄

---

① 《常用字字源字典》，胡培俊（编著），崇文书局 2010 年版，第 574 页。
② 《汉字源流字典》，谷衍奎（编），华夏出版社 2003 年版，第 523 页。
③ 孔子：《孔子诗论》，收入俞志慧《君子儒与诗教——先秦儒家文学思想考论》，生活·读书·新知三联书店 2005 年版，第 232 页。黄怀信厘定的相应文字是："民性固然，见其美，必欲反其本。"他译为："人性本来就是这样：看到它美，就必定追溯它的根本。"（黄怀信：《上海博物馆藏战国楚竹书〈诗论〉解义·复原》，社会科学文献出版社 2004 年版，第 29 页）

录鄢秀、郑培凯文中所举的译例)①：

---

① 1. 子夏问道："'有酒窝的脸笑得美呀，黑白分明的眼流转得媚呀，洁白的底子上画着花卉呀。'这几句诗是什么意思？"孔子道："先有白色底子，然后绘画。"子夏道："那么，是不是礼乐的产生在［仁义］以后呢？"孔子道："卜商呀，你真是启发我的人。现在可以同你讨论《诗经》了。"（杨伯峻：《论语译注》，中华书局 1980 年版，第 25 页）2. 子夏问道："古诗说：'巧笑倩啊，美目盼啊，再用素粉来增添她的美丽啊。'这三句诗指的是什么呀？"先生说："你看绘画，不也是临后始加素色吗？"子夏说："不是说礼是后起之事吗？"先生说："开发引起我心意的是商了。如他那样，才可和他言《诗》了。"（钱穆：《论语新解》，生活·读书·新知三联书店 2002 年版，第 61 页）3. 子夏问道："'美的笑容，酒窝微动；美的眼睛，黑白传神；洁白纸上，灿烂颜色。'这是什么意思？"孔子说："先有白底子，而后才绘画。"子夏说："那么礼在后？"孔子说："启发我的是你呀，这样才可以与你谈《诗》了。"（李泽厚：《论语今读》，中华书局 2015 年版，第 51 页）4. Tsze-hsi asked, saying. "What is the meaning of the passage — 'The pretty dimples of her artful smile! The well-defined black and white of her eye! The plain ground for the colours?'" The Master said, "The business of laying on the colours follows (the preparation of) the plain ground." "Ceremonies then are a subsequent thing?" The Master said, "It is Shang who can bring out my meaning. Now I can begin to talk about the odes with him." (James Legge, *The Analects*, Nanjing：YiLing Press, 2010, p. 18) 5. Tzu-hia asked, saying, What is the meaning of "Oh the sweet smile dimpling, / The lovely eyes so black and white! / Plain silk that you would take for coloured stuff." The Master said, The painting comes after the plain groundwork. Tzu-hsia said, Then rituals afterwards? The Master said, Shang it is who bears me up. At last I have someone with whom I can discuss the *Songs*! (Arthur Waley, *The Analects*, Beijing：Foreign Language Teaching and Research Press, 1998, p. 29) 6. Tzu-hisia asked, "Her entrancing smile dimpling, / Her beautiful eyes glancing, / Patterns of colours upon plain silk. / What is the meaning of this?" The Master said, "The plain silk is there first. The colours come afterwards." "Does the practice of the rites likewise come afterwards?" The Master said, "It is you, Shang, who have thrown light on the text for me. Only with a man like you can one discuss the Odes." (Lau D. C., *Confucius：The Analects*, Beijing：China Publishing House, 2008, p. 35) 7. Tze-Hsia asked the meaning of："The dimpled smile, / the eye's clear white and black, / Clear ground whereon hues lie." He said, The broidery is done after the simple weaving. (Hsia) said：You mean the ceremonial follows …? He said：Shang's on, I can start discussing poetry with him. (Ezra Pound, *Confucius：The Great Digest*, *The Unwobbling Pivot*, *The Analects*, London：Peter Owen, 1951, p. 202) 8. Zixia asked the meaning of the lines："The entrancing smile dimpling, / The beautiful eyes shining. / Plain silk which is made into finery." The Master said："The decoration comes after the plain silk." "Is ritual secondary?" he said, "Shang is the one who takes my point", said the Master. "Now it is definitely possible to talk about the *Songs* with him." (Raymond Dawson, *Confucius：The Analects*, Oxford：Oxford University Press, 1993, pp. 9 – 10) 9. Zixia asked, "What is the meaning of these lines：'Her entrancing smile, dimpling, / Her beautiful eyes so animated and clear. / White renders the colors vibrant and distinct'?" The Master said, "White is applied after the colors are put in." "Does the practice of the rites, in a like manner, come afterward?" The Master said, "It's you who have drawn my attention to such a reading. Only with you do I feel I can discuss the odes." (Annping Chin, *The Analects*, New York：Penguin Books, p. 29) 10. 子夏问老师："'笑眯眯的那孩子真是好看，黑白分明的眼睛真是漂亮，再绚丽的光彩也应有白色的本质。'这几句诗是什么意思？"孔子说："绘画时，先以白色打底，再上彩色。"子夏接着说："礼法规范是不是后来才产生的呢？"孔子说："启发我的是商啊，现在我可以同你谈《诗经》了。"［刘君祖：《新解论语》（上篇），中信出版集团 2016 年版，第 92 页］最后一例为笔者新加。

经文：子夏问曰："'巧笑倩兮，美目盼兮，素以为绚兮。'何谓也？"子曰："绘事后素。"曰："礼后乎？"子曰："起予者商也，始可与言诗已矣。"(《论语·八佾》)①

译文1. 子夏问道："'美好的笑容真好看啊，美丽的眼睛黑白分明眼珠转啊，粉白的脸庞着色化妆绚丽多彩好打扮啊。'是什么意思呢？孔子说："先有了白底子，然后才画上画。"［子夏］又问："［这使我想到，］礼节仪式是不是在［仁德之］后呢？"孔子说："能阐明我的意思的是你卜商呀！现在开始可以同你讨论《诗》了。"②

译文2. ［子夏问:］"美人巧笑，那双颊微动，多好看啊！秋波流转，多美呀！粉白的底子上，再画上五彩的颜色，更加美丽了！这三句诗，是指什么呢？"/孔子说："这是说画画，先把白底抹好；然后，再加上五彩的颜色。"子夏说："这不就是一个人先要有忠信的美德，然后，再用礼来文饰吗？"孔子说："启发我心意的，是商了；像这样，可以跟你谈《诗》了。"③

译文3. 子夏问说："'（她）微笑时真妩媚呀，（她）美丽的眼睛黑白多分明呀，（她）雪白的脸上又擦了绚丽的胭脂啊！'这几句诗是什么意思?"/孔子说："先渲染颜色，仍复归于素洁。"子夏说："而后就施之以礼仪吗？"/孔子说："启发我的是卜商你啊！以后可以同你一起讨论《诗经》了。"④

译文4. 子夏问道："'微笑的面容美好动人啊，美丽的眼睛黑白分明啊，洁白的底子上绘有文采啊。'这几句诗是什么意思?"孔子说："先有素色的底子，然后绘画。"/子夏说："那么

① 何晏（注）、邢昺（疏）：《论语注疏》（李学勤主编，《十三经注疏》之十），北京大学出版社1999年版，第32—33页。
② 徐志刚：《论语通译》，人民文学出版社1997年版，第24页。
③ 东方桥：《论语的方法学》，上海书店出版社2007年版，第72页。
④ 何新：《论语新解：思与行》，北京工业大学出版社2007年版，第29页。

礼是不是产生于美质之后呢?"孔子说:"启发我的是卜商啊!从此可以跟你谈论《诗经》了。"①

译文5.子夏问道:"'微笑的面颊多美好动人啊,美丽的眼睛黑白分明啊,洁白的底子上绘采文啊。'这几句诗是什么意思?"孔子说:"采绘后于白底子。"子夏说:"那么礼是不是居于美质之后呢?"孔子说:"启发我的是卜商啊!从此可以跟你谈论《诗》了。"②

译文6.他[子夏]问:"'笑眯眯的脸真好看,滴溜溜的眼真漂亮,白色的衣服就已经光彩耀目了。'这句诗是什么意思?"孔子答:"绘画时,最后才上白色。"他接着问道:"那么,礼是不是后来才产生的?"孔子说:"能够带给我启发的,是子夏啊。现在可以与你谈《诗经》了。"③

译文7.子夏向老师请教:"《诗经》上说'会心微笑的脸是如此靓丽啊,黑白分明的眼睛是那样灵光啊,用素粉来装扮啊',这几句话是什么意思呢?"孔子说:"就像是说先有白底,然后画画。"子夏又问:"那么,是不是说礼也是在仁义之后的事呢?"孔子说:"卜商啊,你是能启发我的人,现在可以同你讨论《诗经》了。"④

译文8.子夏问道:"'笑容真好看呀,眼睛真明亮呀,用素粉来打扮呀。'这几句诗是什么意思?"孔子说:"先有白底,然后绘画。"子夏又问:"那么,礼节仪式也是后起的吗?"孔子说:"能启发我的是卜商啊,现在可以和你讨论《诗》了。"⑤

译文9.子夏问道:"'有酒窝的脸颊笑得美啊,黑白分明

———————

① 《四书》,王国轩等(译),中华书局2007年版,第11页。
② 孙钦善:《论语本解》,生活·读书·新知三联书店2009年版,第25页。
③ 傅佩荣:《人能弘道:傅佩荣谈论语》,东方出版社2018年版,第67页。
④ 王翼成:《论语说什么》,西北大学出版社2011年版,第51页。
⑤ 《四书辞典》,吴量恺(主编),崇文书局2012年版,第51页。

的眼珠真明亮啊，在洁白的底子上画着华丽多姿的画儿。'这些诗句说的是什么意思?"孔子说:"画画儿，先有白色底子，然后在上面画画。"[子夏]说:"是不是礼乐产生在[仁义]以后呢?"孔子说:"启发我的是卜商，现在可以同你讨论《诗经》了。"①

译文10. 子夏问孔子:"'美好的笑容真好看啊，黑白分明的眼睛多美丽啊，洁白的质地上的色彩多绚丽啊。'这几句话是什么意思呢?"孔子说:"这是说先有白底然后才有画。"子夏又问:"那么，是不是说礼也是后起的事呢?"孔子说:"能阐发我意思的就是你卜商啊，现在可以同你讨论《诗》了。"②

译文11. 子夏问道:"'启齿一笑酒窝微张，明眸如清泉闪着亮光，白皙在红颜间勾出瑰丽的纹章。'这几句诗是什么意思?"孔子说:"在绘画中，[先画各种彩色，]后用白色勾勒出文采。"/子夏说:"那么，天生丽质，还要用礼仪来约束吗?"孔子说:"让我开窍的，就是你卜商啊!现在可以同你谈论《诗经》了。"③

译文12. A disciple asked Confucius for the meaning of the following verse: / Her coquettish smiles, / How dimpling they are; / Her beautiful eyes, / How beaming they are; / O fairest is she / Who is simple and plain. / "In painting," answered Confucius, "Ornamentation and colour are of secondary importance compared with the groundwork." / "Then art itself," said the disciple, "is a matter of 'secondary' consideration?" "My friend," replied Confucius, "You have given me an idea. Now I can talk of *Poetry* with you."④

---

① 朱振家:《论语全解》，上海古籍出版社2014年版，第30页。

② Wu Guozhen, *A New Annotated English Version of the Analects of Confucius*, Fuzhou: Fujian Education Press, 2015, p. 90.

③ 杨逢彬:《论语新注新译》，陈云豪(校)，北京大学出版社2016年版，第50页。

④ Hongming Ku, "The Discourses and Sayings of Confucius", ed. Huang Xingtao, *Gu Hong Ming Wen Ji*, Haikou: Hainan Publishing House, 1996, p. 362.

译文 13. Tsesha asked (concerning a passage in the *Book of Songs*), "What is the meaning of the passage, 'She has a winning smile, and her eyes are so clear and bright. Her dress is of a colored design on a plain background'?" Confucius said, "In painting, we must have a plain background." "Does that mean that the ceremonial forms of *li* must be based on a background of simplicity of character?" Confucius said, "Now you have contributed a fresh thought, Ah Shang! You are worthy to study the *Book of Songs*."①

译文 14. Tzu-hsia inquired, "What does this passage from the *Songs* mean? / Her knowing smile so lovely, / Her gorgeous [dazzlingly beautiful] eyes so clearly defined, / She enhances her natural color with cosmetics?" Confucius replied, "The make-up [The make-up of something consists of its different parts and the way these parts are arranged] comes after the natural color." / "Do ritual actions also come after?" asked Tzu-hsia. / "Precisely what I had in mind, Tzu-hsia. Only with s person such as yourself can I discuss the *Songs*."②

译文 15. Zixia inquired: "What does the song mean when it says: / Her smiling cheeks – so radiant, / Her dazzling [amazingly impressive; suggestive of the flashing of lightning; shining intensely] eyes – so sharp and clear, / It is the unadorned that enhances the color?" / The Master replied: "The application of color is to the unadorned." / "Does this mean that observing ritual propriety (*li* 礼) itself comes after?" asked Zixia. / The Master replied: "Zixia, you have stimulated my thoughts. It is only with the likes of you that one

---

① Lin Yutang, *The Wisdom of Confucius*, Beijing: Foreign Language Teaching and Research Press, 2009, p. 155.

② 郝大维、安乐哲:《通过孔子而思》,何金俐(译),北京大学出版社 2005 年版,第 72 页。

can discuss the *Songs*. "①

译文 16. Zixia asked about the connotation of a verse in the *Book of Songs*. "The pretty dimples of the artful smile, the well-defined black and white of the eyes, are like colorful patterns on plain silk. " / The Master answered, "Only when you have a white base, can you paint colors on it. " / Zixia said, "Can we then conclude that likewise, regulations and rituals come after humaneness?" / The Master said, "Zixia, you have thrown new light on this verse for me. I can now discuss the *Book of Songs* with you. "②

译文 17. Zixia cites a line from a poem in the *Book of Poetry*: "How sweet the smile! How pretty the lucid [transmitting light; able to be seen through with clarity] eyes! How gorgeous the colors are against the plain ground!" Then he asked Confucius, "What does it mean?" / "Painting comes after a plain canvas," replied the Master. / "Does that mean the rules of propriety come after something else?" / "Oh, it is you Bu Shang who can expound [add details, as to an account or idea; clarify the meaning of and discourse in a learned way, usually in writing; state] what I have meant," said the Master. "Now I can talk about the *Book of Poetry* with you. "③

译文 18. Zi Xia quoted the following: / Her tactful smile charms; / Her eyes, fine and clear, / Beautiful without accessories. / And asked its meaning. Confucius said, "A painting is done on plain white paper. " Zi Xia said, "Then are rituals a secondary thing?" Confucius said, "Ah, Shang, you uplift me. Now we can really begin to

---

① Roger T. Ames and Henry Rosemont, *The Analects of Confucius: A Philosophical Translation*, New York: The Ballantine Books, 1998, p. 84.

② Lin Wusun, *Getting to Know Confucius — A New Translation of The Analects*, Beijing: Foreign Language Press, 2010, p. 56.

③ Wu Guozhen, *A New Annotated English Version of the Analects of Confucius*, Fuzhou: Fujian Education Press, 2015, p. 90.

discuss the *Book of Odes.* "①

对上引译例的讨论，离不开"素"和"礼"的关系。夫子的诗教之法就是"断章取义"，因而，合乎"义"的也就是说得通的。但是，论者似乎在几个方面都不能符合夫子之教的真精神。首先，"素"分明是"思无邪"的另一种说法，而这意味着，不仅"思"是"无邪"的，而且，那首先是因为人的本性也一样"无邪"。《论语·为政》记载："子曰：'《诗三百》，一言以蔽之，曰思无邪。'"②"无邪"或解为"纯正"，或解为"直"。不过，若是指向人性本身，则也一定还可以指朴实、洁净，或者说，纯真。那不就是"素"吗？

张亨指出："子夏问的这三句诗本来是什么意思并不十分清楚；所谓'绘事后素'极可能也只是断章取义，而不必符合原意。不过这至少在表面上距离原诗还不太远；而由于这一解释的暗示，子夏联想到'礼后乎'，就跟原诗字面的意义全不相干了。可是孔子对他这种领悟却深表赞许，并且认为这样才可以跟他开始谈诗！从一般文学批评的观点，必然认为这极不合理，甚至是荒谬的！但《论语》本不为满足文学批评的知识立言，所重视的是'自我'的启发。因此，并不从诗的本身去作直接的了解，而诉诸读者接受诗义的能力和主观

---

① A. Charles Muller, *The Analects of Confucius*, 2020. (http：//www. acmuller. net/condao/analects. html)．此文发表之后的最新译文，也抄录于此：Zi-xia, born as Bu Shang, asks the Master, "'A becoming smile makes one pretty, beautiful eyes are distinctly black and white, and the white background is suitable for gorgeous colors. ' What does that imply?" The Master answers, "In painting, oe uses white as the background or basic color, and then proceeds to apply various colors. " / Zi-xia further asks, "Will rituals be taught after one has secured a basic innocent nature?" The Master ansers, "You have enlightened me. Shang, I feel I can discuss the *Odes* with you now. " (Shi Zhikang, *Confucius's Analects：Translation & Critical Comments*, Shanghai：Shanghai Foreign Language Education Press, 2019, p. 52) I have made consistent efforts in practicing one guiding principle throughout my life (Ibid, p. 310)．此译也是依朱熹之解，将"绘事后素"译为"后于素"。而"礼后乎"的处理，则是一种解释：rituals be taught after one has secured a basic innocent nature (人确保一种基础性的纯洁本性之后教以礼仪)。

② 何晏（注）、邢昺（疏）：《论语注疏》（李学勤主编，《十三经注疏》之十），北京大学出版社1999年版，第14页。

心态。这使得对诗的了解产生极大的弹性。"①

相反，若依论者所引的金安平②的观点，则汉代解经者认为，人的本性是丰富多彩的，而这是与宋朝理学家们的观点不相一致的，那么，问题的焦点是，汉朝学者的观点符合夫子的教导吗？若是依"天生丽质"的表现来看，"巧笑倩兮，美目盼兮"，会否走向夫子所说的"过"（《论语·先进》）③？因为，"巧笑"已经讨"巧"，再加上酒窝之魅，是否太"倩"④？"美目"俨然很"美"，再黑白流转，又是否"华丽过甚"，有"妖惑"之感？而对美人的描述，孔子截取之，本来是要强调，诗的解读最终是要说明人性真正的魅力所在，而不是人的外貌如何，尽管夫子似也并未排斥对人的美颜的欣赏。但就其一般的思想倾向而论，若是"巧"和"美"走过了头，一定为反对"过犹不及"（《论语·先进》）的夫子所不取⑤。

另外，"礼后乎"之所以可与夫子所倡导的"仁爱"相联系，在《论语》中，也可找到充分的证据。比如，《宪问》中讲"文之以礼乐"⑥，就强调，仁义在前，而礼乐在后。也就是说，夫子突出的是"仁义内在"之义。因而，《论语·述而》强调："仁远乎哉？我欲仁，斯仁至矣。"⑦仁是内在的善，亦即为先天的善，按照杜维明的

---

① 张亨：《思文之际论集：儒道思想的现代诠释》，新星出版社 2006 年版，第 53—54 页。

② 参见 Annping Chin, *The Analects*, New York: The Penguin Group, 2014, pp. 29 – 30；另见鄢秀、郑培凯《"素以为绚"与"绘事后素"的注疏与英译》，《东方翻译》2017 年第 3 期，第 53—54 页。

③ 何晏（注）、邢昺（疏）：《论语注疏》（李学勤主编，《十三经注疏》之十），北京大学出版社 1999 年版，第 148 页。

④ 南怀瑾指出："'巧笑'就好比广告上女孩子的那个笑，似笑非笑，不是笑吗？还真是笑，笑得很迷人的笑就是巧笑。巧笑已经很难描述了，还要'倩兮'，'倩'是什么呢？好像电影中女演员的表演，笑得那么俏皮，还带点诱惑性的，就是'巧笑倩兮'。'美目盼兮'，漂亮的眼睛已经够厉害了，还要盼兮，眼神中流露着'道是无情却有情'的意味。"［南怀瑾：《论语别裁》（《南怀瑾选集》第一卷），复旦大学出版社 2014 年版，第 117 页］

⑤ 南怀瑾：《论语别裁》，《南怀瑾选集》第一卷，复旦大学出版社 2014 年版，第 117 页。

⑥ 南怀瑾：《论语别裁》，《南怀瑾选集》第一卷，复旦大学出版社 2014 年版，第 188 页。

⑦ 南怀瑾：《论语别裁》，《南怀瑾选集》第一卷，复旦大学出版社 2014 年版，第 95 页。

解释，"这种仁心是每个人所固有的"①。的确，可以认为，现代汉语今天平日还在讲的"素心"也就是平常心，那么，这样的"仁爱之心"，充溢着道德精神。用杜维明的话来说，就是"这个道德的精神或'仁'的精神按其本质而言是等同于宇宙的精神的"②。

那么，"仁"意味着人的本根，因而，必须不断返回其中，才谈得上生存。因此，人对之的追求和坚守，就是终生的事情。所以，《论语·里仁》才会有："君子去仁，恶乎成名？君子无终食之间违仁，造次必于是，颠沛必于是。"③

"仁"作为"内在性的原理"，是人毕生的追求，因为"他觉得此世的活动是有内在价值的，对于自我完成，是必要的"④。与之相比，"礼乐"则似乎应该是外在的，是修身之所需的一种途径，为的是使人回归"仁"的"纯素"之境。

这就可以联系到上引的诸多译文之中存在的问题了。在18个译例之中，也只有译文6和译文11用的是"以素为后"的观点。上文分析表明，这样的解释，很难在《论语》本身之中找到证据，因而也就很难符合夫子之教的基本精神。

那么，夫子之教的基本精神到底如何企及？我们认为，那是要通过中庸之道来趋向的。上文已明确："仁"是内在的原则，而"礼乐"相应则是外在性的表现。一张白纸，才可画出最新最好的图画。这正是《礼记·中庸》所说的"素"和"绚"的关系的表现："合外内之道也，故时措之宜也。"⑤ 也只有内外一致，并且不断生发开去，

---

① 杜维明：《仁与修身：儒家思想论集》，胡军、丁民雄（译），生活·读书·新知三联书店2013年版，第8页。
② 杜维明：《仁与修身：儒家思想论集》，胡军、丁民雄（译），生活·读书·新知三联书店2013年版，第8页。
③ 何晏（注）、邢昺（疏）：《论语注疏》（李学勤主编，《十三经注疏》之十），北京大学出版社1999年版，第48页。
④ 杜维明：《仁与修身：儒家思想论集》，胡军、丁民雄（译），生活·读书·新知三联书店2013年版，第13页。
⑤ 郑玄（注）、孔颖达（疏）：《礼记正义》（李学勤主编，《十三经注疏》之六），北京大学出版社1999年版，第1450页。

才会有适时而动的观念，因而，"时措之宜"才是可能的。

杜维明指出："人不能没有'礼'而生活。但当'礼'变成完全地具有决定性时，他就不再是一个真实的人了。"[1] 的确，《论语·八佾》中强调："人而不仁，如礼何？人而不仁，如乐何？"[2] "儒家的哲学家们不仅消极地认识到，社会的强制性是一个既定的条件，也积极地认识到它又是一个创造性的工具。"[3] 因而，"维系'仁'和'礼'之间的平衡是异常重要的，并且必须在动态的过程中寻求这种平衡"[4]。

另一方面，上引译文，除了译文 9 之外，一般只是将"礼后乎"中的"礼"认同为"礼仪"或"礼节仪式"，英文译文也不过是寻找一个对应的表达，试图与之相匹配。岂不知"礼"必与"乐"相互配合，才可能彼此成就。因而，只认"礼"为"礼"，那是一种简单化的处理方式；既然片面，也就是不足取的。依照儒家思想，不仅要内外合一，而且，还应该动静合一、有张有弛。正所谓《礼记·中庸》中的"执其两端"[5]。《礼记·乐记》强调，"是故先王之制礼乐，人为之节"[6]；"乐者为同，礼者为异。同则相亲，异则相敬。乐胜则流，礼胜则离。合情饰貌者，礼乐之事也。礼义立，则贵贱等矣。乐文同，则上下合矣"[7]；"乐也者，施也。礼也者，报也。乐，

---

[1] 杜维明：《仁与修身：儒家思想论集》，胡军、丁民雄（译），生活·读书·新知三联书店 2013 年版，第 14 页。

[2] 何晏（注）、邢昺（疏）：《论语注疏》（李学勤主编，《十三经注疏》之十），北京大学出版社 1999 年版，第 30 页。

[3] 杜维明：《仁与修身：儒家思想论集》，胡军、丁民雄（译），生活·读书·新知三联书店 2013 年版，第 14 页。

[4] 杜维明：《仁与修身：儒家思想论集》，胡军、丁民雄（译），生活·读书·新知三联书店 2013 年版，第 16 页。

[5] 郑玄（注）、孔颖达（疏）：《礼记正义》（李学勤主编，《十三经注疏》之六），北京大学出版社 1999 年版，第 1425 页。

[6] 郑玄（注）、孔颖达（疏）：《礼记正义》（李学勤主编，《十三经注疏》之六），北京大学出版社 1999 年版，第 1084 页。

[7] 郑玄（注）、孔颖达（疏）：《礼记正义》（李学勤主编，《十三经注疏》之六），北京大学出版社 1999 年版，第 1083 页。

乐其所自生，而礼，反其所自始"①；"乐也者，动于内者也。礼也者，动于外者也"；"礼得其报则乐，乐得其反则安"②。这些论断，或能说明，"礼乐"维系世道人心的作用，是相辅相成的，二者不可偏执。因而，"礼"即蕴含着"乐"，而"乐"必然意味着"礼"，才可造就社会化的精神力量，来安抚群众，稳定秩序。

《论语·学而》强调"礼之用，和为贵"③。但是，"礼在分别贵贱亲疏中，会产生离心离德"，"贵在礼乐和合，以乐之和，补救礼可能导致的疏离。因此'礼之用，和为贵'的思想脉络深处，是贯彻着伦理精神的辩证法的"④。如此的"辩证法"，属于现代观念，但它倒是点明了，"礼乐"和则双美，离则两伤。因而，经文之中虽只提及"礼后乎"，其中必含有"礼乐"的双峰对峙和互渗。其不可分离性既然不可忽视，那就需要有所对应地在译文之中加以再现。

译文 14 一反抽象的途径，以 ritual actions 出之，关注的是具体；译文 15 一反静态的选取，而以 observing ritual propriety 来处理，突出的是动态。但是，这里所说的"礼乐"之"乐"未见包含其中。

因而，提倡"以素为后"的译者，则不能企及夫子之教。而坚持"以素为先"的，则因为偏重一个方面，而难及其另一个方面。前者因聚焦于"绚"、一力关注"绚烂至极"的人性，而未及"趋于平淡"的"素"；后者突出只有"外在性"的"礼"，而不及"内在性"的"乐"，也可认为，只突出将人分门别类的那种"礼"，而未及可以还原人之为人的那种"和"或"合"的"乐"。很明显，非此即彼，而不行中道，二者也就都打破了中庸之道的一般要求，因而，译文往往是很难成立的。或是否可认为，那只是字面意义的再表达？

---

① 郑玄（注）、孔颖达（疏）：《礼记正义》（李学勤主编，《十三经注疏》之六），北京大学出版社 1999 年版，第 1114 页。

② 郑玄（注）、孔颖达（疏）：《礼记正义》（李学勤主编，《十三经注疏》之六），北京大学出版社 1999 年版，第 1142 页。

③ 何晏（注）、邢昺（疏）：《论语注疏》（李学勤主编，《十三经注疏》之十），北京大学出版社 1999 年版，第 10 页。

④ 杨义：《论语还原》（上册），中华书局 2015 年版，第 102 页。

笔者认为，的确有出新的必要，以解决有关问题，因此将此段文字分别试译为现代汉语和英语如下：

译文 19：子夏问道："'巧笑倩兮，美目盼兮'，素朴就是为的求得绚丽多彩吗？为什么呢？"夫子答："绘画还是要回到素朴的。"子夏回道："［那是在说，］礼［乐］的根基［就是仁爱］吧？"夫子感叹："卜商的确启人心扉。现在可以和你讨论《诗经》了。"

译文 20：Zixia asked，"'The pretty dimples of her artful smile！The well-defined black and white of her eyes！'Simplicity serves as the plain ground for the bright colours？Why？"Master Kong answered，"Return to simplicity is a must in the business of painting．""Does that not mean observing ritual propriety（礼）［and playing holy music，乐］have its roots in man-maning？"The Master exclaimed，"What an inspiration to me，Shang！Thereafter I can discuss the *Book of Poetry* with you！"

以上二译有几点需要说明：（一）我们并未依字面意义来处理，而是直奔主题。（二）今译之所以未译《诗经》之句，是因为诗的确是不可译的，尤其是在"白话"的现代汉语之中。好在即使不译，一般也是可解的。（三）子夏提及的最后一句话，一般被视为"《诗经》逸语"，但刘逢禄《论语述何》认为，"'素以为绚'，于文赘"①。论者指出，那可能是什么人对诗作的评论②，这里从之。（四）子夏所提出的"何谓也"《淮南子·道应训》中有"何谓不可"之句，意为"为什么"。（五）"仁"字的英译，对应的句子为：Man mans（人人化）。这是一种新的处理。《礼记·中庸》之中有

---

① 陈大齐：《论语辑释》，周春健（校订），华夏出版社 2016 年版，第 43 页。
② 赵又春：《论语名家注读辩误》，崇文书局 2012 年版，第 194 页。

"仁者，人也"，郑玄注曰："人也，读如相人偶之'人'。以人意相存问之言。"① 一方面，如《论语·学而》之中所说的那样，"吾日三省吾身"②，仁者必"自反"；另一方面，人之所以要"自反"，如《论语·述而》所言，是因为"我欲仁，斯仁至矣"③，即仁义内在，而必"反"之才可"成人"。而就表达方式上说，我们接受的是海德格尔（Martin Heidegger）有名的论断的影响：诸如"世界世界化"④、"物物化"⑤之类，都是首先要求，事物之自我回归是循环性的。而在儒家那里，乃至整个古代中国哲学之中，事物之存在，也一样始终是动态的。所谓"一阴一阳之谓道"（《周易·系辞上》）⑥，揭示的正是事物的存在规律。朱熹强调："盖天地之间只有动静两极，循环不已，更无余事，此之谓易。"⑦ 就此而论，海德格尔的论断，思辨上有儒家哲学的特色。

第五节　本章小结：中庸之道与阴阳之道

那么，上文不是在说中庸之道吗？它和阴阳之道有何关系？应该

---

① 郑玄（注）、孔颖达（疏）：《礼记正义》（李学勤主编，《十三经注疏》之六），北京大学出版社 1999 年版，第 1440 页。

② 何晏（注）、邢昺（疏）：《论语注疏》（李学勤主编，《十三经注疏》之十），北京大学出版社 1999 年版，第 4 页。

③ 何晏（注）、邢昺（疏）：《论语注疏》（李学勤主编，《十三经注疏》之十），北京大学出版社 1999 年版，第 95 页。

④ 德语原文：Die Welt weltet。英语译文：The world worlds。汉语译文：世界世界化（［德］海德格尔：《讲演与论文》，孙周兴（译），生活·读书·新知三联书店 2005 年版，第 186 页）。

⑤ 德语原文：Das Ding dingt。英语译文：The thing things。汉语译文：物物化（［德］海德格尔：《诗·语言·思》，彭富春（译），文化艺术出版社 1991 年版，第 153 页；［德］海德格尔：《讲演与论文》，孙周兴（译），生活·读书·新知三联书店 2005 年版，第 185 页；赖贤宗：《道家诠释学》，北京大学出版社 2010 年版，第 21 页）。

⑥ 王弼（注）、孔颖达（疏）：《周易正义》（李学勤主编，《十三经注疏》之一），北京大学出版社 1999 年版，第 268 页。

⑦ 朱熹：《朱熹集》（第四卷），郭齐、尹波（点校），四川教育出版社 1996 年版，第 2253—2254 页。

指出，从朱熹的解释来看，从"素"到"绚"再回到"素"，这既是人内在力量之显现和不断自我回归的过程，体现的是"合外内之道"的中庸之道；同时，二者的不断翻转和推移，也正是"阴而复阳，阳而再阴"的阴阳之道的表现。如此，绘画的规律，也就是人生存在的规律，同时亦即为宇宙运行的规律。而这正意味着，朱夫子把握到了天人合一的儒家真精神。如此说来，朱夫子对"绘事后素"的解释，何错之有？

第六章 《论语》之中"仁"的英汉译解原理简论

第一节 绪论

《论语》解经史上有一极其奇特的现象：依文解义，而不问原理，即事物的本源之理。如此，"天"不在场，"心"亦缺席①。影响所及，今译和英译多有不通。这样，意欲沟通古今中外的译解，实将夫子之教隔于古代和远方，昔不至今已成惯习。更让人不解的是，当今讨论《论语》英译的著述不知凡几，但鲜见儒家思想方法论的探讨，更遑论将之运用于译解。

本章以孔孟的思想为依据，引入先儒的有关论断，试图通过对"仁"的今译和英译的分析，对有关问题加以研究，参照亚里士多德和海德格尔的有关表达，进而推出儒家此一关键词的英文新译，以期有所突破。

---

① 陆九渊强调："孔门惟颜曾传道，他未有闻。盖颜曾从里面出来，他人外面入去。今所传者，乃子夏、子张之徒外入之学。曾子所传，至孟子不复传矣"［陆九渊：《陆九渊集》，钟哲（校），中华书局1980年版，第443页］；"然孟子既没，其道不传"（同上书，第150页）；"窃不自揆，区区之学，自谓孟子之后至是而始一明也"（同上书，第134页）。牟宗三判定，与之相比，"朱子是学人之学之正宗，而非圣人之学之正宗"（牟宗三：《从陆象山到刘蕺山》，吉林出版集团有限公司2010年版，第27页），亦即"别子为宗"（同上书，第31页）。

第二节 "仁"的理解所牵涉到的"天"与 "心"在现代的失落

对"仁"的译解,最为严重的问题是"天"和"心"的失落。这方面的忽视并非一时风潮。宋时的陆九渊就批评指出:

> 一向荧绊于浮论虚说,终日只依籍外说以为主,天之所与我者反为客。主客倒置,迷而不返,惑而不解。坦然明白之理可使妇人童子听之而喻,勤学之士反为之迷惑,自为支离之说以自萤缠,穷年卒岁,靡所底丽,岂不重可怜哉?①

此论虽针对其所处时代而发,但至今仍具意义:依古代中国的宇宙论,天人合一,才成"可以赞天地之化育,则可以与天地参矣"(《礼记·中庸》)② 的人的理想生存局面;因而,"儒者以人生天地之间,灵于万物,贵于万物,与天地并而为三极"③。若不承认"天"的存在,一端不在,另一端的"人"何在?宇宙论经此荒诞化处理,"三"的格局既不可能,世界还有可能存在吗?但哲学家不仅不予认可,还要下以己意以为论断。如李泽厚就如此否定儒家思想的"超越性":

> [……]归根到底,没有那个可敬畏的上帝,又能"超越"到哪里去呢?实际上,它只剩下"内在",而失去了"超越"。而这"内在",由于总与人的感性生命和感性存在相关联,它在

---

① 陆九渊:《陆九渊集》,钟哲(校),中华书局 1980 年版,第 4 页。
② 郑玄(注)、孔颖达(疏):《礼记正义》(李学勤主编,《十三经注疏》之六),北京大学出版社 1999 年版,第 1448 页。
③ 陆九渊:《陆九渊集》,钟哲(校),中华书局 1980 年版,第 16 页。

根本上只是感性的、经验的，而不可能是超验或超越的。①

惜其未能注意，与"天"和"人"应"配合着讲"② 一样，"内在性"亦不可脱开"超越性"："所以中国古人认为'人生'与'天命'最高贵最伟大处，便在能把他们两者和合为一。离开了人，又何处来证明天。所以，中国古人认为一切人文演进都顺从天道而来"，"违背了天命，即无人文可言"③。有天才有人，同时有人也才会有天。如此，"'超越的'与'内在的'是相反字，顾名思义，可知内在遥契，不是把天命、天道推远，而是一方把它收进来作为自己的性，一方又把它转化而为形而上的实体"④。无此宇宙论，人和世界同归于寂，何论其余？

同样有问题的是杜维明所推出的图示：那是一个表现人的存在的同心圆。它以自我为中心，不断向家庭、社会、国家以至于天下扩散、延展。但是，其中既没有"天"，也没有"人"？尽管这二者呼之欲出，或曰隐含其中，但它们若未在其中发挥作用，此一图示的意义何在？至少，可以追问，那还是儒家的宇宙论图示吗？⑤

不仅此一宇宙论之精髓不得认可，而且，《论语》所突出的君子人的理想追求，也未得理解。仍以李泽厚为例。他指出：

> 《论语》中有许多说法直接矛盾。例如，一方面是强调"仁"的稀少、罕有、难得、不易做到，最受称赞的颜回也只"三月不违仁"。另一方面又强调大家都要做到，一刻也不能脱

---

① 李泽厚：《说儒学四期》，上海译文出版社 2012 年版，第 13 页。
② 钱穆：《中国文化对人类未来可有的贡献》，载刘梦溪（编）《中国文化》（第 4 期，1991 年春季号），生活·读书·新知三联书店 1992 年版，第 93 页。
③ 钱穆：《中国文化对人类未来可有的贡献》，载刘梦溪编《中国文化》（第 4 期，1991 年春季号），生活·读书·新知三联书店 1992 年版，第 93 页。
④ 牟宗三：《中国哲学的特质》，上海古籍出版社 1997 年版，第 36 页。
⑤ 杜维明：《体知儒学：儒家当代价值的九次对话》，浙江大学出版社 2012 年版，第 98 页。

离；而且只要立志去做，仁是容易做到的，等等。所以这不能看作哲学思辨或逻辑论证，只能看作半宗教式的实践劝导。一方面是难得，一方面是易做；而只要做，也就可得救。中国思维方式中这种含混、模糊、未定、宽泛的特征，却又不与近代接受西方严格思维训练相冲突、矛盾。中国人很快能接受西方的科学、逻辑、哲理，这一现象值得研究。①

我们认为，这是不解中国古人的宇宙论，进而不计依之设计的人的存在的样态而造成的。在儒家看来，人天性善良，但"性相近也，习相远也"（《论语·阳货》）②，人生存于世，由于社会习染或其他原因，就会出现内中不够充实、内在不够强大、内里不够盈满、内美不够精彩的情况，故而需要不断打磨。毕其一生，人都要以先贤为榜样，追求理想的人格，期与天齐，而不停进取。因而，一方面儒家认为，人人善良；另一方面，仅仅满足于初心之善是不够的，一定要以典范加以影响，用理想予以启发，凭礼乐给予滋养，规范之、打磨之，趋向完美，而促成更加完美的人格。这两种"仁"，一为原初之善之本性，一为对之的强化和美化以及期许之中的完美成就；一为初始，二是理想，不断出发，也就不断到达；进而再次出发，必然再次到达，如何会形成"矛盾"？更何况，若无此两端，"仁"不就成为静态的"概念"，或只有现代意义上抽象的作用，但并不能代表或体现儒家所倡导的人生"为己之学"③ 所突出的自我打造的动态过程？

而偏偏如此的抽象解经路径已成时尚。比如，安乐哲也坚持，儒家哲学并没有西方那样的"超越性"，故而，他要推出的《中庸》首

---

① 李泽厚：《论语今读》，中华书局 2015 年版，第 72 页。

② 何晏（注）、邢昺（疏）：《论语注疏》（李学勤主编，《十三经注疏》之十），北京大学出版社 1999 年版，第 233 页。

③ 《论语·宪问》："古之学者为己，今之学为人。"［何晏（注）、邢昺（疏）：《论语注疏》（李学勤主编，《十三经注疏》之十），北京大学出版社 1999 年版，第 233 页］

章"天命之谓性，率性之谓道，修道之谓教"① 的译文即为：

The constitutive relationships between human beings and their world are what is meant by the nature and character of human life; according with and developing this character is called making one's way; and the shaping of one's way is called learning. ②

如此，"天"成了"人类存在者与其世界的构成性关系"。但若"世界"仅为"人的世界"，而"人亦为世界之中的人"，那么，从根本上说，人永远要置身于与其同类相往还的活动之中，而无以走出？这样，"天"的理想所昭示的法则之功——人必如尧一般，"则天"（《论语·泰伯》)③ ——其力量何在？在如此不可能的"世界"之中，是否只有"人事"，而根本不存在"天工"，更不会有"天道"？因而，"仁"作为人之"德"，只是"人事纠缠"中的一己之"得"，而与"天（所赐之）德"毫无干系？那么，这样的人还是真正的人；这样的世界，即使存在，还具有中国古人的宇宙论特性吗？

尽管安氏与人合作的《中庸》英译并未如此行文④，但如此处理的确已成倾向，而特需正视。因为，要紧的是，若思路并不对应，如何移译经文？而且，如此思路既然不能突出儒家思想的特色，又何以将之运用于翻译实践，亦即，使之成为解经的方法论？

---

① 郑玄（注）、孔颖达（疏）：《礼记正义》（李学勤主编，《十三经注疏》之六），北京大学出版社 1999 年版，第 1422 页。

② 安乐哲：《和而不同：中西哲学的会通》，温海明等（译），北京大学出版社 2009 年版，第 349 页。

③ 何晏（注）、邢昺（疏）：《论语注疏》（李学勤主编，《十三经注疏》之十），北京大学出版社 1999 年版，第 106 页。

④ 安乐哲与郝大维的《中庸》的第一章译文：What *tian*（天）commands（命）is called natural tendencies（*xing* 性）; drawing out these tendencies is called the proper way（*dao* 道）; improving upon this way is called education（*jiao* 教）[［美］安乐哲、郝大维：《切中伦常:〈中庸〉的新诠与新译》，彭国翔（译），中国社会科学出版社 2011 年版，第 109 页]。

第三节 今译的复制与英译的现成化

但解经者似并未关注，该如何处理，才可传译出经文所含有的思想，进而条贯之、系统之，加以有针对性的、有效的运用，也就是以之为方法论来处理有关问题，反倒是照抄照搬原文，似乎如此已是翻译：

例 1. 樊迟问仁。子曰："爱人。"（《论语·颜渊》）①

译文 1. 樊迟问仁。孔子道："爱人。"②

译文 2. 樊迟问："如何是仁？"先生说："爱人。"③

译文 3. 樊迟问什么是仁。孔子说："爱人"。④

译文 4. 樊迟问如何是"仁"？孔子说"爱人"。⑤

译文 5. 樊迟问什么是仁。孔子说："爱人。"⑥

译文 6. 樊迟求教有关仁的问题。孔子说："爱人。"⑦

译文 7. 樊迟问什么是"仁"，孔子说："爱别人。"⑧

译文 8. 樊迟问何为仁，孔子说："爱人。"⑨

译文 9. 樊迟问什么是仁。孔子说："爱人。"⑩

译文 10. 樊迟请教仁。孔子说："爱人。"⑪

---

① 何晏（注）、邢昺（疏）：《论语注疏》（李学勤主编，《十三经注疏》之十），北京大学出版社 1999 年版，第 168 页。

② 杨伯峻：《论语译注》，中华书局 1980 年版，第 13 页。

③ 钱穆：《论语新解》，生活·读书·新知三联书店 2002 年版，第 325 页。

④ 孙钦善：《论语本解》，生活·读书·新知三联书店 2009 年版，第 156 页。

⑤ 李泽厚：《论语今读》，中华书局 2015 年版，第 235 页。

⑥ 徐志刚：《论语通译》，人民文学出版社 1997 年版，第 155 页。

⑦ 《四书辞典》，吴量恺（主编），崇文书局 2012 年版，第 116 页。

⑧ 杨逢彬：《论语新注新译》，陈云豪（校），北京大学出版社 2016 年版，第 236 页。

⑨ 邹憬：《论语通解》，译林出版社 2014 年版，第 181 页。

⑩ 《四书》：王国轩等（译），中华书局 2007 年版，第 61 页。

⑪ 张其成：《张其成全解论语》，华夏出版社 2017 年版，第 261 页。

译文 11. 樊迟问什么是仁。孔子说："爱人。"①

译文 12. 樊迟请教如何行仁。孔子说："存真心与爱人。"②

译文 13. 樊迟问什么是仁。孔子说："爱人。"③

译文 14. 樊迟问关于仁。孔子说："爱人。"④

上引译文，仅译文 12 对"爱人"稍作解释。那么，"仁"究竟何意，樊迟问的不就是这样的问题？而如此复制，问题依然，是否译犹未译？更何况，"爱人"也一样处理，等于将两个关键词丝毫不易抄录下来；那么，"仁"之意向已不可知？且"爱人"之"爱"又是何意，与"仁"有无区别？"爱人"之人何许人也？是这样的人要"爱人"，抑或为人所爱？

种种问题若不得答案，译文也就等于将"仁"和"爱人"封存于经文之中。如此，其意义未及阐明，其功用也就无从谈起。那么，将之转换为现代汉语意义何在？或可辩护说，此为语言变化所致：进入现代，人们的精神世界已发生莫大变化；而古人之"仁"之"爱"毕竟是古代的，"现代人"无须有此"仁"、此"爱"。进而论之，则或可说，古代的这些观念早成历史陈迹，不得已而论之，无可奈何而及之，为何要将之转化为现代汉语，或变换为现代汉语的词语？古今既无交涉，"两种"语言原无联系，儒家思想本身也就被隔离在一个遥远的时代。于是，"古代"成了"故事"或曰"已故的事"，只有研究对象的意义，而不能再起到滋养人的生命的作用。那么，夫子最为伟大的创造，即令经由"今译"，也一样是一堆可有可无的东西，可以"古迹"加以"凭吊"，但辉煌不再，而别无用处？

复制意味着传统的不再，显现的正是儒家思想的不在场。但今译的《论语》不是在传译儒家思想吗？这样的怪圈，是否一样表现于

---

① 杨朝明：《论语诠解》，山东友谊出版社 2013 年版，第 228 页。

② 刘君祖：《新解论语》（下篇），中信出版集团 2016 年版，第 60 页。

③ 朱振家：《论语全解》，上海古籍出版社 2014 年版，第 189 页。

④ 何新：《论语新解：思与行》，北京工业大学出版社 2007 年版，第 161 页。

英译? 看一下以下译文, 或有答案:

译文 15. Fan Ch'ih asked about benevolence. The Master said, "It is to love all men. "①

译文 16. The same disciple mentioned above asked, "What does a moral life consist of?" / "The moral life of a man," answered Confucius, "consists in loving men. "②

译文 17. Fan Ch'ih asked about the Good (ruler) . The Master said, He loves man. ③

译文 18. Fan Chi asked about benevolence. The Master said, "Love your fellow men. "④

译文 19. Fan Chi asked about humanness. The Master said: "It is to love others. "⑤

译文 20. Fan Chi asked about humanness. The Master said, "Love your fellow men. "⑥

译文 21. When Fan Chi asked what benevolence was, the Master said, "It's love of men. "⑦

译文 22. Fan Chi asked about a goog ruler. The Master said, "A good ruler loves the ruled. "⑧

---

① James Legge, *The Analects*, Nanjing: Yilin Press, 2010, p. 114.

② Hongming Ku, "The Discourses and Sayings of Confucius", ed. Huang Xingtao, *Gu Hong Ming Wen Ji*, Haikou: Hainan Publishing House, 1996, p. 439.

③ Arthur Waley, *The Analects*, Beijing: Foreign Language Teaching and Research Press, 1998, p. 157.

④ D. C. Lau, *Confucius: The Analects*, Beijing: China Publishing House, 2008, p. 221.

⑤ Raymond Dawson, *Confucius: The Analects*, Oxford: Oxford University Press, 2008, p. 47.

⑥ Lin Wusun, *Getting to Know Confucius — A New Translation of The Analects*. Beijing: Foreign Language Press, 2010, p. 217.

⑦ Wu Guozhen, *A New Annotated English Version of the Analects of Confucius*, Fuzhou: Fujian Education Press, 2015, p. 315.

⑧ Xu Yuanchong, *Thus Spoke the Master*, Beijing: China Intercontinental Press, 2012, p. 84.

译文 23. Fan Chi asked about the meaning of *ren*. Confucius said "love others. "①

译文 24. Fan Chi asked about humaneness. The Master said, "Love others. "②

译文 24. Fan Ch'ih asked about humanity. Confucius said, "It is to love men. "③

译文 25. Fan Chi asked about humaneness. The Master said, "It is loving people. "④

译文 26. Fan Chi'h asked about humaneness. He said, Love men. ⑤

译文 27. Fan Chi asked about authoritative conduct (*ren* 仁), and the Master said, "Love others. "⑥⑦

毕竟不是一种语言，因而，诸多译文不可能像今译那样，直接照抄原文，而是遵守"译者，易也"的古训，直接在英文中寻找现成的词语，试图以诸如 benevolence（an act intending or showing kindness and good will; an inclination to do kind or charitable acts; disposition to do good，其意为：1. 仁慈、慈祥，慈悲，仁爱之心；2. 仁爱、亲切、

---

① A. Charles Muller, *The Analects of Confucius*, http：//www. acmuller. net/con-dao/analects. html, 2018.

② Annping Chin, *The Analects*, New York：The Penguin Group, 2014, p. 71.

③ Wing-tsit Chan, *A Source Book in Chinese Philosophy*, Princeton：Princeton University Press, 1963, p. 40.

④ Irene Bloom, "Confucius and Analects", eds. Wm. Theodore de Bary and Irene Bloom, *Sources of Chinese Tradition*（Vol. I）, Princeton：Princeton University Press, 1991, p. 56.

⑤ Ezra Pound, *Confucius：The Great Digest；The Unwobbling Pivot；The Analects*, New York：A New Directions Book, 1963, p. 248.

⑥ Roger T. Ames and Henry Rosemont, *The Analects of Confucius：A Philosophical Translation*, New York：The Ballantine Books, 1998, p. 160.

⑦ 此句最新的译文是：Fan-chi inquires about benevolence. The Master said, "Love your fellow humans"（Shi Zhikang, *Confucius's Analects：Translation & Critical Comments*, Shanghai：Shanghai Foreign Language Education Press, 2019, p. 255）.

厚道、慈善；3. 善行，捐款、捐助；4. 善心、善事）；humaneness [the quality of compassion or consideration for others（people or animals），意为：深情，慈悲]；humanity [people in general；the state of being a person rather than a god，an animal or a machine；the quality of being kind to people and animals by making sure that they do not suffer more than is necessary；the quality of being humane，此词意指：（统称）人、人类，人性，人道，仁慈]，取而代之。而译文 16 则以 a moral life（道德生活）来解"仁"，尽管它既不能表达"理想人格"，亦无力再现"初心之善"。依此译，若夫子之教所重仅为一般的、日常的生活秩序所需的"道德"，那么，其反面一定是，这样的秩序当时难以企及。而这不仅是说，当时天下大乱到人心不古甚或毫无"道德秩序"可言的地步，甚或彼时之人基本没有"道德观念"而实为野蛮人；而且，身为思想家或有志于天下、立志拯救社会的人，夫子竟然执着于一般的层面，而不能拿出解决问题的理想方案。如此，他不但不能称为智慧之士，甚至也算不上一个思想者。如此刻画岂不是在谩骂圣贤？

其他译文，实质上和 moral life 一样，将原本是"天行健，君子以自强不息"（《周易·乾卦·象传》）① 的那种"仁"，完全静态化，抽象为概念。因而，此词便不再具有经文中的那种勃勃生机。而原文体现的正是汉语的动态过程、生成。二者在思维方式的取向上，已截然相反。而这种取向，也正是近代以来的一种"文化交流"的"殖民特征"：以目的语的思维方式为据，同化进而取消经文的陌生化和奇异性，其结果不仅也和今译一样，将夫子之教封堵在遥远的往昔，而且，还将之隔离在遥远的地方。使经文最为重要的观念在译文之中痕迹不留的做派，复因"天"的缺席，而使纠缠于"人事"的经文走向"庸俗"或斤斤计较，而不再那么高雅、伟岸和"文质彬彬"

---

① 王弼（注）、孔颖达（疏）：《周易正义》（李学勤主编，《十三经注疏》之一），北京大学出版社 1999 年版，第 10 页。

(《论语·雍也》)①。如此，夫子之所论，也就成了一种可说可不说、可论可不论的无谓的说法：试想，"具有人性的人"，能不"爱人"吗？这是在说什么呀？有必要如此费工费力去翻译？不是到处都有这样的说法吗？

而这意味着，时至今日，我们的跨文化翻译，仍未走出当年黑格尔的"不屑"。他读到一部《论语》英译，认为其中充满了"常识"，因而，夫子并不是"思辨"思想家，甚至连西塞罗也不如。黑格尔狂言："我们看到孔子和弟子们的谈话，里面所讲的是一种常识道德，这种常识道德我们在哪里都找得到"，因而，"假使他的书从来不曾有过翻译，那倒是更好的事"。②

这样，今译大力复制原文，似还葆有经文的意味，但却因宇宙论的巨大变化而使人不能走进经典；而英译则在目的语中寻找现成词语来取代经文，致使夫子之教不能引入，同样使读者望而却步。二者都是在重复上演人们早已司空见惯因而无法引发思考的戏剧；只可惜，这是一场思想缺席的历史悲剧。不无讽刺的是，黑格尔特地点出："孔子是彻底的道德家，不是思辨哲学家。天这个普通的、通过皇帝的威力而成为现实的自然权力，在孔子这里和道德关系联系在一起了。孔子主要发展了道德这一个方面。"③黑格尔尚且认识到"天"与"德"的关系，但众多译者却并未厘清。历史是在开倒车吗？

这里重要的还是儒家对"心"的关注，因为其中寄托着"道统"之"心传"，亦即《尚书·大禹谟》所载的"人心惟危，道心惟微；惟精惟一，允执厥中"④，《论语·尧曰》所记的尧所讲的

---

① 何晏（注）、邢昺（疏）：《论语注疏》（李学勤主编，《十三经注疏》之十），北京大学出版社 1999 年版，第 78 页。

② ［德］黑格尔：《哲学史讲演录》（第二卷），贺麟、王太庆（译），商务印书馆 1959 年版，第 119 页。

③ 黑格尔：《中国的宗教或曰尺度的宗教》，收入夏瑞春《德国思想家论中国》，江苏人民出版社 1995 年版，第 107 页。

④ 孔安国（传）、孔颖达（疏）：《尚书正义》（李学勤主编，《十三经注疏》之二），北京大学出版社 1999 年版，第 93 页。

"允执其中"①。尽管我们或难认同陆九渊所说的"斯人千古不磨心"②，若其意为"道德之心乃正是人之千古不磨之永恒价值而相同之本心"③，似此"心""永恒不变"，惜与"变易"之易理相悖，但一定会赞同《孟子》所说的"人皆可以为尧舜"（《孟子·告子下》）④，因为人生存于世，必以榜样的力量来激励自己，向着最为完美的人格目标努力；也一定会像朱熹那样，坚信"问渠那得清如水，为有源头活水来"⑤：只有把"心源"打造好，才可真正促成"初心"之"善"走向理想之"仁"的可行性。"仁，人心也。"（《孟子·告子上》）⑥ 如夫子所说："天何言哉？四时行焉，百物生焉，天何言哉？"（《论语·阳货》）⑦ 设若"天"不复存在，这样的"心德"根本没有理想形态可以效仿，"心"见不出它的精彩，人生还能如何？如此，脱离了儒家"心源"之导向，而一味地沉浸于字面意思的解释，就很难使译解达到基本的要求。

至于译文 27 中的 authoritative conduct，尽管就 authoritative 的词根而言，可联想到 author（作者）等词，而不无"自我为主"或"以人为上"的意涵，但若依其词义，则此一形容词一般会理解为："命令式的，专断的，权威式的"（showing that you expect people to obey and respect you）；或"权威性的"（that you can trust and respect as true and correct）。如此，一方面，此词有内在的、自主的指向，但更多含有外在的、外加的权威的意指；另一方面，"樊迟问仁"，原文相当简

---

① 何晏（注）、邢昺（疏）：《论语注疏》（李学勤主编，《十三经注疏》之十），北京大学出版社 1999 年版，第 265 页。

② 陆九渊：《陆九渊集》，钟哲（校），中华书局 1980 年版，第 427 页。

③ 牟宗三：《从陆象山到刘蕺山》，吉林出版集团有限公司 2010 年版，第 83 页。

④ 赵岐（注）、孙奭（疏）：《孟子注疏》（李学勤主编，《十三经注疏》之十一），北京大学出版社 1999 年版，第 321 页。

⑤ 朱熹：《朱熹集》（第四卷），郭齐、尹波（点校），四川教育出版社 1996 年版，第 1777 页。

⑥ 赵岐（注）、孙奭（疏）：《孟子注疏》（李学勤主编，《十三经注疏》之十一），北京大学出版社 1999 年版，第 310 页。

⑦ 何晏（注）、邢昺（疏）：《论语注疏》（李学勤主编，《十三经注疏》之十），北京大学出版社 1999 年版，第 241 页。

略，但必然具象抽象并重、感性理性合一。而此二字连用，更多含有"具体"的意味。而且，"权威的行为"，大有"仁义外在"的趋向，而与夫子所说的"我欲仁，斯仁至矣"（《论语·述而》）① 的"仁性为本"或"仁心驱动"的"君子之行"倾向正好相反。

第四节 "仁"的回归与循环意向及其英文处理的原理

"仁"作为人人所具有的、普遍的情感本质，可说是人的本性的另一种表达。所以，夫子说："我欲仁，斯仁至矣。"② （《论语·述而》）此说本身就说明"仁"者之作为，并不像后儒所认为的，仅仅止于"精察于自己之性体而念念护持之令其不昧，昭然呈现，以为真主宰"③，而还要"发明本心"，亦即"明善而复其初也"④。否则，"三人行，必有我师焉"（《论语·述而》）⑤ 之"好学"追求，"见贤思齐焉，见不贤而内自省也"（《论语·里仁》）⑥ 的"内自讼"（《论语·公冶长》）⑦ 工夫便不能落实；同时，"求仁而得仁"（《论语·述而》）⑧ 的理想，也便不可能实现。

而上引《论语》的这些论断，表达上的形式化都是一致的："仁

---

① 何晏（注）、邢昺（疏）：《论语注疏》（李学勤主编，《十三经注疏》之十），北京大学出版社 1999 年版，第 95 页。
② 何晏（注）、邢昺（疏）：《论语注疏》（李学勤主编，《十三经注疏》之十），北京大学出版社 1999 年版，第 95 页。
③ 牟宗三：《从陆象山到刘蕺山》，吉林出版集团有限公司 2010 年版，第 82 页。
④ 朱熹：《四书章句集注》，中华书局 1983 年版，第 57 页。
⑤ 何晏（注）、邢昺（疏）：《论语注疏》（李学勤主编，《十三经注疏》之十），北京大学出版社 1999 年版，第 92 页。
⑥ 何晏（注）、邢昺（疏）：《论语注疏》（李学勤主编，《十三经注疏》之十），北京大学出版社 1999 年版，第 51 页。
⑦ 何晏（注）、邢昺（疏）：《论语注疏》（李学勤主编，《十三经注疏》之十），北京大学出版社 1999 年版，第 68 页。
⑧ 何晏（注）、邢昺（疏）：《论语注疏》（李学勤主编，《十三经注疏》之十），北京大学出版社 1999 年版，第 90 页。

义内在",人"安心其中",然后踏入社会,通过"礼乐"的熏染学习,而不断自我提升,最后再回归其中。此一看似简单的形式化,先儒似并未特加突出。这样,"合外内之道也,故时措之宜也"(《礼记·中庸》)① 的中庸原理亦未及揭示或强化。因而,诸多译文问题重重而难得正解,也就不可避免。

论者指出,"文章"和"绘事后素",其内涵皆可印证中庸原理。"文章"之"文",意即"内德","章"则指内德充盈之后人在社会化过程中对之的"彰显"。如此,内德打造,吸收天道之精华、精习先觉之文献,因而主于内;而此德外显于家庭、社会、天下,故而见之外。一内一外,相互交合,而不断推移,人也在这样的过程中使其仁德也不断回归。② 而"绘事后素"一向不是被解为"先打白底,然后敷以五彩"(朱熹),就是被解为"先敷五彩,后加白色,以为衬托"(郑玄)。但实则以之为喻,夫子说的是"仁先礼后"。如此,"素—绚—素",便昭示的是"仁—礼—仁",与上博简《孔子诗论》所说的"民性固然,见其美,必欲返其本"取向一致。③ 如此,诸如"仁"、"文章"以及"绘事后素"表达上的形式化,突出的正是成对的元素互成互生的"一阴一阳之谓道"(《周易·系辞上》)④ 的要义。而这意味着,中庸之道调适上遂,可抵天道。中国古人所说的"修道"工夫的"天人合一"导向,也正可由此得到揭示。

《礼记·中庸》:"顺乎亲有道,反诸身不诚,不顺乎亲矣;诚身有道,不明乎善,不诚乎身矣。"孔颖达疏:"言明乎善行,始能至

① 郑玄(注)、孔颖达(疏):《礼记正义》(李学勤主编,《十三经注疏》之六),北京大学出版社1999年版,第1450页。
② 蔡新乐:《〈论语〉中"文章"译解的阴阳之道观》,《解放军外国语学院学报》2017年第1期。
③ 蔡新乐:《〈论语·八佾〉第八章的解经方法论的初步探讨——与鄢秀、郑培凯商榷》,《东方翻译》2017年第5期。
④ 王弼(注)、孔颖达(疏):《周易正义》(李学勤主编,《十三经注疏》之一),北京大学出版社1999年版,第268页。

诚乎身。"①"自反"意味着"宜善",即强化初心之"仁",使人不断有力量趋近天道之"诚"。故而,《孟子·尽心上》强调:"万物皆备于我矣,反身而诚,乐莫大焉。"② 立足心源,而扩展视野,推己及人而将爱心爱意传递给天下。这便是仁人的基本作为,亦即为"仁"的基本意指。而以自身为家,进而外出,最后再回归其中,这样的三段论,不仅为夫子所倡导,且亦为西方思想的一个导向。钱锺书撰写英汉语二文专论"回家",其中都提及德国诗人诺瓦利斯(Novalis,1772 - 1801)所说的"思乡病":"哲学其实是思乡病,一种要回归本宅的冲动"③,以及希腊哲学家普罗克洛斯(Proclus,410 - 485)所说的家居、外出,进而再回到家的过程④。如此,西文不仅应有相应、类似甚或相同的表达方式,也应有与中庸这一儒家"道统"类似甚或相同的思维方式。

通过德里达著作的英文译本,便可看到,西方思想在亚里士多德那里,就有与夫子之教相契之处。英文译者将德里达笔下亚氏的"反思"的希腊文(拉丁化)的词语译为:thought thinking thought(*hē noēsis noēseōs noēsis*,思想思想思想)。⑤ 或可解为:对思想的思想,才是思想;亦即,思想向着自身的回归,才能趋向并且葆有真正的思想。可以更多的英汉译文,加以揭示:

译文 1. 思想(ονος)思考它自身;能接受思想的(亦即本

---

① 郑玄(注)、孔颖达(疏):《礼记正义》(李学勤主编,《十三经注疏》之六),北京大学出版社 1999 年版,第 1446 页。

② 赵岐(注)、孙奭(疏):《孟子注疏》(李学勤主编,《十三经注疏》之十一),北京大学出版社 1999 年版,第 353 页。

③ 钱锺书:《说"回家"》,载钱锺书《写在人生边上·人生边上的边上·石语》,生活·读书·新知三联书店 2012 年版,第 83 页。

④ Qian Zhongshu. "The Return of the Native", Qian Zhongshu, *A Collection of Qian Zhongshu's English Essays*, Beijing: Foreign Language Teaching and Research, 2005, p. 352.

⑤ J. Derrida, *Rogues: Two Essays on Reason*, trans. J P. Brault and M. Naas, Stanford: Stanford University Press, 2005, p. 15.

质的）对象就是思想。①

译文 2. 理智通过分享思想对象而思想自身；思想变成思想的对象。②

译文 3. 思想与所想者相接触，相参与，而两者循合于一体。③

译文 4. Thought thinks on itself because it shares the nature of the object of thought. ④

译文 5. It must be of itself that the divine thought thinks［…］，and its thinking is a thinking on thinking. ⑤

译文 6. 它自身必定就是神圣的思想在思想着［……］。而它的思想就是对思想的思想。⑥

译文 7. ［……］It is "thinking on thinking"；and this is reflective thinking. ⑦

译文 8. ［……］它是"对思想的思想"；因而，亦即为反思性的思想。⑧

译文 9. He is, so to speak, desirable（*erōmenom*），the first desirable and the first intelligible（*to proton noēton*）thinking itself, as thought thinking thought（*hē noēsis noēseōs noēsis*）. ⑨

---

① 亚里士多德：《形而上学》，李真（译），上海世纪出版集团 2005 年版，第 372 页。

② 亚里士多德：《形而上学》，苗力田（译），中国人民大学出版社 2015 年版，第 278 页。

③ 亚里士多德：《形而上学》，吴寿彭（译），商务印书馆 1959 年版，第 305 页。

④ Aristotle, *Metaphysics*, trans. W. D. Ross, Oxford：The Clarendon Press, 1928（引者按：原文未见页码标识）.

⑤ Bertrand Russell, *A History of Western Philosophy*, New York：Simon and Schuster, 1945, p. 168.

⑥ 罗素：《西方哲学史》（上卷），何兆武、李约瑟（译），商务印书馆 2008 年版，第 219—220 页。

⑦ Yu-lan Fung, *A Short History of Chinese Philosophy*, trans. D. Bodde, New York：Free Press, 1948, p. 2.

⑧ 冯友兰：《中国哲学简史》，涂又光（译），北京大学出版社 2013 年版，第 15 页。

⑨ J. Derrida, *Rogues：Two Essays on Reason*, trans. J P. Brault and M. Naas, Stanford：Stanford University Press, 2005, p. 15.

思想对思想进行思想，才可确保思想本身的自我回归，促成真正的思想或曰思想本身。这便是"反思"。同样地，"仁人"有"仁人"的作为，才可最终再回归"仁人"之所本，而强化、美化"仁人"之为"仁人"的本性。二者道理趋同，表达形式上自然也一致。

或曰，"思想思想的思想"与"仁"之经由仁人的社会化实践而复归于"仁"的过程并不完全相同，因而，不可以之为模态，而断言可以此方式在英文之中加以处理。的确，如"仁—礼义—仁"所示，"仁"的自我回归并不像亚氏表达得那样纯粹，也就是并不那么真正的形式化。但仁人以"仁心"为据经由先觉之文献而试图吸纳天德的努力，在这一过程中，先觉之文献亦即"仁心"与天道同化之印证或印记，因而，自可将之改为"仁—仁（天德与人德之融合）—仁"。如此，"反思"与"仁"的一致性便不可遮掩。要之，事物之存在总是表现为这样的自我回归，而这一点在海德格尔的论断中有更为鲜明的表达。

若真如此，"仁"的英译便可以之为参照，而再铸新词。蔡新乐①对之有过论述，但举例不够充足，论证亦不充分，有必要加以补充。海德格尔的有关例子：

例 1. *Die sprache spricht.*

译文 1. Language speaks.

译文 2. 语言说语言②。孙周兴译

译文 3. 语言说。③

① 蔡新乐：《〈论语·八佾〉第八章的解经方法论的初步探讨——与鄢秀、郑培凯商榷》，《东方翻译》2017 年第 5 期。

② ［德］海德格尔：《海德格尔与有限性思想》，孙周兴等（译），华夏出版社 2002 年版，第 19 页。

③ ［德］海德格尔：《海德格尔与有限性思想》，孙周兴等（译），华夏出版社 2002 年版，第 19 页。

译文 4. 语言说话。①

译文 5. 言自言。②

例 2. *Das Nichts selbst nichtet.*

译文 1. The Nothing itself noths. ③

译文 2. 无本身就不着。④

译文 3. 无本身无化（不化）。⑤

译文 4. 无自无。赖贤宗⑥译

例 3. *Das Ding dingt.*

译文 1. The thing things.

译文 2. 物物化。⑦

例 4. *Die Welt weltet.*

译文 1. The world worlds.

译文 2. 世界世界化。⑧

例 5. *der Raum räumt.*

译文 1. Space spaces. ⑨

译文 2. 空间空间化。⑩

---

① ［德］海德格尔：《在通向语言的途中》，孙周兴（译），商务印书馆 2004 年版，第 11 页。

② 赖贤宗：《道家诠释学》，北京大学出版社 2010 年版，第 21 页。

③ Martin Heidegger, *Basic Writings*, London：Routledge, 1993. p. 2013；Martin Inwood, *A Heidegger Dictionary*, Oxford：Blackwell Publishers, 1999, p. 5.

④ ［德］海德格尔：《路标》，孙周兴（译），商务印书馆 2013 年版，第 132 页。

⑤ ［德］海德格尔：《路标》，孙周兴（译），商务印书馆 2013 年版，第 132 页。

⑥ 赖贤宗：《道家诠释学》，北京大学出版社 2010 年版，第 29—30 页。

⑦ ［德］海德格尔：《诗·语言·思》，彭富春（译），文化艺术出版社 1991 年版，第 153 页；［德］海德格尔：《讲演与论文》，孙周兴（译），生活·读书·新知三联书店 2005 年版，第 185 页；赖贤宗：《道家诠释学》，北京大学出版社 2010 年版，第 21 页。

⑧ ［德］海德格尔：《讲演与论文》，孙周兴（译），生活·读书·新知三联书店 2005 年版，第 186 页。

⑨ Martin Heidegger, *On the Way to Language*, trans. P. D. Hertz, New York：Harper & Row, 1982, p. 106.

⑩ ［德］海德格尔：《在通向语言的途中》，孙周兴（译），商务印书馆 2004 年版，第 208 页。

例 6. *die Zeit zeitigt.*

译文 1. time times. ①

译文 2. 时间时间化。②

例 7. *Das Ereiginis Ereignet.*

译文 1. 本成发生。③

译文 2. 大道成道。④

译文 3. 本有居有。⑤

例 8. *Es － Ereignis － eignet.*

译文 1. 它——大道——成其本身。孙周兴译

译文 2. 它——大道——具有。⑥ 孙周兴译

    海氏"偏爱"的这种表达方式，或最能体现他所说的作为"一种哲学之事情如何从自身而来自为地达乎显现并因此成为现身当前（*Gegenwartt*）的方式"的"思辨辩证法"⑦，或曰"就其自身显现自身"的现象学⑧。这是因为，比如，在"世界世界化"的表达中，"世界"由静态走向动态，引发"世界"本身变化，进而使其成为一种过程，因而足以打破表象思维的抽象化，也就能超越形而上学的理性的规定。这样，"世界世界化"一静一动，在一动一静、亦动亦

---

① Martin Heidegger, *On the Way to Language*, trans. P. D. Hertz, New York：Harper & Row，1982, p. 106.

② ［德］海德格尔：《在通向语言的途中》，孙周兴（译），商务印书馆 2004 年版，第 208—209 页。

③ 赖贤宗：《道家诠释学》，北京大学出版社 2010 年版，第 21 页。

④ 孙周兴：《语言存在论——海德格尔后期思想研究》，商务印书馆 2011 年版，第 327 页。

⑤ ［德］海德格尔：《面向思的事情》，陈小文、孙周兴（译），商务印书馆 2012 年版，第 28 页。

⑥ ［德］海德格尔：《在通向语言的途中》，孙周兴（译），商务印书馆 2004 年版，第 259 页。

⑦ ［德］海德格尔：《面向思的事情》，陈小文、孙周兴（译），商务印书馆 2012 年版，第 67 页。

⑧ ［德］海德格尔：《存在与时间》，陈嘉映、王庆节（译），生活·读书·新知三联书店 2000 年版，第 39 页。

静、静动互化之中"世界"在循环和回归之中形成自成的局面，足以体现"现—象"显现自身的那种要求。

这样的表达，实是在说，"世界"只有自我归化，也就是自我启动，自我出离自身或曰进入似乎是异己的动态之中，然后再次回归，才能真正成就并壮大自身。如此的生成的动态过程，亦即世界的存在。这样，以此表达，一名一动，名词易为动词，并不止于动静的互渗、互动和互成；最重要的是第三项的存在：真正的世界是"世界世界化"的结果。故就英语来说，The world worlds（"世界世界化"），或可再添加一 world 字：The world worlds the world itself，以描写真正"世界的生成"（the becoming of the world）或"世界之在"（the being of the world），更恰切地说，是"存在过程中的世界"（the world in the being）。

仍就这样的"世界之在"来看，或可说，如此偏爱这种表达方式的海氏，其运思的方法，似与儒家的"仁"的"天人合一"构想趋向一致。因为，在后者那里，出发点上或曰初心即为"仁人"的"人"，也必经"礼乐"之琢磨、锻造，而最终不断回归。这也正是"克己复礼为仁"（《论语·颜渊》）[1] 所要告诉世人的。"礼乐"当然是"仁者"的典范或代表人物，比如周公，建立起来的，其中所融入的，自然是最为纯洁而又雅致的那种"仁爱之心"，而侵染其中，必然会有强大的历史使命意识，而不忘初心，最终促成人的自我再向"仁"的理想回归。

如此，参照亚氏"反思"和海氏"世界世界化"的英文翻译，可将"仁"译为：man-manning。此译一可突出儒家之"仁"以人为本的思路，二能说明儒家的宇宙论"天人相合"的观念，此即，事物的存在是偶对的存在；三或见出儒家重视生命的动态过程中的自强、自反及其自见、自强要求。人对其存在本身应具备充分的意识，故而应效仿天道，而"天行健，君子以自强不息"（《周易·乾卦·象传》）[2]；自反则

---

① 何晏（注）、邢昺（疏）：《论语注疏》（李学勤主编，《十三经注疏》之十），北京大学出版社 1999 年版，第 163 页。

② 王弼（注）、孔颖达（疏）：《周易正义》（李学勤主编，《十三经注疏》之一），北京大学出版社 1999 年版，第 10 页。

强调，人应不断返归自身，而强化之、美化之；自见是说，人理应走向人群、走向天下，而在社会化的生活之中磨炼自己的意志，见识自己的才华，如此才可"以天下为己任"，尽管有时"知其不可而为之"（《论语·宪问》）①。

若是全句翻译，则可做如下处理：

译文 28. Fan Chi asked about man-manning. The Master said: 'The one is to love the others ［as he does his relatives］.'

"仁"的基本意向——自强、自反、自见，上文已做解释。而此词所包含的另一重要意涵——偶对的互持与互生，则仍需说明。《礼记·中庸》有云"仁者，人也"，郑玄注曰："人也，读如相人偶之人，以人意相存问之言。"② "相人偶"应为汉代俗语，意为，二人以恩情相亲近。论者认为，"偶字当为两两之义，'相人'当为'相亲'之义"③。

若依这里杜撰出的 man-manning，则 man 向着自身的自反，表现为一动一静，动静结合，而 man 与 manning 的"两两"对偶关系十分明显，如此"相亲"或可意味着"互持与互生"。易言之，这种重复性的表达，不仅可在英文中表现出"仁"的自反等意向，而且，以此推之，如此的静动结合，正可说明，人之自我以宇宙论的格局，涉及其本身，如此才使之在互动互化的对偶动态关系中生存下去。而这样的宇宙论的格局，也正是朱熹所说的事物自我构成的完备性的体现："盖天地之间只有动静两极，循环不已，更无余事。"④

---

① 何晏（注）、邢昺（疏）：《论语注疏》（李学勤主编，《十三经注疏》之十），北京大学出版社 1999 年版，第 200 页。

② 郑玄（注）、孔颖达（疏）：《礼记正义》（李学勤主编，《十三经注疏》之六），北京大学出版社 1999 年版，第 1440 页。

③ 乔辉：《"相人偶"之"偶"字字义管窥》，《现代语文》（语言研究版）2011 年第 5 期，第 148 页。

④ 朱熹：《朱熹集》（第四卷），郭齐、尹波（点校），四川教育出版社 1996 年版，第 2253—2254 页。

另外，the one…the other 二者交会，在英文之中本有：有一个、必
有另一个，或视此必系彼等"相及"或"相互"等意，但这里的译文
the one …the others 或只能稍稍引起这方面的联想，尽管译文要突出的
是"爱人"即为"亲爱所有的他者"之意。括号中添加的"如其对待
自己的亲人那样"，实是为说明，如《礼记·中庸》之所论："仁者，
人也，亲亲为大。"① 另如《孟子·尽心上》之所说： "亲亲，仁
也。"②《孟子·梁惠王上》强调仁者理应"老吾老，以及人之老；幼
吾幼，以及人之幼"③；《礼记·礼运》记载理想中的"大同社会"的
一个特色是："故人不独亲其亲，不独子其子。"④ 而仁人作为理想中
的人，必有这样的追求，或心存这方面的志向。故而，夫子自谦说：
"若圣与仁，则吾岂敢?"（《论语·述而》)⑤ 理想的追求，奠定了仁
者志在以爱赢取天下的意向。英文中亦应对此有所体现或提示。

至于新译之中所用的 man 字，即在字义上看，此字也具有负载儒
家思想的力量。如英文两处对 man 的讴歌。一是古希腊索福克勒斯
《安提戈涅》；二是莎士比亚《哈姆雷特》。

Many the forms of life，/ Fearful and strange to see，/ But man supreme
stands out，/ For strangeness and for fear. / He, with the wintry gales，/ O'
er the foam-crested sea，/ 'Mid billows surging round，/ Tracketh his way
across：/ Earth, of all Gods, from ancient days, the first，/ Mightiest and un-
decayed，/ He, with his circling plough，/ Wears ever year by year. ⑥

---

① 郑玄（注）、孔颖达（疏）：《礼记正义》（李学勤主编，《十三经注疏》之六），北
京大学出版社 1999 年版，第 1440 页。
② 赵岐（注）、孙奭（疏）：《十三经注疏·孟子注疏》（李学勤主编，《十三经注疏》
之十一），北京大学出版社 1999 年版，第 359 页。
③ 赵岐（注）、孙奭（疏）：《十三经注疏·孟子注疏》（李学勤主编，《十三经注疏》
之十一），北京大学出版社 1999 年版，第 21 页。
④ 郑玄（注）、孔颖达（疏）：《礼记正义》（李学勤主编，《十三经注疏》之六），北
京大学出版社 1999 年版，第 658 页。
⑤ 何晏（注）、邢昺（疏）：《论语注疏》（李学勤主编，《十三经注疏》之十），北京
大学出版社 1999 年版，第 97 页。
⑥ Sophocles, "Antigone", trans. E. H. Plumptre, *Nine Greek Dramas*, New York：P. F. Collier
& Son Corporation 1937, p. 266.

索福克勒斯将"人"描述为宇宙间的奇迹，或者说是其中最为"奇异和可怕的"，可称之为"高高在上"，因为人奋勇精进，而不畏艰险，而求生于大地。这一形象，若是清除其"战天斗地"的因素，则可与"天行健，君子以自强不息"（《周易·乾卦·象传》）[1] 的形象相媲美。因而，此处的 man 与作为儒家"君子"的人自有相通之处。而莎士比亚的"人"若不论其信仰因素，如《圣经》之中的"尘土"之喻，亦可与儒家"成人"之要求或表现"若臧武仲之知，公绰之不欲，卞庄子之勇，冉求之艺，文之以礼乐，亦可以为成人矣"（《论语·宪问》）[2] 相提并论：

What a piece of work is a man！how noble in reason！how infinite in faculties！in form and moving how express and admirable！in action how like an angel！in apprehension how like a god！the beauty of the world，the paragon of animals！[3]

莎翁对人的歌颂，突出"人的能力"的"无限"，因而，他喻之为"一件伟大的艺术品"，描述其为"天使"以及"天神"，意指可有沟通神灵与人间的力量，且期与天齐。一般视之，这样的形象，或与儒家将人视为天地间的灵长异曲同工。因此，以 man 为基点或核心，来传递"仁"的意涵是合宜的。或许，英文中也并不能找到比之更适宜的表达方式。

这样，启用中庸之道，"克己复礼为仁"和"为仁由己，而由人

① 王弼（注）、孔颖达（疏）：《周易正义》（李学勤主编，《十三经注疏》之一），北京大学出版社 1999 年版，第 10 页。

② 何晏（注）、邢昺（疏）：《论语注疏》（李学勤主编，《十三经注疏》之十），北京大学出版社 1999 年版，第 187—188 页。

③ William Shakespeare, *William Shakespeare Complete Works*, eds. Jonathan Bate and Eric Rasmusse, Beijing：Foreign Language Teaching and Research Press, 2008, p. 1950.

乎哉"（《论语·颜渊》）①，似就可分别译为：

To cultivate oneself and return to what is required in observing the rites, that is to practice man-manning /To practice man-manning is a matter that arises out of one's own heart. How could it be relied on others?

而"正名"的"特例"即"君君，臣臣，父父，子子"（《论语·颜渊》）②，英译之佳者亦能加以判断：

The prince princes, the minister ministers, the father fathers, the son sons. ③Herbert Fingarette 译

而在今译中，一般将此句译为"做父亲的要像父亲的样子"④，或"做父亲的要有父德"或"尽父道"，显然是将之模糊化或抽象化。因为，"样子"实则是突出"像"。但"像"、"如"是"似"，并非"是"的意思⑤，也就是，并不能直接等同于经文化动词为名词的用法那么直接、快捷、明晰，或曰当下即是。如此，"似是而非"，

---

① 何晏（注）、邢昺（疏）：《论语注疏》（李学勤主编，《十三经注疏》之十），北京大学出版社 1999 年版，第 163 页。

② 何晏（注）、邢昺（疏）：《论语注疏》（李学勤主编，《十三经注疏》之十），北京大学出版社 1999 年版，第 163 页。

③ 赫伯特·芬格莱特：《孔子——即凡而圣》，彭国翔、张华（译），江苏人民出版社 2010 年版，第 84 页。

④ 如杨伯峻译文："君要像个君，臣要像个臣，父亲要像父亲，儿子要像儿子"（杨伯峻，1980：128）

⑤ 仅有李泽厚以"是"译之："国君是国君，臣下是臣下，父亲是父亲，儿子是儿子"（李泽厚：《论语今读》，中华书局 2015 年版，第 287 页）但严格来讲，加"是"或已非"是"，因为"父父"二字之间拉开距离，而不能合一。易言之，"是"仅有判断含义，而不具有存在论的意向。James Legge 英译 [……] When the prince is a prince, and the minister a minister; when the father a father and a son a son（James Legge, *The Analects*, Nanjing: Yilin Press, 2010, p. 256），问题与李译同。

将之拉向无理、苍白同时也是无力的所在。而"父道"① 则大有汉朝"独尊儒术"的意味,抽去血脉,但不见生命。依之,则生活中的父亲,也便只能有一种形态?依中庸,一内一外,内外合宜,可直接成就;亦动亦静,动静相合,能当下即是。相反,若添加词语加以解释,甚或做出判断,都会因横截两个"父"字,隔开了它们密切的关系,而使"父"不能自我回归。

而这里的英译依照中庸原理,反其道而为之,充分发挥目的语的力量,或可体现"父必以其自身力量回归自身"的意向,进而再现汉语之中内外合一、动静兼具的"父父"的意涵,的确称得上妙译。

类似的表达,抑或可依之处理。例如:

> 父父、子子、兄兄、弟弟、夫夫、妇妇而家道正。正家而天下定矣!(《周易·家人·彖传》)②

读书所见,也仅有下译与原文"近似",但判断词 is 的添加,实已造成前后 father 隔离:

When father is altogether father and child child, brother brother and sister sister, husband husband and wife wife — the Way of family moves at the hinge of things. Keep your family at the hinge of things, and all beneath heaven will be settled in its proper order. ③ David Hinton 译

---

① 如钱穆译文:"君要尽君道,臣要尽臣道,父要尽父道,子要尽子道。"(钱穆:《论语新解》,生活·读书·新知三联书店 2002 年版,第 315 页)

② 王弼(注)、孔颖达(疏):《周易正义》(李学勤主编,《十三经注疏》之一),北京大学出版社 1999 年版,第 158 页。

③ *I Ching*:*The Book of Change*:*A New Transaltion*, p. 86, trans. David Hinton, New York:Farrar, Staus, & Girous, 2015. 理雅各译文为:Let the father be indeed the father, and the son son; let the elder brother be indeed elder brother, and the younger brother younger; let the husband be indeed the husband and the wife wife; —then will the family be in its normal state. Bring the family to that state, and all under heaven will be established. (James Legge, *The Yi King*, Oxford:The Clarendon Press, 1899, p. 143; James Legge, *Book of Changes*, Changsha:Hunan Press, 1993, p. 163)。此译叠床架屋,但后世译者纷纷加以仿效。最新的译文是:The king should behave like a king; a courtier should behave like a courtier; a father should behave like a father, and a son should behave like a son (Shi Zhikang, *Confucius's Analects*:*Translation & Critical Comments*, Shanghai:Shanghai Foreign Language Education Press, 2019, p. 249)。

若以思想而非文意为据来传译经文，依中庸原理或方法论，则新近出土文献中类似的表达，也可得适宜处理。如郭店楚简中的《六德》，其中三处用同一个句式：

> 故夫夫、妇妇、子子、君君、臣臣，六者各行其职，而谗诌无由作也。
>
> 故夫夫、妇妇、父父、子子、君君、臣臣，此六者各行其职，而谗诌蔑由作也。
>
> 其反，夫不夫，妇不妇，父不父，子不子，君不君，臣不臣，昏所由作也。[①]

第五节　本章小结

儒学经典的跨文化翻译本应具有并且坚持既定的文化立场。但近代以来由于历史的原因，这样的立场很少见到译者坚持，甚至可以说，有关意识几乎是不存在的。如此，在以一方思想为主导，而另一方思想总是扮演听命者的角色的倾向下，所谓的交流其本身也就很难保持为交流，因为很多观念是以取代的方式来处理的。如此，翻译实际上也就很难达到预期的效果。另外，因为学界对思想传统少有甚或漠不关心，更不注意如何真正"会通"，即"中西相会并且相互沟通"，亦即在最为基础的层面达到互惠、互通有无，因而，我们的观念充斥着完全异质的东西，并且使这样的异质性占据思想上绝对权威的地位。被遗忘在历史长河之中的，不仅是一种思想传统，最重要的是生命的自我归入的"心源"。

而就本章而论，如《孟子·告子上》所说："仁，人心也。"[②]可现在的倾向是，"人心"还能容下这样的"仁"吗？也就是说，"人

---

① 李零：《郭店楚简校读记》，中国人民大学出版社 2009 年版，第 171—172 页。

② 赵岐（注）、孙奭（疏）：《孟子注疏》（李学勤主编，《十三经注疏》之十一），北京大学出版社 1999 年版，第 310 页。

心"与"仁"的关系还为世人所重吗？孟子还指出："心之官则思，思则得之，不思则不得也。"① 我们或许只知道"理性"可以"思"，但又如何能忘怀，"情感"或"感性"亦有"思"之力量，而且"思"的是"仁爱"导向上人生存在的大道理？

因此，既不知中国思想教人做人为何物，何以跨文化地处理那最为重要的"仁"字？又如何面对儒家经典的"仁爱"教诲，以及由此而来的诸多人世精义？如此，"仁"既促使我们自我回归，也必然需要引领我们文化回归。总是从头再来的，正是自然的要求？但以现状视之，其中的确带有太多的历史负担，而已不那么自然？

本章所论，为"仁"推出一种新的译文之外，有关论述在运用上还有以下作用：

（一）走向中庸，纠正偏颇。传统解经的一个严重问题即为，执着于文意，而不计义理。此一倾向正与"执其两端"（《礼记·中庸》）② 形成反动。因而，重回中庸，满足其原理要求，则可将译解引回正轨。义理与文意并重，今译如此，而英译亦应如是。只不过，还需再走一步，以中庸之道为方法论，仿哲人之所为，通过铸造新词，而将夫子之教之真意再现其中。

（二）可以之重新审视"正名"的社会性。如论者所说，《论语》之中夫子的"正名"，起自历史的原因："春秋时期，礼坏乐崩，社会秩序混乱"，"孔子提出正名，意在纠正现实社会中的名分混乱，从名实关系看，企图用'名'来改变'实'的问题"③。但如此论述，实则是在讨论其社会性。如此，在"人事"被突出的同时，"天道"之所向，则被忽视？但如夫子所说的"君君臣臣父父子子"所意涵的，"正名"之"正"，首先要确定的应是，社会之中的人依据自然

---

① 赵岐（注）、孙奭（疏）：《孟子注疏》（李学勤主编，《十三经注疏》之十一），北京大学出版社1999年版，第314页。
② 郑玄（注）、孔颖达（疏）：《礼记正义》（李学勤主编，《十三经注疏》之六），北京大学出版社1999年版，第1425页。
③ 李锦全：《正名》，载中国孔子基金会编《中国儒学百科全书》，中国大百科全书出版社1997年版。

的规律而占据或拥有的位置。这也是天人相合的取向下的人天相互构成的题中应有之义。

"夫精神生活之精进,其表现方式自有其必然之通途。"① 我们对《论语》的译解,不论是语内还是语际,最应关注的就是,"其必然之通途"。

---

① 牟宗三:《从陆象山到刘蕺山》,吉林出版集团有限公司 2010 年版,第 89 页。

第七章　儒家的"回环道路"与《论语·学而》章的今译和英译

第一节　问题的提出

刘述先《儒家哲学的三个大时代》特加附录《论"回环"的必要和重要性》，首先提出新儒家"取回环道路的意旨"，引牟宗三"归能则逆"之论，意思是归回心源而必走逆反之道，突出儒家思想主体当下即是、无须向外攀缘的内在取向，再引熊十力"中学以发明心地为一大事"强调："树立精神本体，找到安心立命之所，是一个问题的终结，同时也是另一个问题的开始。走'回环'的道路，'超越'要融贯于'内在'之中，所谓'内圣外王'，恰正是儒家向往的目标，勤勉以求，终身不懈，生生不容已。"不过，或因孤明首发，他在"新儒家上一个世纪所未充分加以注视的问题与可能性"方面的追求，有可能仅仅止于问题的提出，但未及做出充分论证，甚至未引先秦儒家典籍作为有力的支持。①

实际上，他所说的"回环道路"，《论语·学而》章已清晰可见。儒家既倡"为己之学"，《论语》云"古之学者为己，今之学者为人"

---

① 刘述先：《儒家哲学的三个大时代》，郑宗义（编），中华书局 2017 年版，第 237—261 页。

(《宪问》)①，"君子求诸己，小人求诸人"（《卫灵公》)②。"回环"，即"反诸己"、"吾日三省吾身"（《学而》)③、"内自省"（《里仁》)、"内自讼"（《公冶长》)④，也就是孟子所说的"自反"（《孟子·离娄下》)⑤，便自然成为自我修习以求精神境界提升的进路。值得注意的是，这一内向的回归，是指走出自身之后自我的回归。也就是说，刘述先还未及论述"回环"所必需的"自我走出"，亦未关注如此回归所牵涉到的种种因素及其特定的结构，并回溯其渊源所自。

《论语》中不仅《学而》章推出的就是"回环道路"，而且，诸多表达及观念也是这一导向的体现。"文章"（《公冶长》《泰伯》)⑥指的是，"内德"（文）充盈，得见彰显（章），突出仁德必与天德相合，在不断地自我回归之中再出发、再回归。此一过程，"合外内之道"（《礼记·中庸》)⑦，一内一外，内外兼顾，相互推移，亦即为"一阴一阳之谓道"（《周易·系辞上》)⑧ 的"易道"之意⑨。"绘事后素"（《论语·八佾》)⑩ 也一样体现如此的追求：人之"素"（质）

---

① 何晏（注）、邢昺（疏）：《论语注疏》（李学勤主编，《十三经注疏》之十），北京大学出版社1999年版，第195页。

② 何晏（注）、邢昺（疏）：《论语注疏》（李学勤主编，《十三经注疏》之十），北京大学出版社1999年版，第214页。

③ 何晏（注）、邢昺（疏）：《论语注疏》（李学勤主编，《十三经注疏》之十），北京大学出版社1999年版，第4页。

④ 何晏（注）、邢昺（疏）：《论语注疏》（李学勤主编，《十三经注疏》之十），北京大学出版社1999年版，第68页。

⑤ 赵岐（注）、孙奭（疏）：《孟子注疏》（李学勤主编，《十三经注疏》之十一），北京大学出版社1999年版，第233页。

⑥ 何晏（注）、邢昺（疏）：《论语注疏》（李学勤主编，《十三经注疏》之十），北京大学出版社1999年版，第61、106页。

⑦ 郑玄（注）、孔颖达（疏）：《礼记正义》（李学勤主编，《十三经注疏》之六），北京大学出版社1999年版，第1450页。

⑧ 王弼（注）、孔颖达（疏）：《周易正义》（李学勤主编，《十三经注疏》之一），北京大学出版社1999年版，第268页。

⑨ 蔡新乐：《〈论语〉中"文章"译解的阴阳之道观》，《解放军外国语学院学报》2017年第1期。

⑩ 何晏（注）、邢昺（疏）：《论语注疏》（李学勤主编，《十三经注疏》之十），北京大学出版社1999年版，第32页。

经由"绚"之张扬，必最终回归其中，更加清纯；同时凸显人原初之"仁"经由"礼乐"的洗礼和锻造，而再一次将人推回"仁"的源头之中，不断锤炼，而不断出发①。也就是说，儒家的追求，不论经文意蕴还是表达方式，都是导向天人合德之旨，而所取之道必为回环之途，突出的是"人之仁心"的养育和强化。《论语》的主导意向既是"为己之学"，此一结构便具普遍性的特点。惜乎前圣往贤无人提及。《学而》章的"回环"结构，历来既无人点出，其经文疏解又如何说得通？若此章解释已偏离儒家思想进路，遑论其余？

本章通过对今译英译的分析，试图说明，回到儒家思想进路，企及经文正义，才可跨文化传译《论语》，故而，历史需要重新启动？

第二节 "学"的误解及其真正的意向

杜维明强调："儒家所讲的'学'是指做人的道理"②，而这也是中华文化的特色，因为其"基本精神就是学做人"③；"《论语》提出'为己之学'，'学'最初的动机不是为父母、为家庭、为社会、为国家，而是为培养自己的人格，完成自己的人格。如果一个人能提升自己的人格，将来对父母、对家庭、对社会、对国家的贡献才是纯正的；如果不能，虽有服务社会、献身国家的大志，但将来终必落空"④。而"学"是要有所仿效的，榜样的力量无疑来自圣人。夫子礼赞尧"焕乎！其有文章"，因为这位圣王能"则天"（《泰伯》）⑤，

---

① 蔡新乐：《〈论语·八佾〉第八章的解经方法论的初步探讨——与鄢秀、郑培凯商榷》，《东方翻译》2017 年第 5 期。

② 杜维明：《体知儒学：儒家当代价值的九次对话》，浙江大学出版社 2012 年版，第 96 页。

③ 杜维明：《体知儒学：儒家当代价值的九次对话》，浙江大学出版社 2012 年版，第 40 页。

④ 杜维明：《体知儒学：儒家当代价值的九次对话》，浙江大学出版社 2012 年版，第 96 页。

⑤ 何晏（注）、邢昺（疏）：《论语注疏》（李学勤主编，《十三经注疏》之十），北京大学出版社 1999 年版，第 106 页。

即以天为人生的尺度。他自称："述而不作，信而好古"（《述而》）①，因而深知"天何言哉？四时行焉，百物生焉，天何言哉"（《阳货》）②的"生物"之妙。

这也就是《论语》首章点出"学"字的原因：学习做人，必效法前贤，而"极高明"（《礼记·中庸》）③于天道，保证这个世界的存在的自然性；确保人的本根的扎实和挺立，才可"与天成知己"④。若丢掉"天"，偏向一端或仅有"人"存在的世界，还是一个世界吗？杜维明⑤也指出："儒家的宗教性并不建立在人格上帝的神秘气氛中，而表现在个人人格发展的庄严性、超越性与无限性上。"但对"学"以及《学而》章的解释，很难说突出过此一导向。

邢昺"正义"曰："此章劝人学为君子也。"复引夫子之语云："学者而能以时诵习其经业，使无废落，不亦说怿乎？"⑥朱熹注曰："学之为言效也。人性皆善，而觉有先后，后觉者效先觉之所为，明善而复其初也。"⑦至少在历史上被奉为权威的两家的解释之中，"天"和"天道"的意向并未突出。后世一般亦延顺"人事"线索展开，同时执着于文字意义的疏解，而并未以系统性的理论思想做指导。

而这可能意味着，此章乃至《论语》各篇都不是一个整体，没有内在的统一性？这是非常令人不安的推论？李泽厚的论断几为例外：

---

① 何晏（注）、邢昺（疏）：《论语注疏》（李学勤主编，《十三经注疏》之十），北京大学出版社 1999 年版，第 84 页。

② 何晏（注）、邢昺（疏）：《论语注疏》（李学勤主编，《十三经注疏》之十），北京大学出版社 1999 年版，第 241 页。

③ 郑玄（注）、孔颖达（疏）：《礼记正义》（李学勤主编，《十三经注疏》之六），北京大学出版社 1999 年版，第 1455 页。

④ 牟宗三：《中国哲学的特质》，上海古籍出版社 1997 年版，第 35 页。

⑤ 杜维明：《龙鹰之旅：从哈佛回归东海的认同和感悟》，北京大学出版社 2013 年版，第 113 页。

⑥ 何晏（注）、邢昺（疏）：《论语注疏》（李学勤主编，《十三经注疏》之十），北京大学出版社 1999 年版，第 2 页。

⑦ 朱熹：《四书章句集注》，中华书局 1983 年版，第 47 页。

本章开宗明义，概而言之，"学"者，学为人也。学为人而悦者，因人类即本体所在，认同本体，"悦"也。有朋来而乐，可见此本体乃群居而非个体独存也。"人不知，而不愠"，则虽群却不失个体之尊严、实在与价值也。此三层愈转愈深，乃"仁"说之根本、乐感文化、实用理性之枢纽，作为《论语》首章，不亦宜乎。①

但似很难在此章看到"乐感文化"的突出反映，哲学家是在以自己的思想来解说之？另如"实用理性"或亦非我们所能接受：若此章是"枢纽"，则一定不会直接突出"实用理性"，而应视为儒家哲学精义的体现；或以现代语言表示，应是理性和感性完美结合的体现。只有如此，才可突出"执其两端"（《礼记·中庸》）②的导向。

实际上，放开眼光来解释儒学，的确应该有系统化研究方面的努力，但或应首先承认"形散而神不散"才是《论语》乃至中国古代诸多经典的特色。就儒家而论，"神"应指最为精华的思想体系，而非站在现代人的角度为之再建系统取而代之。杜维明推出一种儒家宇宙论：人的自我与整个世界构成一个同心圆，自我居于内核，不断向外扩散、延伸、渗透，先是家庭，再是社会，继而是国家，最终是天下。③此一模式确可提供启示，若此为对一种动态过程的描写：儒家并未或不倾向于对事物加以概念化，而是如夫子本人之所为，在不同的场合、根据不同的情景，去解释、应对相应的情况。但这并不意味着儒家没有自己系统的理论思想。相反，系统的思想不但清晰可见，而且，也必有相应的方法论支撑。另外，此一描述也并未突出"两

---

① 李泽厚：《论语今读》，中华书局2015年版，第5—6页。
② 郑玄（注）、孔颖达（疏）：《礼记正义》（李学勤主编，《十三经注疏》之六），北京大学出版社1999年版，第1425页。
③ 杜维明：《体知儒学：儒家当代价值的九次对话》，浙江大学出版社2012年版，第98—99页。

端"之求:若"自我"是"人"的组成部分或核心部分,人才是核心的核心,而其生存本身亦即为真正生命的力量显现。这愈发说明,中国古人的宇宙论是一种动态过程。与人相对的则是处于另一端的天。二者的相持相合、相反相成,才形成真正的大千世界。再次,自我所构成的同心圆,若自我是核心,其呈现便不仅要发散出去,还要不断回还:向外扩散的一定要自我回归,才可确保这一"我"的存在。这也就是"仁者安仁"(《论语·里仁》)①的意向;如此,"为己之学"才是可能的:若自我的外扩意味着超越,其对自身的守护和回还一定是内在性的表现。而一味地发散,"魂灵"或已不能收拢,何谈其他?而且,这不正是"偏于一端"的表现吗,何以作为儒家的"同心圆"?

因而,我们认为,只有回到儒家的思想方法,真正对准经文,才可能谈得上解经或释解儒家的真意。可以认为,从"学"的对象和目的来看,《学而》章体现出的就是"中庸之道"。易言之,不论是其表达形式,还是"学"的内涵,都体现了中庸之道的运用和运作。

首先,"学"的目的何在?当然是"学做人";那么,通过什么方式才能达到要求?答曰:凭借先贤的遗留或曰文献。此即为"述而不作"的意义。"夫孝者,善继人之志,善述人之事"(《礼记·中庸》)②,发扬先人美德。"学"即"孝"的另一种见习方式,此亦即朱子所说的"效"的意指。进而言之,"学做人"为了什么?用现代语言来说,应该是:为了更好地生存,以便承继并延续先贤"生生不息"的文化生命,因而,也就需把握天道人道的统一和互动,而穷究宇宙的奥秘。还应指出,此一奥秘并非与人无关,相反,那正是人要不断体味、经验和吸纳并最终内化为精神力量的。

易言之,中国古人的宇宙论是天人相合的宇宙论,而其存在论则

---

① 何晏(注)、邢昺(疏):《论语注疏》(李学勤主编,《十三经注疏》之十),北京大学出版社 1999 年版,第 47 页。

② 郑玄(注)、孔颖达(疏):《礼记正义》(李学勤主编,《十三经注疏》之六),北京大学出版社 1999 年版,第 1438 页。

是天人两端相辅相成的存在论：人天相合，而不能相分，才可促成事物的存在。而"学"最终的目标，也就在于，如何将天人互动而产生的如此神秘的宇宙力量化为我有，吸纳进我的身心之中。这也就要求"学"要走向"宇宙即我"、"我即宇宙"的"合一"之路。

而这，正是《礼记·中庸》"合外内之道也"①的一种表达。"学"如此，"学习"合而言之，亦复如是。"学习"密不可分："学"主内，"习"见于外；"学"突出"心得"的重要性，"习"则要强化此"得"由"天德"化"人德"而再验证为普遍的"天德"是合情合理的，亦即可行的应加推重和提倡。

不但从语境中抽出的"学"和二者并观的"学习"是在传达"合外内之道"之意，而且，整个《学而》一章也一样是在强化这一意指。首句"学而时习之，不亦说乎"，说的是："学"得天人合一的宇宙论真理，化天德为人德，此为内化；进而，将收获付之于实践的检验或验证，而进一步加以体味和表现，这是外显；如此外显之后，发现所获可靠，应能成为人生之路之依据、精神动力之源泉，以及思想起始之基础，因而心中希望满满，于是不能不"说"（悦）②。而此"说"（悦），再一次将人推入其内在的精神世界，因为只有在那里，人生才可找到真正的价值：心，才是根；人要时刻守护和强化锻造的，就是这样一颗永远不可弃置的"心"及其与天的互动。

如此，"学习"呈现的是人由自身走向世界、自我回归的"天德内化"，"习"突出的是"天德"化"人德"的人生体验和验证。这是动态过程之中典型的一内一外的相互配合，而内外合一，终得最终的"说"（悦）之结果。也就是，人之"学"的过程本来就是要求得：天道再现我心或天德化为一己之德！如此，这一过程所反映的，也就是，内—外—内的不断翻转和回还。而这分明就是对"原始反

① 郑玄（注）、孔颖达（疏）：《礼记正义》（李学勤主编，《十三经注疏》之六），北京大学出版社1999年版，第1450页。
② 皇侃：《论语义疏》，高尚榘（校点），中华书局2013年版，第3页。

终"(《周易·系辞上》)① 的展示，是"一阴一阳之谓道"(《周易·系辞上》)② 的体现。也就是说，若肯认可中庸之道的作用，那它一定就是：通过"学习之说（悦）"要将人带向一个自然而然的所在，在那里，秩序井然，因为既可见到宇宙论的完美形态，具有最为美好的秩序；同时，那里也一样是人心最为安宁的地方，因为，正是在如此的追求过程中，人与天的确可合而为一。如此，中庸之道，"调适上遂"（《庄子·天下》），也就引人走向了阴阳之道。③

　　而就此章整体而言，"内外合一"也一样显而易见："学习之说（悦）"主要是人内化天德的表现，而"有朋自远方来，不亦乐乎"其中之"乐"，是现代汉语之中"快乐"的那种"乐"：乐不可支，"喜之形于外，手舞足蹈"④。因为，同道甚或志同道合友好，跨过千山万水，而得与我相会，重要的是，他的到来，带来的肯定是异域的消息，可以进一步验证"学习之说（悦）"是否真的值得"悦在心中"，亦即，是否值得将之视为不可多得而又必须获得的宇宙论信息，人生真理，视听言动的依据？这种可能性使人情不自禁、喜笑颜开。友好的来临，意味着近与远、此处与异地、我与朋友在一特定时空中所构成的关系的集结，而所有这些也都形成两端：没有远，何来近？没有你，哪有我？没有此，彼又何在？而宇宙论真理的验证，人生的根本哲理的体验，定需通过这样的"对偶"，接受进一步的考察、分析，才可说明，它们是否合宜合意、有效有益？也就是说，"有朋自远方来"一句，要说的也一样是"执其两端"，才可成就世界的真理。

---

　　① 王弼（注）、孔颖达（疏）：《周易正义》（李学勤主编，《十三经注疏》之一），北京大学出版社1999年版，第266页。

　　② 王弼（注）、孔颖达（疏）：《周易正义》（李学勤主编，《十三经注疏》之一），北京大学出版社1999年版，第268页。

　　③ 宋张栻指出，"学贵于时习。程子曰：'时复䌷绎，浃洽于中也。'言学者之于义理，当时䌷绎其端绪而蕴泳之也。浃洽于中故说。说者，油然内慊也"[引自张栻《〈论语解〉卷一〈学而〉》，邓洪波（校点），载《张栻集》，岳麓书社2010年版，第5页]。惜乎，他并没有说明：（一）"学"与"习"之间也存在着"于中"和"于外"的区别；（二）《学而》章本身的"合内外之道也"。

　　④ 爱新觉罗·毓鋆：《毓老师说论语》，陈绚（整理），中信出版集团2016年版，第4页。

且应注意，"有朋自远方来"是《学而》章的次句，作为这一语境的一个句子，其主要作用还是"外显"："我"听闻"朋"的到来，欣喜异常，当然无比快乐，也就会有相应表现来欢迎远客，以尽地主之谊。而"乐"的表情，已首先说明，那的确是人生一大乐事。

最后，整章进而转向"人我"的关系：他人若是对我的所作所为并不了解，我的反应便是"不愠"。"愠"一般解释为"怒"，后者是要显露的，而"愠"则是指"心中恼怒，但未形于色"或"不愉快藏于心"①。如此，"不愠"又一次将论述引回"人心"：学者面对他人的不解或别的反应，不但未露不快，且在心中，一样不存有懊恼与怨尤。夫子要说的是，只有"反身自顾"、痛加"反省"、认真查找原因，才可"不患人之不己知，患不知人也"（《论语·学而》）②。也就是说，只能以"内自讼"（《公冶长》）③的方式，查找自身的不足，以便将来改正，"不贰过"（《雍也》）④，进一步打造自己。这，用夫子的话来说，不就是君子的所应为吗？这样，第三个句子将读者再次拉回人心。

"不愠"一句的另一种解释也能见出此语向"心内"的回归及其与天的同体。君子，依字典解释，主要有二义：一指统治者，如"君子笃于亲"（《论语·泰伯》)⑤，皇侃注曰："君子人君也。"⑥二为有才德的人⑦。是孔子心目中理想人格的化身，个人品德修养完善的典

---

① 爱新觉罗·毓鋆：《毓老师说论语》，陈绚（整理），中信出版集团2016年版，第5页。

② 何晏（注）、邢昺（疏）：《论语注疏》（李学勤主编，《十三经注疏》之十），北京大学出版社1999年版，第13页。

③ 何晏（注）、邢昺（疏）：《论语注疏》（李学勤主编，《十三经注疏》之十），北京大学出版社1999年版，第68页。

④ 何晏（注）、邢昺（疏）：《论语注疏》（李学勤主编，《十三经注疏》之十），北京大学出版社1999年版，第71页。

⑤ 何晏（注）、邢昺（疏）：《论语注疏》（李学勤主编，《十三经注疏》之十），北京大学出版社1999年版，第101页。

⑥ 皇侃：《论语义疏》，高尚榘（校点），中华书局2013年版，第186页。

⑦ 安作璋：《论语辞典》，上海古籍出版社2004年版，第176页。

范。如《宪问》"君子道者三"①。孔子首次按德才的高下优劣区分君子和小人，并终生致力于君子的培养。戴望引《春秋公羊传·哀公十四年》"末不亦乐乎尧、舜知之君子也"注曰："明凡人不知。"② 此与《礼记·中庸》"苟不固聪明圣知达天德者，其孰能知之"③ 之说相通。而对《雍也》"女为君子儒"④，何晏引孔安国注曰："君子为儒，将以明道。"⑤ 二者合观，则"不知不愠"，说的便是得道的君子，既可领袖群伦，便不至于因世人的不解而灰心丧气，反而应坚持反省，勤勉以求，继续履行传道的使命。世人之"不知"，正是教诲所要用力之处：启迪人心，而将人引向大道之明。

《学而》章的结构显系内—外—内的循环：人心秉持初善（与天道的合一）、天德化为人德的实践—人我往还—天道见于外，故"有朋远来"—及"不愠"所示的自我反顾及其"则天"的信念的进一步强化：不论内容还是形式，讲的都是中庸之道的"合外内之道也"，同时突出"故时错之宜也"⑥ 的意指。

焦循《论语补疏》云：

> "学而时习之，不亦说乎"，《注》："王曰：时者，学者以时诵习之，诵习以时，学无废业，所以为说怡。"循按：当其可之谓时。说，解悦也。不愤不启，不悱不发，时也。中人以上可以语上，中人以下不可以语上，时也。求也退，故进，由也兼人，

① 何晏（注）、邢昺（疏）：《论语注疏》（李学勤主编，《十三经注疏》之十），北京大学出版社1999年版，第197页。
② 戴望：《戴氏注论语小疏》，郭晓东（校疏），华东师范大学出版社2014年版，第38页。
③ 郑玄（注）、孔颖达（疏）：《礼记正义》（李学勤主编，《十三经注疏》之六），北京大学出版社1999年版，第1461页。
④ 何晏（注）、邢昺（疏）：《论语注疏》（李学勤主编，《十三经注疏》之十），北京大学出版社1999年版，第76页。
⑤ 何晏（注）、邢昺（疏）：《论语注疏》（李学勤主编，《十三经注疏》之十），北京大学出版社1999年版，第76页。
⑥ 郑玄（注）、孔颖达（疏）：《礼记正义》（李学勤主编，《十三经注疏》之六），北京大学出版社1999年版，第1450页。

故退，时也。学者以时而说，此大学之教所以时也，教者学者皆期其能解悦。①

不仅"学而"一句讲的是"时"，整章亦依"适时而动"展开："学习"有了心得，此时的感受是"说"（悦），正在其时；"有朋自远方来"，验证一己之所得，此刻感发的是"乐"，适时而发；而"人不知而不愠"，并不因人的"不知"而忧而喜而怨尤，反而对自身加以"反省"，应时而动。三者无一不是在体现"时中"。这也是成中英对"中庸"即"用中"而"用中"即"时中"的解释的指向②，同时自然也和孟子所称的夫子是"圣之时者也"（《孟子·万章下》）③相互印证：此章之所写，使《论语》一开篇就非常巧妙地向人们揭示了，一个伟大思想家的思想走向和价值取向。

如果说，《论语》哲学，亦即夫子之教的精义，就在于中庸，即不中亦不远矣？

第三节　今译中"天"与方法论的缺席

确定了《学而》章的思想导向和方法论，就可以对有关译文分析和批判了。

经文：学而时习之，不亦说乎？有朋自远方来，不亦乐乎？人不知而不愠，不亦君子乎？（《论语·学而》）④

译文 1. 学了，然后按一定的时间去实习它，不也高兴吗？

① 陈大齐：《论语辑释》，周春健（校订），华夏出版社 2016 年版，第 2 页。
② 成中英、麻桑：《新新儒家启思录——成中英先生的本体世界》，商务印书馆 2008 年版，第 27—28 页。
③ 赵岐（注）、孙奭（疏）：《孟子注疏》（李学勤主编，《十三经注疏》之十一），北京大学出版社 1999 年版，第 269 页。
④ 何晏（注）、邢昺（疏）：《论语注疏》（李学勤主编，《十三经注疏》之十），北京大学出版社 1999 年版，第 1—2 页。

有志同道合的人从远处来，不也快乐吗？人家不了解我，我却不怨恨，不也是君子吗？①

"学"若不及其对象，"它"没有对应的前指词，亦不知为什么要"实习"？"人家不了解"而"不怨恨"，若为常人常态，则最后一句的译文一样不通。

　　译文2. 学能时时反复习之，我心不很觉欣畅吗？有许多朋友从远方来，我心不更感快乐吗？别人不知道我，我心不存些微怫郁不欢之意，不真是一位修养有成德的君子吗？②

为突出"我心"，亦即强调"心"无比重要的作用，此译连用"我心"三次，最后的"怫郁"之"怫"确亦指向"心"。但此译并未将"说"（悦）和"乐"的内外之别区分开来，也就未注意，从"说"（悦）到"乐"，二者间不仅有心内和颜面上的"欣喜"之情的区别，且亦指向"学"的循环的阶段问题。

　　译文3. 学了以后又按时复习，不也是很高兴的吗？有朋友从远方来相会，不也是很快乐的吗？人家不了解自己又不恼火，不也是君子吗？③
　　译文4. 学习而经常实践，不是很愉快吗？有朋友从远方来相聚，不是很快乐吗？没有人了解自己，并不烦恼怨怒，这不才是君子吗？④

二译都未区分"学"、"习"，"愉快"与"快乐"都是心字旁，

① 杨伯峻：《论语译注》，中华书局1980年版，第1页。
② 钱穆：《论语新解》，生活·读书·新知三联书店2002年版，第5页。
③ 孙钦善：《论语本解》，生活·读书·新知三联书店2009年版，第2页。
④ 李泽厚：《论语今读》，中华书局2015年版，第3页

未见区分。若人不"理解自己",是人之常情,似无须"烦恼怨怒"?

> 译文 5. 学习了而时常温习,不也高兴吗!有朋友从远方来,不也快乐吗!别人不了解我,我并不怨恨,不也是君子吗?①

"学习了",已将"学"与"习"揽入译文,亦未对二者进行区分。"时常温习"之"习"与"学习"之"习"又有何区别?

> 译文 6. 学习,并且不时地练习所学的内容,不是也很快活吗?有朋友从远方来,不是也很快乐吗?别人不知道自己,自己并不因此而怨恨别人,不是也很君子吗?②

"快活"与"快乐"难见区别,"说"(悦)与"乐"未见层次感和情感变化。最后一句无甚道理:若人与我相互"不知"("不知道"或有此意),彼此并无深的交际,既产生不了利害关系,也不会造成别的方面的问题,那么,"我"何以会"怨恨"对方?

> 译文 7. 学习过后,能经常温习一番,不也是很高兴的吗!有朋友从远方来,不也是很快乐吗!别人不了解我,我并不怨恨,不也是很君子吗?③

同样的问题是:"别人不了解我",有什么理由要加以"怨恨"?

> 译文 8. 学了后又定时复习它,不是很高兴吗?朋友从远方来,不是很快乐吗?别人不了解我,我却不气恼,这不就是君子吗?④

---

① 徐志刚:《论语通译》,人民文学出版社 1997 年版,第 1 页。
② 彭亚非:《论语选评》,岳麓书社 2006 年版,第 3 页。
③ 邹憬:《论语通解》,译林出版社 2014 年版,第 1 页。
④ 杨逢彬:《论语新注新译》,陈云豪(校),北京大学出版社 2016 年版,第 1 页。

"它"所指为何，不甚了了。"高兴"从何说起？"高兴"和"快乐"亦未区分。"别人不了解"，有什么理由"气恼"，亦无道理。

译文 9. 学了一种知识又能依时复习它，岂不是很喜悦吗？有志同道合的人从远方来，岂不是很快乐吗？人家不了解自己而不怨恨，岂不是位有道德修养的君子吗？①

"学知识"若外在于人，并不能"起喜悦"？"不怨恨他人"，即可成为"君子"，标准如此之低？

译文 10. 学了，然后按时实习，不也是很高兴的吗？有志同道合的人从远方来相会，不也是很快乐的吗？别人不了解自己，自己并不生气，不也是君子吗？②

译文 11. 学习了知识并且时常加以研习，不是一件很愉快的事吗？有朋友从远方来，不也是很令人高兴吗？不为人所了解也不恼怒，这样的人不也是个君子吗？③

前例问题如上。后例漏掉第一个"不亦"的"亦"。"说"（悦）被译为"很愉快的事"，"乐"被处理为"很令人高兴"，二者表达方式不一致，并不协调。如此处理，见不到层次之分和情感变化。

译文 12. 学了然后及时去实践它，不也喜悦吗？有志同道合的人从远方来，不也快乐吗？别人不了解自己却不怨恨，不也称得上是君子吗？④

---

① 《四书辞典》，吴量恺（主编），崇文书局 2012 年版，第 40 页。
② 《四书》，王国轩等（译），中华书局 2007 年版，第 3 页。
③ Wu Guozhen, *A New Annotated English Version of the Analects of Confucius*, Fuzhou：Fujian Education Press, 2015, p. 152.
④ 张其成：《张其成全解论语》，华夏出版社 2017 年版，第 38 页。

译文 13. 治学而时时不断加深理解，不是很令人喜悦吗？朋友从远方而来，不是很令人快乐吗？即令人们不理解我，我也不郁闷，这难道不正是君子吗？①

译文 14. 从学之人时时诵习修明，不是件很愉快的事吗？有同学从远方而来，不是件很快乐的事吗？没被别人了解而毫无怨恨，这不就是君子吗？②

译文 15. 学习了，然后按时复习，不也是很高兴吗？有志同道合的人从远方来，不也是很快乐吗？人家不了解自己，而自己却不怨恨，不也是君子吗？③

译文 16. 学到了东西之后能够在适当的时机印证练习，不也是很令人愉悦的事吗？有远道而来求教的人，带着他们各自的问题和经验来切磋交流，不也是件快乐的事吗？受教的人没有听懂，你也不生气，不也是君子的风度吗？④

几种译文问题同前，或无须详论。未见形而上的庄严，只有人与人之间的某种交往，且或为失败的交往。为此，不仅天道的缺席，早已使人不知追求人生更高境界，陷入人事纠纷？这难道不是在说，"君子"并没有什么"风度"或"水平"？而且，"学习"是愉快的，"待人接物"一样快乐，这是一个乐天派，性格开朗，但并不及于个人修养或修为所需要的"刻苦努力"，甚至无须如此努力，就可与人相往还，人为什么又要加以尊重？又有什么值得去"了解"的？如此，前后三句，前两句讲"个人的快慰"的感受，可能不及或不计他人的利害得失，而后一句则表达个人在与人交往失败后的态度，或仅及个人态度，"不生气"如何就是"君子风度"？即使有此"风

---

① 何新：《论语新解：思与行》，北京工业大学出版社 2007 年版，第 1 页。
② 韩鹏：《捍卫论语：第一卷 构建一个理想国》，中央广播电视大学出版社 2012 年版，第 2 页。
③ 朱振家：《论语全解》，上海古籍出版社 2014 年版，第 1 页。
④ 刘君祖：《新解论语》（上篇），中信出版集团 2016 年版，第 9、12 页。

度"，就等于是"君子人"吗？这不是在说：君子是人的追求，故为理想；而"君子风度"是暂时的，应景之所为，限制性极强？

译文 17. 如果我的学说被社会普遍接受，在社会实践中加以应用它，那不是很令人感到喜悦吗？即使不是这样，有赞同我的学说的人从远方而来，不也是很快乐吗？再退一步说，社会没采用，而且也没有人理解，自己也不怨恨恼怒，不也是有修养的君子吗？①

"加以应用它"，"它"字多余。依此译，夫子所要说的，力量递减，大有"退而求其次"之意：先是"学说"被"普遍接受"，令人"喜悦"；进而，有"赞同学说的人"远道而来，说明或暗示，近处的人，也就是很多人，并未"接受"，很难说是"普遍"？再进一步，甚至是得不到"理解"（遑论接受，无论远近）？这里夫子的形象便可能是：一再退缩，而最终归入自己的内心，而不思他求？假若这一递减式的退步，说明的就是人最终归入一己之心，若自我封闭，则有失夫子"知其不可而为之"（《论语·宪问》）②的抱负？

程树德认为："今人以求知识为学，古人则以修身为学。"③ 即令不坚持认为"学为读书"的黄式三，也认为那是在学"圣人之道"④。因为，若有人问及所读何书，其回答一定是"圣贤之书"。古今自有异同，因而，不论将"学"解为"求知"，还是"修身"，脱开时代变化，独立地看，都无可厚非。正是由于古今不同，言语表达的确已不具语境的预设，就更有必要在疏解上依守正规。

因此，还是应坚持"求道"之说为妥，即夫子"学说"（悦）之"说"，强调的是天道人道的趋合在于践履。而践履的奥秘在于用心：

---

① 杨朝明：《论语诠解》，山东友谊出版社 2013 年版，第 4 页。
② 何晏（注）、邢昺（疏）：《论语注疏》（李学勤主编，《十三经注疏》之十），北京大学出版社 1999 年版，第 200 页。
③ 程树德：《论语集释》，程俊英、蒋建元（点校），中华书局 1990 年版，第 4 页。
④ 黄式三：《论语后案》，张涅、韩岚（点校），凤凰出版社 2008 年版，第 2 页。

天道引向心知，并最终化为我有，可成就人心心相印的精神力量。人
把握到了这样的宇宙论法则，便可挺立于天地之间。

不如此理解，便会出现赵又春所说的"不通"：

> 这［引者按：杨伯峻的译文］代表了对于这一章的最流行的
> 理解，但实在令人不解：①孔子所谓的"学"，乃特指学习做人，
> 也即做人的道理。做人的道理涉及的人事、情况、方面是太多
> 了，哪能"按一定时间去实习它"？②为什么要说"有朋自远方
> 来"？按说，近处的朋友来也该"乐"的，孔子特别作出"自远
> 方来"这个交代，必有其理由，可从这译文看不出他的理由。
> ③这里讲了三件事，似乎都不是同什么事作比较来谈论的。为什
> 么三个"不亦"都译作"不也"？④最重要的是，依这理解，这
> 一章明显是把并无关联的三件事放在一起讲了。孔子会这样语无
> 伦次吗？可见这翻译必是误译。①

既"以求知为学"，过程一定重于结果。《学而》章实则始终是
在讲"求道在路上"。但程树德认为，"'学'字系名辞，《集注》解
作动辞，毛氏讥之是也"②。现代学者进而认为，"学"指学术成就；
时谓时代，引申为社会；"习"意为使用、相因。"学而时习之"的
意思便是：学者取得成就，并为社会相因而行，造福天下。③

这样的追求，若是以夫子本人为例，则可说是要效法天道之行
健，故而，"君子曰自强不息"（《周易·乾卦·象传》）④，夫子本人
可谓最佳代表。正是丢掉了人向天道挺进之意，效天、"则天"的努
力未及关注，诸多译文便难以理服人；实亦可说是，无理可言，因为

---

① 赵又春：《论语名家注读辩误》，崇文书局 2012 年版，第 99 页。
② 程树德：《论语集释》，程俊英、蒋建元（点校），中华书局 1990 年版，第 4 页。
③ 刘家齐：《"学而时习之"章新解》，《齐鲁学刊》1986 年第 6 期，第 54 页。
④ 王弼（注）、孔颖达（疏）：《周易正义》（李学勤主编，《十三经注疏》之一），北
京大学出版社 1999 年版，第 10 页。

依《论语》这样的"理"一定是天理及其与人的互动互渗。

在夫子所处的时代,"学"所含有的天道之趣、天理之德,是无可否认,而只能吸纳的。但到了现代,或引历史的原因,解经者直接加以"戏说":

> 这一章好像研究生入学,导师给他们训话,主要是讲学习的快乐。第一乐是个人的快乐,你们来到我的门下。听我传道,按时复习,乐在其中。第二乐是和同学在一起,你们不光自己学,还不断有人慕名而来,成为你们的同学,弦歌一堂,岂不快哉?第三乐是师门以外,别人不了解,千万别生气,因为你们学习的目标,是成为君子,学习是为自己学,别人不知道,照样是君子,你有君子的快乐,内心的快乐,不也很好吗?①

赵又春指出,此解把"时"、"习"、"知"及"愠"四字全部训错。"对全章主旨的领会也不准确,对《论语》开宗明义的头一章就作这种调侃式的解读,更可能给人以不严肃的感觉。"②

但赵又春仍因未及注意"天人"的宇宙论导向,所以,尽管批评

---

① 李零:《郭店楚简校读记》,中国人民大学出版社 2009 年版,第 52 页。我们注意的倒是,经文之中的"说(悦)、乐、不愠",在这里统统解为"乐"? 与之趋同的是这样一种英译:Is it not pleasant to learn with constant perseverance and application? Is it not pleasant to have friends visit from faraway places? Is he not a man of complete virtue, who feels no unease though men may take no note of him? 此例连用两个 pleasant 表示"说(悦)、乐"(Xu Yuanxiang, *Confucius: A Philosopher for the Ages*, Beijing: China International Press, 2014, p. 43)。最新的译文亦为:It is a pleasure if you have learnt something new and put it into practice at regular intervals, isn't it? It is a joy if your congenial friends come to visit you from afar, isn't it? It is the typical manner of a perfect man if you do not feel offended when others fail to know and appreciate your virtues and peculiar capabilities(Shi Zhikang, *Confucius's Analects: Translation & Critical Comments*, Shanghai: Shanghai Foreign Language Education Press, 2019, p. 1)。此译并没有区分"说(悦)、乐",也没有关注君子如何会是 a perfect man(完美无缺之人),而且,儒家何以如此高格调自我称赏? 同时,"人不知而不愠",为什么要"不愠",译文的解释 others fail to know and appreciate your virtues and peculiar capabilities(他人未能了解进而欣赏你的美德和特殊的才能),或只传递出经文的字面意思?

② 赵又春:《论语名家注读辩误》,崇文书局 2012 年版,第 102 页。

了诸多译文，但其新译却未臻完备：

> 译文 18. 学习了一种为人处世的正确道理，又一有机会就运用之、实践之，当是很愉快的；这样自然会道德学问不断进步，可能使你名声大振，以致远处的人都和你结交，向你求教，那就更是一大乐事；当然，未能达到这一步也不必懊恼，那才是君子的风度。①

第四节　英译的知识化之混乱与关键词的现成化

今译不走正途使意义疏解不得通畅。英译"天"亦不见踪迹，而大多走向知识化的现代路径，经文所有的层次感因未能启用方法论而造成前后相混；同时在关键点上毫无创新，而使夫子之教沦为"常识"。

> 译文 19. Is it not pleasant to learn with a constant perseverance and application? Is it not delightful to have friends coming from distant quarters? Is he not a man of complete virtue, who feels no discomposure though men may not note of him?②

"学而时习之"译为"学而坚持不懈、持之以恒，进而加以运用"，可显夫子"好学"之意，但"学"没有对象，似亦无目的？如何坚持，或已成问题？"人或见而不知"（may not note of）不是十分正常的吗？因而，这样的人又何以具有"全德"（complete virtue）？

> 译文 20. It is indeed a pleasure to acquire knowledge and, as you

---

① 赵又春：《论语名家注读辩误》，崇文书局 2012 年版，第 102 页。
② James Legge, *The Analects*, Nanjing: Yilin Press, 2010, p. 2.

go on acquiring, to put it into practice what you have learned. A greater pleasure still is when friends of congenial minds come from afar to seek you because of our attainments. But he is truly a wise and good man who feels no discomposure even when he is not noticed of men. ①

"学"此例解为"学知识",但英文这样的 knowledge 或指 everything that is known; organized body of information②,若属"客观知识",则已与"为己之学"的主旨不符? 而将"乐"译为"更大的乐趣"(a greater pleasure),显然未厘清"说"(悦)与"乐"之别。如此,也就使译文在意涵上出现层次和进展上的混乱。

译文 21. To learn and at due times to repeat what one has leant, is that after all a pleasure? That friends should come to one from afar, is this not after all delightful? To remain unsoured even though one's merits are unrecognized by others, is that not after all what is expected of a gentleman?③

此译"说"(悦)以 pleasure 出之,而"乐"译为 delight,前者意为 state or feeling of being happy or satisfied,或 thing that gives happiness or satisfaction④; 后者的意思则是 great pleasure; joy,或 cause or source of pleasure⑤ (378),正与"说"(悦)和"乐"的次序和重要性相反。

---

① Hongming Ku, "The Discourses and Sayings of Confucius", ed. Huang Xingtao, *Gu Hong Ming Wen Ji*, Haikou: Hainan Publishing House, 1996, p. 348.

② A. S. Hornby, *Oxford Advanced Learner's English-Chinese Dictionary*, Beijing: The Commercial Press, 1997, p. 826.

③ Arthur Waley, *The Analects*, Beijing: Foreign Language Teaching and Research Press, 1998, p. 3.

④ A. S. Hornby, *Oxford Advanced Learner's English-Chinese Dictionary*, Beijing: The Commercial Press, 1997, p. 1126.

⑤ A. S. Hornby, *Oxford Advanced Learner's English-Chinese Dictionary*, Beijing: The Commercial Press, 1997, p. 378.

译文 22. Is it not a pleasure, having learned something, to try it out at due intervals? Is it not a joy to have likeminded friends come from afar? Is it not gentlemanly not to take offence when others fail to appreciate your abilities?①

"学而时习之"之"时"被处理为"间歇性的"（at due intervals），或和"时时深造"之旨恰相反动。"乐"以 joy 出之，而其意为 feeling of great happiness②，在程度上大或重于 pleasure（"说"）。故而，译文亦无层次之别、轻重之分。

译文 23. Is it not a great pleasure to be able to practice frequently what you have learned? Is it not a real delight to have friends come to visit you from afar? Is it not the mark of a man of honor (*junzi* 君子) to not take offence when others fail to appreciate your worth?③

虽 pleasure 和 delight 前分别添加 great 和 real，但并未改变其基本意向和层次。而"不愠"以 take offence 言之，其意为 feel hurt, upset or offended——觉得受到（某事物的）伤害、烦扰或招惹④，不能传达"不愠"之"不怒于心"之意。

译文 24. Isn't it a pleasure to learn and constantly practice what is learnt? Isn't it delightful to have friend coming afar? Isn't he a gentle-

① D. C. Lau, *Confucius: The Analects*, Beijing: China Publishing House, 2008, p. 3.
② A. S. Hornby, *Oxford Advanced Learner's English-Chinese Dictionary*, Beijing: The Commercial Press, 1997, p. 806.
③ Lin Wusun, *Getting to Know Confucius — A New Translation of The Analects*. Beijing: Foreign Language Press, 2010, p. 27.
④ A. S. Hornby, *Oxford Advanced Learner's English-Chinese Dictionary*, Beijing: The Commercial Press, 1997, p. 1017.

man who is not annoyed for not being understood?①

除 pleasure 和 delight 的问题外,以 annoyed 来译"愠",意为 rather angry②,回译为汉语,意为"颇为生气的"或相当恼火,或非"心里不恼"之意?

　　译文 25. To learn something and at times to practice it – surely that is a pleasure? To have friends coming from distant places – surely that is delightful? But not to be resentful at others to appreciate one – surely that is to be a true gentleman?③

此译 pleasure 和 delight 问题同前。"不愠"的原因被解为"他人不欣赏","不愠"则译为"不对之有怨恨或怨尤",似要表现出来,故与"不愠"指向相反。更重要的是,即使能做到对人不怨,没有"怨形于色",那也是一般的礼貌上的表现,充其量属于待人接物的礼节方面的事情,而与"学"之最重要的内涵无甚关系?

　　译文 26. Is it not a delight, to acquire knowledge and put it into practice? Is it not a pleasure to meet friends coming from afar? Is he not an intelligentleman, who is careless alike of being known or unknown?④

此译注意到"说"(悦)和"乐"间的区别和层次关系,分别以 delight 和 pleasure 出之。"君子"以 intelligentleman 出之,是杜撰之

---

① Wu Guozhen, *A New Annotated English Version of the Analects of Confucius*, Fuzhou: Fujian Education Press, 2015, p. 52.

② A. S. Hornby, *Oxford Advanced Learner's English-Chinese Dictionary*, Beijing: The Commercial Press, 1997, p. 49.

③ Raymond Dawson, *Confucius: The Analects*, Oxford: Oxford University Press, 1993, p. 3.

④ Xu Yuanchong, *Thus Spoke the Master*, Beijing: China Intercontinental Press, 2012, p. 9.

词：intelligent + le + man 或 intelli + gentleman。而 intelligent 意为：having or showing intelligence（聪明的、有才智的、有头脑的）①，或与"以德言"或"以位言"的"君子"意义不甚相合。"不愠"译为"无谓"（careless），大谬！因为"不愠"说的是：既为君子，就必"反省"，其自信仍在，故无须"心中起怒"。

译文 27. Study with the seasons wining past, is not this pleasant? / To have friends coming in from far quarters, not a delight? / Unruffled by men's ignoring him, also indicative of high breed?②

和上引诸例一样，"说"（悦）与"乐"分别译为 pleasant 和 delight，不通。"不愠"以 unruffled 出之，意为 not upset or agitated（平静的；镇定的；沉着的）③，不能突出"不愠"之"不"对"愠"的否定和克制。

译文 28. Is it not a pleasure to learn and to repeat or practice from time to time what has been learned? Is it not delightful to have friends coming from afar? Is one not a superior man if he does not feel hurt even though he is not recognized?④

"说"（悦）和"乐"，问题同上。"君子"以 superior man 出之，而形容词意为：better than average（优于一般的；优良的；优秀的；

① A. S. Hornby, *Oxford Advanced Learner's English-Chinese Dictionary*, Beijing：The Commercial Press, 1997, p. 778.

② Ezra Pound, *Confucius*; *The Great Learning*; *The Unwobbling Pivot*; *The Analects*, New York：A New Directions Book, 1959, p. 195.

③ A. S. Hornby, *Oxford Advanced Learner's English-Chinese Dictionary*, Beijing：The Commercial Press, 1997, p. 1667.

④ Wing-tsit Chan, *A Source Book in Chinese Philosophy*, Princeton：Princeton University Press, 1963, p. 18.

优等的）或 better, stronger, etc. than sb/sth（比某人某物）好的，强
的等；higher in rank or position（级别或地位较高的）①。合而言之，
当为"高人一等的人物"，或有"以位言"之意，不一定有"以德
言"的意向？

　　译文 29. To learn, and at due times to practice what one has
learned, is that not also a pleasure? To have friends come from afar, is
that not also a joy? To go unrecognized, yet without being embittered,
is that not also to be a noble person?②

　　"不愠"出之以 embitter，意为 fill（sb/sth）with bitter feelings
[使（某人）苦恼；使（某物）令人苦恼]③，"苦"味太浓，行之过
远，与夫子"诲人不倦"（《论语·述而》）④ 的心态或精神不合？

　　译文 30. Is it not a pleasure to learn and to repeat or practice from
time to time what has been learned? Is it not delightful to have friends
coming from afar? Is one not a superior man if he does not feel hurt
even though he is not recognized?⑤

　　"说"（悦）与"乐"问题同前。"时"以 from time to time 出之，

---

① A. S. Hornby, *Oxford Advanced Learner's English-Chinese Dictionary*, Beijing: The Commercial Press, 1997, p. 1534.

② Irene Bloom, "Confucius and Analects", eds. Wm. Theodore de Bary and Irene Bloom, *Sources of Chinese Tradition（Vol. I）*, Princeton: Princeton University Press, 1991, p. 56.

③ A. S. Hornby, *Oxford Advanced Learner's English-Chinese Dictionary*, Beijing: The Commercial Press, 1997, p. 470.

④ 何晏（注）、邢昺（疏）：《论语注疏》（李学勤主编，《十三经注疏》之十），北京大学出版社 1999 年版，第 84 页。

⑤ Annping Chin, *The Analects*, New York: The Penguin Group, 2014, p. 16.

意为 now and then；occasionally（时不时；偶尔；间或）①。若"学习"对象是"天道与人道相合之要"，"道也者，不可须臾离也，可离非道也"（《礼记·中庸》）②，如此处理可能不通。

译文 31. Isn't it a pleasure to study and practice what you have learned? Isn't it also great when friends visit from distant places? If people do not recognize me and it doesn't bother me, am I not a noble man?③

"说"（悦）译为 pleasure，而"乐"出之以 great，后者若有"大哉"之意，则在程度上便高于 pleasure？因而，此译轻重不分、层次无别？"君子"以 noble man 出之，形容词"贵族的"和"高尚的"兼而有之，但不一定具有"领袖"意味。

译文 32. Having studied, to then repeatedly apply what you have learned － is this not a source of pleasure? To have friends come from distant quarters － is this not a source of enjoyment? To go unacknowledged by others without harboring frustration － is this not the mark of an exemplary person（*junzi* 君子）?④

"说"（悦）译作"欢愉之源"（a source of pleasure），"乐"则为"愉悦之源"（a source of enjoyment），enjoyment 意思正为 pleasure；

---

① A. S. Hornby, *Oxford Advanced Learner's English-Chinese Dictionary*, Beijing：The Commercial Press, 1997, p. 1598.

② 郑玄（注）、孔颖达（疏）：《礼记正义》（李学勤主编，《十三经注疏》之六），北京大学出版社 1999 年版，第 1422 页。

③ A. Charles Muller, *The Analects of Confucius*, http：//www. acmuller. net/con-dao/analects. html, 2018.

④ Roger T. Ames and Henry Rosemont, *The Analects of Confucius：A Philosophical Translation*, New York：The Ballantine Books, 1998, p. 596.

satisfaction（愉快；欢乐；乐趣；满意）。二者词义同一，译文见不到意义的内涵变化和层次之别？两处添加 source 一词，若可指"心源"，第二次的用法便甚可疑。而"不愠"译文 without harboring frustration，frustration 动词 frustrate 意为 prevent（sb）from doing or achieving sth ［阻止（某人）做成某事，妨碍］，或 make（efforts，etc）useless，defeat ［使（努力等）无效，失败］，以及 upset or discourage（sb）［扰乱或阻扰（某人），使沮丧，使灰心］①，此词或可传达夫子不畏艰难或知难而进的坚韧，但若前文见不到夫子作为之所向，世人是否认可（go unacknowledged），是否因为夫子并没有多少贡献，或他对人类文化并未做出有价值的成就，人格也就并不一定太高？而"君子"以 exemplary person 出之，而形容词意为：serving as an example；suitable for imitation ［（是某事物）的典范，可作楷模的］；以及 serving as a warning（用作警戒的）②；合而言之，回译可为"典范人物"，或可突出人的品德。

第五节　"知天"的追求与新译的取向

注意到了上引译文之中的有关问题，就有必要重回夫子之教的系统理论，亦即为中庸之道，依之为据，可得新译：

译文 33. 学文献之所论，习先贤之所为，时时有为 ［以持法天之意，］其悦在心，何以类之！志同道合之友自远方而来，［带来异域消息，］其乐何似！世人不知我之所求，并无愠色 ［反身自省，继续修炼，而持之以恒］，不正可引领群伦？

译文 34. What a delight within it is to learn（to get into the inter-

---

① A. S. Hornby, *Oxford Advanced Learner's English-Chinese Dictionary*, Beijing：The Commercial Press, 1997, p. 1667.

② A. S. Hornby, *Oxford Advanced Learner's English-Chinese Dictionary*, Beijing：The Commercial Press, 1997, p. 501.

action between *tian* and man through the things the ancients have left us) and practice as it is due in daily life! What a pleasure without it is to have like-minded friends coming from afar (who bring tidings of *Yin* and *Yang* but who still have things to discuss with me)! And what a mark of the flock-head (君子) it is to harbor no resentment even though the world does not understand you?

夫子热情讴歌"学"之追求和梦想，试图使之走向"远方"，而得世人之解，且从未灰心、失望，而是"自强不息"、孜孜以求。"消息"取一消一息之意，以凸显阴阳之道之旨。《周易·丰卦·象传》云："日中则昃，月盈则食，天地盈虚，与时消息，而况于人乎？况于鬼神乎？"孔颖达"正义"曰："天之寒暑往来，地之陵谷迁贸，盈则与时而息，虚则与时而消。"① 友人之来既"自远方"，其地必有异于我者，故称之为"异域"；而彼处虽远虽异，但毕竟亦应守阴阳之道，身在他处，而有"消息"之识。尽管如此，"朋"仍来与我相互切磋，或可说明，大道真正在我，而可求可知。这样，天道与人道合一的奥妙，也就在"消息"之识之后，因"朋"的来到，而得空前强化。

不过，也毕竟是友人知我之所求，他人则不一定对大道之要有何体会，"不知"也就可能是一种异常的"常态"，为之不能有"愠色"（《论语·公冶长》）②，只能是效法"天行健"，而"自强不息"（《周易·乾卦·象传》）③，才可领袖群伦，亦趋向"君子"。当然，夫子之追求不一定是做政治家，而是要匡正人类社会之失，而助之走上正道。夫子有此浩气，有此担当，故可大任在肩。

---

① 王弼（注）、孔颖达（疏）：《周易正义》（李学勤主编，《十三经注疏》之一），北京大学出版社1999年版，第224页。
② 何晏（注）、邢昺（疏）：《论语注疏》（李学勤主编，《十三经注疏》之十），北京大学出版社1999年版，第64页。
③ 王弼（注）、孔颖达（疏）：《周易正义》（李学勤主编，《十三经注疏》之一），北京大学出版社1999年版，第10页。

此处之解或可与"学"之目的及其所运用的要求统一起来，也可将"学"和作为"学者"之"半"的"教"统一起来。而这意味着，经文由"学"导向"习"，强调的是"含章内映"；继而由"我"引向"朋"，因此而及于彼，或熟悉的走向异域的、陌生的，但既然是朋友，那便会如《春秋公羊传》之中所说的，"其诸君子乐道尧、舜之道与"。许彦疏曰："云德合者相友也，友者，同志之名。言孔子之德合于尧舜，是以爱而慕之。乃作《春秋》，与其志相似也。"① 同样地，既然"自远方"，且被访者有兴高采烈之"乐"，那定可说明，这样的"朋"志趣相投，而可为同道。故而，大家都会坚持尧舜的理想，时时习练，而力图推行于世。良友既来与我商讨、切磋，我必有自豪之处。但即令"我"本身孜孜不倦，已经领会大道之奥妙，而且，还有"朋"来访，说明习练已有成绩，但世人仍是"不知"的。因而，也只能是反躬自问，而不断内省，进而再下功夫，而不能松懈，以求未来能使世人之知接近天道之理想。经文愈转愈深，三阶段清晰明了，译文亦应以之为法。

还有必要说明，"天"的英译仿照安乐哲与罗思文的处理②；而"君子"之所以译为 flock-head，杜撰旨在突出此字本身的含义。据字典，"《说文·口部》：'君，尊也。从尹；发号，故从口。'本义为掌管治理能发号施令之人"③。"人之生不能无群。"（《荀子·富国篇》)④ 可以看出，就《论语》"君子"而论，不论"以德言"还是"以位言"，基本意指都未有大的变化，即令默无一语，也一样能以其品性和能力影响世界，故而可"尊"为"人群"之中的"领袖人物"。英文 flock 的意思是：group of sheep, goat or birds of the same kind, either kept together or feeding and travelling together ［（同一种的羊

---

① 公羊寿（传）、何休（解诂）、许彦（疏）：《春秋公羊注疏》（李学勤主编，《十三经注疏》之八），北京大学出版社 1999 年版，第 628 页。

② Roger T. Ames and Henry Rosemont, *The Analects of Confucius: A Philosophical Translation*, New York: The Ballantine Books, 1998, p. 46 - 48.

③ 《汉字源流字典》，谷衍奎（编），华夏出版社 2003 年版，第 313 页。

④ 王先谦：《荀子集释》，中华书局 1954 年版，第 116 页。

或鸟的）一群]；large crowd of people（人群；群众）；以及 number of people in sb's care，esp Christian churchgoers under a priest［（由某人照管的）一群人；（尤指同一牧师管辖下的）全体教徒]①。夫子有言"鸟兽不可与同群，吾非斯人之徒与而谁与？天下有道，丘不与易也"（《论语·微子》)②，突出的正是他要积极行道于世，匡正天下，而与世人不离不弃，因而，必成"群伦之首"。

第六节　本章小结

论者认为，子思撰述的《中庸》"基本宗旨是将'中庸'作为儒学的关键性范畴或熟悉方法突出出来，并将之置于'诚'的本体论之上。其'天命之谓性，率性之谓道，修道之谓教'的论断，无疑是中国思想史上一次超越性的迈进"③。上述分析或可揭示，《学而》章由"学习"之"说"（悦）、走向"有朋"协商之"乐"并最终导向"不愠"的君子之境，层层推进，愈转愈深，内容和形式两方面都是中庸之道的体现。

刘述先所说的"回环道路"未及触及中庸之道，显系不审，而不就"为己之学"入手，不究《学而》章之系统性意义，当然无以触及"仁者，爱人"（《论语·颜渊》)④ 本身的"回环"。依此，则《论语》之中最为重要的概念"仁"，其根本的意向就是人的本性的保持和自我归入。而以上文所述，这一重要的指向是由中庸之道来揭示的。以此观之，此道之用大矣！至少，我们需要开始思考：传统的解经以及现代的译解，是否因为并没有关注夫子的哲学思想而造成了

---

① A. S. Hornby，*Oxford Advanced Learner's English-Chinese Dictionary*，Beijing：The Commercial Press，1997，p. 561.

② 何晏（注）、邢昺（疏）：《论语注疏》（李学勤主编，《十三经注疏》之十），北京大学出版社1999年版，第250页。

③ 杨义：《论语还原》（上册），中华书局2015年版，第31页。

④ 何晏（注）、邢昺（疏）：《论语注疏》（李学勤主编，《十三经注疏》之十），北京大学出版社1999年版，第168页。

很多本不应该出现的问题？而影响所及，《论语》的外译和外传，是否也并不能达到基本的要求，尤其是在其精神实质上？

不过，本章所论，也只是以《学而》一章为例，来说明，在未及"天道"的情况下，今译已不能传达夫子之教的消息；英译则山高水远，也并不能做到"有朋自远方来"而沟通协商。两类译文的最大问题是，它们都未依中庸这一正确的路径理解经文，因而，译文大多不见递进，没有层次之别，而前后用语意涵混乱。英译的另一严重问题是，直接在目的语中以现成的词语取代夫子之教的关键词；如此，也就无法突出其真正的意向，而使之陷入平庸的黑格尔所云的"常识"① 之中。

今日解经已成历史重构，不仅要重新回到儒家，启用其思想方法论，撑开其精神的宇宙，而且，还要关注如何真正"走出去"，而将夫子之教落到实处。若上述现象并不是《论语》外传独有的问题，儒家乃至中华经典的外译是否应有相应的回归？

---

① ［德］黑格尔：《哲学史讲演录》（第二卷），贺麟、王太庆（译），商务印书馆1959 年版，第 119 页。

第八章 "圣人气象"如何再现？
——论《论语》的
"心源"导向的
跨文化英译

第一节 问题的提出

1938年，毛泽东提出："从孔夫子到孙中山，我们应当给以总结，承继这一份珍贵的遗产。"① 他在诗中歌吟："六亿神州尽舜尧。"（《七律二首·送瘟神》之二）此语出自《孟子·告子下》："人皆可以为尧舜。"② "言必称尧舜"的孟子强调："舜何人也？予何人也？有为者亦若是。"（《孟子·滕文公上》)③ 孔子颂扬尧"焕乎！其有文章"（《论语·泰伯》)④，盛赞舜"无为而治"、"恭南面而已矣"（《论语·卫灵公》)⑤；但自谦"若圣与仁，则吾岂敢"（《论语·述

① 毛泽东：《毛泽东选集》（第二卷），人民出版社1991年版，第534页。
② 赵岐（注）、孙奭（疏）：《孟子注疏》（李学勤主编，《十三经注疏》之十一），北京大学出版社1999年版，第321页。
③ 赵岐（注）、孙奭（疏）：《孟子注疏》（李学勤主编，《十三经注疏》之十一），北京大学出版社1999年版，第128页。
④ 何晏（注）、邢昺（疏）：《论语注疏》（李学勤主编，《十三经注疏》之十），北京大学出版社1999年版，第106页。
⑤ 何晏（注）、邢昺（疏）：《论语注疏》（李学勤主编，《十三经注疏》之十），北京大学出版社1999年版，第208页。

而》)①。时至今日,人对理想人格的追求并未改变:"圣人"或仍为最高典范,故而还有人讲:"我自幼读的是圣门的书,所信的就是圣人所说的那些道理。"② 因而,"圣人气象"的探讨和跨文化研究自有其历史意义。

但《论语》乃至众多儒家经文的跨文化译解一直有一个严重问题,即未从"经"的高度释之,而是将之视为负载"意义"的所谓"文本",充其量再加上"经典"字样但并不深究其意涵。这样,便可分出移译的层次:最浅显的是信息的传递,较深的是知识(系统)的建构;但少见研究者和译者关注如何领悟"传道"的要义。无视"圣人之道",不仅不能探究儒家的形而上庄严和思想深度,也必不能突出圣人的形象甚至会将其扭曲。

"经"既为"经",经文乃"载道"之体,而"道也者,不可须臾离也,可离非道也"(《礼记·中庸》)③。但目前看到的,译文或译解却是在字面上用力而不知体会于内。如许渊冲将"学而时习之"之"学"直接译为 acquire knowledge④,且强调:"'学'就是取得知识,'习'就是付诸实践。"依之,"获得了知识,并且经常应用,那不是很愉快的事吗? 这句话说明了认识和实践的关系,说明了实践是得到知识的方法,愉快是得到知识的结果,也可以说是目的,一句话中包含了认识论、方法论和目的论,真是内容丰富、言简意赅"⑤。如此简单化的解释,一不知程树德早就说过"今人以求知识为学,古人则以修身为学"⑥;二不明中西哲学的基本区别:"中国学术思想既鲜与西方相合,自不能以西方哲学为标准来定取舍。若以逻辑与知识

① 何晏(注)、邢昺(疏):《论语注疏》(李学勤主编,《十三经注疏》之十),北京大学出版社 1999 年版,第 97 页。

② 齐如山:《齐如山回忆录》,辽宁教育出版社 2005 年版,第 343 页。

③ 郑玄(注)、孔颖达(疏):《礼记正义》(李学勤主编,《十三经注疏》之六),北京大学出版社 1999 年版,第 1422 页。

④ Xu Yuanchong, *Thus Spoke the Master*, Beijing: China Intercontinental Press, 2012, p. 9.

⑤ 许渊冲:《〈论语〉译话》,北京大学出版社 2017 年版,第 2 页。

⑥ 程树德:《论语集释》,程俊英、蒋建元(点校),中华书局 1990 年版,第 4 页。

论的观点看中国哲学，那么中国哲学根本没有这些，至少可以说贫乏极了。"①

稍微深入者，提倡的是"知识化"的路子。如鄢秀、郑培凯特别强调："译者也就身不由己，成了半路出家的解经学者"；依之，译者"虽然也是学者，但毕竟是以翻译介绍中国经典与文化为专业正职，不是解经学领域的专家"，大概也就无须"穿越回到［了］古代"。② 如此知识化，译者必立身事外，将圣人之道视为"可认识"、"可系统化"进而才能"把握"的客观对象，而不是需体认、应感知、必为之所感化的"道"。如此，译者是以所谓的"主体"来"认识""客体"，如此才可对之求知。但这样可入"求道之门"吗？有两点或已否定其可能性：（一）"主体如何才能与客体同一的问题"，诸如柏拉图、康德、胡塞尔及萨特都未解决③。（二）主客体二分取向必与天人合一的中国智慧之求背道而驰。

若欲企及天道、人道之合，则必遵"中庸之道"，而升至"仁道"理想，最终才可在跨文化语境中再塑并突出那个超历史、超文化的伟人形象，以之为中华文化的代表人物。此一问题，可从朱熹《四书章句集注》对夫子"言志"——"安信怀"（《论语·公冶长》）④的解释论起。不过，尽管朱子引程子此语，但似并未清楚地说明何为"圣人气象"，其解释亦实不能与之相匹。细审汉学之解乃至现代译文及其此章的英译，亦未见关注。先看朱熹之注：

> 老者养之以安，朋友与之以信，少者怀之以恩。一说：安之，安我也；信之，信我也；怀之，怀我也。亦通。程子曰："夫子安仁，颜渊不违仁，子路求仁。"又曰："子路、颜渊、孔

---

① 牟宗三：《中国哲学的特质》，上海古籍出版社 1997 年版，第 17 页。

② 鄢秀、郑培凯：《"素以为绚"与"绘事后素"的注疏与英译》，《东方翻译》2017 年第 3 期，第 49—55 页。

③ 金惠敏：《后儒学转向》，河南大学出版社 2008 年版，第 7 页。

④ 何晏（注）、邢昺（疏）：《论语注疏》（李学勤主编，《十三经注疏》之十），北京大学出版社 1999 年版，第 68 页。

子之志，皆与物共者也，但有小大之差尔。"又曰："子路勇于义者，观其志，岂可以势利拘之哉？亚于浴沂者也。颜子不自私己，故无伐善；知同于人，故无施劳。其志可谓大矣，然未免出于有意也。至于夫子，则如天地之化工，付与万物而己不劳焉，此圣人之所为也。今夫羁靮以御马而不以制牛，人皆知羁靮之作在乎人，而不知羁靮之生由于马，圣人之化，亦犹是也。先观二子之言，后观圣人之言，分明天地气象。凡看论语，非但欲理会文字，须要识得圣贤气象。"①

他所说的"圣人之化"落实于"御马"之喻，似在强调，让物回归其本身。但"安信怀"如何使之回归，论述并不明确？他认为，两个解释都说得通：一者主语为"我"，是夫子自指；一者"之"字指"我"。二者既未合一，若都可成立，哪一解可真正突出"圣人气象"？而且，他所引的程伊川的论断其本身就强调不能以文辞来解夫子之志②。他本人的解释，并未完全依循此理？更何况，不论将主语定为"我"还是相应的"老人"等，都会纠缠于"人事"，而不一定导向夫子之"志"：我若使老者安，那么，"我"具有特立独行的能力，优于他人？若老者安，即为我的理想，如此解释背后隐含的还是，只有"我"才可使之"安"或愿其"安"，但他人与之有关吗？若局限于二者间的关系，他人存而不论，还能体现夫子心怀天下的志向？若无他人，"天下"何在？但它毕竟早已存在，对之不予正视，是否君子已成疑问，遑论"圣人"？不论人我、彼此，重点在于，如何突出"为己之学"的内向趋势，而得见"修德"之魅力，人才可"安于自身"而趋天道人道之合。而如此内在化的倾向，在朱子以及诸多注经者的解释中未见突出。

这样，不取向"内心"而专注于外，已使解释滑向平庸；偏于一

---

① 朱熹：《四书章句集注》，中华书局1983年版，第82—83页。
② 程颢、程颐：《二程集》，王孝鱼（校），中华书局2006年版，第284页。

端，难见"执其两端，用其中于民"（《礼记·中庸》）①，背离了"中庸"的基本要求。本章试图对之加以解析，并且试图说明，只有依之，才可企及夫子之志，并最终趋向"圣人气象"，进而对今译英译提出针对性的批评并推出新译，以期说明如何再造文辞以应儒家思想的外传之所需。

第二节　"安信怀"的传统注疏及其当代沿袭

若上文所说不无道理，那么，似就应转换视角释解"安信怀"。但解者很少这样做。钱穆如是说：

> 老者安之，朋友信之，少者怀之：此三之字，一说指人，老者我养之以安，朋友我交之以信，少者我怀之以恩也。另一说，三之字指己，即孔子自指。己必孝敬，故老者安之。己必无欺，故朋友信之。己必有慈惠，故少者怀之。《论语》多言尽己工夫，少言在外效验，则似第一说为是。然就第一说，老者养之以安，此必老者安于我之养，而后可以谓之安。朋友交之以信，此必朋友信于我之交，而后可以谓之信。少者怀于我之恩，而后可以谓之怀。是从第一说，仍必进入第二说。盖工夫即在效验上，有此工夫，同时即有此效验。人我皆入化境，不仅在我心中有人我一体之仁，即在人心中，亦更与我无隔阂。同此仁道，同此化境，圣人仁德之化，至是而可无憾。然此老者朋友与少者，亦指孔子亲所接对者言，非分此三类以该尽天下之人。如桓魋欲杀孔子，桓魋本不在朋友之列，何能交之以信？天地犹有憾，圣人之工夫与其效验，亦必有限。②

---

① 郑玄（注）、孔颖达（疏）：《礼记正义》（李学勤主编，《十三经注疏》之六），北京大学出版社1999年版，第1425页。

② 钱穆：《论语新解》，生活·读书·新知三联书店2002年版，第135—136页。

此解承朱子之所论："之"或指孔子本人，或指"老朋少"。如此，"安信怀"也就被规定为二者间的交际或关系问题：要么"我"（夫子）使人如此，要么夫子希望看到后三者能如是。那么，只有在"我"的关注之下或经由"我"的志意，"安信怀"才能发生？但如上所述，即令其发生，那也是特定的"人我"彼此间的事情，当不能概括夫子"心怀天下的宏志"？有人或许会说，夫子这里所说的就是个人的志愿，如此质疑，不是很勉强吗？不过，若在他处，语境或可决定一切；但在这里，既是"言志"，若不放眼天下，宏愿何见？而且，若言不及"心"，岂能有"志"？

钱穆还认为，应由第一说再进入第二说，才有道理，也就是"我与人"形成互动关系。此解与他另一著作的观点相一致：

> 子路率尔以对，愿能以财物与朋友相共，而无私己之意。颜渊则能自财物以进至于德业。己有善，不自夸伐。有劳于人，不自感由我施之。尽其在我，而泯于人我之迹。此语子路实为同一心胸、同一志愿，而所学则见其弥进矣。至孔子，则不仅原其在己心中只此一体之仁。即在与己相处之他人，亦愿其同在此仁道中，同达于化境，不复感于彼我之有隔。在我则老者养之以安，而老者亦安我之养。朋友交之以信，而朋友亦信我之交。幼者怀之以恩，而幼者亦怀我以恩。其实孔子此种心胸志愿，亦仍与子路、颜渊同，只见其所学之益进而已。若使孔子此志此道能获得政治上施展，则诚有如子贡所言："夫子之得邦家，所谓立之斯立，道之斯行，绥之斯来，动之斯和。"（十九）孔子抱斯道于己，岂有不期其大行于世。①

钱穆此论，比他接续朱子之所论，似更进一步。的确，三"之"字，不论是指"我"还是"老朋少"，以之为中心作解，其结果一定

---

① 钱穆：《孔子传》，生活·读书·新知三联书店 2012 年版，第 26—27 页。

是偏于一端。而"老者"若能对"我"之所"安"也加以反应，则一定能"安其所安"：二者互动，则天下相安。至于"我"与"朋友"及"少者"，亦复如是。但和上引钱注一样，若说如此便能达"一体之仁"，仍大有疑问：这还是在强调"我"与其相接者的关系，而未走出特定语境。纠缠于"人事"，又如何心怀天下，而见其抱负之伟岸？因此，夫子之"志"应释为"心志"才说得通。但和朱子一样，钱氏似也并未突出此意。

细究便会发现，邢昺的"疏"和皇侃的"义疏"也都有问题。邢昺疏云："此夫子之志也。怀，归也。言己愿老者安，己事之以孝敬也。朋友信，己待之以不欺也。少者归，己施之以恩惠也。"① 依此，老者之所以"安"，是因"己待之以敬"，余者亦复如此。钱穆的第二个解释应为此解的回音。但人若指与"我"相接之人，二者相互关心，各得其自在，他人又当如何？此解并未顾及。仁爱若未普施天下，一体之仁何以成立？皇侃义疏曰："孔子答也。愿己为老人所见抚安，朋友必见期信，少者必见思怀也。若老人安己，己必是孝敬故也；朋友信己，己必是无欺故也；少者怀己，己必有慈惠故也。乐肇曰：'敬长故见安，善诱故可怀也。'"② 此解与何晏之疏取向一致，但偏重"我"对"老少朋"的"施惠"，仍欲突出一己之"仁"。"老朋少"趋于"安信怀"，皆为"我"先行施与的恩惠所致，"有恩与人"即为夫子之"志"的前提？这显然没有什么道理。

若夫子只重个人帮助他人的能力，那可能只是行善，甚至是物质方面的，而不一定涉及精神生活。也就是说，"老朋少"不一定能动之以情。而如此不可能感动他人的作为，如何使之真正"安信怀"？易言之，注解不从"人心"出发，夫子之"心志"便会蜕变为对"他人欲求"的迎合；若不突出他人的"心"本有的善心及其接纳真

---

① 何晏（注）、邢昺（疏）：《论语注疏》（李学勤主编，《十三经注疏》之十），北京大学出版社1999年版，第68页。

② 皇侃：《论语义疏》，高尚榘（校点），中华书局2013年版，第123页。

挚情感的力量即回应、回馈的能力,则即令夫子之"心志"为其真情吐露,也不见得对方能真正感受得到。其次,如此,钱穆所说的"效验"或为如此的"酬报":只要"你"(即夫子之"我")肯给予,"我们"("老朋少")当可收取,而这样的恩惠恩赐并不鼓励或激发接受者的精神境界的提升,反而有可能使之贪得无厌或欲求膨胀?最后,若一方一味地给予,而另一方无所顾忌地接纳,会形成放纵:贪婪滋生懒惰或"有耻且格"(《论语·为政》)① 的反面?

因施与而来的"安信怀"若造成私欲膨胀、世风日下,便不能导向"大道之行也,天下为公"(《礼记·礼运》)②。故而,康有为因之而提出的"故大同必老安少怀友信,绝去仅私其家之事,乃可成大同之道也"③ 难以实现。

倒是《荀子·子道》中的对话,可提供思路,将解释引向正途:

> 子路入,子曰:"由,知者若何?仁者若何?"子路对曰:"知者使人知己,仁者使人爱人。"子曰:"可谓士矣。"子贡入,子曰:"赐,知者若何?仁者若何?"子贡对曰:"知者知人,仁者爱人。"子曰:"可谓士君子矣。"颜回入,子曰:"回,知者若何?仁者若何?"颜渊对曰:"知者自知,仁者自爱。"子曰:"可谓明君子矣。"④

《孔子家语·三恕》亦有记载,文字略异⑤。这段话显然是说,人只有回归自身,才可达致极境。那么,如此的"自反"(《孟子·

---

① 何晏(注)、邢昺(疏):《论语注疏》(李学勤主编,《十三经注疏》之十),北京大学出版社 1999 年版,第 15 页。

② 郑玄(注)、孔颖达(疏):《礼记正义》(李学勤主编,《十三经注疏》之六),北京大学出版社 1999 年版,第 658 页。

③ 康有为:《论语注》(一),广西师范大学出版社 2016 年版,第 147 页。

④ 王先谦:《荀子集释》,中华书局 1954 年版,第 350 页。

⑤ 张涛:《孔子家语译注》,人民出版社 2017 年版,第 92 页。

离娄下》）①　才合乎"古之学者为己"（《论语·宪问》）②　的精神：自足自立，葆有一颗纯粹的心的力量，才能"安信怀"：不论"安人所欲安"、"信人之所欲信"和"怀人所欲怀"，抑或"人安之方安"、"人信后始信"和"人怀而可怀"，夫子之"志"突出的都是人的自立，而不是他立；是自主，而非为人所主。在此前提下，才谈得上"为人所安"、"为人所信"和"为人所怀"；而且，也只有不断回到自立、自主这一"心灵"主宰者的地位，人才能真正"安之所应安"、"信之所应信"及"怀之所应怀"，立身于世而得其自在。

若认可"安信怀"即人立足于其中的那种"心灵"超拔，那么，"老者"便应"安于自身之所应安"，"朋友"也该"信其所应信"，"少者"亦须"怀之所应怀"。这样，解释便是以"安信怀"为中心展开，而不是拉向三个"之"字。于是，便会注意到，"之"意味着"安信怀"的重复。③　因为，老者须回到"安之所应安"，朋友也应回归"信之所应信"，少者亦必回到"怀之所应怀"。如此才可说明，

---

①　赵岐（注）、孙奭（疏）：《孟子注疏》（李学勤主编，《十三经注疏》之十一），北京大学出版社 1999 年版，第 233 页。

②　何晏（注）、邢昺（疏）：《论语注疏》（李学勤主编，《十三经注疏》之十），北京大学出版社 1999 年版，第 195 页。

③　杨逢彬解释，"安之、信之、怀之""这三个词组都是使动用法，意谓让老者安定，让朋友信任，让幼者怀念"，强调"秦汉典籍中这种表达很常见"［杨逢彬：《论语新注新译》，陈云豪（校），北京大学出版社 2016 年版，第 104 页］，并且列举出《国语·吴语》《墨子·尚贤中》《礼记·学记》及《金楼子·戒子》中同样的句式以为例证。但我们认为，这是从语法角度来说明问题，并不一定能突出《论语》或者说儒家思想最为典型的表达方式。如《论语·颜渊》载"樊迟问仁"，夫子答以"爱人"［何晏（注）、邢昺（疏）：《论语注疏》（李学勤主编，《十三经注疏》之十），北京大学出版社 1999 年版，第 168 页］，《孟子·离娄下》概括为"仁者爱人"［赵岐（注）、孙奭（疏）：《孟子注疏》（李学勤主编，《十三经注疏》之十一），北京大学出版社 1999 年版，第 233 页］，后世已成成语。《礼记·中庸》中亦有"仁者，人也"［郑玄（注）、孔颖达（疏）：《礼记正义》（李学勤主编，《十三经注疏》之六），北京大学出版社 1999 年版，第 1440 页］之句。如前所示，"人"是"仁"的重复或曰循环、回复、回归，而"爱"（作为"仁"的基本意向）字也是它的再次复现。《礼记》中的论断亦复如是。而此一句式，正可印证朱子所说的"圣人之大化之功"：使事物归入自身。因而，执政者所要做的，最高的境界，就是"君君，臣臣，父父，子子"（《论语·颜渊》）［何晏（注）、邢昺（疏）：《论语注疏》（李学勤主编，《十三经注疏》之十），北京大学出版社 1999 年版，第 163 页］，如此才可彰显"仁者爱人"之义。

他们的心灵,在与施加"安信怀"进而促发其互动的另一方在思想情感交流过程中,可发生"自反"。不如此解释,便仍会沦入"人事"或人际关系的互通有无,而不是自立的心灵本身的滋养和强大,当然也就不合乎仁者"爱人"(《论语·颜渊》)①的意向:若自立的人,陷入特定条件下的既定关系,是否也就可能被拉进说不清道不明的"赐予"和"受益"的"借贷"和"欠债"的利益锁链中,而不能促成心灵的相互启迪、互助的真诚以及其他友好的表现? 人若沦入"利"之不足,而不及"义"之恰如其分和适时而动,还有可能顾及一己心灵的自在和健康吗?

因而,我们这里推出的这一解,突出的是"其自反而仁矣"、"君子必自反也"(《孟子·离娄下》)②导向人本身的自我回归:在"安信怀"的心灵互动过程中,人才能激发自己的心性之力,进而不断走出自身,而体会到"老吾老,以及人之老;幼吾幼,以及人之幼"(《孟子·梁惠王上》)③的儒家天下情怀和理想:他人若已如此关怀你,加以仿效,又怎能做不到"己欲立而立人,己欲达而达人"④(《论语·雍也》)?《论语·颜渊》有夫子之语"为仁由己,而由人乎哉"⑤,说的正是:如此自立的人,等于是心怀大爱之人,若世界充满了这样的爱心之士,大爱遍及世界,又何愁不出现"大道为公"的理想社会? 也只有在这一意义上,即在人不断自我回归,并且彼此精神上相互扶持、互助呼应的前提下,"大同之世"才真正可能? 但如上所述,到目前为止,并未见到对夫子"安信怀"之"志"

---

① 何晏(注)、邢昺(疏):《论语注疏》(李学勤主编,《十三经注疏》之十),北京大学出版社1999年版,第168页。

② 赵岐(注)、孙奭(疏):《孟子注疏》(李学勤主编,《十三经注疏》之十一),北京大学出版社1999年版,第233页。

③ 赵岐(注)、孙奭(疏):《孟子注疏》(李学勤主编,《十三经注疏》之十一),北京大学出版社1999年版,第21页。

④ 何晏(注)、邢昺(疏):《论语注疏》(李学勤主编,《十三经注疏》之十),北京大学出版社1999年版,第83页。

⑤ 何晏(注)、邢昺(疏):《论语注疏》(李学勤主编,《十三经注疏》之十),北京大学出版社1999年版,第157页。

如此作解。因而，后文所引的今译和英译，都有必要予以解构，以便重新做起。

第三节 今译中的夫子：看似廓然大公 实则暗含自私自利？

经文：子曰："老者安之，朋友信之，少者怀之。"（《论语·公冶长》）①

译文1. 孔子道："〔我的志向是，〕老者使他安逸，朋友使他信任我，年青人使他怀念我。"②

依此译，一切以"我"为中心，"我"所做的要求回报，因为施与的目的就是使人"信任"、为人"怀念"？夫子并非"无私"，因而其"志"并非出自纯粹质朴的内心？

译文2. 先生说："我愿对老者，能使他安。对朋友，能使他信。对少年，能使他于我有怀念。"③

除上述问题外，此译的合理性更为可疑："使老者安"，难道说不就是任何人都应做得到的？夫子既是谈一己之志，他有必要采用一般常识作为重点强调吗？反过来看，若对"朋友不信"，朋友如何算是朋友？朋友本身不就已含有"诚信"之义，夫子如此道及，所为何来？因而，若不就形而上来解，今译很难有什么道理可说？这里点出的"我"是要突出，普天下只有一人能做到使人"安信怀"，且有可

---

① 何晏（注）、邢昺（疏）：《论语注疏》（李学勤主编，《十三经注疏》之十），北京大学出版社1999年版，第68页。
② 杨伯峻：《论语译注》，中华书局1980年版，第53页。
③ 钱穆：《孔子传》，生活·读书·新知三联书店2012年版，第136页。

能是"强加于人"?

> 译文 3. 孔子说:"对老者加以安抚,对朋友加以信任,对少者加以爱护。"①

和译文 2 一样,夫子之志在此译中也不过是常态的、常见的、一般人都能做得到的,因而,可能不是理想?而且,若"我"非要将什么"[施]加"于人,那种"德",如"安信怀"等,就不一定是被施与者本有的,后者还算得上真正的生存于世的人吗?

> 译文 4. 孔子说:"使老一代安心,朋友一代信任,年轻一代关怀。"②

此译的"使"具有和译文 3 中的"加"一样的"使动"的意向。而最后半句"年轻一代关怀",并不清楚施加者究竟为何人?

> 译文 5. 孔子说:"使老年人都得到赡养,使朋友们都互相信赖,使青少年都得到照顾。"③

此译突出,夫子希望看到,人类社会物质发达,故而一切都能得到"保障",如"赡养"和"照顾"之所示。但如夫子感叹卫国之"庶、富、教"(《论语·子路》)④之排序所能体现的,夫子终极的思想导向还是教人如何"成人"亦即为"自我回归",因而,物质条件是低层问题,当不是其"志向"所应突出的?译解既不能彰显人

---

① 孙钦善:《论语本解》,生活·读书·新知三联书店 2009 年版,第 59 页。
② 李泽厚:《论语今读》,中华书局 2015 年版,第 103 页。
③ 傅佩荣:《人能弘道:傅佩荣谈论语》,东方出版社 2018 年版,第 146 页。
④ 何晏(注)、邢昺(疏):《论语注疏》(李学勤主编,《十三经注疏》之十),北京大学出版社 1999 年版,第 174 页。

之自我回归，也就看不到人的自立立人的导向。

以下例子或用"使动"表达如"使"、"加以"及"让"等以突出"我"的助人能力，或以"我愿"或"我希望"等来确定夫子之"志"，缺陷已如上述：

> 译文6. 孔子说："使年老的人们得到安康舒适，使朋友们互相得到信任，使年轻的孩子们得到关怀养护。"①
>
> 译文7. 孔子说："我的志向是，对老年人加以安抚，对朋友加以信任，对少年加以爱护。"②
>
> 译文8. 孔子说："我愿意使老年人得到安心，使朋友得到信任，使年青人得到关怀。"③
>
> 译文9. 孔子说："我愿使老年人得到安逸，使朋友们互相信任，使年轻人得到关怀。"④
>
> 译文10. 孔子说："我愿老年人安逸，愿朋友相互信任，愿年轻人受到关怀。"⑤
>
> 译文11. 孔子说："我希望使老年人能享受安乐，朋友能信任交流，年轻人能得到关怀。"⑥
>
> 译文12. 孔子说："老人，使他安逸；朋友，让他信任我；年轻人，让他怀念我。"⑦

诸译关注的只是字面意义，而非义理。看似突出"我"的能力，实则不无自夸之嫌？经文本章前文已有颜回对"自伐"的否定。如二者相较，夫子是在自我贬抑甚或否定："夫子"之宏志，仅凭常识

---

① 徐志刚：《论语通译》，人民文学出版社1997年版，第58页。
② 《四书》：王国轩等（译），中华书局2007年版，第23页。
③ 《四书辞典》，吴量恺（主编），崇文书局2012年版，第67页。
④ 彭亚非：《论语选评》，岳麓书社2006年版，第84页。
⑤ 邹憬：《论语通解》，译林出版社2014年版，第69页。
⑥ 杨朝明：《论语诠解》，山东友谊出版社2013年版，第87页。
⑦ 杨逢彬：《论语新注新译》，陈云豪（校），北京大学出版社2016年版，第101页。

性话语，就能"包打世界"而囊括万有？他是靠什么才能做到"安信怀"或使人"安信怀"的？"不走心"的解释，能行得通吗？

另外，如此用词，自有贬低他人的趋向，若仅夫子能做到"安信怀"？实则夫子强调的是，"性相近"（《论语·阳货》）①：人之自然的阳刚康健的心灵，有足够的能力"爱人"，因而，也才能展开"爱的互动"。对此不予认可，而将解释直接拉向"施加"和"接受"，"人心"被丢在一边，施与者如何以之传达"情感之真挚"？若双方都已失去施与和接纳之能，即使有所交流，又有什么精神价值？

对于地位不一定和自己平等的人，如老人和少年，使之"安逸"，有可能等于是在提供物质条件；使之"怀念我"，也一样是对之有施与之恩？如此，则一，老人已趋年迈，甚至失去"安"的感觉？少年只有在"我"的恩赐之下，才会回报以"爱"？这个世界也就崩塌到只有施与和接受的关系，而没有其他，比如真正的感情？如此，"使人安逸"、"让人怀念"突出的如何可能是"仁"？二，更让人难以接受的是，这样的施恩，一定凸显的是，老者即将远去，而无所谓生存价值，因而，只能得到"我的呵护和照顾"，那么，他们身上所体现的特有的贤德以及由此而来的给予既定的社会的种种恩德，不值得尊重？经他们推动、由他们延续的文化传统，也不值得留恋？更可怕的是，夫子之所以提倡孝道和尊老，不就是因为文化传统因之而得传承、经之而得延续、以之以为象征，他们不就是夫子"好古"（《论语·述而》）② 所好的活生生的"古"的代表吗？

因而，仅仅止步于对老人的关爱远远不足以表现"安"的内涵。释义首先应认真思考，敬老背后的那种"文德"（《论语·季氏》）③

① 何晏（注）、邢昺（疏）：《论语注疏》（李学勤主编，《十三经注疏》之十），北京大学出版社 1999 年版，第 233 页。
② 何晏（注）、邢昺（疏）：《论语注疏》（李学勤主编，《十三经注疏》之十），北京大学出版社 1999 年版，第 84 页。
③ 何晏（注）、邢昺（疏）：《论语注疏》（李学勤主编，《十三经注疏》之十），北京大学出版社 1999 年版，第 221 页。

的传承以及"斯文"(《论语·子罕》)① 的由来。完全可以说，在夫子看来，正是一代代的"老者"，积累起最为重要的精神财富：因而，在他们那里，夫子认为，才有我们的家；而在这样的家里，我们才能得"安"。因而，不是老人需要救济、接济，而是我们永远需要老人的"心中的家"赐以温暖。否则，如何活下去已成问题，遑论其余！或许正是因为译者对此的体悟不能提升至"家安"即"心安"的层面，亦不明白"心安"的其来有自，因而，才会误认为，夫子之志的重要组成部分便是，"我"应"施舍"老人，他们才可"安"？同样地，也正是由于不敢落实儒家所追求的那种"心"之取向，所以，译文也对少年加以贬抑：他们竟然要对"我"加以"怀念"。但夫子不是强调："后生可畏，焉知来者之不如今也？"(《论语·子罕》)② 若只是认为，少年一定是需要关怀爱护的对象，只能对之施与，那么，他们是否会变得娇气、蛮横甚至麻木或无谓？也就是说，如此处理，有可能导致这样一个结果：少年把自己的心丢掉，又如何回应译者所用的"怀念"？下例存在同样问题：

　　译文 13. 孔子说："让老年人安顿快乐，让朋友间互相信任，让年轻人得到关怀。"③

　　译文 14. 孔子说："能使老年人安适，使朋友信任我，使年轻人怀念我。"④

　　译文 15. 孔子说："我希望天下所有的老年人都得到安养，朋友们都相互信任，青少年都得到很好的关怀。"⑤

　　译文 16. 孔子说："我愿使老年人得到安慰，使朋友们互相

---

① 何晏（注）、邢昺（疏）：《论语注疏》（李学勤主编，《十三经注疏》之十），北京大学出版社1999年版，第113页。

② 何晏（注）、邢昺（疏）：《论语注疏》（李学勤主编，《十三经注疏》之十），北京大学出版社1999年版，第102页。

③ 张其成：《张其成全解论语》，华夏出版社2017年版，第131页。

④ 朱振家：《论语全解》，上海古籍出版社2014年版，第70页。

⑤ 刘君祖：《新解论语》（上篇），中信出版集团2016年版，第174页。

信任,使年轻人互相友爱。"①

译文 17. 孔子说:"我愿年老人得到安乐,朋友们得到信任,少年们得到关怀。"②

我们无意否定"安信怀"可能的物质指向上的意义,但在此章,既然夫子要求弟子"盍各言尔志",而子路等也"愿闻夫子之志",那么,"志"当是此章主题。而"志者,意也",亦即为"心之所欲至"。显而易见,它突出的是"心"。将之置诸于"安信怀",才能分辨出夫子之志的真正导向。

首先,"老者安之"中的"安",当指"安于其心"之"心安":夫子要说的是,只有老者心安,其他人才可真正得安。因为,是一代代的老者为我们创造了精神家园;他们既早已安居其中,我们的确亦应仿而效之、持以成之,而得其精髓,传其血脉。"安"之为用大矣!钱锺书曾撰写一英一汉两文论"回家",其中一篇论及白居易喜爱写的主题"心安之处即是家"③:此中饱含国人的精神追求,因而可将之视为世间最可珍视之物。如此,夫子所要说的,也就不是"我"使老者心安,而应是"我"愿普天下的老者都能心安,如此,才会天下太平,而所有的人都能以心为家,而得其自在。老者既是榜样,也就是家的导向所在。因而,"老者安之"的重心并不是"我"使之安,而是在于老者"安于心"而使"我"安,如此天下才可安。

其次,"朋友信之"说的不仅仅是"信赖"、"相互信任",因为只要是"朋友",一定会有这样的"信"。夫子通过"信"要突出的

---

① 何新:《论语新解:思与行》,北京工业大学出版社 2007 年版,第 63 页。

② 来可泓:《论语直解》,复旦大学出版社 1996 年版,第 134 页。

③ 参见 Qian Zhongshu. "The Return of the Native", Qian Zhongshu, *A Collection of Qian Zhongshu's English Essays*, Beijing Foreign Language Teaching and Research, 2005, p. 365。另一文,参见钱锺书《说"回家"》,载钱锺书《钱锺书散文》,浙江文艺出版社 1997 年版,第 541—545 页。

是，"人以言立"，因为"故言，心声也"（《法言·问神》）①。如此，"朋友信之"作为夫子之志的一部分要说的是，用海德格尔式的话来说，人守护在语言的近旁，而聆听心灵的呼唤，如此友人之间展开心与心的沟通，彼此呵护扶持，走向未来。言而由衷，故而，心才是朋友之"信"的起始地和归结处。

最后，"少者怀之"讲的也一样是"心"的关怀、关爱和怀念：对于少年，人理应加以爱护，那当然也是"心爱"在发挥作用。而且，"怀"若解为"心之丕"（不），那一定是无疆的大爱。此字，《说文》解为"念思"，说的当然是"心思"或"心怀"。简化字中的"不"字依然可视为古人的遗风："不"即"丕"的假借，故而释为"大"亦仍自有其理。

贯串起来，便会发现，夫子之"志"突出的就是一颗心：她"安于老者"、"见诸友朋"、"怀之少童"。如此，在老者那里并且通过他们，我们有家、有家中传承的一切，有让我们安慰安抚安心的根与本；有友朋相聚守护，我们时时能聆听到心灵的呼唤，因而，"四海之内皆兄弟"（《论语·颜渊》）②，而可得天下大同之所趋；而在少年那里，我们则能看到最为纯粹的爱的萌发，那是人间最为朴素的、最为纯真的精神力量，故而亦可称为"大爱"。可以说，是老者赋予我们家，给予我们生命；是友朋让我们真正领会"来自心灵的声音"的魅力，因而，与之心心相印，不论身在何处，都会有安顿其中的美妙滋味；而少年的在场，则时时向我们散发出最为美好的情感力量，使我们感怀并且开怀向着他们，唯恐有所闪失，生怕世俗的顽疾影响或触染到他们：少年既然意味着未来，也同样是我们安居其中的那个家的未来。是他人给予了我们一切，因而也一样是他人为"立志"创设了条件。因而，夫子要说，"我"之

---

① 扬雄：《法言译注》，李守奎、洪玉琴（译注），黑龙江人民出版社 2003 年版，第 67 页。

② 何晏（注）、邢昺（疏）：《论语注疏》（李学勤主编，《十三经注疏》之十），北京大学出版社 1999 年版，第 159 页。

"志"不过是印证这个世界的美好罢了:老者那里有家的源头,朋友那里有家的延展,少者那里有家的真情吐发。而所有这些都是在突出人"心"的向往和期盼。

在这个意义上,"我"又何须为"老少朋""加"或"加上"什么?他们本身已安然自在,而得"人心"之最佳消息。"我"之所为,只不过是要印证他们最真最美的一面,因而愿见其真安、真诚和真心之所怀,且希望这是能普及于人间的。

因此,"心安"才是夫子之志的真正指向。在另一处,他也特地强调:"修己以安百姓。修己以安百姓,尧、舜其犹病诸?"① (《论语·宪问》)他要说的是,要想让普天下的人"心安",即令尧舜,也难做到。如此,不断地"修己",也就是君子最应努力的事情。既然修己永在路上,对"老朋少"又何以"加"焉?作为谦谦君子,夫子提示或提醒,如多处所见,人应有"吾日三省吾身"(《论语·学而》)②、"见贤思齐,见不贤而内自省也"(《论语·里仁》)③、"内自讼"(《论语·公冶长》)④,以及"三人行,必有我师焉"(《论语·述而》)⑤ 之心胸,如此,才可不断在修炼上取得进展,"如切如磋,如琢如磨"(《诗经·国风·卫风》,《论语·学而》子贡引)⑥,感染众人,期得"草上之风,必偃"(《论语·颜渊》)⑦ 的风化之

---

① 何晏(注)、邢昺(疏):《论语注疏》(李学勤主编,《十三经注疏》之十),北京大学出版社 1999 年版,第 204 页。

② 何晏(注)、邢昺(疏):《论语注疏》(李学勤主编,《十三经注疏》之十),北京大学出版社 1999 年版,第 4 页。

③ 何晏(注)、邢昺(疏):《论语注疏》(李学勤主编,《十三经注疏》之十),北京大学出版社 1999 年版,第 51 页。

④ 何晏(注)、邢昺(疏):《论语注疏》(李学勤主编,《十三经注疏》之十),北京大学出版社 1999 年版,第 68 页。

⑤ 何晏(注)、邢昺(疏):《论语注疏》(李学勤主编,《十三经注疏》之十),北京大学出版社 1999 年版,第 92 页。

⑥ 何晏(注)、邢昺(疏):《论语注疏》(李学勤主编,《十三经注疏》之十),北京大学出版社 1999 年版,第 12 页。

⑦ 何晏(注)、邢昺(疏):《论语注疏》(李学勤主编,《十三经注疏》之十),北京大学出版社 1999 年版,第 166 页。

效，而见"众星共之"（《论语·为政》）①的境界，"无为"（《论语·卫灵公》）②而无不为。而坚持"信而好古"（《论语·述而》）③、"好古，敏以求之者也"（《论语·述而》）④的夫子谦称自己"若圣与仁，则吾岂敢"（《论语·述而》）⑤，当然会以尧舜为榜样，最终必如尧帝"焕乎，其有文章"（《论语·泰伯》）⑥，即"文德"（《论语·季氏》⑦焕发，而光被九州。如此也可证，"安"或"心安"才是"安信怀"的重心。如此也可看出，程子之所以说"安信怀"体现的是"圣人气象"，也就不是没有原因的了。今译已如上述，英译更是不堪。

第四节 "无志"的英译之中的夫子："偏心"以至于"无心"？

译文 18. The Master said, "They are, in regard to the aged, to give them rest; in regard to friends, to show them sincerity; in regard to the young, to treat them tenderly."⑧

此译前文以 wishes 表示"志"。译文或只能突出：论及老人，给

---

① 何晏（注）、邢昺（疏）:《论语注疏》（李学勤主编,《十三经注疏》之十）, 北京大学出版社 1999 年版, 第 14 页。

② 何晏（注）、邢昺（疏）:《论语注疏》（李学勤主编,《十三经注疏》之十）, 北京大学出版社 1999 年版, 第 208 页。

③ 何晏（注）、邢昺（疏）:《论语注疏》（李学勤主编,《十三经注疏》之十）, 北京大学出版社 1999 年版, 第 84 页。

④ 何晏（注）、邢昺（疏）:《论语注疏》（李学勤主编,《十三经注疏》之十）, 北京大学出版社 1999 年版, 第 92 页。

⑤ 何晏（注）、邢昺（疏）:《论语注疏》（李学勤主编,《十三经注疏》之十）, 北京大学出版社 1999 年版, 第 97 页。

⑥ 何晏（注）、邢昺（疏）:《论语注疏》（李学勤主编,《十三经注疏》之十）, 北京大学出版社 1999 年版, 第 106 页。

⑦ 何晏（注）、邢昺（疏）:《论语注疏》（李学勤主编,《十三经注疏》之十）, 北京大学出版社 1999 年版, 第 221 页。

⑧ James Legge, *The Analects*, Nanjing: Yilin Press, 2010, p. 43.

予他们安定；触及朋友，向之显示忠诚；思及少年，则温情以待。这不是常人都可或应做到的吗，还用得着说？也就是说，若不突出形而上的意涵，再现的只是普通人的日常作为，圣人之志便不可能在场。既不能"极高明而道中庸"（《礼记·中庸》）①，连接词 in regard to 便有问题："关乎"对象时，才注意到应如是而为，在其他时候或情况下，是否已经"无谓"？如此，"圣人无心"成为现实，圣人焉能在场？若是厥功至伟的翻译家理雅各也如此走"平庸路线"，还有真正的翻译吗？

译文 19. "My aim," replied Confucius, "would be to be a comfort to my old folk at home; to be sincere, and to be found trustworthy by my friends; and to love and care for my young people at home."②

此译亦将"老者"限定"家中"，"少者"缩至"我的"，如此，对他人置之不理，孟子所说的"老吾老，以及人之老；幼吾幼，以及人之幼"（《孟子·梁惠王上》）③何以企及？而且，"朋友"若只关注"我［自己］的"，"四海之内皆兄弟"（《论语·颜渊》）④的胸怀何在？

译文 20. The Master said, In dealing with the aged, to be of comfort to them; in dealing with friends, to be of good faith with them; in dealing with the young, to cherish them. ⑤

① 郑玄（注）、孔颖达（疏）：《礼记正义》（李学勤主编，《十三经注疏》之六），北京大学出版社 1999 年版，第 1455 页。

② Hongming Ku, "The Discourses and Sayings of Confucius", ed. Huang Xingtao, *Gu Hong Ming Wen Ji*. Haikou: Hainan Publishing House, 1996, p. 380.

③ 赵岐（注）、孙奭（疏）：《孟子注疏》（李学勤主编，《十三经注疏》之十一），北京大学出版社 1999 年版，第 21 页。

④ 何晏（注）、邢昺（疏）：《论语注疏》（李学勤主编，《十三经注疏》之十），北京大学出版社 1999 年版，第 159 页。

⑤ Arthur Waley, *The Analects*, Beijing: Foreign Language Teaching and Research Press, 1998, p. 63.

在此译中 in dealing with 连续出现三次：只是在"应对"老少朋时，才需对之关注关心？

译文 21. The Master said, "To bring peace to the old, to have trust in my friends, and to cherish the young. "①

译文 22. The Master said, "To bring comfort to the old, to be of good faith with friends, and to cherish the young. "②

二译突出，夫子能力之强：bring 意即为他人带来好处或便利，但对"友"有信义，他人或为例外？对年轻人才需爱护（cherish）？下例用词稍有不同，但意向一致：

译文 23. Confucius said, I wish to give ease to the old, to be faithful to friends, and to cherish the young. ③

译文 24. Confucius said, "I wish for the old to live in peace and comfort, for friends to trust each other, and for the young to be taken care of. "④

译文 25. Confucius said, "I hope the old will live in comfort, friends trust each other, and the young get cherished. "⑤

此二例表示的是"希望"，一用 wish，一用 hope，但不一定是志向？而且，它们或只是一般的"期望"，并非夫子所要追求的普天下

① D. C. Lau, *Confucius: The Analects*, Beijing: China Publishing House, 2008, p. 83.

② Raymond Dawson, *Confucius: The Analects*, Oxford: Oxford University Press, 2008, p. 19.

③ David Collie, *The Chinese Classical Work: Commonly Called the Four Books*, Malacca: The Mission Press, 1828, p. 20.

④ Lin Wusun, *Getting to Know Confucius – A New Translation of The Analects*. Beijing: Foreign Language Press, 2010, pp. 93 – 95.

⑤ Wu Guozhen, *A New Annotated English Version of the Analects of Confucius*, Fuzhou: Fujian Education Press, 2015, p. 150.

人在心灵中都能享受到的理想?

译文 26. Confucius said: that the aged have quiet, and friends rely on our words, and that the young is cherished. ①

除与上二例问题一样之外,此译亦仅对夫子之志轻描淡写?

译文 27. The Master said, "I would comfort the old, be trusted by my friends and be loved by the young. "②

译文 28. The Master said, "To give comfort to the old, to have the trust of my friends, and to have the young seeking to be near me [*huaizhi*] . "③

依此二译,"我愿"(I would)给老人以安慰(comfort)之类,难道不是在说,那是在"自伐"? 否则,比如说,为什么他人不能"得朋友信任"、"为少年所爱"?

译文 29. Confucius said, "It is my ambition to comfort the old, to be faithful to friends, and to cherish the young. "④

此译告诉我们,"我的雄心"(ambition)即为"安抚老者"等,除了"我"之外,他人不能做到? 反过来说,"老者"为什么一定需"我"安抚?

---

① Ezra Pound, *Confucius*: *The Great Learning*; *The Unwobbling Pivot*; *The Analects*, New York: A New Directions Book, 1959, p. 213.

② Xu Yuanchong, *Thus Spoke the Master*, Beijing: China Intercontinental Press, 2012, p. 37.

③ Annping Chin, *The Analects*, New York: The Penguin Group, 2014, p. 37.

④ Wing-tsit Chan, *A Source Book in Chinese Philosophy*, Princeton: Princeton University Press, 1963, p. 29.

译文 30. The Master said, "I would like to bring peace and contentment to the aged, to share relationships of trust and confidence with friends, and to love and protect the young. "①

与上例一样,此译或有另一问题:既然"我愿把平安和满足带给老者","我"的能力过去不大,未来有可能实现?

译文 31. The Master said, To free old people from worry, to be trustworthy toward my friends, and at all times solicitous of the young. ②

此译的意义或为"让老者摆脱苦恼,为我的朋友所信任,并时刻挂念少年",为什么一定是"我"而不是别人应或能这样?最后半句加上 at all times(在任何时候),前边两个半句为什么不设此一条件,老人无须时刻惦念,朋友也不想时时"诚信"?

译文 32. The Master said: "To make the old folk happy, to be true to friends, to have a heart for the young. "③

此译除了上述问题外,最后半句"对少年发善心"(have a heart),那是否过于"用心",因而,也就不是一颗"平常心",更不是"挚爱的心"?如此,人间还能赢得"赤子之心"吗?此外,对待老者要使其幸福,对待朋友要真诚,但也并不一定能突出"心"?

① Roger T. Ames and Henry Rosemont, *The Analects of Confucius: A Philosophical Translation*, New York: The Ballantine Books, 1998, p. 102.

② Burton Watson, *The Analects of Confucius*, New York: Columbia University Press, 2007, p. 40.

③ James R. Ware, *The Sayings of Confucius*, New York: Bartleby Com. , 2001, p. 14.

译文 33. The Master said, "To bring comfort to the aged, to inspire trust in my friends, and be cherished by the youth."①

依此译,夫子要说的仅仅是,为老人带来安慰,在我的友人那里激发信任 (inspire trust),对于少者,则要求其"报以珍爱"。那么,这样的"爱"突出的是,"我"对之是特例,不论曾经做过什么?反过来说,我对之所做的一切较少,偶尔为之,就能使之"珍爱"?如此疑问,或可说明,不论如何选词,若思路不对,一切都有问题。

译文 34. The Master said, the old, I would comfort; friends, I would trust, the young, I would cherish.②

此译用三个逗号将本来连贯一气的语句断为两截,但"老者,我给予安慰"等,是否要表达,"我"过去做得不够,如此"誓言"之后才可企及目标?但这不是"极易"做到的吗:若对老人不敬、对朋友不信,对少年不爱,何以为人?这也可说明,一般的常规的社会化行为,如何会成为或充作夫子之"志"?

译文 35. The Master said, "I wish to comfort the aged, to bring trust in my friends and companions, and to nurture the young."③

尽管此译选词有变,将 cherish (珍爱) 改为养育 (nurture),但

① Edward Slingerland, *Confucius: Analects with Selections from Traditional Commentaries*, Indianapolis and Cambridge: Hackett Publishing Company Inc., 2003, p. 51.
② E. Bruce Brooks and A. Taeko Brooks, *The Original Analects: Sayings of Confucius and His Disciples*, New York: Columbia University Press, 1998, p. 149.
③ Peimin Ni, *Understanding the Analects of Confucius: A New Translation of Lunyu with Annotations*, New York: State University of New York Press, 2017, p. 180.

问题依然：年轻人不都需要"养育"吗，怎么会成为夫子之志的"案例"？最后一例同此，或已无须分析：

译文 36. Confucius said, "I would like to give comfort to the aged, trust to my friends and nurturance to the young."①

上文分析或可告诉我们，夫子之志的英译和今译一样，基本上未见哲学角度的释义。常识化会使人错以为，这不是常见的人性显露，夫子为什么要把这些作为人生目标？"圣人气象"既然荡然无存，有关译文焉能产生效果？

朱熹论孟有云："'学问之道无它，求其放心而已。'又曰：'有是四端于我者，知皆扩而充之。'孟子说得最好。人之一心，在外者又要收入来，在内者又要推出去。《孟子》一部书皆是此意。"② 孟子此意，实则为夫子"吾道一以贯之"（《论语·里仁》）③ 的发挥和强化。因为，正如曾子所解，"夫子之道，忠恕而已"（《论语·里仁》）④。"忠恕"既以"心"相系，亦必以"心"相"贯"为之"道"。夫子在回应子贡"有一言而可以终身行之者乎"时，也特地强调"其恕乎"（《论语·卫灵公》）⑤，亦可说明，"一贯之道"即为"心道"。

朱子所说的"收入"和"推出"即为强调"合外内之道也，故时措之宜也"（《礼记·中庸》）⑥。但问题在于，只有"心源"已设，

---

① A. Charles Muller, *The Analects of Confucius*, http://www.acmuller.net/con-dao/analects.html, 2018.

② 朱熹：《朱子语类》（第二册），黎靖德（编），中华书局 1986 年版，第 436 页。

③ 何晏（注）、邢昺（疏）：《论语注疏》（李学勤主编，《十三经注疏》之十），北京大学出版社 1999 年版，第 51 页。

④ 何晏（注）、邢昺（疏）：《论语注疏》（李学勤主编，《十三经注疏》之十），北京大学出版社 1999 年版，第 51 页。

⑤ 何晏（注）、邢昺（疏）：《论语注疏》（李学勤主编，《十三经注疏》之十），北京大学出版社 1999 年版，第 214 页。

⑥ 郑玄（注）、孔颖达（疏）：《礼记正义》（李学勤主编，《十三经注疏》之六），北京大学出版社 1999 年版，第 1450 页。

译文才可确保"内外"的在场和互动:

> 译文 37. [我愿与普天下老少朋同心,而]分享老者心中之家,和友人心心相印而同声共道,与少者心怀相通而自得其是。
>
> 译文 38. My ambition is [to get access to the heart the old, friends and the young commonly have under the *Tian*:] to share the heart-home the old have established, to stick to the same *Dao* heart-to-heart with friends, and to cherish the care for the young from within [and learn from them]. ①

此译试图依照义理而非文辞传译经文意义,故而突出 heart 字,并杜撰新词如 heart-home,以示儒家思想在目的语文化之中并不常见,故需另铸新的表达。

---

① 在我们所看到的译文之中,李祥甫先生的当最为简练: Comfort the elderly, confide in friends, caress the young [David H. Li: *The Analects of Confucius: A New Millennium Translation*, Maryland: Premier Publishing Company, 1999; 转引自何刚强(主编)《〈论语〉海外英译一百八十年: 微观评鉴与宏观思考》,北京语言大学出版社 2017 年版]。但我们认为,正是这样自然、通顺而又简洁的译文,很容易让读者误以为,经之所欲言,乃目的语之中原有之物? 故而,虽然这里有接受的问题,但经文的微言大义的忠实移译,应远远重于接受。毕竟,这里移译的是儒家的"第一书",而不是其他别的什么。而最新的译文也仍然是沿着以读者为导向的路径前进的: I wish I would make myself a soothing comfort to the elderly, a trust-worthy man to the middle-aged and a boon worth remembering to the young (Shi Zhikang, *Confucius's Analects: Translation & Critical Comments*, Shanghai: Shanghai Foreign Language Education Press, 2019, p. 115)。译文之中所用的 soothing comfort(安抚人心的安慰),其中的 soothing 意为 affording physical relief(通过物质救济), freeing from fear and anxiety(摆脱恐惧和焦虑),要成为老者的"安慰",不仅"扶困济贫",而且,能给予"心灵抚慰",的确难能可贵。不过,夫子会如此"自伐"吗? 同时,若老者确需如此的"安抚"、"安慰",正说明,他们已是风烛残年,而难见生命力量,也就可能是无益、无用之人? 换句话说,我们这里的疑问是,若译文的视角定在"我"(夫子本人)这里,这样的"我"也就可能成为"中心"和"重心",而老者所可能形成的"安",便难以突出其"核心"的要义。最后一句"使少者怀",译文用 boon,其意为 something that is very helpful and makes life easier for you(非常有用的东西,益处,恩惠),仍是以"我"为视角,进而将之确立为"中心",如此施恩与人,看似"善心善意",但若这样的人高高在上,译解便可能行之太过?

第五节　本章小结

钱穆强调："为古圣人作传，非仅传其人传其事，最要当传其道。[……]上古大圣，其心其道，岂能浅说？"① 传记写作已是如此，传道之书如《论语》者，岂不也是这样？而且，"传心"才可"传道"。上文或已说明，几乎没有译者意识到这一问题，即译传夫子本人之"志"亦即"心之所指"、"之"或"至"？

《朱子语录》记载人提问："问'《论语》一书未尝说一心字。至孟子，只管拈人心字说来说去：曰推是心，曰求放心，曰尽心，曰赤子之心，曰存心。莫是孔门学者自理会个心，故不待圣人苦口；到孟子时，世变既远，人才渐渐不如古，故孟子极力与言，要他从本原处理会否？'曰：'孔门虽不曾说心，然答弟子问仁处，非理会心而何？仁即心也，但当时不说个心字耳。'"② 朱子以"仁"来回应他人问题，或是为了突出儒家思想的最高原则。但他的回答若是从文字书写本身入手，是否更为合宜？这是因为，如上所述，曾子对夫子的"吾道一以贯之"的解释就是："夫子之道，忠恕而已"（《论语·里仁》）③；而夫子在回应子贡的问题"有一言而可以终身行之者乎"时，回答的也是"其恕乎"（《论语·卫灵公》）④。不论是"忠恕"还是"恕"，都是"以心打底"，亦即以"心"为支撑。亦如上所述，夫子"安信怀"之志，也始终是围绕着"心"。因此，"心"的追求，也就是夫子之"志"的集中体现。如此，孟子所欲突出的，也就是夫子之理想。二者之间的连续性显然说明，孟子的确是夫子之后儒家思想的第一人。

---

① 钱穆：《孔子传》，生活·读书·新知三联书店 2012 年版，第 1 页。

② 朱熹：《朱子语类》（第二册），黎靖德（编），中华书局 1986 年版，第 430 页。

③ 何晏（注）、邢昺（疏）：《论语注疏》（李学勤主编，《十三经注疏》之十），北京大学出版社 1999 年版，第 51 页。

④ 何晏（注）、邢昺（疏）：《论语注疏》（李学勤主编，《十三经注疏》之十），北京大学出版社 1999 年版，第 214 页。

哲学家对夫子的"心道"的重视,在牟宗三①为朱子"别子为宗"所作的定调之中见其端绪:若不走"心性之学"的路子,不以"心"为核心,不讲究孟子所说的"求其放心"(《孟子·告子上》)②,那么,连朱子本人也可能不是"正宗"。如此说来,不计夫子之"志"之"心"的译文,早已偏离了正轨?果然如此,历史理应重新开始?"凡看文字,非只是要理会语言,要识得圣人气象。"③但迄今为止,我们可曾在《论语》的英译中看到,对"心"突出或重视?

---

① 牟宗三:《从陆象山到刘蕺山》,吉林出版集团有限公司 2010 年版,第 389 页。
② 赵岐(注)、孙奭(疏):《孟子注疏》(李学勤主编,《十三经注疏》之十一),北京大学出版社 1999 年版,第 311 页。
③ 程颢、程颐:《二程集》,王孝鱼(校),中华书局 2006 年版,第 284 页。

第九章 夫子"作与不作"的历史意义与跨文化英译原理研究

第一节 问题的提出:《论语》中"作"的意向和跨文化要义

"作"《论语》凡 11 见。依字典①,其意包括:做、为,如《子路》"人而无恒,不可以作巫医"②;创作、创造,《述而》"述而不作,信而好古"③;制造,即人为造成某种局面(含贬义),《学而》"不好犯上,而好作乱者,未之有也"④;兴建,《先进》"仍旧贯,如之何?何必改作?"⑤;起、起立,《先进》"舍瑟而作"⑥;兴起,《八佾》"始作,翕如也"⑦。

---

① 安作璋:《论语辞典》,上海古籍出版社 2004 年版,第 165 页。

② 何晏(注)、邢昺(疏):《论语注疏》(李学勤主编,《十三经注疏》之十),北京大学出版社 1999 年版,第 179 页。

③ 何晏(注)、邢昺(疏):《论语注疏》(李学勤主编,《十三经注疏》之十),北京大学出版社 1999 年版,第 84 页。

④ 何晏(注)、邢昺(疏):《论语注疏》(李学勤主编,《十三经注疏》之十),北京大学出版社 1999 年版,第 3 页。

⑤ 何晏(注)、邢昺(疏):《论语注疏》(李学勤主编,《十三经注疏》之十),北京大学出版社 1999 年版,第 147 页。

⑥ 何晏(注)、邢昺(疏):《论语注疏》(李学勤主编,《十三经注疏》之十),北京大学出版社 1999 年版,第 153 页。

⑦ 何晏(注)、邢昺(疏):《论语注疏》(李学勤主编,《十三经注疏》之十),北京大学出版社 1999 年版,第 43 页。

子曰："述而不作，信而好古，窃比我于老彭。"（《论语·述而》）① 其所"述"应为古圣先贤之典籍和思想，中华文明经由其创发而见昔日辉煌，"斯文"（《论语·子罕》）② 魅力深入人心。因此，夫子认为，他本人应"祖述尧舜，宪章文武"（《礼记·中庸》）③。这样，具有"作"之力者，非圣即天。《诗经·周颂·天作》云："天作高山，大王荒之。彼作矣，文王康之。彼徂矣，岐有夷之行。子孙保之。"在这里，"作者"正是天和大王、文王。朱熹注曰："此祭大王之诗。言天作岐山，而大王始治之。大王既作，而文王又安之。"④

为什么"作"只有天和圣人才可企及？"作"字书写形式本身业已透露其中消息：

> 作，甲骨文和金文原本作"乍"，下边从刀，上边从卜。《礼仪》有"卜人坐作龟"之语，此字正是卜人用刀刮削钻刻龟甲，然后灼烧之，视其裂兆进行占卜之意。本义指制作卜龟。制作卜龟是占卜的开始，故这一字形含有起始、制作、刮削、灼裂等多种意思。⑤

灵龟灼烧炸裂开来的那一刻，占卜者洞见来自上天的消息。故而，掌握此中奥妙者，势必即为如此通天之人。因而，夫子自谦"若

---

① 何晏（注）、邢昺（疏）：《论语注疏》（李学勤主编，《十三经注疏》之十），北京大学出版社 1999 年版，第 84 页。

② 何晏（注）、邢昺（疏）：《论语注疏》（李学勤主编，《十三经注疏》之十），北京大学出版社 1999 年版，第 113 页。

③ 郑玄（注）、孔颖达（疏）：《礼记正义》（李学勤主编，《十三经注疏》之六），北京大学出版社 1999 年版，第 1459 页。

④ 《诗经》：朱熹（集传），方玉润（评），朱杰人（导读），上海世纪出版集团 2009 年版，第 364 页。

⑤ 《汉字源流字典》，谷衍奎（编），华夏出版社 2003 年版，第 283 页。

圣与仁，则吾岂敢"（《论语·述而》）①。朱熹注也揭示出这一点：

> [……] 述，传旧而已。作，则创始也。故作非圣人不能，而述则贤者可及。[……] 孔子删《诗》、《书》，定《礼》、《乐》，赞《周易》，修《春秋》，皆传先王之旧，而未尝有所作也。故其言如此。盖不唯不敢当作者之圣。而亦不敢显然自附于古之贤人，盖其德愈盛而心愈下，不自知其辞之谦也。然当是时，作者略备，夫子盖集群圣之大成而折衷之。其事虽述，而功则倍于作矣，此又不可不知也。②

但不论朱子集注还是《论语》词典对之的解释，都未体现字源学字典所重的"创始通天之意"，易言之，后世的解说或已游离天人合一的中国古人原初的意向。

"作"的形而上意涵既未见出，有关解释亦未注意将之与"盖有不知而作之者"（《论语·述而》）③ 中的"作"相联系，如此也就偏于一端，形成单义的解释，大大简化了经文丰富的内涵。废名批评指出：

> [……] 朱注毫无意义，他说，"不知而作，不知其理而妄作也。孔子自言未尝妄作。盖亦谦辞。然亦可见其无所不知也"。孔子为什么拿自己与妄作者相提并论？如此谦辞，有何益处？孔子不如此立言也。[……] 孔子这个人有时讲话坚决得很，同时也委婉得很，这章书他是坚决的说他"知"，而对于"不知而作之者"言外又大有赞美与叹息之意也。其言"盖曰"，盖是很难

---

① 何晏（注）、邢昺（疏）：《论语注疏》（李学勤主编，《十三经注疏》之十），北京大学出版社 1999 年版，第 97 页。

② 朱熹：《四书章句集注》，中华书局 1983 年版，第 93 页。

③ 何晏（注）、邢昺（疏）：《论语注疏》（李学勤主编，《十三经注疏》之十），北京大学出版社 1999 年版，第 94 页。

得，伯夷、柳下惠或者正是这一类的人了。孔子之所谓"知"，便是德性之全体，孔子的学问这章书的这一个"知"字足以尽之了，朱子无所不知云云完全是赘辞了。总之孔子是下学上达的话，连朱子都不懂，何况其余。①

那么，"不知而作"的传统解释为"不知而妄作"，指的是本来没有什么领悟能力而偏偏肆意胡为。而废名提出，"无知而作之者"应指贤者如伯夷、柳下惠等。但依上文所说，那种人物还不足以成为"作者"的典范，因其最高层次应为圣人。

问题是：（一）语内解释出现截然相反的意向，如何取舍付诸跨文化外译？（二）经文形而上意涵，何以追求？（三）"作"既如此重要，英文表达应如何选择或确定？

作为"儒家第一书"的《论语》的外译关乎中华文化的一种核心思想及其代表人物孔子的思想形象的塑造，因而，以之为范例，确定传译的方法论，或可切实反思历史，揭示典籍外译的普遍问题，以期对中华文化融入世界有所贡献。

第二节 传统疏解偏执于"妄作"与今译对"作"的否定

废名的论点，实为张载论断的回音。后者将"德性之知"与"见闻之知"区别开来：

> 大其心则能体天下之物。[……]世人之心，止于见闻之狭。圣人尽性，不以见闻梏其心，其视天下无一物非我。孟子谓尽心则知性知天以此。天大无外，故有外之心不足以合天心。（《正

---

① 废名：《我怎样读论语》，收入吴晓东（编）《废名作品新编》，人民文学出版社2009年版，第77—78页。

蒙·大心篇》)①

　　见闻之知，乃物交而知，非德性所知；德性所知不萌于见闻。(《正蒙·大心篇》)②

　　诚明所知乃天德良知，非闻见小知而已。(《正蒙·诚明篇》)③

　　刘述先强调："天德良知通天人，合内外，一小大，而见其为具体而真实的诚明之知用。"④ 圣人齐天，但并不离世，因而，"天德良知既不离于见闻，也不囿于见闻"⑤。故而，夫子谦称，他的求知之道，属于"知之次也"(《论语·述而》)⑥，既可指知识的求道之次序或顺序，又可释为他在强调，他本人不能不奋勉修习，以之为求知之道，因而"次于"圣人之"生而知之"(《论语·述而》《论语·季氏》)⑦。或只有如此，圣人的"不知而作"才可企及。后世对于求知，有顿渐之分。刘述先⑧称通过后天修习而在特别时刻形成的"豁然贯通"为"异质的跳跃"，应为由渐至顿的飞跃，亦可视为以勤补拙而顺至天成的飞升。既然"圣人，吾不得而见之矣。得见君子者，斯可矣"⑨(《论语·述而》)，常见的情况还是，从见闻之知出发，而希求达到"不知而作"。如此，"不知"便可转化为"知"。无论如何，人都需以圣人为榜样，才可"天行健，

---

① 张载：《张载集》，张锡琛（点校），中华书局1978年版，第24页。
② 张载：《张载集》，张锡琛（点校），中华书局1978年版，第24页。
③ 张载：《张载集》，张锡琛（点校），中华书局1978年版，第20页。
④ 刘述先：《儒家哲学的三个大时代》，郑宗义（编），中华书局2017年版，第85页。
⑤ 刘述先：《儒家哲学的三个大时代》，郑宗义（编），中华书局2017年版，第86页。
⑥ 何晏（注）、邢昺（疏）：《论语注疏》（李学勤主编，《十三经注疏》之十），北京大学出版社1999年版，第94页。
⑦ 何晏（注）、邢昺（疏）：《论语注疏》（李学勤主编，《十三经注疏》之十），北京大学出版社1999年版，第92、228页。
⑧ 刘述先：《儒家哲学的三个大时代》，郑宗义（编），中华书局2017年版，第137页。
⑨ 何晏（注）、邢昺（疏）：《论语注疏》（李学勤主编，《十三经注疏》之十），北京大学出版社1999年版，第94页。

君子以自强不息"(《周易·乾卦·象传》)①。

而在圣人那里,无所谓"有无"之别。张载提出:"诸子浅妄,有有无之分,非穷理之学也。"(《正蒙·太和篇》)② 圣人齐天,可及事物之本体,故而不能以世人之眼光和见识来衡量。因而,其"不知"当然也就应释为"大知"或"天道之知":"大率天之为德,虚而善应,其应非思虑聪明可求,故谓之神"(《正蒙·乾称篇》)③,而那是一而非二。但"活泼泼的本体要展现成为千变万化的现象,则必通过阴阳、聚散、阖辟之对偶性"④。人心最终必如圣人之心,因为"有无一,内外合,此人心自己所自来也"(《正蒙·乾称篇》)⑤。由此而来,复又需依之回归。此亦即为"成人"之理,而达至圣人之境界亦即人生目标。

但在疏解"作"时,传统疏解不顾及"作者"究竟为何人,形而上的不可分意味着什么,几乎众口一词,以"妄作"出之:

经文:盖有不知而作之者,我无是也。多闻,则其善者而求之;多见而识之,知之次也。(《论语·述而》)⑥

何晏"注"引包咸:时人有穿凿妄作篇章者,故云然。

邢昺"正义":时人盖有不知理道,穿凿妄作篇章者,我无此事也。⑦

皇侃"义疏":"不知而作"谓妄作穿凿,谓异端也。时盖

---

① 王弼(注)、孔颖达(疏):《周易正义》(李学勤主编,《十三经注疏》之一),北京大学出版社 1999 年版,第 10 页。

② 张载:《张载集》,张锡琛(点校),中华书局 1978 年版,第 9 页。

③ 张载:《张载集》,张锡琛(点校),中华书局 1978 年版,第 66 页。

④ 刘述先:《儒家哲学的三个大时代》,郑宗义(编),中华书局 2017 年版,第 89 页。

⑤ 张载:《张载集》,张锡琛(点校),中华书局 1978 年版,第 63 页。

⑥ 何晏(注)、邢昺(疏):《论语注疏》(李学勤主编,《十三经注疏》之十),北京大学出版社 1999 年版,第 94 页。

⑦ 何晏(注)、邢昺(疏):《论语注疏》(李学勤主编,《十三经注疏》之十),北京大学出版社 1999 年版,第 94 页。

多有为此者，故孔子曰：我无是不知而作之事也。①

朱熹"集注"：不知而作，不知其理而妄作也。孔子自言未尝妄作，盖亦谦辞，然亦可见其无所不知也。②

今译无不应之。这里只录首句：

译文 1. 大概有一种自己不懂却凭空造作的人，我没有这种毛病。③

译文 2. 大概有不知而妄自造作的吧！我则没有这等事。④

译文 3. 大概有不知其然而盲目创作的吧，我没有这样的情况。⑤

译文 4. 有那种无知而凭空造作的人，我没有这个。⑥

译文 5. 可能有什么都不懂却在凭空妄作的人，可我不是这样。⑦

译文 6. 大概有不知所以就凭空创作的人吧，我没有这样的毛病。⑧

译文 7. 大概有什么都不懂却在那里凭空造作的人吧，我没有这种毛病。⑨

译文 8. 可能有自己并不明白却妄加独创的人，我没有此类事情。⑩

① 皇侃：《论语义疏》，高尚榘（校点），中华书局 2013 年版，第 175 页。
② 朱熹：《四书章句集注》，中华书局 1983 年版，第 99 页。
③ 杨伯峻：《论语译注》，中华书局 1980 年版，第 73—74 页。
④ 钱穆：《论语新解》，生活·读书·新知三联书店 2002 年版，第 190 页。
⑤ 孙钦善《论语本解》，生活·读书·新知三联书店 2009 年版，第 88 页。
⑥ 李泽厚：《论语今读》，中华书局 2015 年版，第 142 页。
⑦ 徐志刚：《论语通译》，人民文学出版社 1997 年版，第 84—85 页。
⑧ 《四书》，王国轩等（译），中华书局 2007 年版，第 33 页。
⑨ 《四书辞典》，吴量恺（主编），崇文书局 2012 年版，第 80 页。
⑩ 邹憬：《论语通解》，译林出版社 2014 年版，第 102 页。

译文 9. 大概有无知而妄自创作的，我没有这种毛病。①

译文 10. 大概有无知而喜欢造作的人，我没有他这种毛病。②

译文 11. 大概有不懂装懂的人，我不这样。③

译文 12. 大概有自己不知却凭空创作的情况，我没有这种情况。④

译文 13. 也许有人是自己不懂却去创作的，我与他们不同。⑤

译文 14. 大概有一种不懂装懂而凭空著作的人吧，我却没有这种作风。⑥

译文 15. 总有一种无所知却要创立新说的人，但我没有这本事。⑦

译文 16. 可能有不知道创妄立新说的人，我没有这个毛病。⑧

　　事实上，若"作"解为"创作"，则夫子下文的意思便是说，"我"无此能力，当然也就无法与有此大能者相提并论。这自然为人之"知"的提升设置了可能性空间，而且也可与《述而》篇夫子自道"若圣与仁，则吾岂敢？抑为之不厌，诲人不倦，则可谓云尔已矣"⑨ 及"我非生而知之者，好古，敏以求之者也"⑩ 意向合而观之，以突出夫子孜孜以求的人生价值取向。

　　但《论语》本是"孔子应答弟子、时人及弟子相与言而接闻于夫子之语"（班固《汉书·艺文志》），各章之间不一定有密切的联

---

① 杨朝明：《论语诠解》，山东友谊出版社 2013 年版，第 129 页。

② 杨逢彬：《论语新注新译》，陈云豪（校），北京大学出版社 2016 年版，第 141 页。

③ 张其成：《张其成全解论语》，华夏出版社 2017 年版，第 166 页。

④ 朱振家：《论语全解》，上海古籍出版社 2014 年版，第 103 页。

⑤ 傅佩荣：《人能弘道：傅佩荣谈论语》，东方出版社 2018 年版，第 214 页。

⑥ 来可泓：《论语直解》，复旦大学出版社 1996 年版，第 194 页。

⑦ 何新：《论语新解：思与行》，北京工业大学出版社 2007 年版，第 90 页。

⑧ 余东海：《论语点睛》（上），中国友谊出版社 2016 年版，第 243 页。

⑨ 何晏（注）、邢昺（疏）：《论语注疏》（李学勤主编，《十三经注疏》之十），北京大学出版社 1999 年版，第 97 页。

⑩ 何晏（注）、邢昺（疏）：《论语注疏》（李学勤主编，《十三经注疏》之十），北京大学出版社 1999 年版，第 92 页。

系，因而，依文解经或不可免。这样，将"作"解为"妄作"，也就不一定没有道理。

可问题是，两种解释取向相反，哪一种正确或比较正确？我们的回答是，二者都有问题。因为，它们并未关注如何再现经文丰富的意涵，推出的是单义或单方面的解释：不是偏向圣人之"创作"，就是倾向常人之"妄作"。但解经者并未注意，若将经文意义层次化，则不仅可以包容有关解释，还能说明，解经应采取什么样的方法论才可得出适宜的解释。

如张载之所论，圣人期与天齐，可抵至高无上境界：天人一体，无内无外，人我合一，故而，否定和肯定皆不可见。这样，"不作"之意便类如"无为"："子曰：'无为而治者，其舜也与？夫何为哉？恭己正南面而已矣。'"（《论语·卫灵公》）① 圣人吸纳天德，充盈于内，得仁德之全，故而超越无为和有为，无为而无不为；也自然能"不知而作"，等于是"不知而有为"。此为"不作"的第一层意涵：无须"求知"而"依天而作"，因而是"不作而作"，可谓理想中的"真作"。这应是此章第一层意涵。

第二层是"作"的现实意义：一力营求，孜孜不倦，夫子谦称他是这样求知的，故将之界定为"知之次也"。尽管没有办法与圣人"不知而作"相提并论，但他总可通过后天的勤勉，而期在某一时候达到突破，而赢得"天道之知"之真，而悠游圣域。

而"不作"或"作"的第三层意义则为胡作非为之"作"，也就是不懂装懂、故作高深，随意而为。解经者释之为"妄作"，或只有在此一层面，才是合理的。

显而易见，不顾及"不作之作"的正面含义，而聚焦于其负面内涵，业已偏离《论语》释义必须把握的重心：提升至最高层次，才会导向阐释之正轨。易言之，有必要"极高明而道中庸"

(《礼记·中庸》)①，释义才能行得通。也只有如此，"生生"
(《周易·系辞上》)② 之意在场，才可凸显经文必欲突出的夫子形
象，以昭示后人如何加以效仿之，像尧那样"唯天为大，唯尧则
之"(《论语·泰伯》)③ 之后"成人"。这也就是"为己之学"④
的核心。疏解者置此而不顾，偏离中庸之道，只能曲解经文。李
长之强调：

> 讲儒家，就先要说孔子，——孔子是奠定中国儒家的思想的
> 人，也是把中国民族所有的优长结晶为一个光芒四射的星体而照
> 耀千秋的人。但是许多人并不真正了解孔子。在当时人心目中的
> 孔子，不过是一个经多见广的百科全书式的人物，明白说，佩服
> 他的，不过是他的知识。
>
> 其实孔子的真价值，却无宁在他刚强、热烈、勤奋、极端积
> 极的性格。这种性格却又有一种极其特殊的面目，即是那强有力
> 的生命力并不是向外侵蚀的，却是反射到自身来，变成刚强而无
> 害于人，热烈而并非幻想，勤奋而仍然从容，极端积极而丝毫不
> 计成败的伟大雄浑气魄。倘若作为一种艺术看，可说从来没有这
> 样完美无缺的雕像；倘若作为一种剧本看，也可说从来没有这种
> 精彩生动的脚［角］色！⑤

---

① 郑玄（注）、孔颖达（疏）：《礼记正义》（李学勤主编，《十三经注疏》之六），北
京大学出版社 1999 年版，第 1455 页。
② 王弼（注）、孔颖达（疏）：《周易正义》（李学勤主编，《十三经注疏》之一），北
京大学出版社 1999 年版，第 271 页。
③ 何晏（注）、邢昺（疏）：《论语注疏》（李学勤主编，《十三经注疏》之十），北京
大学出版社 1999 年版，第 106 页。
④ 《论语·宪问》两处明确提及"为己之学"："古之学者为己，今之学者为人。"
［何晏（注）、邢昺（疏）：《论语注疏》（李学勤主编，《十三经注疏》之十），北京大学出
版社 1999 年版，第 214 页］朱熹回顾求学经历时，特地指出："熹少而鲁钝，百事不及人。
独幸稍知有意于古人为己之学，而求之不得其要。"［朱熹：《答何叔京书》，载郭齐、尹波
（点校）《朱熹集》（第四、六卷），四川教育出版社 1996 年版，第 1839—1840 页］
⑤ 李长之：《中国文化传统之认识（上）：儒家之根本精神》，收入李长之《迎中国的
文艺复兴》，商务印书馆 2013 年版，第 114 页。

在《易经》上，"天行健，君子以自强不息"，"龙，德而隐者也……确乎其不可拔，潜龙也"（乾卦）。这不是我上面所说的孔子的积极精神是什么？又说："君子进德修业，欲及时也"，这就是"学如不及，犹恐失之"的勤奋状态。更说："亢之为言也，知进而不知退，知存而不知亡，知得而不知丧，其惟圣人乎？知进退存亡而不失其正者其唯圣人乎！"这就是孔子"知其不可而为之"的气魄。①

对"作"正面肯定，突出夫子勤奋是为入于圣域，亦即为向圣人看齐，同时将"妄作"隐含其中，或可保持经文三个层面的意义：

译文 17. 有人有能力超出知识之界别而创作，但我是没有那方面能力的。

"超出"者既可指"圣人"，亦能指"妄作者"；"知"亦模糊其意，同时包含"闻见之知"和"德性之知"。两方面意义既已在其中，夫子所说的话的三层意涵业已统合为一？

第三节 英译的问题：否定的是"作"本身

语内释解既已偏执，跨文化的传译也就难能达到基本要求：

译文 18. [……] To act with not knowing on what principle, is what I never do. ②

---

① 李长之：《中国文化传统之认识（上）：儒家之根本精神》，收入李长之《迎中国的文艺复兴》，商务印书馆 2013 年版，第 118 页。

② David Collie, *The Chinese Classical Work：Commonly Called the Four Books*, Malacca：The Mission Press, 1828, p. 30.

如此否定，"我从来不做"也就意味着，有人"不依对原则的知识而行动"大错特错。

译文 19. If there were men who start off without knowledge, I don't. [1]

只论及"起初"或"开始行动"，人"无知而为"，也一样意味着，"无知而妄为"。

译文 20. There may be men who act without understanding why. I do not. [2]

不明就里，就去行动，一样是否定"作"，而无视其正面意义。

译文 21. There are those who act without knowing ［what is right］. But I am not one of them. [3]

译者特加"不知［什么是正义］而采取行动"，突出的仍是"无知而作"是"妄作"。

译文 22. There are those who do not have knowledge and yet make things. I'm not that way. [4]

---

① Ezra Pound, *Confucius: The Great Digest; The Unwobbling Pivot; The Analects*, New York: A New Directions Book, 1959, p. 222.

② James R. Ware, *The Sayings of Confucius*, New York: Bartleby Com. , 2001, p. 19.

③ Wing-tsit Chan, *A Source Book in Chinese Philosophy*, Princeton: Princeton University Press, 1963, pp. 32 –33.

④ Burton Watson, *The Analects of Confucius*, New York: Columbia University Press, 2007, p. 51.

此译或能纳入正反两方面的意味：有人虽无知识，却可制作事物。但圣人不是"无知"，而是超越"有知无知之别"？

译文 23. No doubt there are those who try to innovate without acquiring knowledge, but this is a fault that I do not possess. ①

将"我无是也"直接解为"我并没有那种毛病"，彻底否定"没有获取知识就试图创新"，"获取"（acquiring）的使用会封堵下文夫子"多见而识之"的求知之道，而"毫无疑问"（no doubt）进一步强化了否定意向。

译文 24. To be sure, there are those who can originate something of which they did not previously know. I myself have no such capacity. ②

"可以肯定"（to be sure）一样强化"原创某物"（originate）而"不依以前对之的知识"的危害。故而，特加以对比，以说明夫子自道"绝无此能"，因而，那样做是错误的。

译文 25. There are those who innovate without possessing knowledge. I am not one of them. ③

"以不具备知识而可创新"，夫子不愿置身其间，以之为耻吗？

① Edward Slingerland, *Confucius: Analects with Selections from Traditional Commentaries*, Indianapolis and Cambridge: Hackett Publishing Company Inc., 2003, p. 73.
② E. Bruce Brooks and A. Taeko Brooks, *The Original Analects: Sayings of Confucius and His Disciples*, New York: Columbia University Press, 1998, p. 43.
③ Peimin Ni, *Understanding the Analects of Confucius: A New Translation of Lunyu with Annotations*, New York: State University of New York Press, 2017, p. 217.

译文 26. There may be those who act without knowing why. I do not do so. ①

"不知所以然就采取行动",岂非鲁莽之举？夫子当然不乐如是而为。那么，经文如此强调"常识"，有何合理意义？

译文 27. There are, perhaps, men who propound theories which they themselves do not understand. This is a thing I never do. ②

夫子"从不如此而为"，彻底否定"不能理解就推演理论的人"。的确，自己既已不解，还推出什么理论？那岂非胡扯？既然这本是一般的情况，人人都能了解，夫子与这样无理取闹的做派相反，写入经文，价值何在？

译文 28. There may be those who can do without knowledge; but I for my part certainly not one of them. ③

和上引诸译一样，既然有些人是"无知而采取行动"，夫子不予参与，实属自然之事，又何必书之于《论语》？

译文 29. There are presumably men who innovate without possessing knowledge, but that is not a fault I have. ④

---

① James Legge, *The Analects*, Nanjing: Yilin Press, 2010, p. 63.

② Hongming Ku, "The Discourses and Sayings of Confucius", ed. Huang Xingtao, *Gu Hong Ming Wen Ji*, Haikou: Hainan Publishing House, 1996, p. 396.

③ Arthur Waley, *The Analects*, Beijing: Foreign Language Teaching and Research Press, 1998, p. 89.

④ D. C. Lau, *Confucius: The Analects*, Beijing: China Publishing House, 2008, p. 119.

"错谬"（fault）突出"妄作"，即令那可能是"创新"（innovate）？

译文 30. Surely there are people who achieve something without knowledge, but I for my part lack this characteristic. [1]

以"无知而获取某物"传译"无知而作"，并称"我倒是没有这一特色"。否定的意味似乎并不突出，因而，有可能让人联想到正负两方面的"作"，进而也就可能包含着统合之意？但圣人的超越之意何在？

译文 31. There are those who can do without knowledge, but I am not one of them. [2]

"无知而作"被处理为"无知而为"，"我并未列身其间"再予否定。

译文 32. There may be some who are ignorant yet want to create something, but I am not one of them. [3]

"无知"被判为"愚昧"，彻底否定"不知"，在此情况下的"创造"只可能是狂妄。既然如此，夫子所说的"我并不是他们中间人物"，有何意义？

译文 33. There are those who do what they do not understand, but

---

[1] Raymond Dawson, *Confucius: The Analects*, Oxford: Oxford University Press, 2008, p. 26.

[2] Lin Wusun, *Getting to Know Confucius — A New Translation of The Analects*. Beijing: Foreign Language Press, 2010, p. 129.

[3] Wu Guozhen, *A New Annotated English Version of the Analects of Confucius*, Fuzhou: Fujian Education Press, 2015, p. 200.

I am not among the number. ①

既"不知所为为何物"却偏偏"欲为之",夫子拒绝"归属其中"不是很自然的吗,何需道出?

译文 34. There are probably those who can initiate new paths while still not understanding them, but I am not one of them. ②

此译似有意保持"作"之正面含义,故而将"作"解为"虽然不解所为意义,但却可开辟新的途径"。但是,负面的内涵可能随之消失?

译文 35. I suppose there are those who try to innovate without having acquired knowledge first. I am not one of those. ③

这里的处理,也一样含有正面的意义。译者特地指出:"最好的知识是生而知之的知识。但根据孔子在 7.20 之中所说,他并不具有这样的知识。不过,从他这里以及 7.1 和 7.20 所说的来看,他似乎并不为他的知识并非天生的(his knowledge was not inborn)而抱憾。因为,这给与他以机会使之可能仔细聆听并做出好的选择,进而以艰难的方式追求知识。这样的求索使其生命得以成就。"④ 但"已获知识"(acquired knowledge)却会否定夫子广见知闻的求知之途:"生而知之"与"多见而识"若截然对立,圣人便不可能成为效法的榜样。

---

① Xu Yuanchong, *Thus Spoke the Master*, Beijing: China Intercontinental Press, 2012, pp. 49 – 50.

② Roger T. Ames and Henry Rosemont, *The Analects of Confucius: A Philosophical Translation*, New York: The Ballantine Books, 1998, p. 117.

③ Annping Chin, *The Analects*, New York: The Penguin Group, 2014, p. 46.

④ Annping Chin, *The Analects*, New York: The Penguin Group, 2014, p. 46.

译文 36. There may be those who can act creatively without knowledge. I am not at this level. ①

"层次"或"层面"（level）一词的使用，或可突出经文中"知之次也"的次序，说明夫子自道他本人尚未达到圣人水准。但如此释解，偏向正面，负面意义也就随之消失？

上引诸例，要么倾向于对"作"的否定，要么取向对之的肯定，但不论肯定还是否定，都因偏执而不能再现经文的三层内涵，因而，不足以说明夫子本人力求正道，既要效仿圣人同时又要批评世人之无知而妄为的意涵。

很明显，译文非"过"即为"不及"（《论语·先进》）②。这只能说明，采取中庸之道，"极高明而道中庸"，才可得正解。依此，英译或为：

译文 37. There are presumably those who can make by getting into things beyond the limits of knowledge. But I do not have such ability. ③

此译试图将焦点置于"体知"，而 get into 或因其投入、融入及洞见本体之意（to move into an object, such that one ends up inside it 移入

① A. Charles Muller, *The Analects of Confucius*, http://www. acmuller. net/con-dao/analects. html, 2018.

② 何晏（注）、邢昺（疏）：《论语注疏》（李学勤主编，《十三经注疏》之十），北京大学出版社 1999 年版，第 148 页。

③ 最新译文仍沿用惯常解经所见之义：Perhaps there are people who are ignorant but ready to impress the world with coined stories. That is not me（Shi Zhikang, *Confucius's Analects: Translation & Critical Comments*, Shanghai: Shanghai Foreign Language Education Press, 2019, p. 163）. 译文回译，意义或为：或许有人无知但总是爱以杜撰的故事来传送世人。我可不是那样。"不知而作"在这里被译为"无知"而"枉然虚构故事"，全然否定"作"为"不作"之可能，也就将圣贤有可能以"不作"为"作"的伟绩之义消解掉了。

对象，与之相俯仰，直至融入其中），可显圣人体物之用心：体贴之，体知之，以之为体，并最终与之一体。那么，相比而言，make 之"作"或"造"的意思并不重要？"圣人作，而万物睹"（《周易·乾卦·文言》）①，此云"圣人有生养之德，对万物有生养之情，故相感应也"②。因而，使万物如其所是生成，亦即为圣人无为而不为的成就。在这里，"作"只能是"不作"，但这样的"不作"正可发挥"风教"之义，而使人如沐春风。故而，《论语·为政》云"为政以德，譬如北辰，居其所而众星拱之"③，写的就是圣人之"政"之得"正"，其效应普世，而见仁爱广博人间："物物而不物于物。"（《庄子·外篇·山木》）应该说，圣人适时而动、"见机而作"（《周易·系辞下》）④，也就意味着，万物自然生长，或曰随之而作。因此，"作"并没有高高在上的人格神的那种"创造天地"之意。既如此，以物为体，与万物为一，其前提和终极目标即为以物为物，使物葆有其本身，便是"作"至关重要的意义。如此，突出与物合一，"作"已在其中。仿《论语》话语简洁明快的特点，可凸显此意：

译文 38. There are perhaps those who are able to get into things beyond the limits of knowledge. But how could I have acquired that ability?

在这里，既可以说，夫子是在感叹，圣人有能力跨出知识之边界，融入事物，他自愧不如；同时，亦可释为，常人之作为超出知识

---

① 王弼（注）、孔颖达（疏）：《周易正义》（李学勤主编，《十三经注疏》之一），北京大学出版社 1999 年版，第 17 页。

② 王弼（注）、孔颖达（疏）：《周易正义》（李学勤主编，《十三经注疏》之一），北京大学出版社 1999 年版，第 17 页。

③ 何晏（注）、邢昺（疏）：《论语注疏》（李学勤主编，《十三经注疏》之十），北京大学出版社 1999 年版，第 14 页。

④ 王弼（注）、孔颖达（疏）：《周易正义》（李学勤主编，《十三经注疏》之一），北京大学出版社 1999 年版，第 309 页。

之界限，毫无道理。若这两方面的含义都在其中，译文便是成功的？

应该再次强调，夫子始终是在以圣人榜样的力量，昭示常人有以近之、趋而化之。而他的置身之处，正是"中道"之所在！由"见闻之知"上升为"德性之知"，才可人心合于天道，从而企及天人合德之境。这本是儒家的睿智，故而夫子坚持"多闻，则其善者而求之；多见而识之"（《论语·述而》）①。新儒家熊十力对之心领神会："余平生之学不主张反对理智或知识，而亦感哲学当于向外求知之余，更有凝神息虑，默默自识之一境。"② 牟宗三更是"引用〔张〕横渠的《大心篇》说明，人虽是有限的存在，但不为'见闻'所限，而可以通于无限。由德性所知，即可以上通天德"③。但夫子"多闻多见"之教诲之意，千年无人知会？因而，上引诸译竟未关注，"执其两端，用其中于民"（《礼记·中庸》）④，又如何可能使译文走向正轨？易言之，若不关注中庸之道的基本原理，哪里会有真正适宜的《论语》翻译？

第四节　本章小结

"《论语》所记的孔子的全部理论和实践，都贯彻着中庸思想，有的记述虽未提'中庸'之名，实际是在论述中庸思想。"⑤ 虽然不能说，中庸之道就是整个经文背后的支撑力量，但若说起其精神贯穿始终，则是合宜的。那么，从上文的辨析来看，儒家典籍的外译既未做到对之予以基本的关注，历史是否需要重写，才谈得上那是在译经？

---

① 何晏（注）、邢昺（疏）：《论语注疏》（李学勤主编，《十三经注疏》之十），北京大学出版社1999年版，第94页。
② 熊十力：《原儒》，中国人民大学出版社2009年版，第8页。
③ 刘述先：《儒家哲学的三个大时代》，郑宗义（编），中华书局2017年版，第229页。
④ 郑玄（注）、孔颖达（疏）：《礼记正义》（李学勤主编，《十三经注疏》之六），北京大学出版社1999年版，第1426页。
⑤ 夏传才：《十三经讲座》，广西师范大学出版社2006年版，第292页。

第十章 "闻一知二"的子贡跨文化英译形象的原理初探

第一节 问题的提出

依《论语》，颜回、子路和子贡都是孔子喜爱的弟子。但一向以"译意"为指归的英译可曾关注，如何使之呈现其本来面目？本章试图探究子贡的形象跨文化再塑，主要以他对夫子"女与回孰愈"（《论语·公冶长》）① 的回应一章为中心。

我们认为，传统译解不通："闻一知十"和"知二"只在字面上才有颜回才高、子贡稍逊之意。子贡精生意之道，"亿则屡中"（《论语·先进》）②，对数字有人所不及的敏感，当知"十"与"二"之别与无别；他以之与颜回相比，必有深意在焉。他既名列"四科十哲"的"言语科"（《论语·先进》）③，其论辩必依"正轨"，才与其身份相符。

有关问题颇值得探究：如何回到儒家思想原理，才可复原经文意义，而不再使看似简单的语句，走过千年时光，竟少见知会，亦未以其正解融入跨文化交流？

---

① 何晏（注）、邢昺（疏）：《论语注疏》（李学勤主编，《十三经注疏》之十），北京大学出版社 1999 年版，第 59 页。

② 何晏（注）、邢昺（疏）：《论语注疏》（李学勤主编，《十三经注疏》之十），北京大学出版社 1999 年版，第 149 页。

③ 何晏（注）、邢昺（疏）：《论语注疏》（李学勤主编，《十三经注疏》之十），北京大学出版社 1999 年版，第 143 页。

聪明过人的子贡有"方人"（《论语·宪问》）[1] 之好，但仍不失为"最为可爱的人物"[2]。因此，此一形象的跨文化再现的义理分析，具有一定的代表性，可为相关问题的探讨提供借鉴。

第二节　子贡形象的一般定位与"闻知"的意向

《孟子·公孙丑上》提出，"宰我、子贡、有若智足以知圣人"[3]。而《论语·先进》将子贡排为"言语科"第二[4]，可见其能力非凡。据《史记·仲尼弟子列传》，"故子贡一出，存鲁，乱齐，破吴，强晋而霸越。子贡一使，使势相破，十年之中，五国各有变"[5]。《论语·先进》记述夫子特地论及颜回与子贡的区别："回也其庶乎，屡空。赐不受命，而货殖焉，亿则屡中。"[6] 子贡富可敌国。《史记·货殖列传》描述，"子贡结驷连骑，束帛之币以聘享诸侯，所至，国君无不分庭与之抗礼。使夫子名布扬于天下者，子贡先后之也"[7]。钱穆强调："子贡在当时昌明师道之功为伟。"[8]《论语·子张》收录诸如子贡在驳斥时人对夫子的污蔑或轻视时所说的"夫子之墙数仞，不

---

① 何晏（注）、邢昺（疏）：《论语注疏》（李学勤主编，《十三经注疏》之十），北京大学出版社 1999 年版，第 197 页。

② 李泽厚：《论语今读》，中华书局 2015 年版，第 361 页。

③ 赵岐（注）、孙奭（疏）：《孟子注疏》（李学勤主编，《十三经注疏》之十一），北京大学出版社 1999 年版，第 78 页。

④ 何晏（注）、邢昺（疏）：《论语注疏》（李学勤主编，《十三经注疏》之十），北京大学出版社 1999 年版，第 143 页。

⑤ 司马迁：《史记》（上、中、下），裴骃（集解）、司马贞（索隐）、张守节（正义），中华书局 2005 年版，第 1745 页。

⑥ 何晏（注）、邢昺（疏）：《论语注疏》（李学勤主编，《十三经注疏》之十），北京大学出版社 1999 年版，第 149 页。

⑦ 司马迁：《史记》（上、中、下），裴骃（集解）、司马贞（索隐）、张守节（正义），中华书局 2005 年版，第 2464 页。

⑧ 钱穆：《孔子传》，生活·读书·新知三联书店 2012 年版，第 106—107 页。

得其门而入，不见宗庙之美，百官之富"①，"仲尼，日月也，无得而逾焉"②，以及"夫子之不可及也，犹天之不可阶而升也"③ 等，都可证明，他传扬夫子思想之用力。据《礼记·檀弓上》，夫子临终咏叹"泰山其颓乎，梁木其坏乎，哲人其萎乎"④，在场者似只有子贡。《孟子·滕文公上》和《史记·孔子世家》记载，夫子去世之后，诸弟"心丧"三年，"惟子赣庐于冢上，凡六年"⑤ 或 "筑室于场，独居三年，然后归"⑥。子贡如此悲悼怀恋夫子，感天动地。

子贡所云"闻一知十"和"知二"，可与夫子所说的"吾有知乎哉，无知也。有鄙夫问于我，空空如也，我叩其两端而竭焉"（《论语·子罕》）⑦ 联系起来理解：依中庸，"有无"并用，把握"两端"，才可得夫子思想之指归⑧。子贡当然也要如此提示夫子：您既已那样解释"知"或"智"，我子贡不也应如此？所以，"告往知来"（《论语·学而》）⑨ 导向"执其两端"（《礼记·中庸》）⑩，"闻一知二"亦复如此。既然沿着您"执其两端"的路径前行，自然地，我

---

① 何晏（注）、邢昺（疏）：《论语注疏》（李学勤主编，《十三经注疏》之十），北京大学出版社 1999 年版，第 261 页。

② 何晏（注）、邢昺（疏）：《论语注疏》（李学勤主编，《十三经注疏》之十），北京大学出版社 1999 年版，第 262 页。

③ 何晏（注）、邢昺（疏）：《论语注疏》（李学勤主编，《十三经注疏》之十），北京大学出版社 1999 年版，第 263 页。

④ 郑玄（注）、孔颖达（疏）：《礼记正义》（李学勤主编，《十三经注疏》之六），北京大学出版社 1999 年版，第 206—207 页。

⑤ 司马迁：《史记》（上、中、下），裴骃（集解）、司马贞（索隐）、张守节（正义），中华书局 2005 年版，第 1565 页。

⑥ 赵岐（注）、孙奭（疏）：《孟子注疏》（李学勤主编，《十三经注疏》之十一），北京大学出版社 1999 年版，第 148 页。

⑦ 何晏（注）、邢昺（疏）：《论语注疏》（李学勤主编，《十三经注疏》之十），北京大学出版社 1999 年版，第 114—115 页。

⑧ 蔡新乐：《中庸解〈论语〉及其跨文化问题：以"端"为例》，《解放军外国语学院学报》2018 年第 5 期；蔡新乐：《〈论语〉英译要求中庸的回归：以"异端"的处理为例》，《东方翻译》2018 年第 5 期。

⑨ 何晏（注）、邢昺（疏）：《论语注疏》（李学勤主编，《十三经注疏》之十），北京大学出版社 1999 年版，第 12 页。

⑩ 郑玄（注）、孔颖达（疏）：《礼记正义》（李学勤主编，《十三经注疏》之六），北京大学出版社 1999 年版，第 1425 页。

子贡"知二"也就和颜回的"知十"无大区别？

拿他没有办法的夫子赶忙打住："弗如也，吾与女弗如也"——比不上啊，你未免太好强，不懂如何避免"伐善"（《论语·公冶长》）①，既不知谦虚，怎么比得上"不违，如愚"（《论语·为政》）②的颜回？而且，你子贡也不免有违"君子无所争"（《论语·八佾》）③之旨。不但你不如他，即令是我也一样不如。但即令如此，还是应承认，子贡意在曲折地表白；您老夫子既问"孰愈"，即令讨论的是"德性"，其中也必牵涉"知"（智）的问题，颜子自有其所未及？因为，"自一至十"，谁能保证"推知"完全正确，不论形式还是内涵？

相反，若不这样作解，喜欢对人品头论足或曰"方人"因而"不服气"的子贡，其形象或真是一个"老好好"了，而被论者称为夫子弟子之中"极聪明而善言说"④、"最为人喜爱欣赏"⑤，也是《论语》中"最可爱的学生"⑥、"最可爱的人物"⑦、"聪明形象到处可见"⑧的子贡，如何会"认输"？果如此，那还是子贡吗？"子贡利口巧辞，孔子常黜其辩"（《史记·仲尼弟子列传》）⑨。史迁举的例子正是"闻一知二"与"闻一知十"。

这意味着，子贡身为夫子最为欣赏的学生之一，以其聪明才智，比较充分地把握到了中庸的精髓，故能得心应手依之来回应夫子"女

---

① 何晏（注）、邢昺（疏）：《论语注疏》（李学勤主编，《十三经注疏》之十），北京大学出版社1999年版，第68页。

② 何晏（注）、邢昺（疏）：《论语注疏》（李学勤主编，《十三经注疏》之十），北京大学出版社1999年版，第18页。

③ 何晏（注）、邢昺（疏）：《论语注疏》（李学勤主编，《十三经注疏》之十），北京大学出版社1999年版，第31页。

④ 李泽厚：《论语今读》，中华书局2015年版，第35页。

⑤ 李泽厚：《论语今读》，中华书局2015年版，第207页。

⑥ 李泽厚：《论语今读》，中华书局2015年版，第276页。

⑦ 李泽厚：《论语今读》，中华书局2015年版，第361页。

⑧ 李泽厚：《论语今读》，中华书局2015年版，第359页。

⑨ 司马迁：《史记》（上、中、下），裴骃（集解）、司马贞（索隐）、张守节（正义），中华书局2005年版，第1742页。

与回孰愈",以求自我说明,的确也是依凭义理在做说明。因为无可反驳,夫子只好打断他的话。如此,也只有回到中庸的立场,才可趋近子贡回应的含义。故应强调,"闻一知二"和"知十"的"数字"和"类推"意向只是字面意义,深层意义在于"中庸"的运用和发挥。

能言善辩的子贡当然明白以数字来回应夫子,应突出其义理。在《论语·学而》"告往知来"一章,夫子已称赞他对"中庸"的把握:

> 子贡曰:"贫而无谄,富而无骄,何如?"子曰:"可也;未若贫而乐,富而好礼者也。"子贡曰:"《诗》云:'如切如磋,如琢如磨。'其斯之谓与?"子曰:"赐也,始可与言《诗》已矣,告诸往而知来者。"①

夫子对子贡说,为你提示过去发生的事,你就能判断出未来的发展;或者说,为你说起过往事件一端的发展,你就能预判未来它另一端情况如何:"告诉你一个道理,你就能有所发挥,举一反三。"② 但"举一反三"(《论语·述而》)③ 的作用自然是有限的,因为类推或只能在"同一"、"类同"或至少"类似"的事物中展开,否则就会走过头。不过,这是理性的类推,若预设的是万物皆为同类呢?我们认为,那也仍需某种限定。比如说,事物之所以能与人相知,原在于它或她们被认为与人具有同样、类同或同一的生命力,故可相互感通、感知。如此章之所示,石头和象牙等的打磨,喻示的是人本身的自我打造:不仅石头等需如此琢磨,人既为人,也一样要这样切磋。于是,事物之理相通,而类推不可止步?

---

① 何晏(注)、邢昺(疏):《论语注疏》(李学勤主编,《十三经注疏》之十),北京大学出版社1999年版,第12页。
② 李木生:《人味孔子》,河南文艺出版社2007年版,第97页。
③ 何晏(注)、邢昺(疏):《论语注疏》(李学勤主编,《十三经注疏》之十),北京大学出版社1999年版,第87页。

不过，如上所述，这里的既定界限是，人情感上葆有与天地相感相通的倾向，得天地之大助，故为万物灵长，而可掌握其中的奥妙；因而，人自然会适时而动，而在合适合宜的地点停下类推的步子。易言之，人始终应以"中庸之道"的"故时措之宜也"（《礼记·中庸》）① 或曰"时中"之法，在合宜之处限定类推之"知"，以求企及"智"。这样，夫子夸赞子贡，也是在说他对中庸之道领会得相当深入，故而可与之论《诗》。

而子贡此时提及"闻一知二"，也便与"告往知来"意向相通："十"与"二"固然有多少之分、大小之别，但义理上并无差异，因为二者都是"终端"。颜回"从一推知到十"，说不定会犯错。毕竟，物与物及人与物，还是存在不同的，不能走得过远，超出限度。要在以中庸为法，"执其两端，用其中于民"（《礼记·中庸》）②。

第三节　现代的解释和传统注疏中的问题
　　　　以及正轨译解的导向

但传统上对子贡回应夫子之语的解释是，子贡谦逊、忙不迭地承认，颜回胜于他：后者"闻一知十"，而他"闻一知二"。但"十"大于"二"，不就是数目大小吗？若只论子贡醉心计算或数字，而不关注"其至矣乎"（《论语·雍也》）③ 的中庸之"德"显然不通，以其重"求知"的倾向来判断他与颜回有高下之别也就是有问题的。

但钱穆提出，"惟颜渊之意偏在孔子之为人，子贡之意偏在孔子

---

① 郑玄（注）、孔颖达（疏）：《礼记正义》（李学勤主编，《十三经注疏》之六），北京大学出版社1999年版，第1450页。

② 郑玄（注）、孔颖达（疏）：《礼记正义》（李学勤主编，《十三经注疏》之六），北京大学出版社1999年版，第1425页。

③ 何晏（注）、邢昺（疏）：《论语注疏》（李学勤主编，《十三经注疏》之十），北京大学出版社1999年版，第82页。

之为学，而两人高下亦即于此可见"①。前者之例是颜回感叹夫子"仰之弥高，钻之弥坚；瞻之在前，忽焉在后"（《论语·子罕》)②，后者之例见于子贡慨叹"夫子之文章，可得而闻也。夫子之言行与天道，不可得而闻也"（《论语·公冶长》)③。他对"文章"的释义大有问题：二字不能以板结化的方式来解，而应以动态过程释之："文"应为"内德"，"章"则指"彰显"；二者相合，意为内德充盈显露于外④。夫子歌颂尧帝的"焕乎，其有文章"（《论语·泰伯》)⑤，亦是如此⑥。这样，子贡之叹并非"偏在孔子之为学"；以此为据，来说他与颜回有别，也就不能成立？

《论语·季氏》"修文德而来之"⑦中的"文德"自然主要是指"德"或曰"内德"。子贡向夫子讨教"孔文子何以为文"，夫子答以"敏而好学，不耻下问，是以谓之文也"（《论语·公冶长》)⑧，说的也是"文"之"内德"含义：夫子不扬人之恶，突出的就是孔文子的"德"，即他着意打造自己，内美充溢，而在言行之中体现出来。这些都可作为内证，说明"文"即"德"。至于"文质彬彬"（《论语·雍也》)⑨和"四科"之一的"文学"之中的"文"，一者可释

---

① 钱穆：《孔子传》，生活·读书·新知三联书店2012年版，第104页。

② 何晏（注）、邢昺（疏）：《论语注疏》（李学勤主编，《十三经注疏》之十），北京大学出版社1999年版，第116页。

③ 何晏（注）、邢昺（疏）：《论语注疏》（李学勤主编，《十三经注疏》之十），北京大学出版社1999年版，第61页。

④ 蔡新乐：《"夫子之文章"译解的阴阳之道观》，《中国翻译》2016年第5期，第81—87页。

⑤ 何晏（注）、邢昺（疏）：《论语注疏》（李学勤主编，《十三经注疏》之十），北京大学出版社1999年版，第106页。

⑥ 蔡新乐：《〈论语〉中"文章"译解的阴阳之道观》，《解放军外国语学院学报》2017年第1期，第1—9页。

⑦ 何晏（注）、邢昺（疏）：《论语注疏》（李学勤主编，《十三经注疏》之十），北京大学出版社1999年版，第221页。

⑧ 何晏（注）、邢昺（疏）：《论语注疏》（李学勤主编，《十三经注疏》之十），北京大学出版社1999年版，第62页。

⑨ 何晏（注）、邢昺（疏）：《论语注疏》（李学勤主编，《十三经注疏》之十），北京大学出版社1999年版，第78页。

为"温文尔雅之言行"之"文",一者可解为"文学博文之功"①。二例或可说明,在《论语》中"文"字有二意,指向恰相反动。"小人之过也必文"(《论语·子张》)②之"文"亦指"外在化的修饰",引申为"虚饰"或"伪饰"。

钱穆强调,"[此]德虽属己心内在所得,亦必此外面与人相处,而后此德始显","显"意即彰显,可谓"文章"之结果:内德充实而外显③。

"孔子与诸弟子中特赏颜渊"④,尽管闵子骞、冉伯牛及仲弓,都与同列"四科十哲"的"德行"科,但"因颜渊在用之则行一面有更高出于三人之上者",所以,"宋儒周濂溪尝教程明道、伊川兄弟,令寻仲尼、颜渊乐处,所乐何事? 成为宋元明三代理学家相传最高嘉言,而颜子之德行高卓,亦于此可想"⑤。而夫子对"好学"(《论语·雍也》)⑥的颜回的称赞,几乎无以复加:"孔子称颜子之好学,乃称其能在内心深处用功,与只注意外面才能事功上者不同。"⑦

但这也并不意味着,子贡对颜回"服气"。相反,仍可认为,尽管夫子将颜回视为其高弟中最为杰出者,但子贡有争先之心意,似亦为自然追求。如此,则对他对颜回"闻一知十"之高扬,对自己"闻一知二"的贬抑,这样的传统解释,便大有问题:看似"十"大"二"小,实则子贡说的是:(一)"十"是终端,"二"亦如此;二者并无大小之别、高低之分。(二)更何况,若"闻一知十"中的"十"(中之物)并非同类,类推失效,"此知"必成荒唐。(三)夫

---

① 钱穆:《孔子传》,生活·读书·新知三联书店 2012 年版,第 209 页。

② 何晏(注)、邢昺(疏):《论语注疏》(李学勤主编,《十三经注疏》之十),北京大学出版社 1999 年版,第 257 页。

③ 钱穆:《孔子传》,生活·读书·新知三联书店 2012 年版,第 113 页。

④ 钱穆:《孔子传》,生活·读书·新知三联书店 2012 年版,第 85 页。

⑤ 钱穆:《孔子传》,生活·读书·新知三联书店 2012 年版,第 97 页。

⑥ 何晏(注)、邢昺(疏):《论语注疏》(李学勤主编,《十三经注疏》之十),北京大学出版社 1999 年版,第 71 页。

⑦ 钱穆:《孔子传》,生活·读书·新知三联书店 2012 年版,第 99 页。

子强调，"叩其两端"（《论语·子罕》）①。将"十"和"二"都解为"两端"，才可"执两用中"（《礼记·中庸》）②，而见夫子思想"方法论"之魅力。易言之，子贡以中庸之道强调的是，他和颜回并无高低之分。因此，（四）夫子才会回以"弗如也，吾与汝弗如也"，不让他再说下去。

还应指出，《论语·宪问》载"子贡方人"而被夫子批评。"方"字有二解："言人之过恶"（郑玄释义）③，即讥讽他人；与别人相比而较其短长。才思敏捷的子贡，当然不会明目张胆地在乃师面前与第一高徒一比高下。但如上所述，他总是也要说，尽管自己"修养"、"德行"方面或不如颜回，可"求知"上不一定就甘拜下风。没人愿承认，自己不"好学"，遑论子贡。而好学要走向德性之智，必趋向"至德"亦即中庸之道。

从字面上看，子贡是在说："我子贡怎敢望颜回项背？他可是听到一个就能明白十个的。"其解悟能力超强，我子贡很是佩服。而"我听到一个只能明白两个"，完全没有办法和他相比。而他实则要强调，"颜回闻一知十"，但同类才可相推因而极易出错。即令不出错，"十"毕竟和"一"都是"两端"，而我子贡虽只是"闻一知二"，但"二"也和"十"构成"两端"。既然都呈现为"执两用中"，又有什么不同？求知方面，我有条件与颜子一比；更何况，我所用的方法，正是先生您本人一力提倡的"中庸"啊。

就文字作解，亦可得此结论。《说文·一部》解释："一，惟出太始，道立于一，造分天地，化成万物。"这是将"一"视为"开天辟地"初始之"一"，故可释为"一端"，尽管"这种解释［可能］和造字本义不符"④。姚孝遂《诂林》所加按语可推"十"亦为"一

---

① 何晏（注）、邢昺（疏）：《论语注疏》（李学勤主编，《十三经注疏》之十），北京大学出版社1999年版，第115页。
② 郑玄（注）、孔颖达（疏）：《礼记正义》（李学勤主编，《十三经注疏》之六），北京大学出版社1999年版，第1425页。
③ 黄式三：《论语后案》，张涅、韩岚（点校），凤凰出版社2008年版，第414页。
④ 《常用古文字字典》，王延林（编著），学林出版社2012年版，第1页。

端":"数字原始于刻画,刻画的积累,必须有一个限度,否则将不成其为文字。数字自五始,变积画为错画。这可能与古代的算筹有关。算筹的不同排列形式即表达不同的数字。至十则反于一,一之竖画即成十。十再进位则成百。"① "十"既可为数字的"终端",也必能表示"事物之终端"。故《说文·十部》解释:"十,数之具也。一为东西,丨为南北,则四方中央备矣。"于省吾《释林》释义:"数至十复反为一,但既已进位,恐其与一混,故直书之。是十与一之初形只是纵横之别,但由此可见初民以十进位,至为明显。"② 这样,"十"字又"引申表示多、完备、达到顶点"③ 并非无因。"十"既可"达到顶点",便能具"另一端"之义。

若上文所说有其道理,那么,有关传统注疏便是不对头的:

> 一,数之始。十,数之终。二者,一之对也。颜子明睿所照,即始而见终;子贡推测而知,因此而识彼,"无所不悦,告往知来",是其验矣。④

朱子将"十"释为"数之终",而"二"则是"一之对",进而以此来突出颜子"明睿",而子贡则是"因此识彼"。

但他未及注意,"告往知来"亦有"执其两端"的意涵:"来往"都可释为"端"。如上所述,夫子之所以对子贡的解释大加称赞,就是因为子贡能把握中庸之道,并以之为法。在夫子感叹"中庸之为德也,其至矣乎!民鲜久矣"(《论语·雍也》)⑤ 的时代,子贡表现出异乎寻常的领悟之力。"至德"完美,能有所把握,说明子贡确为人

---

① 《常用字字源字典》,胡培俊(编著),崇文书局 2010 年版,第 740 页。
② 《常用字字源字典》,胡培俊(编著),崇文书局 2010 年版,第 541 页。
③ 《常用字字源字典》,胡培俊(编著),崇文书局 2010 年版,第 541 页。
④ 朱熹:《四书章句集注》,中华书局 1983 年版,第 77 页。
⑤ 何晏(注)、邢昺(疏):《论语注疏》(李学勤主编,《十三经注疏》之十),北京大学出版社 1999 年版,第 82 页。

中之杰①。因而，此章中若他欲与颜回一比高下，或者说，他试图表明自己在求知上也能凸显中庸之道之要义，和颜回并无高下之别，也就顺理成章了。谁能说，只有颜回才是求知的高才，而子贡才智偏低？更何况，子贡同时要说的是，以"知"为进路企及中庸之"至德"，连颜回也可能有其不足？

很明显，朱子并未关注，"二"即令是"一之对"，也一样可与之形成"两端"；也就是，子贡是在以中庸之道的方法，强调自己可与颜子相提并论。因而，这个时候，他回应夫子的话仍有"方人"的意味。但如此回应却突出了，作为"言语科"的高弟，他话中有话，奇妙对应夫子之问，才华横溢而又声色不露。否则，经文也就只有"二"小"十"大，而子贡真的是甘拜下风了。而朱子之所为，突出的就是此解。他还特地引人之说称：

　　尹氏曰："子贡方人，夫子既语以不暇，又问其与回孰愈，以观其自知之如何。闻一知十，上知之资，生知之亚也。闻一知二，中人以上之资，学而知之之才也。子贡平日以己方回，见其不可企及，故喻之如此。夫子以其自知之明，而又不难于自屈，

---

　　① 颜回或可称为夫子的衣钵继承者。例如，夫子自道："用之则行，舍之则藏，惟我与尔有是夫。"（《论语·述而》）[何晏（注）、邢昺（疏）：《论语注疏》（李学勤主编，《十三经注疏》之十），北京大学出版社1999年版，第87页]《论语》多处记载，夫子对他赞不绝口：称他"箪食瓢饮"，居"陋巷"，"人不堪其忧，回也不改其乐，贤哉，回也"（《雍也》）（同上书，第75页），"好学"（《雍也》《先进》）（同上书，第71、144页）近乎唯一，"吾见其进也，未见其退也"（《子罕》）（同上书，第120页），进而"其心三月不违仁，其余则日月至焉而已矣"（《雍也》）（同上书，第73页）。他对待夫子"于吾言无所不说"（《先进》）（同上书，第143页），"终日，不违"、"亦足以发"（《为政》）（同上书，第18页）。二人交流非常投契："语之而不惰者，其回也与"（《子罕》）（同上书，第120页）；感情特别深厚："回也视予犹父也"（《先进》）（同上书，第146页）。夫子也对之报以特别的希望，故而，在他去世时，"哭之恸"（《先进》）（同上书，第145页），以至于有"天丧予！天丧予！"（《先进》）（同上）的悲愤呐喊。而对子贡，夫子将之视为"瑚琏"（《公冶长》）（同上书，第55页），即宗庙祭祀之"器"；不仅批评他"方人"，而且，还认为他所说的"我不欲人之加诸我也，吾亦欲无加诸人"，是"非尔所及也"（《公冶长》）（同上书，第61页）。但是，这并不意味着，颜回就是偏重"修己"，而子贡偏重"求学"。实际上，夫子的弟子都首先要在立德上切磋琢磨，然后才谈得上其他。

故既然之，又重许之。此其所以终闻性与天道，不特闻一知二而已也。"①

此解抹去了子贡可能的"方人"冲动，且极易让人以为，他真的"自屈"了。而且，"闻一知十"和"闻一知二"既为"喻"，那么，作为类推的"喻"要说明的，恰恰是隐含性的。易言之，子贡是在含蓄地透露他的心迹或心机：他和颜回一样，在"闻知"上，都在坚守中庸之道，因而，区别并没有人们想象的大。可就是这里，注解者误会了"方人"的子贡的意向，故使他"志向"上的追求重心得不到彰显？后世之解，亦复如是。

第四节　今译的问题：义理的缺席

因篇幅所限，经文及译文只引子贡的回话，必要时对有关问题补充解释。

经文：赐也何敢望回？回也闻一以知十，赐也闻一以知二。（《论语·公冶长》）②

译文1. 我么，怎敢和颜回相比？他啦，听到一件事，可以推演知道十件事；我咧，听到一件事，只能推知两件事。③

译文2. 我吗，怎敢跟颜回比？颜回，听到一件事能推知十件事，我呢，听到一件事只能推知两件事。④

译文3. 我怎么敢同颜回比呢？颜回听到一件事可以推测知道十件事，我听到一件事只能推知两件事。⑤

---

① 朱熹：《四书章句集注》，中华书局1983年版，第77页。
② 何晏（注）、邢昺（疏）：《论语注疏》（李学勤主编，《十三经注疏》之十），北京大学出版社1999年版，第59页。
③ 杨伯峻：《论语译注》，中华书局1980年版，第45页。
④ 孙钦善：《论语本解》，生活·读书·新知三联书店2009年版，第49页。
⑤ 徐志刚：《论语通译》，人民文学出版社1997年版，第50页。

译文 4. 我呀怎么敢和颜回相比。颜回听到一点可以领悟到十点，我呢听到一点只能领悟到两点。①

译文 5. 我呀，怎么敢跟颜回比呢？颜回，听到一件事能推知十件事；我呢，听到一件事只能推知两件事。②

译文 6. 我怎敢与颜回相比呢！颜回懂一个道理，能推断出十个道理；我懂得一个道理，只能推断出两个道理。③

译文 7. 我怎么敢同颜回比？颜回闻一而知十，我闻一而知二。④

译文 8. 我啊，怎敢和颜回相比？颜回听到一件事，就能推知十件事；我呢，听到一件事，就能推知两件事。⑤

译文 9. 我怎么敢跟颜回比？他听懂一个道理就可以领悟十个相关道理，我听懂一个道理只能领悟两个相关道理。⑥

译文 10. 我哪里敢与颜回相比？颜回听到一件事，就能推知十件事，我听到一件事，只能推知二件事。⑦

上引译文都将"吾与女弗如也"中的"与"译为"同意"或"赞同"。此字有二解：一是"和"，二是"同意"。李泽厚指出，若解为后者会造成"多余的别扭话"。他强调，"其实，韩愈早就说过：'弟子不必不如师，师不必贤于弟子。'刘峰禄《论语述何》：'夫子亦自谓不如颜渊。'何况这是孔子自谦、逊让之词呢？"⑧ 不过，夫子也拿自己与颜回比较，其用意是要制止子贡"方人"。如此，夫子说的便是，是啊，不仅你不如他，即使是我也没法和他比；这样，才打

---

① 《四书辞典》，吴量恺（主编），崇文书局 2012 年版，第 63 页。
② 《四书》，王国轩等（译），中华书局 2007 年版，第 19 页。
③ 邹憬：《论语通解》，译林出版社 2014 年版，第 59—60 页。
④ 余东海：《论语点睛》（上），中国友谊出版社 2016 年版，第 138 页。
⑤ 朱振家：《论语全解》，上海古籍出版社 2014 年版，第 60 页。
⑥ 刘君祖：《新解论语》（上篇），中信出版集团 2016 年版，第 154 页。
⑦ 来可泓：《论语直解》，复旦大学出版社 1996 年版，第 116—117 页。
⑧ 李泽厚：《论语今读》，中华书局 2015 年版，第 91 页。

断子贡，使他不便也不能再讲下去。但他为什么要如此谦逊，竟然承认自己和子贡一样不如颜回？众多译文未得正解。下例也是这样：

译文 11. 赐呀！哪敢望回呢？回呀！听得一件，知道十件。赐呀！听了一件，只知两件。①

与他例一样，此译照录"一二"和"一十"，因而，也就未及子贡所说的含义到底何在？

译文 12. 我哪敢比颜回？他听到一件事，便推知十件事；我听了一件，才推知两件。②

李泽厚在另一处提出："中国实用理性的一个特征是不重逻辑推论，而重类比联想。由类比而得启发，范围宽广，直觉性强，便于由感受而引发创造。这是一种不同于逻辑推理的思维方法，可以'类比思维'名之。这种思维方式的创造性能及其在中国文化上的功能表现、优缺点，值得研究。"③ 惜乎未见他深究下去，而对"闻一知二"和"闻一知十"背后的"类推"之"知"的研究，在其他今译中也付诸阙如。而这意味着，人们关注的只是作为数字的"一二"和"一十"，并依之认定"闻一知十"因大于"闻一知二"，而"颜回贤于子贡"也就成了不争的问题？那么，子贡何以要贬抑自己不如颜回？而且，好辩、喜"方人"的子贡会这样轻易认同夫子的"弗如也"吗？同时，这也关涉他的形象的跨文化传递：一个被列入"言语科"的高才，他没有和最为夫子所喜爱的才俊，在"知"上一比高下的欲求或愿望吗？这里，夫子问的是"女与回孰愈也"，子贡是以"知闻"作为回应，并且以"一、二、十"三个数字作为对比。

---

① 钱穆：《论语新解》，生活·读书·新知三联书店 2002 年版，第 18 页。
② 李泽厚：《论语今读》，中华书局 2015 年版，第 91 页。
③ 李泽厚：《论语今读》，中华书局 2015 年版，第 19—20 页。

如此，他是在有意避开夫子对颜回所称赞的"好学"及"无违"的那些方面，而专门在"知"上试图一较长短？而且，子贡答语的巧妙之处正在于，他是"由知"入手进至于"德"且是作为至德的"中庸"，来强调自己可与颜回一比。而历来解者的问题就在于，根本无视"中庸"的要义。因而，子贡回话的含义，也就隐而不彰，尽管话中有话的那种"话"才是他要说的。易言之，我们目前看到的解释，都聚焦于字面，丢掉的正是内涵，且恰恰是《论语》最为重要的哲学意向！子贡依之来隐性地表白，自己对之的解悟已达到的境界。世人不知，故而使译解沦入最低层次。

　　译文13. 赐怎么敢和回相比？回听到一个道理，可以领悟十个相关的道理，赐听到一个道理只能领悟两个相关的道理。①

　　在此译之中，"二"和"十"到底是什么含义，亦未得澄清。类推或类比正是子贡的蒙眼法，即令颜回"听到一个道理，就能领悟十个"，若这些"道理"并非"同类"，"领悟"合理吗？那么，颜回的"领悟"，是否不守"家法"因而毫无"章法"？而子贡也就是在看似合理的"二"与"十"的对比之中，要突出些什么？若像众多译文"依文解意"，是否已落入子贡设下的"圈套"，正好把他最想表达的丢掉：表面上他并不是对颜回不推崇，实则又是在否定类推？是是非非，非非是是，二者并起，同时发挥作用。但他又会让夫子觉得，即使和颜回一争高下，自己也不温不火、不亢不卑，而机锋自在；且一旦发话，则已面面俱到，意味在焉，而夫子宛然心知。但聪慧如此的子贡的回话的确成了"谜语"，迄今未为人所侦知？下例依然：

　　译文14. 我怎么敢和颜回比？他得知一件事，可以推知十件

---

　　① 傅佩荣：《人能弘道：傅佩荣谈论语》，东方出版社2018年版，第127页。

事。我得知一件事，只能推知两件事。①

译文 15. 我呀怎敢和颜回相比？颜回呀，听到一件事，可以推知十件事；我呢，听到一件事，只能推知两件事。②

译文 16. 我怎么敢和颜回相比啊。颜回听到一件事可以推知十件事，我听到一件事只能推知两件事。③

译文 17. 我怎敢相比？颜回听了一分，能理解十分，我听了一分，至多理解二分。④

"分"，《说文》解曰："别也"，本义为分割、分开⑤。因而，"一分"必预设一前提：分有同一物中的某一部分，似亦可作"一份"，且或是指纵向的"深入"的一部分。如此，"一分"突出的是，"知"对某一物特定的深化了解，而不一定再是"举一反三"或一物至于他物的意向。译文 17 因而撇开类推，使经文意义缺少了一维，也就不能显现子贡话里有话，是通过数字与义理并用产生效果的。

第五节　英译的误读：合理性的不在场

今译已经如此，英译就更没有道理？

译文 18. "How dare I compare myself with Hui? Hui hears one point and knows all about a subject; I hear one point, and know a second." The Master said, "You are not equal to him. I grant you, you are not equal to him."⑥

---

① 杨朝明：《论语诠解》，山东友谊出版社 2013 年版，第 75 页。
② 杨逢彬：《论语新注新译》，陈云豪（校），北京大学出版社 2016 年版，第 83—84 页。
③ 张其成：《张其成全解论语》，华夏出版社 2017 年版，第 121 页。
④ 何新：《论语新解：思与行》，北京工业大学出版社 2007 年版，第 53 页。
⑤ 《汉字源流字典》，谷衍奎（编），华夏出版社 2003 年版，第 73 页。
⑥ James Legge, *The Analects*, Nanjing：Yilin Press, 2010, p. 37.

依此译，"闻得一点，推知整个主题"与"闻得一点，推知两点"，的确有别。译文显然并未再现经文的类推之知。相反，它将"知"限定在同一事物的范围之内，便难见子贡心内之语：二者并无区别，因为，"二"为终端，"十"亦如此。"吾与女弗如也"之"与"，此例译为 grant（赞同）。

译文 19. ［…］how can I presume to compare myself to Hwuy? if Hwuy hears one thing, he knows ten; if I hear one thing, I know two. ①

"敢"被译为 presume（擅自），"与"则被解为"同意"。"闻一知十"等直译出之。后文"与"亦以 grant 出之。

译文 20. How dare I compare myself with Hui? From one instance he is told, Hui will draw inferences about ten other cases, while I, only two. ②

夫子最后的话，此译理解为 agree（同意）。"闻一知十"，以"从他被告知的一个例证，回将做有关其他十个个案的推导"出之，仍是直译。

译文 21. How dare I aspire to Hui? If he hears one thing, Hui understands ten; when I hear one thing, I understand two. ③

① David Collie, *The Chinese Classical Work: Commonly Called the Four Books*, Malacca: The Mission Press, 1828, p. 16.

② Wu Guozhen, *A New Annotated English Version of the Analects of Confucius*, Fuzhou: Fujian Education Press, 2015, p. 133.

③ James R. Ware, *The Sayings of Confucius*, New York: Bartleby Com. , 2001, p. 13.

"与"此译解为 grant。最为重要的问题与上引例同。

译文 22. How dare I compare myself with Hui? When hearing one thing, Hui is able to know ten other things；When hearing one thing I can only know two. ①

"与"字后文亦译 agree。若依此例回译，听到一件事，就能知道十件事，那么，颜回之"知"的确也不尽合理？而"听到一件事，知道二件事"才比较有道理？因为有了限制，才有所谓"真知"？故而，此译和众多译文一样，最终的意涵不无讽刺颜回"无能"而"胡乱联想"之嫌，进而触及夫子本人：那本是一个不讲规矩、思路混乱的人物，夫子喜欢他也是那样不讲道理吗？那么，为什么更优秀的弟子，反倒偏偏要说"弗如也"？夫子既偏心，而又"不识人"吗？

译文 23. How should I dare compare myself with him. When he has learnt one thing he immediately understands its application to all cases；whereas I, when I have learnt one thing I can only follow out its bearing and applications to one or two particular cases. ②

此例与译文 18 正好相反：后者不顾及类推，举一反三的意义没有出现。"闻一知十"这里译为"闻知一事，即刻理解它对所有案例适用"；而"闻一知二"被处理为"闻知一事，只能探查出它和一两个案例的关系及对之的适用"。如此，"闻一知十"的作用便被极端夸大，而"闻一知二"则被模糊化。不如此，子贡似不足以显示自

---

① Pan Fuen and Wen Shaoxia, *The Analects of Confucius*, Jinan：QiLu Press, 1993, p. 43.

② Hongming Ku, "The Discourses and Sayings of Confucius", ed. Huang Xingtao, *Gu Hong Ming Wen Ji*, Haikou：Hainan Publishing House, 1996, p. 375.

己的谦虚。但前者既有"过犹不及"(《论语·先进》)①之弊,因而,会让人觉得,子贡为人太不厚道,即令是对待同门:明知人不可能知道一件事,就能将之推广到万事万物上,为何要这样夸大其词,那不是在对夫子最为喜爱的学生冷嘲热讽吗?对于他人,子贡或会如此"方人";但就《论语》和目前所能见到的儒家典籍来看,对颜回,他的确并未如此而为。"吾与女"一句此例未见译出。

此二例说明,译解不关注类推不通,而将之夸大也一样没有道理。

译 24. I dare not so much look at Hui. For Hui has but to hear one part in ten, in order to understand the whole ten. Where as if I hear one part, I understand no more than two parts. ②

此例以"闻知十中之一部分而理解整个的十"来译"闻一知十",将"知闻"限定在数字统一的整体上;因而,也就不能突出子贡的意向:"二"与"十"都是终端之数,二者仍可相比。也就是,他仍是在"方人",要说的是颜回与他在求知上不相上下?

译文 25. How dare I compare myself with him? When he is told one thing he understands ten. When I am told one thing I understand only two. ③

译文"闻一事而知十事",不免夸大其词?如此直译经文,或只能再现字面意思,而不及义理;而"闻知一事而仅知二事"也一样

---

① 何晏(注)、邢昺(疏):《论语注疏》(李学勤主编,《十三经注疏》之十),北京大学出版社 1999 年版,第 148 页。

② Arthur Waley, *The Analects*, Beijing: Foreign Language Teaching and Research Press, 1998, p. 53.

③ D. C. Lau, *Confucius: The Analects*, Beijing: China Publishing House, 2008, p. 71.

不能突出经文的意向。

译文 26. How dare I compare myself with Yan Hui? When he is taught one thing, he understands ten. When I am taught one thing, I understand two. ①

此译以"被教以"（taught）来传译"闻"的意义。其他问题与上例同。

译文 27. How dare I even have a look at Hui? Hui is the sort of person who, by hearing one thing, understands ten; but I am the sort of person who, by hearing one thing, understands two. ②

此译两处添加 the sort of person（那类人），句式不同，但问题依然。

译文 28. How dare I compare with Hui? He may infer ten from one, while I can infer two. ③

"知"被译为"推理"（infer），"如"解为 match（匹配）。最为重要的含义未及译出。

译文 29. The answer: No comparison. Hui hears one point and relates it to ten (understands its bearing on ten, I on one only); I hear

① Lin Wusun. *Getting to Know Confucius – A New Translation of The Analects*. Beijing: Foreign Language Press, 2010, p. 85.
② Raymond Dawson, *Confucius: The Analects*, Oxford: Oxford University Press, 2008, p. 17.
③ Xu Yuanchong, *Thus Spoke the Master*, Beijing: China Intercontinental Press, 2012, pp. 33 – 34.

one point and can only get to the next. ①

此译表达不无重复之嫌。"闻一知十"被处理为"听到一点，将之和十点相联系"，然后再加解释"即理解它与十的关系"。如此，则"推知"变为"随意联系"，而难见依准？

译文 30. How could I dare hope to equal Hui? Hui hears one part and understands ten. I hear one part and understand two. ②

"闻一知十"等被解为"听到一个部分，理解十个部分"，局限于同一事物，未见类推。

译文 31. How dare I even think of comparing myself to Hui? Hui learns one thing and thereby understands ten. I learn one thing and thereby understand two. ③

此译特地给出解释说，"闻一知二"与"告往知来"有关④，但译文并未突出"执两用中"之意。

译文 32. How dare I compare myself with Hui? Having learned one thing, he gives play to ten, while I go only as far as two. ⑤

---

① Ezra Pound, *Confucius: The Great Digest; The Unwobbling Pivot; The Analects*, New York: A New Directions Book, 1959, p. 210.

② Burton Watson, *The Analects of Confucius*, New York: Columbia University Press, 2007, p. 37.

③ Edward Slingerland, *Confucius: Analects with Selections from Traditional Commentaries*, Indianapolis and Cambridge: Hackett Publishing Company Inc., 2003, p. 42.

④ Edward Slingerland, *Confucius: Analects with Selections from Traditional Commentaries*, Indianapolis and Cambridge: Hackett Publishing Company Inc., 2003, p. 43.

⑤ Annping Chin, *The Analects*, New York: The Penguin Group, 2014, p. 33.

此译后文亦有解释说，子贡"喜方人"（good at grading people，为人划等级），夫子再进一步，让他拿自己和颜回作比较；而子贡精确地依此同门高朋为尺度而对自己进行度量（he gives a precise measure of himself against his classmate）①。但若"二"与"十"并不一定是数目上的区别，或者说，突出的并不是多少的问题；那么，"精确"何在？

译文 33. How dare I have such expectations? With Yan Hui, learning one thing he will know ten; with me, learning one thing I will know two. ②

译文 34. How dare Sẑ even look at Hwéi! If Hwéi hears one thing, he can find out ten; if Sẑ hears one thing, he can find out two. ③

译文 35. How could I compare myself to Hui? He hears one point and understands the whole thing. I hear one point and understand a second one. ④

上引三例也都和其他译文一样，仅仅译出字面意思，而不及内涵。而恰恰是"数字"与"义理"的巧妙互动，才是子贡要说的话的意向。一方面，"闻一知十"之"十"大于"闻一知二"之"二"，因而，颜回之"知"优于子贡。但另一方面，不论是"二"还是"十"，都应解为"端"。故而，"闻一知十"是从一端到另一端，"执两用中"才可把握事物规律；而"闻一知二"也一样是自一

---

① Annping Chin, *The Analects*, New York：The Penguin Group, 2014, p. 34.

② Roger T. Ames and Henry Rosemont, *The Analects of Confucius：A Philosophical Translation*, New York：The Ballantine Books, 1998, p. 97.

③ E. Bruce Brooks and A. Taeko Brooks, *The Original Analects：Sayings of Confucius and His Disciples*, New York：Columbia University Press, 1998, p. 23.

④ A. Charles Muller, *The Analects of Confucius*, http：//www. acmuller. net/con-dao/analects. html, 2018.

端至于另一端，来把握事物规律。二者并无本质区别。而且，后者还可能优于前者，因为，若以数字为据或为主，一旦推知走出既定的（同类、相似等）范围，很可能就会言不及义甚或离题千里。如此说来，颜回还有可能"弗如"子贡。数字和义理纠缠在一起，蒙蔽了几千年的解经者？因此，可以看到，今译没有厘清头绪，英译等而次之，二者呈现的只是一个在夫子面前乖巧的近乎小学生的子贡，而不是机锋含而不露、含蓄文雅且富有哲理的子贡？

不过，转译如此含蓄蕴藉的经文的确不易，因而，也就有必要以加括号的方式来处理：

> 译文 36. 我如何敢望颜回向背［但又为什么不能发愿迎头赶上，而自得其是］？他听闻一事，可知十事［从一到十，执其两端］；我则听闻一事，可知二事［从一到二，但那也一样是执其两端］。

通过添加，会明显感到，子贡是"暗自"给自己使劲加油，同时也是在对比过程中，以未及或不能道明的话语，与夫子对话。而只有如此，才可说明，他既是在与夫子交流，也是和颜回交流。而这样的交流，既可体现二位高弟的精神碰撞，亦能体现子贡的人格魅力：若不读括号中的文字，的确是"一字不着，尽得风流"（司空图《诗品》）；切己而体人，恰到好处。如此，才可突出经文意涵丰富。

> 译文 37. How dare I look at Yan Hui［But why should I not look up at him in order to get to the special longings of my heart］? He gets into the being of ten things when he hears one［By starting from one end, he gets into another end as seen in "ten"］, while I get to the being of two things when I hear one［By starting from one end, I could also get to another end as seen in "two", but in a more reasonable way

of Centering-the-heart］.①

　　"端"译为 end，仿照 Legge②、Waley③、Ames and Rosemount④
及 Muller⑤ 所译 "叩其两端"（《论语·子罕》)⑥，以及刘殿爵⑦、
林戊荪⑧、Brooks and Brooks⑨ 所译 "攻乎异端"（《论语·为政》)⑩
之成例。此译试图再现子贡的三重对话：一是与夫子的字面对话；
二为他力图与颜回的比较；三是他心中所有而欲言又止的对夫子的
崇敬。除特设对话外，译文还有意以"将心中心化"来译"中
庸"，强调"中道"即"心道"，其要为"心之核心"；同时突出
"是"（being）字，以求说明，在夫子那里，也具有可与西方哲学
相提并论的生存或存在追求，因可依之来说明人生的价值就在于这
样的自立：像子贡这样，确保了心灵特别的追求，才具有思想力
量，进而保证人格既是"知性"的，同时又情意满满，各方面都照

　　① 仍可与坚持传统疏解意义的译文相比较：How dare I compare myself with Hui? Hui is able to perceive ten when he learns one. I'm only able to know two when I see one（Shi Zhikang, *Confucius's Analects：Translation & Critical Comments*, Shanghai：Shanghai Foreign Language Education Press, 2019, p. 93）. 此译和众多译文一样，传达的或只是经文的字面意义："我怎么敢和颜回相比？回学得一个，有能力洞察十个。我看到一个，只能明白两个。"
　　② James Legge, *The Analects*, Nanjing：Yilin Press, 2010, p. 76.
　　③ Arthur Waley, *The Analects*, Beijing：Foreign Language Teaching and Research Press, 1998, p. 109.
　　④ Roge4r T. Ames and Henry Rosemont, *The Analects of Confucius：A Philosophical Translation*, New York：The Ballentine Books, 1998, p. 128.
　　⑤ A. Charles Muller, *The Analects*, http：//www. scmuller. Net/con-dao/analects. Html, 2018.
　　⑥ 何晏（注）、邢昺（疏）：《论语注疏》（李学勤主编，《十三经注疏》之十），北京大学出版社1999年版，第115页。
　　⑦ D. C. Lau, Confucius：*The Analects*, Beijing：China Publishing House, 2008, p. 23.
　　⑧ Lin Wusun, *Getting to Know Confucius – A New Translation of the Analects*, Beijing：Foreign Language Press, 2010, p. 45.
　　⑨ E. Bruce Brooks and A. Taeko Brooks, *The Original Analects：Sayings of Confucius and His Disciples*, New York：Columbia University Press, 1998, p. 112.
　　⑩ 何晏（注）、邢昺（疏）：《论语注疏》（李学勤主编，《十三经注疏》之十），北京大学出版社1999年版，第20页。

顾得"故时措之宜也"(《礼记·中庸》)①。

子贡依凭中庸之道,通过暗示来回应夫子的问语"女与回孰贤"。此一回应有三层意蕴:从字面上看,他是在强调,自己不敢望颜回项背,因为数字"十"大于"二",故而"闻一知十"的能力当然强于"闻一知二"。从深一层来看,他说的是,类推只能止步于合理的区间,多走一步必成谬误,故而颜回有可能出错,若一味地依靠"同类项"进行"推知"的话。"二"和"十"都可与"一"构成"两端",因而,数字并不重要。而其义理意向才是应该注意的:子贡要说的是,既然"二"与"十"都可与"一"形成"两端","闻一知十"和"闻一知二"也就不再有高下之别,我子贡求知之力也就不一定弱于夫子最爱的颜回。而第三层意涵则是,无论"闻一知几",其结果毕竟要由具体的数字体现出来,但推知是否合宜仍是未知。因而,二人的能力自然也就不能与夫子相比:夫子"下学而上达"(《论语·宪问》)②、知天知人,广见多识而又睿智高明,那绝不是类推所能做到的。

子贡一方面巧妙地点出了他和颜回之"知"在伯仲之间,另一方面则不露声色地赞颂了夫子无人企及的伟岸和高迈。

由此可见,坚持以义理为译解导向,才可走出文字障碍;执着于中庸之道,方能企及有关人物的思想世界和精神面貌,最终将其合理而又完整地再现于另一种语言。

第六节 本章小结

对子贡的跨文化形象的体会、把握和处理,理应从儒家的"至

---

① 郑玄(注)、孔颖达(疏):《礼记正义》(李学勤主编,《十三经注疏》之六),北京大学出版社1999年版,第1450页。

② 何晏(注)、邢昺(疏):《论语注疏》(李学勤主编,《十三经注疏》之十),北京大学出版社1999年版,第199页。

德"入手才可得解。但是，以往的译解的确将中庸之道丢在了被历史遗忘的角落？

需在最后回应本章开篇提出的问题，即子贡形象再塑的代表性：一方面，《论语》夫子之教重中之重为"为己之学"，所谓"古之学者为己"（《论语·宪问》）[1]，强调内德打造，因而子贡抓住"至德"来突显自己对之的领悟，以此来表白自己已达某种境界，但他并未直接点出此意。此为《论语》的一大书写特色：不明说，而已说明。如"子入太庙，每事问"一章夫子最后的回应"是礼也"（《论语·八佾》）[2]，可谓夫子自辩：我求道心切，所以凡似懂非懂甚或即令已懂的东西都要求教，这符合"礼"之求知要求，无所谓有违。而另一方面，这也是在说，你们所做的合"礼"吗，僭越成为习惯？另一个例子是，子夏领悟"绘事后素"，以"礼后乎"（《论语·八佾》）[3] 作结，夫子大加赞赏，而"礼后于仁"的"仁"字并未现身经文。而这意味着，《论语》含蓄蕴藉，而妙趣横生，我们只能从基本原理入手才可趋向正解。

此外，就跨文化翻译而论，我们还要承认，经文在关键处的确是可意会而不可言传的。那么，明晰的结果，如我们的译文所示，只是权宜之计；而且，很可能因为译者能力有限，甚至不能达到论证所需的效应。但若思路取向正规，那就有自我辩护的余地？

回到子贡对夫子问话高妙的回应，还会注意到，子贡在追问我们：我说的，你懂了吗？靠什么说，你懂了？你懂了我，你懂夫子了吗？他欲将我们引向的是夫子的境界。我们确应感到惭愧，难道没有画地为牢、故步自封吗?！如此，子贡作为能分有圣人之一体的人物，时刻都能提醒我们：做人应像他那样，谨慎而又小心，至少是不显山

---

① 何晏（注）、邢昺（疏）：《论语注疏》（李学勤主编，《十三经注疏》之十），北京大学出版社1999年版，第197页。

② 何晏（注）、邢昺（疏）：《论语注疏》（李学勤主编，《十三经注疏》之十），北京大学出版社1999年版，第37页。

③ 何晏（注）、邢昺（疏）：《论语注疏》（李学勤主编，《十三经注疏》之十），北京大学出版社1999年版，第32—33页。

不露水才行。而且，即使这样，也很难达到"极高明"（《礼记·中庸》）① 的水平。因为，圣人无言而胜过千言，为什么不能以"无为"（《论语·卫灵公》）② 的虔敬来感染世人，而不是凭借可能为人误解的"话语的说道"来显扬呢？子贡啊，你还是低了一个层次？那么，我们读者呢？

子贡之不是雄辩而胜似雄辩对夫子的回应，"玩"的是以"中庸"说"中庸"，如上所述，至今无人知会？而夫子打住他，说明师生之间早已心领神会。千年过去，我们对之竟无感受！？那么，"知"（或"智"）到底和"至德"是什么关系？是否因为夫子的近乎棒喝一般的话语，而使子贡有可能发挥的思想顿然夭折？但这一课题或已超出本章的范围。

不过，跨文化的求索，要探讨的也就是"跨出边界走向极致"的夫子的思想，那么，如论者所说，译者理应"保留不可译之物的障碍，而不是使自己屈从于不可交流性；相反，［有必要］从此一不可交流性之中领悟出对译者本质性的挑衅［何在］"③。以此为准，我们推出的新译，在多大程度上是合宜的呢？

汉语的表达方式，其根本的导向就是阴阳之道。而子贡的说辞所代表的，正是这样的导向。可以举出很多例子。《红楼梦》刘姥姥一进荣国府，见到周瑞家的所讲的"贵人多忘事"，既可正面理解，认为那是在称颂对方位高权重，又可释为那是在抱怨后者不该忘掉老友，尽管二人未必真是朋友，甚至没有见过几次面。这种传统至今仍然盛行于汉语写作之中。比如，陈丹青在解释自己的著作题目《荒废》时指出，尽管此词的字面意思是负面的，但是它的"另一层意

---

① 郑玄（注）、孔颖达（疏）：《礼记正义》（李学勤主编，《十三经注疏》之六），北京大学出版社 1999 年版，第 1455 页。

② 何晏（注）、邢昺（疏）：《论语注疏》（李学勤主编，《十三经注疏》之十），北京大学出版社 1999 年版，第 208 页。

③ François Vezin, "Translation as Phenomenological Labor", *Heidegger Studies*, Vol. 3, No. 4, 1987/1988, p. 125.

思"却可能是"积极"的,因为"这个人其实不想荒废"①。这与子贡应对夫子正负意义并起、积极消极共在,用心趋同,因而意向自然一致。而且,也正如陈丹青所引的本雅明所告诉我们的,"如果'有所指教'今天听起显得陈腐时,那是因为经验的可交流性每况愈下"②。而这意味着,子贡的"模板"应能起到的"教育作用",若是以过去的那种译解,则会沦落为仅有负面意义的形象,进而本应上升为天人相合的微妙经验,以及透过中庸之道而达至此一境界的目的等哲学内涵,也就全都被淹没在了简单化的字面意义的再现上。即令《水浒传》中西门庆与潘金莲初见的对话,也一样能见出其中的哲学意味:"不敢动问娘子青春多少?奴家虚度二十三岁。小人痴长五岁。官人将天比地。"陈丹青分析:"我每念及这段对话,总会自笑而神往——分明动问,却说'不敢',也确有几分'不敢'之心;'虚度'、'痴长',不但报过年龄,意思也已递到,何其自然;一句'将天比地',则心思毕露,是自卑绝望,更是撩拨纵容——有什么不好?句句'发乎情,止乎礼',正面好看,说来好听。"③ 他的最后一句及其所引的文字一样都可说是反讽,即正话反说:那二人见面,如何可能"合乎礼"?但正是在这里,因为正面的和负面的相辅相成,于是也就演绎出一段中国古典小说中的经典,而且是反面的经典。但另一方面,就人性本身而论,人不可抑制、最会张扬的那一面,夫子也曾说是"吾未见好德如好色者也"(《论语·子罕》《论语·卫灵公》)④? 就此而论,二人的对话也就具有向阳的维度?

因而,只有回到儒家的真正思想导向并且严守这一传统基本的原理,依之来解经文,才可能产生对应性。

---

① 陈丹青:《谈话的泥沼》,广西师范大学出版社 2014 年版,第 116—117 页。
② 陈丹青:《谈话的泥沼》,广西师范大学出版社 2014 年版,第 230 页。
③ 陈丹青:《谈话的泥沼》,广西师范大学出版社 2014 年版,第 119 页。
④ 何晏(注)、邢昺(疏):《十三经注疏·论语注疏》,李学勤主编,北京大学出版社 1999 年版,第 119、212 页。

第十一章 子路的"知与不知"三层意蕴的中庸之道跨文化译解初探

第一节 问题的提出

钱锺书《管锥编》开篇就论"易有三义",同时对黑格尔提出批评,认为其论点不值一驳:"黑格尔尝鄙薄吾国语文,以为不宜思辨;又自夸德语能冥契道妙,举'奥伏赫变'(Aufheben)为例,以相反两意融会于一字(ein und daselbe Wort für zwel entgegengesetzte Bestimmugen),拉丁文中亦无意蕴深富尔许者。其不知汉语,不必责也;无知而掉以轻心,发为高论,又老师巨子之常态惯技,无足怪也[⋯⋯]。"[①] 但就儒家思想的外传来看,这里实则隐含一个重大学术课题。

(一)黑格尔的"扬弃"乃辩证法范例。若中华文化也拿出相应的方法论,才可说,中西思想交流有条件趋向平等;而自近代以来,情况并非如此。(二)就跨文化翻译看,亦需一定的方法论来处理思想问题。但翻译研究领域很少关注哲学研究,致使有关探讨近乎付诸阙如。(三)就儒家第一书《论语》而论,以现代系统化观点视之,其经文本身即应以特定的方法论作为支撑,但不论传统、现代解经还是英译向来"以文解义",亦很少留意如何取道正规。

---

① 钱锺书:《管锥编》(第一册),中华书局1986年版,第1—2页。

本章先行讨论安乐哲等的思想缺失，进而对中庸之道的作用进行探讨，继之以《论语》所载子路之"不知与知"为例分析有关问题，最终试图突出儒家思想方法论的要义。

第二节　安乐哲等跨文化译解的理论缺失

安乐哲与罗思文《论语》英译本，开篇70页"绪论"未论及方法论。但其对中西哲学倾向的讨论颇值注意：西方语言是"本体性的"（substantial）和"本质主义的"，汉语是"事件性的"（eventful）。[1] 以此为预设，他们提出，"道"可视为对亚里士多德范畴的抵制，因为它可同时充任所有范畴[2]。中国古人既重"变易"[3]，即令亲子关系亦在不断变化当中[4]，"规条与连续体要由变易作支撑"[5]。关系导向文字表达形成特定的联系，如"君、群"、"境、景"、"陈、阵"及"鬼、归"等[6]。他们认为，孔子既为"人类历史上最有影响力的思想家"，"就不该将传教性的、独裁主义的或教条性的品质归因于他"[7]。

其中一节专门探究"语言，关涉形而上学"，强调"从事比较哲学研究所涌现出的一个洞见是：中国思想传统并不像通常所假定的那

---

[1]　Roger T. Ames and Henry Rosemont：*The Analects of Confucius：A Philosophical Translation*，New York：The Ballantine Books，1998，p. 20.

[2]　Roger T. Ames and Henry Rosemont：*The Analects of Confucius：A Philosophical Translation*，New York：The Ballantine Books，1998，p. 22.

[3]　Roger T. Ames and Henry Rosemont：*The Analects of Confucius：A Philosophical Translation*，New York：The Ballantine Books，1998，p. 23.

[4]　Roger T. Ames and Henry Rosemont：*The Analects of Confucius：A Philosophical Translation*，New York：The Ballantine Books，1998，p. 24.

[5]　Roger T. Ames and Henry Rosemont：*The Analects of Confucius：A Philosophical Translation*，New York：The Ballantine Books，1998，p. 27.

[6]　Roger T. Ames and Henry Rosemont：*The Analects of Confucius：A Philosophical Translation*，New York：The Ballantine Books，1998，pp. 28 – 29.

[7]　Roger T. Ames and Henry Rosemont：*The Analects of Confucius：A Philosophical Translation*，New York：The Ballantine Books，1998，p. 35.

样是主导性的西方思想传统的镜像对立物。超越的缺席并非内在，客观性的缺席并非主观性，绝对主义的缺席并非相对主义，单子个体性的缺席并非某种无面孔的集体性。在试图理解中国文化的过程中，我们带着想象不得不去寻觅第三种立场"①。此一观点或可让人联想到"执两用中"（《礼记·中庸》）②，尽管未及中庸之名：消解对立，才可对话；中庸自有其大用！

　　下节"古典汉语，它如何取意？"探究"文言"的语言特性。③最后一节对《论语》中诸如"仁"、"道"等 20 个语汇逐一论述，以求说明如何传译。④

　　倒是安乐哲与郝大维⑤所译《中庸》的论述部分，能看到方法论的讨论。第二章以"'焦点'与'场域'的语言"为题来界定汉语特色。二位欲依之传译《中庸》，故逐一分析"事物、过程、事件"、"因果关系、力量、创造性"及"清晰性、单一性、语言串"等问题。但其"焦点"之说并不相应：宋朝科学家沈括《梦溪笔谈》早就提出，中国古人的观赏之法是"以大观小"的心观；美学家宗白华⑥20 世纪有三文提出讨论，画家刘继潮⑦专著进一步研究，并且强调："焦点"既非中国特色，所谓"散点透视"便不能成立。

---

　　① Roger T. Ames and Henry Rosemont：*The Analects of Confucius*：*A Philosophical Translation*，New York：The Ballantine Books，1998，pp. 35 – 36.

　　② 郑玄（注）、孔颖达（疏）：《礼记正义》（李学勤主编，《十三经注疏》之六），北京大学出版社 1999 年版，第 1425 页。

　　③ Roger T. Ames and Henry Rosemont：*The Analects of Confucius*：*A Philosophical Translation*，New York：The Ballantine Books，1998，pp. 37 – 45.

　　④ Roger T. Ames and Henry Rosemont：*The Analects of Confucius*：*A Philosophical Translation*，New York：The Ballantine Books，1998，pp. 45 – 65.

　　⑤ ［美］安乐哲、郝大维：《切中伦常：〈中庸〉的新诠与新译》，彭国翔（译），中国社会科学出版社 2011 年版，第 26—40 页。

　　⑥ 宗白华：《中国美术史中重要问题的初步探讨》，收入宗白华《美学散步》，上海人民出版社 1981 年版，第 31—67 页；宗白华：《中国诗画中所表现的空间意识》，收入宗白华《美学散步》，上海人民出版社 1981 年版，第 95—118 页；宗白华：《中西画法所表现的空间意识》，收入宗白华《美学散步》，上海人民出版社 1981 年版，第 136—145 页。

　　⑦ 刘继潮：《游观：中国古典绘画空间本体诠释》，生活·读书·新知三联书店 2011 年版。

从上述简单介绍来看，自黑格尔到当下，思想的西方特色化势头依然，即令积极传译中华文化思想的安乐哲也仍以"透视主义"（perspectivism）的"焦点"（focus）来重构儒家经典：聚焦一物，突出前台，必模糊甚或丢下其余。这正是主观取舍力图客观化的思路，其走向定然二分。而"以大观小"强调人与天齐，人天互动，而得大感通，人在画中游，倾向则为天人合一。以"焦点"为法，重在特定"场域"中传译，是否很难做到，为再现《论语》"复杂的深度"，必"描述出如走过这些书页的中国古人所经历过的那个世界"①？

儒家思想的跨文化传译，必有特定的方法论才可产生对应：作为思想方法，它指的是"化理论为方法"的方法，并非一般手段和工具，而应为既定理论的系统运用。应该明确，《论语》乃至儒家思想，其方法论即为中庸之道："《论语》所记的孔子的全部理论和实践，都贯彻着中庸思想，有的记述虽未提及中庸之名，实际是在论述中庸思想。"②因此经为"孔子应答弟子、时人及弟子相与言而接闻于夫子之语"（班固《汉书·艺文志》），所记主要是并非具有密切联系的情景化对话，或非各处都用中庸；但若说其中贯穿其精神，当无问题。

《论语·尧曰》载尧帝之语"允执其中"③，《尚书·大禹谟》将之扩展为"人心惟危，道心惟微，惟精惟一，允执厥中"④，朱熹《四书章句集注》将此十六字诀确认为"道统"⑤。圣人心怀天下，依赖的是"执中"。如此重要的方法论竟然在儒学著作的跨文化传译中无人注意系统运用？

———————————

① Roger T. Ames and Henry Rosemont：*The Analects of Confucius：A Philosophical Translation*，New York：The Ballantine Books，1998，p. 20.

② 夏传才：《十三经讲座》，广西师范大学出版社 2006 年版，第 292 页。

③ 何晏（注）、邢昺（疏）：《论语注疏》（李学勤主编，《十三经注疏》之十），北京大学出版社 1999 年版，第 265 页。

④ 孔安国（传）、孔颖达（疏）：《尚书正义》（李学勤主编，《十三经注疏》之二），北京大学出版社 1999 年版，第 93 页。

⑤ 朱熹：《四书章句集注》，中华书局 1983 年版，第 14 页。

第三节 儒家思想方法论的三层意蕴设计的 意义与"知"的哲学意向

儒家提倡大道至简，不论宇宙论设计、认识论追求还是伦理学构建，都可看到化约为"三"的倾向，此亦即钱锺书所引"易有三义"的要义所在。《礼记·中庸》强调："至诚"者，"可以赞天地之化育，则可以与天地参矣"①。这是宇宙论设计的"三"：天地人三才并立，共同创造世界，而天道和谐。《论语·子罕》记夫子云"叩其两端"②。儒家坚持"执其两端，用其中于民"（《礼记·中庸》）③，以"两"至"中"，"三"者共同发挥作用。儒家同时突出"极高明而道中庸"（《礼记·中庸》）④，既有"极高明"的追求，又循"中间路线"前进，将世界万有第三层存在物作为思想材料，如此可推出"三维"认识论。"我欲仁斯，仁至矣"（《论语·述而》）⑤的"仁"的初心萌动与保持、向异而立与人我互动及其最终的自我归入和进一步强化，一样要走过三个阶段，可谓"三"的伦理学建构。如此的儒家思想系统的预设，显系三层区划。此与西方形式逻辑的正反合推理、弗洛伊德的"本我"、"自我"和"超我"的三层人格、人的"知情意"的三分心理结构、《古兰经》所述的"灵性"必经肉体羁绊、道德约束以至于其静止的三阶段，乃至但丁《神曲》所写的地狱、炼狱和天堂的灵魂三层次取向，具有类同格局。因而，此一三足

---

① 郑玄（注）、孔颖达（疏）：《礼记正义》（李学勤主编，《十三经注疏》之六），北京大学出版社1999年版，第1448页。

② 何晏（注）、邢昺（疏）：《论语注疏》（李学勤主编，《十三经注疏》之十），北京大学出版社1999年版，第115页。

③ 郑玄（注）、孔颖达（疏）：《礼记正义》（李学勤主编，《十三经注疏》之六），北京大学出版社1999年版，第1425页。

④ 郑玄（注）、孔颖达（疏）：《礼记正义》（李学勤主编，《十三经注疏》之六），北京大学出版社1999年版，第1455页。

⑤ 何晏（注）、邢昺（疏）：《论语注疏》（李学勤主编，《十三经注疏》之十），北京大学出版社1999年版，第95页。

鼎立的结构，因其自具特色，适足与西方哲学相互比较，而见出中西交流的一种思想基础。

中国古代诸多思想流派关注三维结构的创造：研《易》者历重"数成于三"（麻衣道者《正易心法》），《道德经》第四十二章确定"三生万物"①。而依中庸，有关"三分法"哲学界已有讨论，如庞朴所著《一分为三——中国传统思想考释》②、《一分为三论》③、《浅说一分为三》④，以及周德义的《我在何方——一分为三论》⑤ 等。但未见在翻译研究领域系统运用，"知"的释解即为一例。

"知"在《论语》中出现 116 次，用为名词和动词，意为"知识"、"知道、晓得"及"聪明、智慧"⑥。以此视之，此字多义；但上达"智"，才有"真知"。夫子对之的界定"知人"（《论语·颜渊》）⑦，必是"知天"论域下的"知人"。《礼记·中庸》云："思知人，不可以不知天。"⑧《论语·季氏》记夫子云"生而知之者，上也。学而知之者，次也。困而学之，又其次也。困而不学，民斯为下矣"⑨，《卫灵公》中有"小知"⑩，亦为对"知"的分层。

《论语·公冶长》载夫子对宁武子"其知可知也，其愚不可及也"⑪

---

① 王弼：《老子注》，中华书局 1954 年版，第 26 页。

② 庞朴：《一分为三——中国传统思想考释》，海天出版社 1995 年版。

③ 庞朴：《一分为三论》，上海古籍出版社 2003 年版。

④ 庞朴：《浅说一分为三》，新华出版社 2004 年版。

⑤ 周德义：《我在何方——一分为三论》，湖南人民出版社 2002 年版。

⑥ 杨伯峻：《论语译注》，中华书局 1980 年版，第 256 页；安作璋：《论语辞典》，上海古籍出版社 2004 年版，第 96 页。

⑦ 何晏（注）、邢昺（疏）：《论语注疏》（李学勤主编，《十三经注疏》之十），北京大学出版社 1999 年版，第 168 页。

⑧ 郑玄（注）、孔颖达（疏）：《礼记正义》（李学勤主编，《十三经注疏》之六），北京大学出版社 1999 年版，第 1441 页。

⑨ 何晏（注）、邢昺（疏）：《论语注疏》（李学勤主编，《十三经注疏》之十），北京大学出版社 1999 年版，第 228 页。

⑩ 何晏（注）、邢昺（疏）：《论语注疏》（李学勤主编，《十三经注疏》之十），北京大学出版社 1999 年版，第 217 页。

⑪ 何晏（注）、邢昺（疏）：《论语注疏》（李学勤主编，《十三经注疏》之十），北京大学出版社 1999 年版，第 66 页。

的称赞，有两点值得注意：（一）"知"可分三层：上智下愚，中层为知。而"智"与"愚"可相互转化①。"知"居其"中"，正是"民受天地之中以生"（《左传·成公十三年》)②的另一种说法：人既"居中而在"，加以体认，才能真知在手。如此又必取向，（二）"时中"，亦即在适宜的时间做出适宜的选择，最终促成适宜的结果。依成中英③，此即为中庸之道的真意。《孟子·万章下》称夫子为"圣之时者也"、"集大成"④，是"圣"的最高境界。如此，夫子对子路之训，端正态度是起步时要做到的，但其关键还是应明白"居中而思"，走向"中时"，即在不违时的前提下，能做到因地制宜、恰如其分。

那么，就"知"而论，与态度相比，人之存在的"居中"与体认的"中时"才是关键。而鲜有译解者对此具有意识？因而，固执于子路的态度，一定因偏离中庸而使译解走向极端：陷入"知"与"不知"（亦即"愚"）的对峙和分裂，几近于纠缠子路智力的高低。如此，"知"和"不知"成为人事问题而不再有哲学意义？夫子的形象也就由"诲人不倦"（《论语·述而》)⑤的智者，畸变为爱骂人、不谦虚的俗物？

"智"期及大道，而"易道"所及，人必效之。《周易·乾卦·

---

① 《论语·阳货》中有"唯上智与下愚不移"［何晏（注）、邢昺（疏）：《论语注疏》（李学勤主编，《十三经注疏》之十），北京大学出版社 1999 年版，第 233 页］一语。皇侃解释，"上"指"圣王"，而"下"为"恶［人］"，因而二者不可"更易"。另一解为："上"指"天"，它永远是睿智的，而世间某些庸俗的人则反是，故而称为"下愚"。但问题是，若上下不能沟通，"无为"之"治"，也就不能实现？另一个悖论是，影响所及，"上德不德"（《道德经》第三十八章）也就大行其道？如"不"字如下文所说可解为"丕"，则它之所指仍应是"仁爱"之心的弥漫，故而，若将"不移"释为特别语境下夫子恨铁不成钢的一种说法，可能比较合理。

② 左丘明（传）、杜预（注）、孔颖达（正义）：《春秋左传正义》（李学勤主编，《十三经注疏》之七），北京大学出版社 1999 年版，第 755 页。

③ 成中英、麻桑：《新新儒家启思录——成中英先生的本体世界》，商务印书馆 2008 年版，第 27—28 页。

④ 赵岐（注）、孙奭（疏）：《孟子注疏》（李学勤主编，《十三经注疏》之十一），北京大学出版社 1999 年版，第 269 页。

⑤ 何晏（注）、邢昺（疏）：《论语注疏》（李学勤主编，《十三经注疏》之十），北京大学出版社 1999 年版，第 97 页。

象传》强调:"天行健,君子以自强不息。"① 而夫子正是如此刚健的
人物的典范。② 因而,中庸之道也就有此力量,推动我们的释义朝着
"乾道"的阳刚之气运行,而正确地确定夫子和子路的"思想形象"。
相反,若不能把握,则会像以前的释义那样,将夫子似是负面的话
语,解为"阴柔"的批评。而从易道的运行以及人的君子取向而论,
显然与儒家的人格培养的追求不合,故而一开始就方向错误。

第四节 子路之"知与不知"的语内和
语际翻译问题

因此,夫子对子路的训诫,就不完全是批评,而可解为忠告。但
若单一化释解,必将子路丑化为愚昧顽童:

> 经文:由,诲女知之乎!知之为知之,不知为不知,是知
> 也。(《论语·为政》)③
> 译文 1. 由!教给你对待知或不知的正确态度吧!知道就是
> 知道,不知道就是不知道,这就是聪明智慧。④

译文是否已因不守中庸,而将可能提升为"智"的"知"降格
为"愚":子路竟不知如何对待"(求)知","无知"到"愚蠢"?
那么,夫子为何要收这样不成器的弟子?若"知"指做人之"知",
子路何堪?重要的是,《论语》既为情景化的对话结集,每一处都会
有特定含义,若得正解,标尺应是儒家的思想原理,需以中庸来把

---

① 王弼(注)、孔颖达(疏):《周易正义》(李学勤主编,《十三经注疏》之一),北
京大学出版社 1999 年版,第 10 页。
② 李长之:《中国文化传统之认识(上):儒家之根本精神》,见李长之《迎中国的文
艺复兴》,商务印书馆 2013 年版,第 114 页。
③ 何晏(注)、邢昺(疏):《论语注疏》(李学勤主编,《十三经注疏》之十),北京
大学出版社 1999 年版,第 20 页。
④ 杨伯峻:《论语译注》,中华书局 1980 年版,第 19 页。

握。今译不守此道，几成定例：

> 译文 2. 由呀！我教你怎么算知道吧！你知道你所知，又能同时知道你所不知，才算是知。①

连"怎么算知道"的"知"也不"知道"，子路糊涂、顽劣如此？

> 译文 3. 由！我教导你的内容都知道了吧？知道就是知道，不知道就是不知道，这才是明智啊！②

"教导的内容"有所"不知"，或太过高深？译文也可能是要说，子路"以不知为知"，智力低下？抑或是，子路"求知"态度不正，亦即不知如何做人？下例同此。四例的译文后文，下文对其他译文的评述或可概括。

> 译文 4. 子路，我告诉你什么叫求知吧：知道就是知道，不知道就是不知道，这就是真正的"知道"。③

其他译文④将"诲汝知之乎"译为"我教导你的［知识］，知道了吗？"⑤、"教给你的，你知道吗？"⑥、"我教你的、你都能知道吗？"⑦、"我教导你的明白了吗？"⑧ 或"教导你的内容都知道了

---

① 钱穆：《论语新解》，生活・读书・新知三联书店 2002 年版，第 42 页。
② 孙钦善《论语本解》，生活・读书・新知三联书店 2009 年版，第 17 页。
③ 李泽厚：《论语今读》，中华书局 2015 年版，第 37 页。
④ 因有关译文取向一致，为节省篇幅，这里没有给出译例序号，而是直引讨论。
⑤ 徐志刚：《论语通译》，人民文学出版社 1997 年版，第 15 页。
⑥ 《四书辞典》，吴量恺（主编），崇文书局 2012 年版，第 47 页。
⑦ 毛子水：《论语今译今注》，台湾商务印书馆 1979 年版，第 25 页。
⑧ 杜道生：《论语新注新译》，中华书局 2011 年版，第 11 页。

吧?"①,似乎子路没有一般理解能力,根本不知如何"知之"?这等于描写,训斥、痛批甚至责骂小学生?至于译文"我教你对待知与不知的态度吧!"② 及 "教给你知或不知的正确态度吧!"③,更是这种"态度"的反映:夫子对子路不屑一顾?这样的译文或只能反映,子路不知天高地厚,类如童稚:甚至荒唐到"以不知为知"的地步?"教你如何获取知识变得智慧吧!"④ 是说,夫子得意扬扬,自认为掌握知识的锁钥,因有能力斥责弟子如何而为才可走向真知?但这不和谦谦君子的儒家做人规矩相悖吗?"教给你的道理都明白没有?"⑤ 及 "我教给你求知的道理,你能明白吗?"⑥ 也近乎于说,子路智力不够,连"求知的道理"都"不能明白"?"我教给你的,你知道了吗?"⑦ 一样强调,他不能懂得夫子所说的一般道理?如此,子路何以为人,若夫子所教关乎人生常理?至于"教给你的你懂了吗?"⑧ 亦复如是,无须再评。

今译使"知"纠缠于"愚昧无知"之"知",其中具有的哲学意味已被遮蔽;译文只能再现单一意义:子路"无知",故而夫子要加以"训斥"。

至于"知之为知之"一句,译文大都以"知道就是知道,不知道就是不知道"出之,如徐志刚⑨、吴量恺⑩、王国轩等⑪、邹憬⑫、

---

① 《四书》,王国轩等(译),中华书局2007年版,第9页。
② 邹憬:《论语通解》,译林出版社2014年版,第21页。
③ 朱振家:《论语全解》,上海古籍出版社2014年版,第21页。
④ 杨逢彬:《论语新注新译》,陈云豪(校),北京大学出版社2016年版,第33页。
⑤ 杨朝明:《论语诠解》,山东友谊出版社2013年版,第29页。
⑥ 刘君祖:《新解论语》(上篇),中信出版集团2016年版,第74页。
⑦ Wu Guozhen, *A New Annotated English Version of the Analects of Confucius*, Fuzhou:Fujian Education Press, 2015, p.77.
⑧ 何新:《论语新解:思与行》,北京工业大学出版社2007年版,第20页。
⑨ 徐志刚:《论语通译》,人民文学出版社1997年版,第15页。
⑩ 《四书辞典》,吴量恺(主编),崇文书局2012年版,第47页。
⑪ 《四书》,王国轩等(译),中华书局2007年版,第9页。
⑫ 邹憬:《论语通解》,译林出版社2014年版,第21页。

杨逢彬①、张其成②、刘君祖③、朱振家④及吴国珍⑤，也有文字上稍微不同的"你知道的，就以为'知道'；你不知道的，就以为'不知道'"⑥。另有三个译文有作"明白就是明白，不明白就是不明白"⑦，有为"懂了就说懂了，不懂就说不懂"⑧。由于"知道"现代汉语已失"求道之知"或"道知之智"之义，其意与"明白"和"懂得"恰相仿，故已无形而上意向。

这样，诸译将最后一个"是知也"之"知"处理为"明智"⑨、"有智慧"⑩、"明智态度"⑪、"聪明智慧"⑫、"智慧"⑬、"聪明"⑭ 以及"真正的'知道'"⑮。若其突出的是"聪明"，那或为"小聪明"而非"大智慧"，也就与"求知之道"或"求道之智"相去甚远？易言之，现代人的译解观念所托出的，不可能是"人知"向"天道"或"易道"的上升，最终化为"天知"，而是下滑至"人事"和世故。比子路

---

① 杨逢彬：《论语新注新译》，陈云豪（校），北京大学出版社 2016 年版，第 33 页。

② 张其成：《张其成全解论语》，华夏出版社 2017 年版，第 72 页。

③ 刘君祖：《新解论语》（上篇），中信出版集团 2016 年版，第 74 页。

④ 朱振家：《论语全解》，上海古籍出版社 2014 年版，第 21 页。

⑤ Wu Guozhen, *A New Annotated English Version of the Analects of Confucius*, Fuzhou：Fujian Education Press，2015，p. 77.

⑥ 毛子水：《论语今译今注》，台湾商务印书馆 1979 年版，第 25 页。

⑦ 杜道生：《论语新注新译》，中华书局 2011 年版，第 11 页；杨朝明：《论语诠解》，山东友谊出版社 2013 年版，第 29 页。

⑧ 何新：《论语新解：思与行》，北京工业大学出版社 2007 年版，第 20 页。

⑨ 徐志刚：《论语通译》，人民文学出版社 1997 年版，第 15 页；杨逢彬：《论语新注新译》，陈云豪（校），北京大学出版社 2016 年版，第 33 页；刘君祖：《新解论语》（上篇），中信出版集团 2016 年版，第 74 页。

⑩ 《四书》，王国轩等（译），中华书局 2007 年版，第 9 页。

⑪ 邹憬：《论语通解》，译林出版社 2014 年版，第 21 页。

⑫ 《四书辞典》，吴量恺（主编），崇文书局 2012 年版，第 47 页；朱振家：《论语全解》，上海古籍出版社 2014 年版，第 21 页。

⑬ 张其成：《张其成全解论语》，华夏出版社 2017 年版，第 72 页。

⑭ 杜道生：《论语新注新译》，中华书局 2011 年版，第 11 页；杨朝明：《论语诠解》，山东友谊出版社 2013 年版，第 29 页；Wu Guozhen, *A New Annotated English Version of the Analects of Confucius*, Fuzhou：Fujian Education Press，2015，p. 77；何新：《论语新解：思与行》，北京工业大学出版社 2007 年版，第 20 页。

⑮ 毛子水：《论语今译今注》，台湾商务印书馆 1979 年版，第 25 页。

年长的夫子似是在以充分的"人世经验"痛批之，其中包含的更多的是"世道之求"而非天道之知。果如此，其中可有真知？

如此译文显已脱开"极高明"，因而，也就谈不上"道中庸"？因为，二者相辅相成，才会有中庸的"执其两端"。既不走中庸之路，译文准确性何在？结果是，子路真的成了夫子要痛责的人，为的竟是他"以不知为知"？夫子本人心高、蛮横，"不知"弟子何许人也，甚至连一般的"知解"能力都不具备，偏偏要收其为弟子！如此，上引译文还有什么道理？

英译的问题与今译类同：并未关注中庸之道的作用，形而上的思想建构缺席。它们比较多的是将"诲女知"和"是知也"之"知"译为 knowledge，"知之为知之"之"知"解为 know，二者词根同一，意义一致：

译文 5. Yu, shall I teach you what knowledge is? When you know a thing, to hold that you know it; and when you do not know a thing, to allow that you do not know it; — this is knowledge. ①

译文 6. Yu, shall I teach you what knowledge is? When you know a thing, to recognise that you know it, and when you do not know a thing, to recognise that you do not know it. That is knowledge. ②

译文 7. Zilu, shall I tell you what true knowledge is? Say you know when you know, and say you don't know when you don't, that is true knowledge. ③

译文 8. Shall I teach you what knowledge is? said the Master to Zi Lu, to admit what you know and what you do not know, that is knowledge. ④

---

① James Legge, *The Analects*, Nanjing: Yilin Press, 2010, p. 12.

② Arthur Waley, *The Analects*, Beijing: Foreign Language Teaching and Research Press, 1998, p. 19.

③ Lin Wusun. *Getting to Know Confucius — A New Translation of The Analects*. Beijing: Foreign Language Press, 2010, p.45.

④ Xu Yuanchong, *Thus Spoke the Master*, Beijing: China Intercontinental Press, 2012, p. 16.

译文 9. You, shall I teach you what knowledge is? When you know something, to know that you know it, to know that you do not know it. That is knowledge. ①

和今译一样,这些英译前后之"知"译作 knowledge,但仅含一般"知识"的意义,故而或为生活常识之意,不可能导向形而上。译者如此预设:子路"无知"甚至不知如何避免"无知";"愚昧"至此,不可救药? 在如此译笔之下,夫子简直是在咒骂子路:后者已不是"无知",而是人品低下? 若一味地走形而下路线,上述可能的"世俗"含义,译文能避开吗? 若不能,不仅子路的形象不堪,夫子还配为人师表?

下引二例稍有变化,意义或已更为"有关知识"和"获取知识"。前后二"知"都用 knowledge,和上引例一样,译文凸显静态的概念:夫子的训诫也就不是"求知",而是"知识"之"抽象"? 译文也就进入另一思想系统,不具有儒家的"求道之知"之"在路上"特色? 如此,子路尚且"不知"如何诚信"对待(求)知",若这是指一般的"求知"而不是"做人之天知",那么,子路的形象似比今译稍好? 因为语境变化,这里已不再有"天道之知"的可能意味? 但和今译一样,不走形而上路线导致的结果或仍是:子路智力低下?

译文 10. You, shall I teach you about knowledge? What you know, you know, what you don't know, you don't know. This is knowledge. ②

译文 11. Yu, shall I teach you [the way to acquire] knowledge? To say that you know when you do know and say that you do not know

_____

① Irene Bloom, "Confucius and Analects", eds. Wm. Theodore de Bary and Irene Bloom, *Sources of Chinese Tradition* (Vol. I), Princeton: Princeton University Press, 1991, p. 47.

② A. Charles Muller, *The Analects of Confucius*, http://www.acmuller.net/con-dao/analects.html, 2018.

when you do not know — that is [the way to acquire] knowledge. ①

下例将经文的第一个"知"解为"有关知识",仍用 knowledge,即以概念化取代求道之知的践行指向。而最后一"知"改为 knowing 稍好。但二者未能统一。

译文 12. Yóu, shall I teach about knowledge? To regard knowing it as knowing it; to regard *not* knowing it as *not* knowing it — *this* is knowing. ②

下例前后之"知"用 understanding,中间则为 know,二者亦未统一。

译文 13. Yu, shall I teach thee what is understanding? To know what we know, and know what we do not know, that is understanding. ③

译文 14. Shall I teach you what is understanding? To know what is that you know, and to know that it is that you do not know, — that is understanding. ④

下例注意到前一"知"应表动态,故用 to know;最后一个则又改为概念化的 knowledge。子路的形象依然如故,保持在"无知"水平,影响所及,夫子也是如此?

---

① Wing-tsit Chan, *A Source Book in Chinese Philosophy*, Princeton: Princeton University Press, 1963, p. 24.

② E. Bruce Brooks and A. Taeko Brooks, *The Original Analects: Sayings of Confucius and His Disciples*, New York: Columbia University Press, 1998, p. 112.

③ James R. Ware, *The Sayings of Confucius*, New York: Bartleby Com., 2001, p. 5.

④ Hongming Ku, "The Discourses and Sayings of Confucius", ed. Huang Xingtao, *Gu Hong Ming Wen Ji*, Haikou: Hainan Publishing House, 1996, p. 357.

译文 15. You, shall I tell you what it is to know. To say you know when you know, and to say you do not when you do not, that is knowledge. ①

译文 16. You, do you understand what I have taught you? When you know a thing, say you know it; when you do not know a thing, say that you do not know it. It is a wise doing so. ②

此例既用 understand，又用 know，后以 a wise thing 译"知"，相互不能统一。其他问题有如他例。下例将"知"统一为 understanding，子路还是"不知知"的形象，夫子世故亦然？

译文 17. You, shall I teach you about understanding something? When you understand something, to recognize that you understand it; but when you do not understand something, to recognize you do not understand it — that is understanding. ③

译文 18. You [Zilu], do you know what I have been trying to teach you? To say that you know something when you know it and to say that you do not know something when you do not know it — this is true knowing [zhi]. ④

此译中夫子大批子路：不知他所教的内容，最终不知"真知"(true knowing)？

①　D. C. Lau, *Confucius: The Analects*, Beijing: China Publishing House, 2008, p. 23.

②　Wu Guozhen, *A New Annotated English Version of the Analects of Confucius*, Fuzhou: Fujian Education Press, 2015, p. 77.

③　Raymond Dawson, *Confucius: The Analects*, Oxford: Oxford University Press, 1993, p. 7.

④　Annping Chin, *The Analects*, New York: The Penguin Group, 2014, p. 21.

译文 19. Zilu, shall I teach you what wisdom (*zhi* 知) means? To know (*zhi* 知) what you know and know what you do not know — this then is wisdom. ①

此译试图有所突破, 故将前后二 "知" 解为 wisdom (智慧)。但 "知与不知" 中 "知" 既释为 know, 二者不能一致。此译或可突出 "求知" 最终要走向 "智慧"。但即令态度端正, 又如何可能期及 "智", 若形而上的 "天道之知" 业已缺席?

译文 20. Zilu, remember well what I am about to teach you! This is wisdom: to recognize what you know as what you know, and recognize what you do not know as what you do not know. ②

依此译, 子路显然连夫子所教的东西, 也无力 "记得" 或 "记忆"。以 "知之为知之, 不知为不知" 的字面意义传达, 如何保证子路有能力企及 "智慧"? 更何况, 和上例一样, 译文并不含有形而上意味, 何来智慧?

译文 21. Yu, want a definition of knowledge? To know is to act knowledge, and, when you do not know, not to try to appear as if you did, that's knowledge. ③

此例描写, 夫子训诫子路, 不知 "知识的界定"。此为典型的西

---

① Roger T. Ames and Henry Rosemont: *The Analects of Confucius: A Philosophical Translation*, New York: The Ballantine Books, 1998, p. 79.

② Edward Slingerland, *Confucius: Analects with Selections from Traditional Commentaries*, Indianapolis and Cambridge: Hackett Publishing Company Inc., 2003, p. 13.

③ Ezra Pound, *Confucius: The Great Digest; The Unwobbling Pivot; The Analects*, New York: A New Directions Book, 1959, pp. 199 – 200.

方"求知"：必先行设定界限，然后才可使求知有发挥作用的空间。如此 knowledge，已非夫子之"知"？

若依上引译文，子路不能"诚实"，如何"求知"？对"知与不知"黑白不分，能有"化知为智"的智力吗？但在传统释解中已经是如此坚持：

皇侃疏：

> 此章抑子路兼人也。［……］子路有兼人之性，好以不知为知也。孔子将欲教之，［……］云："我欲教汝知之文事乎。汝若心有所不知，则当云不知，不可妄云知之也。若不知云知，此则是无知之人耳。若实知而云知，此则是有知之人耳。"①

邢昺正义：

> 孔子以子路性刚，好以不知为知。［……］言汝实知之事则为知之，实不知之事则为不知，此是真知也。若其知之，反隐曰不知；及不知，妄言我知，皆非知也。②

朱熹集解：

> 子路好勇，盖有强其所不知以为知者，故夫子告之曰：我教女以知之之道乎！但所知者则以为知；所不知者则以为不知。如此则虽或不能尽知，而无自欺之蔽，亦不害其为知矣。况由此而求之，又有可知之理乎？③

---

① 皇侃：《论语义疏》，高尚榘（校点），中华书局 2013 年版，第 36 页。
② 何晏（注）、邢昺（疏）：《论语注疏》（李学勤主编，《十三经注疏》之十），北京大学出版社 1999 年版，第 20 页。
③ 朱熹：《四书章句集注》，中华书局 1983 年版，第 58 页。

后世之解未出此范围。因此，"知"也就成了"诚实对待知"，而非"知本身"亦即"知道"之"知"的问题。但疑问是，即使态度端正，就能求得"知"吗？回答若是肯定的，那一定不是导向日常的"知"，而应进入另一境界的"知"。就大方向上来看，那不仍是"求道之知"？如此，不能经由正轨，也就很难释解夫子之"知"。

回到正轨，则否定肯定之外之上，一定存在一片天地；也就应承认，超越"不知与知"者乃是"智"，也就是"求道之知"或"知道之智"，亦即为"易道"之雄健体现于"乾"和"刚健"的人道。"求知之道"超乎"知与不知"，一定是否定之后的一片纯粹境界。那是一个无所谓对错、不设立相互对待观念的地方。在那里，只有事物本身如其所是存在着。道家称之为"自然"，而儒家还认为此一自然取向仁爱之必然。

注释者无视这片天地、固守字面意义，而将经文大义降格处理：若不能"极高明"，自然也就不可能"道中庸"。因此，有必要推出新译：

译文 22. 先生说："仲由，不妨让我来和你讲知之之道吧。知之即知至，不知亦随之。此即为真知。"

译文 23. The Master said, "You, let me teach you as how to get into knowing [or how knowing comes]. Knowing comes as it gets into itself with non-knowing coming along as itself — this is what is real knowing."[①]

表达仿照"知之为知之"，看上去似为文字游戏，但实可再现经

---

① 下录最新译文，以为参照：The Master says, "You, do you know what I have taught you so far? You should be clear about what you really know and what you do not know yet. That's sound knowledge and high intelligence." (Shi Zhikang, *Confucius's Analects: Translation & Critical Comments*, Shanghai: Shanghai Foreign Language Education Press, 2019, p. 39) 此译若可回译为：你应该清楚你真知道的东西以及你还不知道的东西。此解或与传统疏解不同，因为后者有批评子路"以不知为知"的倾向，并未突出"知与不知"之别。

文寓意：除了哲学意蕴之外，此译还关注，"知"本依自身力量而来，因而，若违背其自然而然的特性，或矫揉造作而蓄意他图，它便会变调变味而化为"不知"甚或"无知"。因而，夫子一方面在提示或警告子路注意如何避免不自然的"求知"，另一方面则批评他可能的"不诚恳"，即"强无知为有知"的不正确态度。此外，此译还会起到这样的作用："知"的自我归属，原本不是"人"或"人力"所能把握的。正因为它具有其自身的天地，能独立存在，故而人对"知"应报以尊重。尽管悖论地说，"[求]知"是人的活动，但一旦它导向的是人生存在的价值和理想追求，那么，就需礼敬之：以"知"之"之"或"至"为"至"接受、赢取之。

　　上智下愚，中间是一般的知，而"智"必是天道之知。如此设计，才可突出，即令夫子是在批评子路，他的话语也一样含有形而上的意味。很明显，只有坚持中庸之道，才可在"极高明"的意向下，突出其中的三层意涵，而使译文足够复杂化。

第五节　本章小结

　　如果上文所说不无道理，那么，在一定情况下，"不知"亦可转化为"知"，甚或成就"上智"或"大知"。这也就印证了，古汉语中"不"确有"丕"之意："丕，大。从一，道立于一，故一为大。不声。"① 这样就是为什么，"不知"不一定就是"愚"。如此，子路可能的"不知"也有可能出现转机。如此，夫子对之的训诫，也就不至于因为单一释义而固化为对其"无知"的训斥。

　　从中庸之道对之进行的解释，若引申运用，则会发现，"有不知而作之者，我无是也"（《论语·述而》）② 中的"不知"不也可作此

---

① 郑慧生：《汉字结构解析》，河南大学出版社 2011 年版，第 319 页。

② 何晏（注）、邢昺（疏）：《论语注疏》（李学勤主编，《十三经注疏》之十），北京大学出版社 1999 年版，第 94 页。

解释，进而能与自称"述而不作"（《论语·述而)① 认为只有"圣人"才可称得上"作"的夫子自道相参照，从而重新审视传统上"妄作"的释义？但这已超出了本章的范围。

不过，对立面的相互转化似已成为辩证法"思辨"的"特权"，因为很少有人注意到，在儒家那里，中庸之道不仅包含着相辅相成：在"知"之"知人"而上达于"知天"的意义上，因"时"而起造化，是人可期及的。变易不住、适时而动既是易道的规律表现，经文"知"的多义也就顺理成章，而文义的三层正蕴含易道的变易。把握中庸，便可期及如此的天人相合。那么，作为儒家的思想方法论的中庸之道，加以充分运用，引领《论语》的跨文化传译不就有了明确的方向；而且，有助于我们走出西化所形成的历史性的跨文化思想交流的低谷？

---

① 何晏（注）、邢昺（疏）：《论语注疏》（李学勤主编，《十三经注疏》之十），北京大学出版社 1999 年版，第 84 页。

第十二章 中庸解《论语》及其跨文化问题：以"两端"为例

第一节 绪言

《论语》中两次用到"端"字，本应依被儒家视为"至德"的中庸解为"有无之端"或曰"存在与非存在之端"，但历来解经未遵此道，亦未将二者合而观之。如此，不免人云亦云，而难见正解，其影响所及，跨文化翻译也未进入正确思路，近乎满纸荒唐。而对孔子的主导思想的探究，必须回归此一正轨；也只有如此，才可避谬种流播。故特撰此文，以求教于知者。

本章坚持"极高明而道中庸"（《礼记·中庸》）①，先从《子罕》论"两端"一章析入，分析传统译解和英译弊端的成因，随文解说，对前贤疏解加以相应分析和充分吸收，笔者相信本章在语内释义和语际翻译两方面对回归儒家思想正道都有一定突破。

---

① 郑玄（注）、孔颖达（疏）：《礼记正义》（李学勤主编，《十三经注疏》之六），北京大学出版社1999年版，第1455页。

第二节 "两端"应为"有无二端"：
继李泽厚而追问

《论语·子罕》中夫子自道"我叩其两端"①，邢昺"正义"曰："明无爱惜乎其意之所知也"②，"自言心之虚也"③，因而是其"谦逊之辞"。朱熹亦有此意，并强调"两端，犹言两头。言始终、本末、上下、精粗"。④ 李泽厚进而指出："朱注缺'正反'两端，应补入。"⑤

我们认为，此解与朱熹本人所提出的"于本源上理会"的要求不合。因为，不论是"始终"、"本末"、"上下"还是"精粗"，不是突出特殊问题，就是强调事物特色。而李泽厚"补入"的，仅是指点事物的"正反"两个方面，因此有必要再加深究。

《礼记·中庸》强调"尊德性而道问学，致广大而尽精微，极高明而道中庸"⑥，因而若不思提升，而将释义完全日常化、平庸化，甚至丧失了"极高明"的意识，便会背离儒家对"偏执一端"的批判精神，也就无法触及"本源"。

有关"中庸"，陈赟指出，

接纳世界并不是沉湎其中，中庸之道作为上下通达的事业本身必须面对世界总体的上下两极，无形的与有形的上下、时间的上下与空间的上下，无论是何种上下，都意味着两极，但这两极

① 何晏（注）、邢昺（疏）：《论语注疏》（李学勤主编，《十三经注疏》之十），北京大学出版社1999年版，第115页。
② 何晏（注）、邢昺（疏）：《论语注疏》（李学勤主编，《十三经注疏》之十），北京大学出版社1999年版，第115页。
③ 黄式三：《论语后案》，张涅、韩岚（点校），凤凰出版社2008年版，第232页。
④ 朱熹：《四书章句集注》，中华书局1983年版，第111页。
⑤ 李泽厚：《论语今读》，中华书局2015年版，第169页。
⑥ 郑玄（注）、孔颖达（疏）：《礼记正义》（李学勤主编，《十三经注疏》之六），北京大学出版社1999年版，第1455页。

究竟是世界本身固有的"两间"，还是我们据以生存的我属性的"形式"或是其他，即便对这些本身并没有明确的答案，但道路依然存在于两极的连接之中。①

依此疏解此章大意，便可认为夫子是在依中庸而说中庸，而我们理应还它一个以中庸说中庸才是。但依管见，似乎只有焦循的《论语补疏》点出此章的"中庸"意向：

> 孔氏之说未明，此两端即《中庸》舜执其两端，用其中于民之两端也。鄙夫来问，必有所疑，惟有两端，斯有疑也。故先叩发其两端，谓先问其所疑，而后即其所疑之两端而穷尽其意，使知所向焉。[……] 凡若事皆两端也，而皆有所宜，得所宜则为中。孔子叩之，叩此也，竭之，竭此也。舜执之，执此也，用之，用此也。处则以此为学，出则以此为治，通变神化之妙，皆自此两端而宜之也。②

不过，若是"鄙夫"已知事物之"两端"，他用得着再向夫子发问吗？而且，对于此发问，夫子解释的依据还能局限于"鄙夫"所"疑"的问题吗？因此，尽管焦氏道出了"中"之"宜"之义，但他也并未趋向"极高明"的"本源"。而后世众多解经者，不仅未及中庸，而且根本就未依之作解，致使译解大有每况愈下之势。

我们认为，"叩其两端"之"两端"首先不是指"事物的两个方面"，而是世界整体之存在的两个极限和极端。如此，则"端"并非事物的什么"端"，而是其先天的、代表其本质的"端"。那么，这样的"端"就应是"有无"意义上的那种"端"：有即世界在这里此一端之所有，而无则为世界之非存在彼一端之所无。因此，"有知乎，

---

① 陈赟：《新版自序》，载陈赟《中庸的思想》，浙江大学出版社 2017 年版，第 111 页。
② 陈大齐：《论语辑释》，周春健（校订），华夏出版社 2016 年版，第 126—127 页。

无知也"之"有"和"无"就不是在说"我有知识"或"我无甚智慧",而首先是"吾知有乎,知无也",意思是"若吾有知,必趋向知无"。如此,将"有"引向"无",使二者发生碰撞和相互作用,进而彼此通达;这样,才可说得上捕捉到了"两端"。相反,若将"两端"之解局限于特殊"事物",或是"鄙夫"之所为,而不是夫子之真意,那么我们是否都会变为夫子加以教导并试图改变的那种"鄙夫"?这是因为,一旦落入"词语表达"的固化圈套而不思走出,则一般的"有知无知"之辨便都会在"无知"的"知无"上落脚,而不是将"无"拉向"有",并使之自行到来,进入思想的视界。

如此解释,试图趋向朱子所说的"本源"的要求:

> 后世非无有志于天下国家之人,却只就末处布置,于本原上全不理会。①

> 人须是于大原本上看得透,自然心胸开阔,见世间事皆琐琐不足道矣。②

看到了"大原",也就不至于停滞于"琐琐"的"世间事",因而也就不能再将"两端"视为"世间事物本身的两端"。这就意味着,夫子之所论自然不能局限于"知"的"世间化"。如此,才可避开"四面之中"的"中"、"中外之中"的"中"之类的特别化和地区化的纠缠,最终摆脱"捉一个中来"的陷阱:

> 且唤做中,若以四方之中为中,则四边无中乎?若以中外之中为中,则外面无中乎?如"生生之谓易,天地设位而已行乎其中",岂可只以今之《易》书为易乎?中者,且谓之中,不可捉

---

① 朱熹:《朱子全书》,朱杰人等(主编),上海古籍出版社和安徽教育出版社2002年版,第565页。

② 朱熹:《朱子全书》,朱杰人等(主编),上海古籍出版社和安徽教育出版社2002年版,第3836页。

一个中来为中。①

如此，《子罕》的大意便应是：我需要将"知"拉向有吗？应该是将之引向无。（如此，二者相互激发和牵引，知也就处于二者的争锋与互持之中。）曾有无识见的人向我发问，态度诚恳。我也不过是如此叩问无与有的交接和碰撞，以穷究中道之理罢了。若模仿夫子之语，则可释为：吾知有哉？必知无也。有粗鄙之人问于我，诚悫之甚。引我叩问有无二端，而得竭中道之妙。或许有人说，夫子之回应既可能做出针对性的答复，更有可能进行具有普遍意义的甚或普世性的说明和引申。若依后解，则夫子在此章并不是在说自己是否有知无知，而是要强调求知本身本应呈现它最为基本的原理。也就是说，他既不是在说"知"的个人化，也不是在说"鄙夫"或者他谦称自己"无知"；而是在肯定性地突出，求知本身应有其合理的、理性的、原则性的要求和普遍性的方法。易言之，他是在要求人们在求知方面需要思想的升华，而不能沉湎于类似"鄙夫"的可能粗鄙的世俗化之中。如此"求知"当然是"求道之知"，如此才可指导修身，强化为己之学循依正轨前进。既然是"求知"，在原理和方法上，当然要走向最高的"知"。这样，追求便一定是"极高明而道中庸"的，即既坚持最高原则力图有最大收获，又可在实践中发挥最为有效的作用。

如此看来，夫子的告诫"中庸之为德也，其至矣乎！民鲜久矣"（《论语·雍也》）②的确并不为或尚未为世人所领悟，因而不仅传统的解经使有关疏解一而再、再而三陷入个体化和世俗化，而且即使在今天有关解释也仍是如此。看一下以下译文，就会明白究竟有多少工作要做，才可将译解引向正途：

---

① 程颢、程颐：《二程集》，王孝鱼（校），中华书局2006年版，第135页。

② 何晏（注）、邢昺（疏）：《论语注疏》（李学勤主编，《十三经注疏》之十），北京大学出版社1999年版，第83页。

经文：吾有知乎哉，无知也，有鄙夫问于我，空空如也，我叩其两端而竭焉。（《论语·子罕》）①

译文1. 孔子说："我有知识吗？没有哩。有一个庄稼汉问我，我本是一点也不知道的；我从他那个问题的首尾两头去盘问，（才得到很多意思，）然后尽量地告诉他。"②

译文2. 先生说："我有知吗？我实是无知呀！有鄙夫来问于我，他心空空，一无所知，我亦只就他所问，从他所疑的两端反过来叩问他，一步步问到穷竭处，就是了。"③

译文3. 孔子说："我有知识吗？没有知识啊。有个粗鲁的人来向我问事，显出非常诚恳的样子，我便就其所疑从事情的方面反问，穷尽全貌让他明白。"④

译文4. 孔子说："我有知识吗？没有。有一个乡下人问我问题，我一定也不知道，便从这个问题的正反、头尾、本末考查，终于得到结果。"⑤

译文5. 孔子说："我有知识吗？没有呢。有个种田的向我求教，很诚恳的样子；我从他那个问题的头和尾去盘问，（才领会到很多意思，）然后尽量地告诉他。"⑥

译文6. 孔子说："我有知识吗？没有知识啊！有个粗鄙的人来向我询问，非常诚恳的样子。我就向他询问事情的两极，以穷尽事物的面貌让他知道。"⑦

---

① 何晏（注）、邢昺（疏）：《论语注疏》（李学勤主编，《十三经注疏》之十），北京大学出版社1999年版，第114—115页。

② 杨伯峻：《论语译注》，中华书局1980年版，第89页。

③ 钱穆：《论语新解》，生活·读书·新知三联书店2002年版，第228页。

④ 孙钦善：《论语本解》，生活·读书·新知三联书店2009年版，第108页。

⑤ 李泽厚：《论语今读》，中华书局2015年版，第169页。

⑥ 杨逢彬：《论语新注新译》，陈云豪（校），北京大学出版社2016年版，第170页。

⑦ 《四书》，王国轩等（译），中华书局2007年版，第41页。

　　夫子身为教育家本来是要超越"鄙夫"之"粗鄙"的，但从上引译文所看到的则是"大道"未形于理解，也就无法行之于并不对应的译文之中。译文一个个塌陷于"世界化"的思考之中，将"人事"作为基本出发点，几乎完全不计"至德"之"至"，因而也就放弃了对"极高明"的守护。如此，夫子所说的"求知"，不仅无所谓"道"之"知"，甚至完全漂浮在事物的表面，于是就有了"穷尽事物的面貌"（译文6）之说。可是，"面貌"如何"穷尽"？难道说，其"变形"要"穷尽"吗？而需如此"变形"的"面貌"，不是还应有在其"天赋之性"或本质上发挥作用的东西吗？所以，解释在根本上不能停滞于"面貌"，而应直面"天道"、"人道之极"或曰人之"至德"的中庸之道。

　　因此，译解问题的症结就在于，对"合外内之道也，故时措之宜也"（《礼记·中庸》）[1] 了无认识。若依夫子教导，则人的存在首先是追求天道的存在，而此一天道既包含现代所说的"客观性"，同时也包括先贤创造的历史性。因此，"学"冠于《论语·学而》之首句，本意就是要突出，人应求知于天道、人道的并行之中。这意味着，人的存在首先需要将天道不断纳入自身，不断涵养并扩充，毕其一生而"天行健，君子以自强不息"。如此"内外一致"的追求，才是"求知"的着眼点和发力处。因而，求知之解也就不能止步于"人事"而忘掉了"天命"、"天意"。否则，那不正是儒家所批判的偏于一端的表现吗？从"极高明而道中庸"的原则来说，也就是，不能只有"中庸"才中庸，而是要二者兼顾，才可真正"中庸"。

　　译文7. 孔子说："我知道很多吗？实际上没有知道啥呀。一个乡下人来请教我问题，态度诚恳而虚心。我就他所问问题的正反两端反过来问他。一步步问到穷尽处，如此而已。"[2]

---

　　[1]　郑玄（注）、孔颖达（疏）：《礼记正义》（李学勤主编，《十三经注疏》之六），北京大学出版社1999年版，第1450页。
　　[2]　刘君祖：《新解论语》（下篇），中信出版集团2016年版，第261页。

既然触及"穷尽（处）"，那么什么情况下"既穷复尽"才可发生并进入在场？这不正说明这样的译文跌落尘埃，而未能提升至真正的正义之域吗？

　　译文 8. 孔子说："我有知识吗？没有知识啊。有个农夫问我，我一无所知。但我从问题正反两方面盘问探究，（弄清楚以后）便毫无保留地告诉给他。"①

"正反"固然是事物之"两端"，但它们属于真正的"极端"，可以其特定的普遍性来体现"求道之知"的"端"？若非如此，夫子谆谆教导难道仅仅是在显现自己的"谦虚"，不能在"求知"方面产生什么"具体"的意义吗？也就是说，他的教导不正是要体现出"求道之知"的那种"道"是可行的吗？若此道未见，人亦不能循之而行，解经之举就已经陷入既定的场景，而未能达致"一般"。换言之，这样的解经也就止步于"鄙夫"之问与夫子的回应的现场性，而并未趋向超出这样的现场性的精神力量。那么，夫子之教导的历史性何以见出？下引二译存在同样的问题：

　　译文 9. 孔子说："我有学识吗？我无学识啊！一个庄稼汉问我的问题，我一点也不知道。我根据他所提问题的始末即正反两个方面逐一判断，最后尽量将满意的答案告诉他。"②
　　译文 10. 孔子说："我有知识吗？没有啊。有知识匮乏的人来问我，如果我对他的问题一无所知，那么，我从问题的首尾两端仔细盘问，领悟其疑问之所在，然后尽我所能地为其解惑。"③

若以上文所说来理解，那么，第一，夫子是在讲自己"无知"，当

---

①　朱振家：《论语全解》，上海古籍出版社 2014 年版，第 127 页。
②　邹憬：《论语通解》，译林出版社 2014 年版，第 124 页。
③　杨朝明：《论语诠解》，山东友谊出版社 2013 年版，第 155 页。

可解为谦虚的表现；第二，他更是在突出"如何求知一般"，而不是"求解特殊问题"；第三，他的立场是外在于个人好恶和具体情境的，如此才能将一己之思化为可以普遍化的力量。正因为解经者长期以来忘掉了中庸之道，因而其译解也就不能说明如下情况：其一，若不对准"事物"之"本源"，夫子如何面对特殊的情况，以其超越的洞见来解决特别的问题？其二，正因他要破解的是"求知"本身，所以就要推出一套方法论。同样地，我们在解释时，亦须启用这样的方法论才可将夫子自道提升到相应的高度。其三，众多今译以夫子的"谦辞"的观点来解经，正可印证夫子的"求知之道"在译解之中的缺席已成常态。

在超越的意义上反观夫子"内在"的"精神"之"谦"或"欠"（总觉"不及"，故而"自强不息"），才可明白：那本是夫子教导世人诚恳而又认真的态度的反映。因为，不如此则听者不大容易接受，也就不能推广。但是，"谦"的最终目的是对"事事物物"保持容忍和关爱：使其更好地生存，"求知之道"普遍的规定性及基本原理就显得特别重要。因此，译解者的今译，真正使"谦"成了"欠"：既有欠于夫子之"自谦"之用心，也有亏于"自谦"的微言大义。

第三节　经文的世俗化及英译之中
夫子形象的塌陷

由于解经者大多是在字面上做文章，而不思走出，因而特殊性也就成了将解经拉向日常化或世俗化的助力。于是，我们看到了这样的解释：

> 孔子认为，"下愚"是无法改变的（《阳货》17.3）。我怀疑，他是说，在傻瓜面前，我一无所知。（**在傻瓜面前，我一无所知**）①

---

① 李零：《丧家狗：我读〈论语〉》，山西人民出版社 2007 年版，第 181 页。

作者特地将结论性的文字加黑，以突出经文的意向。这就引出了两方面的问题：一是夫子对"鄙夫"的态度牵连到对"空空如也"的理解；二是夫子之教是否止于"下愚"之"不可教也"故而"无法改变"。夫子的确讲过"唯上知与下愚不移"（《论语·阳货》）①，但他真的不希望这样的"下愚"在"智"上有所提高吗？如此，假若这个世界上有太多的"下愚"，它会变好吗？夫子不是也讲过"吾非斯人之徒与而谁与"（《论语·微子》）② 吗？那不是在突出他必须与世人为伍才可挽狂澜于未倒吗？他所强调的"有教无类"（《论语·卫灵公》）③，不是更说明他对世人没有分别地都抱有极大的希望吗？这里需联系上"空空如也"的解释。

李零④认为，"空空""这个词有双重含义，正面含义是诚悫，负面含义是说自己无知，肚子里什么都没有，而不是像何晏所说，是形容鄙夫'其意空空然也'，或像郑玄、包咸、朱熹等人，说鄙夫忠厚老实、虚心向孔子求教。孔子说自己无知，这怎么可以？无知的只能是鄙夫，他们只敢朝着这儿想。其实，'空空如也'是用负面意义，和《泰伯》8.6一样"。但是，杨逢彬则在其对"空空"所做的"考证"中指出，此词是"叠音形容词"，"先秦两汉古籍中'空空'、'悾悾'常见，都是'诚恳'的意思"⑤。如《吕氏春秋·慎大览》"空空乎不为巧故也"、《大戴礼记·主言》"妇空空"及《太玄经·劝》"勤空空"。《经典释文》云："'空空'，郑或作'悾悾'，同音空。"因而，现代汉语将"空空如也"解为"什么也没有"，与将"桃之夭夭"更为"逃之夭夭"一样，属于语言演变，不宜解释此章的"空空"。

---

① 何晏（注）、邢昺（疏）：《论语注疏》（李学勤主编，《十三经注疏》之十），北京大学出版社1999年版，第233页。

② 何晏（注）、邢昺（疏）：《论语注疏》（李学勤主编，《十三经注疏》之十），北京大学出版社1999年版，第250页。

③ 何晏（注）、邢昺（疏）：《论语注疏》（李学勤主编，《十三经注疏》之十），北京大学出版社1999年版，第218页。

④ 李零：《丧家狗：我读〈论语〉》，山西人民出版社2007年版，第180页。

⑤ 杨逢彬：《论语新注新译》，陈云豪（校），北京大学出版社2016年版，第170页。

从语文学角度来看，"鄙夫"既然抱着"诚悫"的态度向夫子求教，那一定是要求"解惑"的，说明他认真且也确已意识或认识到自己在求知上需要提升。假若将之视为"傻瓜"，则预设了他在智力上已有问题，但他为什么还要请教夫子？既然他诚恳请教，正可说明他并非"无知者"，"傻瓜"无从谈起。此外，更重要的是，如上文所说，若夫子所面对的就是这样的"傻瓜"，而面对他们时他也一样"无知"，这是在说"愚昧"横行世界，夫子也深受感染，置身其中吗？这个世界不仅不会变好，而且每况愈下，夫子本人也是"无知"的"代表"吗？如此解经，是在刻画一个"正面含义"导向下的夫子吗？按照这样的解说，记载夫子与其弟子言论的典籍竟是这样不堪？易言之，难道只有从"负面"解之，夫子才的确可与论者所说的"我一无所知"相合吗？

由此可见，若不能从"至德"角度视之，不能做到"极高明而道中庸"，解经就真的会因对最高思想原则的无视而趋向对历史的否定。因此，谬种误传，在以往的英译中同样的问题也就依然如故，或更为严重。

译文 11. The Master said, "Am I indeed possessed of knowledge? I am not knowing. But if a mean person, who appears quite empty-like, asks anything of me, I set it forth from one end to the other, and exhaust it. "①

若"鄙夫"就是 a mean person，而 mean 意为"以作恶为能事"（characterized by malice），这样的人会向夫子讨教吗？若此词意为"无所谓荣誉和道德感"（having or showing an ignoble lack of honor or morality），他为何又要问询做人的道理？若此词意为"以乞讨为生"（marked by poverty befitting a beggar），他最为重要的人生目标究竟是

---

① James Legge, *The Analects*, Nanjing: Yilin Press, 2010, p. 76.

存活下去，还是"问学"或"求知"？若此词指的是"不大方"或
"不宽容"（［used of persons or behavior］characterized by or indicative of
lack of generosity），与"鄙夫问于我"有何干系？若此词意为"毫无
价值"（of no value or worth），他是要在夫子这里求得"提升"的途
径以改变生存状况，抑或是祈求通过此一"问"就可明白进而逐渐
改善"价值"的意义？上述几种选择中最后一种可能性较大，但
"空空荡荡如是"（quite empty-like）不是在说他"腹中草莽"吗？也
就是，他"本质上"就是一个"无知的小人"，不仅无知，而且无
识，那他又如何"求知"呢？没有欲望进而不见得有能力求知的人，
为什么又要向夫子发问；而且，夫子的高弟偏偏又要将此事记录在案
供后世传诵，这又是什么道理？难道说，不仅"鄙夫"和夫子本人，
连他的弟子们也都是"鄙夫"一类的人物？这样的英译，是在传译
《论语》的经义吗？

译文 12. Confucius once remarked to someone, "Do you think I
have a great understanding? I have no understanding at all. When an
ordinary person asks my opinion on a subject, I myself have no opinion
whatever of the subject; but by asking questions on the pros and cons,
I get to the bottom of it."①

此译中的夫子形象已进一步被弱化为"智力"上出了问题。因为，
若 understanding 指的是认知上的能力（the cognitive condition of someone
who understands），则是说夫子"根本没有理解力"；如暂且不论夫子
的"谦虚"，那么完全可能是说他自己承认没有什么本事，又怎能为
"鄙夫"解惑？此词若指"理性上的思想推论和区分的能力"（the ca-
pacity for rational thought or inference or discrimination），那么夫子本人是

---

① Hongming Ku, "The Discourses and Sayings of Confucius", ed. Huang Xingtao, *Gu Hong
Ming Wen Ji*, Haikou: Hainan Publishing House, 1996, pp. 407 – 408.

否就已和"鄙夫"站在同一种"（无）知"的起点上？阅读译文我们才明白，原来他要解决的就是"鄙夫"所提的一个"主题"或"题目"（a subject），尽管他对此一无所知，但凭着对"正方与反方"（或正面与反面）（the pros and cons）的追问可以做出回答。但问题在于：其一，这样的回答不还是个人意见（opinion）吗？而一己之见若成为求知的结果，那会是"鄙夫"之问想要得到的吗？其二，这样的"意见"具有"真知"之意吗？其三，这是否在说夫子注重的只是个人的意见？那是否会因为并没有及于"知"本身而被视为多管闲事、自作主张甚或自作聪明？其四，因此他不过是顺着他人的"意见"向前或向下推论，提出一种"鄙夫"希望听到的答复，而这完全可能是有意应和或迎合后者意向的结果，这不正是"巧言令色"（《论语·学而》）①的表演或"佞人"（《论语·卫灵公》）②的表现吗，与夫子何干？

> 译文 13. The Master said, "Do I regard myself as a possessor of wisdom? Far from it. But a simple peasant comes in all sincerity and asks me a question. I am ready to thrash the matter out, with all its pros and cons, to the very end."③

此译有望摆脱上译的个人化倾向，因为 all its pros and cons 可解为所问问题的"正面和反面"。但疑问在于，自称没有"智慧"的人，的确可以解决他人的疑惑，但那仅仅是解决了一个特定的、特别的、特殊的疑问，而不具备别的方面的作用和意义。

---

① 何晏（注）、邢昺（疏）：《论语注疏》（李学勤主编，《十三经注疏》之十），北京大学出版社 1999 年版，第 4 页。
② 何晏（注）、邢昺（疏）：《论语注疏》（李学勤主编，《十三经注疏》之十），北京大学出版社 1999 年版，第 211 页。
③ Arthur Waley, *The Analects*, Beijing: Foreign Language Teaching and Research Press, 1998, p. 109.

译文 14. The Master said, "Am I a learned man? No, I am not. But if a farmer asks me a question and my mind is a total blank, I shall keep turning the question over in my mind until I come up with an answer. "①

此译前文似要突出如何克服人脑"空空"，那是需要方法的，但后文将"两端"译为：在脑子里反复推敲问题，直到得到答案。这样，最为重要的"两端"不翼而飞，其中所描写的"解决办法"，便是常人思考时可能出现的情况而与"求知"无涉。不然，若人"脑"辗转反侧，最终还是不能找到"答案"，不是亟须转向"求知之道"吗？

译文 15. The Master said, "Do I possess knowledge? No, I do not. A rustic person put a question to me and my mind was a complete blank. I kept hammering at the two sides of the question until I got everything out of it. "②

译者加注说："此章意义极端模糊，因而译文是实验性的。"③ 但若是找到解经的方法论，不就有望解决吗？这一章夫子不就是在讨论，如何运用这样的方法论吗？而且，"人心惟危，道心惟微，惟精惟一，允执厥中"（《尚书·大禹谟》）、"允执其中"（《论语·尧曰》）④ 以及"执其两端"（《礼记·中庸》）⑤，不就是儒家经典一再

---

① Lin Wusun, *Getting to Know Confucius — A New Translation of The Analects*, Beijing: Foreign Language Press, 2010, p. 153.

② D. C. Lau, *Confucius: The Analects*, Beijing: China Publishing House, 2008, p. 145.

③ D. C. Lau, *Confucius: The Analects*, Beijing: China Publishing House, 2008, p. 145.

④ 何晏（注）、邢昺（疏）：《论语注疏》（李学勤主编，《十三经注疏》之十），北京大学出版社 1999 年版，第 265 页。

⑤ 郑玄（注）、孔颖达（疏）：《礼记正义》（李学勤主编，《十三经注疏》之六），北京大学出版社 1999 年版，第 1425 页。

突出的至高原理和方法论，因而可以据之来处理这里的"两端"吗？
更何况，这些都是近乎同一的表达方式，难道这些表达在不同语境中
有不同意义，因而儒家思想本身就是含混甚或混乱的？

> 译文 16. The Master said, "Do I for my part really possess under-
> standing? No, I do not possess understanding. But if there is an ordi-
> nary person putting a question to me, although his mind seems to be
> quite blank, I hammer at both sides of the question and got into it thor-
> oughly. "①

此译依然试图再现夫子的"谦德"，因而使之自称"没有理解
力"；同时，也在夸大"鄙夫"的"头脑空无所有"。该译文最大的
问题是，未将夫子教导和"鄙夫"见识的改变结合起来，而只是在
最后说夫子"敲击问题的两边，进而彻底钻进去"。这样，也就留下
了一个严重问题：以"锤子敲打"来译"攻"，但敲打的既是"问题
的两边"（sides），如何就能"进入之中"，而且是"彻底地"（got
into it thoroughly)？

> 译文 17. Am I endowed with knowledge? said the Master, I am
> not. When a simpleton came to ask me a question, I was as empty as
> he was. But when I considered the pros and cons of the question, I got
> an answer in the end. ②

此译以 a simpleton 来译"鄙夫"，该词的意义是：头脑简单或智力
低下的人（a person lacking intelligence or common sense)。这样的人求教
夫子所为何来？而且，夫子仅依事物的正反面给出答案，那是暂时性的

---

① Raymond Dawson, *Confucius: The Analects*, Oxford: Oxford University Press, 1993, pp. 31 – 32.
② Xu Yuanchong, *Thus Spoke the Master*, Beijing: China Intercontinental Press, 2012, p. 59.

吗？如此，则夫子是在显示自己高人一等，同时也是在耍弄求教者？

译文 18. The Master said, "Am I knowledgeable? I am not. Once when a country folk sought advice from me about a problem, I felt blank-headed at first. Then I analyzed its extremes and managed to have it solved. "①

此译因着眼于夫子之"知"高明，可为人指点迷津，也一样有高人一等的意味。但后文的译解又一次点明，夫子所说的解决方法似乎并不高明。因为，他不仅"尽心竭力"（managed），而且还要通过他人才得解决（have it solved）。那么，问题在夫子那里得到解决了吗？即使解决，又关他何事？如此，夫子诸高弟难道是自曝家丑，而不忌后世的骂名：号称"至圣先师"的人，一开始"脑中空无所有"（blank-headed），到最后连"鄙夫"的问题也解决不了？这是一个十足"骗子"的形象甚或"伪善之徒"？

译文 19. The Master said, "Do I possess knowledge（知）? No, I do not. But if a simple peasant puts a question to me, and I come up empty, I attack the question from both ends until I got to the bottom of it. "②

此译用 ends 来传译"两端"的意思，但依英文，从事物的最后部分（a final part or section）或界端（a boundary marking the extremities of something）真的可以"触及它的底部"（bottom）？即使答案是肯定的，那是在说夫子的"两端之道"吗？既然未能重视夫子的"求知之道"，又如何译得出其中的底蕴，进而揭示出夫子"两端"的要义？

---

① Wu Guozhen, *A New Annotated English Version of the Analects of Confucius*, Fuzhou: Fujian Education Press, 2015, p.233.

② Roger T. Ames and Henry Rosemont, *The Analects of Confucius: A Philosophical Translation*, New York: The Ballantine Books, 1998, p. 128.

译文 20. The Master said, "Do I possess an all-knowing cognizance? I do not. If a simple fellow asks me a question, my mind at first is a complete blank, and I have to knock at both sides [of the question] until everything has been considered [and some clarity beginning to emerge]."①

此译大概试图突出夫子的"谦德"，但"无所不知的理解力"（an all-knowing cognizance）分明添加了原文并不含有的东西。如此，"谦德"似乎也就无从谈起。而以"敲击（问题的）两边"来译"两端"，依然有所不足，至少不能达到"求知之道"的要求。因而，后文所用的"某种明晰性便开始出现"也就成为可盼而不可求的了。如此，"鄙夫"之"求知"以及夫子所论之"求知之道"，不就真的成了现代意义上的"空空如也"？

译文 21. The Master said："Do I possess knowledge? No, I do not possess it. Yet if even simple men come to ask a question of me, I clear my mind completely and thoroughly investigate the matter from one end to another."②

此译似乎仍要强调夫子的谦德。但"彻底从一个末端到另一个对问题进行探究"是否可以体现"叩其两端而竭焉"的意蕴，进而突出"求知之道"的要义？若是 end 的确可以指代事物之"末端"，那不正和"本末"之"本"背道而驰？我们承认二者完全可以彼此转化，"本末"并不是完全对立的，但既然如此，为什么不能再进一步直接启用真正的"极端"，或者说"极高明"意义上的那种"端"来

① Annping Chin, *The Analects*, New York：The Penguin Group, 2014, p. 54.
② A. Charles Muller, *The Analects of Confucius*, http：//www. acmuller. net/con-dao/analects. html, 2018.

传译微言大义呢？若一味地沉湎于具体和特殊之中，什么时候夫子才能在"两个端"的翻转和反转之中找到相应的途径，来解决"鄙夫"的问题？我们是不是还要寄希望于如此"世俗化"的解释而忘掉了"极高明"的教义？夫子的教导如果如此"平实"到成为降至尘埃中的东西，那么教义何在？

经文的英译理应给出：

译文 22. Do I know how to get to knowing being? That must be knowing through non-being. A knowledge-seeking person once sincerely asked me questions, and thus initiated me into an inquiry into the two ends of being and non-being, and lead into the charm of the centering（至中）.①

第四节　本章小结

夫子谆谆教导我们不要"固执一端"，否则就会形成思想上的"异端"。但这样的"异端"与"有无"之"二端"意义上的"异端"不是一回事。长期以来本可以"中道"作解的"端"，却因为解经者固执于个人化和世俗化而陷入不堪的局面，最为严重的当是英译

---

① 最新的译文，夫子这里之所说被处理为：Am I a man of knowledge? I dare not say I'm such a man. A peasant asked me some questions, I found myself at a total loss. But I proceeded, out of puzzlement about the points involved in his questions and got inspired. Then I answered his questions as best as I can. （Shi Zhikang, *Confucius's Analects*: *Translation & Critical Comments*, Shanghai: Shanghai Foreign Language Education Press, 2019, p.192）. 若欲回译，此译之意或为：我是一个有知识的人吗？我们不敢说我是这样的一个人。一个农夫询问我某些问题，我却全然不解。但我从他所问的问题所牵涉到的种种要点入手，进而也就获得了灵感。接着，我尽力而为回答了他的问题。很明显，关键的字眼"两端"，译文之中并未再现？那么，points 或为"难解之点"的意思，译文似是说，"我从他的问题所牵涉的种种难点的困惑入手，进而获得灵感（got inspired）"。但这里的疑问是，若"两端"未立，事物可能就是不存在的，不予以捕捉，而是将之释解为"问题之中的种种难点"，如何可能"获得灵感"，进而回答"农民"（a peasant）的问题？可以认为，若不走"极高明"之路，则译解往往是不通的，因为不能趋向最为合宜的意义。

者。如此局面不能不让人感到沉重：什么时候夫子之教诲、儒家之精义才可真正外传？跨文化传播难道没有它的儒家化原理和依据吗？假若咬定文字，死在句下，不就会造成"依文解义，三世佛冤"吗？

实际上，即使从语文学角度看，诸如"微管仲"（《论语·宪问》）① 的"微"、"焉能为有，焉能为无"（《论语·子张》）② 的"有无"，作为具有否定意向的词语，其中必定含有极端或终极意义上的形而上意向。惜乎很少有人据此加以探究，从而丢弃了"极高明"的"一端"或一维，使中庸无从发挥作用。其结果便是：在个人化、世俗化的释义之中，我们看到的是具体、特殊，而不是抽象、一般。于是，在无休无止的争论过后，依然不能看到合乎"正轨"的解释。历史也就铭刻着这样的"琐琐"。

海德格尔曾经强调，西方哲学过分突出的是"超感性"，自柏拉图到黑格尔，一直如此③。据此来观察《论语》有关"端"的二章的解经者，则可发现完全非西方的情况：他们总是沉湎于特别的感性之中，一遍遍念叨着夫子的"谦逊"，尽管夫子的教义总是天人合一，感性与理性结合，人和事相互呼应，我与人彼此通达，充分体现出的是"执两用中"。易言之，若解经者可以代表中华文化的某种倾向，他们所呈现出的历史态势正好与西方哲学相反动。但是，"偏于一端"本来不正是夫子所要反对和批判的吗？

我们所做的尝试性的译解，因个人识见和言语表达能力问题不足以呈现夫子的真正精义，但如从导向上看，则是沿"正道"而行，方法论上的提示是极其重要的，也是历史性的。毕竟，儒家不可能没有一套自己认识事物的方式，尽管这样的方式既是思想性的，也落实

① 何晏（注）、邢昺（疏）：《论语注疏》（李学勤主编，《十三经注疏》之十），北京大学出版社1999年版，第192页。

② 何晏（注）、邢昺（疏）：《论语注疏》（李学勤主编，《十三经注疏》之十），北京大学出版社1999年版，第255页。

③ Martin Heidegger, *Hölderlin's Hymn The Ister*, trans. William McNeill & Julia Davis, Bloomington & Indianapolis: Indiana University Press, 1996, p. 19.

于生活的方方面面。因此，夫子的教导被视为"基础哲学"①，不是没有原因的。

"人能弘道，非道弘人也"（《论语·卫灵公》）②，这"毋宁是这样一种思维：扪心自问，我会在本心良知天理的指导下为自己创造一个什么样的世界，而且我还要作为一个成员置身其中"③。"焕乎，其有文章！"（《论语·泰伯》）④ 除此感叹外，我们在什么地方又可能超出夫子的"预言"——不仅指向他所处的时代，而且可以导向未来——不至于在我们这里思想的现实依然停滞在"人事"的"感受"上呢？那么，请问：为什么我们不能真正回归夫子，而倡导一种真正的儒学，进而提出"儒家翻译学"⑤，以便首先解决《论语》本身的译解？否则，我们是不是还要使日后经文的译解落入黑格尔所说的：那不过是"常识"，难以企及西塞罗呢？!⑥

---

① 卢雪崑：《常道：回到孔子》，广西师范大学出版社 2016 年版，第 13 页。
② 何晏（注）、邢昺（疏）：《论语注疏》（李学勤主编，《十三经注疏》之十），北京大学出版社 1999 年版，第 216 页。
③ 卢雪崑：《常道：回到孔子》，广西师范大学出版社 2016 年版，第 4 页。
④ 何晏（注）、邢昺（疏）：《论语注疏》（李学勤主编，《十三经注疏》之十），北京大学出版社 1999 年版，第 106 页。
⑤ 此章作为论文发表时，这里用的是"儒学翻译学"。现在更易为"儒家翻译学"，不仅是为了突出对"此家"的归入，而且，也是要强调，对之的精神依赖和诉求，可以显现其跨文化的"思想优势"和"情感价值"，因而，能首先对历史遗留的问题的偏向性起到一定的"正规"作用。据此可以认为，尽管我们目前之所作，还只是以儒家思想为方法论来探求《论语》重新理解和跨文化适宜的路径，但儒家思想本身有能力在跨文化的翻译中起到导向性的作用。而对儒家对"人心"的打造的正视和正确释解，必有助于正本清源，不断揭示有关道路的未来延伸的可能性。
⑥ ［德］黑格尔：《哲学史讲演录》（第二卷），贺麟、王太庆（译），商务印书馆 1959 年版，第 119—120 页。

第十三章 《论语》英译要求中庸的回归：以"异端"的处理为例

第一节 问题的提出

《论语》的跨文化英译似乎一直在印证黑格尔无知而又狂傲的论断：夫子根本不是一个思辨哲学家，他之所说都是常识，难以企及西塞罗，故而此作不如不译①。实际上，不仅是黑格尔，传统上不少解经者，一旦论及此著，一般的说法都会是：这是一部注重实践的著作，对天道之类很少关注。一个根据是，书中讲得明白："夫子之文章，可得而闻也；夫子之言性与天道，不可得而闻也。"（《论语·公冶长》）② 这样，即使经文讲的是"天"，疏解也一般都会将对象转向或对准人。这样也就等于是丢掉了中国古人"天人合一"宇宙论之中的一维，忘记了儒家"思知人，不可以不知天"（《礼记·中庸》）③ 的基础观念，舍弃了二元世界构建一方面的要件，也就将世界的存在推向完全不能成立的地步。如此疏解，当然是对儒家所强调

---

① ［德］黑格尔：《哲学史讲演录》（第二卷），贺麟、王太庆（译），商务印书馆1959年版，第119—120页。

② 何晏（注）、邢昺（疏）：《论语注疏》（李学勤主编，《十三经注疏》之十），北京大学出版社1999年版，第61页。

③ 郑玄（注）、孔颖达（疏）：《礼记正义》（李学勤主编，《十三经注疏》之六），北京大学出版社1999年版，第1441页。

的"执其两端，用其中于民"（《礼记·中庸》）① 的中庸之道基本原理近乎无知造成的。而最为奇特的是，在解释"两端"（《论语·子罕》）② 和"异端"（《论语·为政》）③ 的意义时，不论传统疏解还是今译和英译，很少不是这样。

本章试图对有关观点加以梳理，进而以"异端"为中心对今译和英译的问题予以分析，并推出新的译文，以期对有关问题的思考贡献绵薄之力。

第二节　《论语·为政》中的"攻其异端"："无天"因而"无法"的传统疏解

邢昺"正义"：

> 此章禁入杂学。攻，治也。异端，谓诸子百家之书也。言人若不学正经善道，而治乎异端之书，斯则为害之深也。④

诸子百家之书被界定为"杂学"，而且，严禁学者"入"于其内。那么，一家独尊，契合"有教无类"（《论语·卫灵公》）⑤ 教学实践的一般要求，符合"躬自厚，而薄责于人，则远怨矣"（《论

---

① 郑玄（注）、孔颖达（疏）：《礼记正义》（李学勤主编，《十三经注疏》之六），北京大学出版社 1999 年版，第 1425 页。
② 何晏（注）、邢昺（疏）：《论语注疏》（李学勤主编，《十三经注疏》之十），北京大学出版社 1999 年版，第 115 页。
③ 何晏（注）、邢昺（疏）：《论语注疏》（李学勤主编，《十三经注疏》之十），北京大学出版社 1999 年版，第 20 页。
④ 何晏（注）、邢昺（疏）：《论语注疏》（李学勤主编，《十三经注疏》之十），北京大学出版社 1999 年版，第 20 页。
⑤ 何晏（注）、邢昺（疏）：《论语注疏》（李学勤主编，《十三经注疏》之十），北京大学出版社 1999 年版，第 218 页。

语·卫灵公》）① 的为人之道，吻合"君子矜而不争，群而不党"
（《论语·卫灵公》）② 的处世之方吗？下引解释与之略同：

皇侃"义疏"：

> 此章禁人杂学诸子百家之书也。［……］异端，谓杂书也。
> 言人不学六籍正典，而杂学于书史百家，此则为害之深也，故云
> "攻乎异端，斯害也已"者，为害之深也。③

朱熹"集注"：

> 范氏曰："攻，专治也，故治木石金玉之工曰攻。异端，非
> 圣人之道，而别为一端，如杨墨是矣。其率天下至于无父无君，
> 专治而欲精之，为害甚矣！"程子曰："佛氏之言，比之杨墨，尤
> 为近理，所以其害为尤甚，学者当如淫声美色以远之，不尔，则
> 骎骎然入于其中矣。"④

对杨墨的"攻击"最早见于孟子。《孟子·滕文公下》记孟子曰
"杨朱、墨翟之言盈天下，天下之言不归杨，则归墨。杨氏为我，是
无君也；墨氏兼爱，是无父也。无父无君，是禽兽也"⑤。此例或可
说明，战国时期有关情况才是事实，但并不与夫子时代相合。而佛教
的引入关乎的更是宋时的观念，虽有现实意义，但并不一定能突出夫
子的真意。还应注意，朱子所引，如程子之所言一样突出的是"不

---

① 何晏（注）、邢昺（疏）：《论语注疏》（李学勤主编，《十三经注疏》之十），北京
大学出版社 1999 年版，第 213 页。
② 何晏（注）、邢昺（疏）：《论语注疏》（李学勤主编，《十三经注疏》之十），北京
大学出版社 1999 年版，第 214 页。
③ 皇侃：《论语义疏》，高尚榘（校点），中华书局 2013 年版，第 36 页。
④ 朱熹：《四书章句集注》，中华书局 1983 年版，第 57 页。
⑤ 赵岐（注）、孙奭（疏）：《孟子注疏》（李学勤主编，《十三经注疏》之十一），北
京大学出版社 1999 年版，第 178 页。

人"。《孟子·公孙丑上》有言："大舜有大焉，善与人同，舍己从人，乐取于人以为善。"① 那么，从长时段来看，异见争鸣为什么要化为你死我活的斗争？从温文尔雅的儒家来看，在朱子这里，与人为善的思想，并未成为此章疏解的导向？若思想斗争意味着生死，那么，为什么要紧的必是现世，而非精神世界的"宇宙取向"，比如说，"端"的"至高无上极限化"？

郑玄"注"：

两端，无过不及。用其中于民，贤与不肖皆能行之。②

郑玄将"异端"释为违背夫子中庸之道的"两端"，即"过犹不及"（《论语·先进》）③。因把握到了儒家的思想方法论，的确要比其他解释高出一筹。不过，和上引疏解相一致的是，在这里，郑玄仍坚持以"人"为中心。《论语·先进》记载夫子回应子贡问话："师也过，商也不及。"④ 认为二人"俱不中理"⑤，亦即尚未达到中庸要求。但这说的是二人的行为举止，而不是思想导向。因而，若欲回归中庸之道，就应再进一步，以突出"极高明而道中庸"（《礼记·中庸》）⑥ 的要义。如论者所说，

［……］接纳世界并不是沉湎其中，中庸之道作为上下通达

---

① 赵岐（注）、孙奭（疏）：《孟子注疏》（李学勤主编，《十三经注疏》之十一），北京大学出版社1999年版，第97页。

② 刘宝楠：《论语正义》，中华书局1954年版，第32页。

③ 何晏（注）、邢昺（疏）：《论语注疏》（李学勤主编，《十三经注疏》之十），北京大学出版社1999年版，第148页。

④ 何晏（注）、邢昺（疏）：《论语注疏》（李学勤主编，《十三经注疏》之十），北京大学出版社1999年版，第148页。

⑤ 何晏（注）、邢昺（疏）：《论语注疏》（李学勤主编，《十三经注疏》之十），北京大学出版社1999年版，第148页。

⑥ 郑玄（注）、孔颖达（疏）：《礼记正义》（李学勤主编，《十三经注疏》之六），北京大学出版社1999年版，第1455页。

的事业本身必须面对世界总体的上下两极，无形的与有形的上下、时间的上下与空间的上下，无论是何种上下，都意味着两极，但这两极究竟是世界本身固有的"两间"，还是我们据以生存的我属性的"形式"或是其他，即便对这些本身并没有明确的答案，但道路依然存在于两极的连接之中。①

朱熹也坚持认为，

　　后世非无有志于天下国家之人，却只就末处布置，于本原上全不理会。(《朱子语类》卷十六)②

　　人须是于大原本上看得透，自然心胸开阔，见世间事皆琐琐不足道矣。(《朱子语类》卷一百二十一)③

而自"极高明"的角度视之，则理应重新理解"攻乎异端"。如此，《论语》中的"异端"当不是后世所说的那种"悖逆常道"而"害人匪浅"的"异端"。这一点，可从儒家之学的性质、人的发生学及其生存的宇宙论等角度得到证实。

首先，追求"为己之学"的儒家，更多关注的是一己的打造，因而，"吾日三省吾身"(《论语·学而》)④、"内省不疚"(《论语·颜渊》)⑤、"内自讼"(《论语·公冶长》)⑥、"不患人之不己知、患不

---

①　陈赟：《新版自序》，见陈赟《中庸的思想》，浙江大学出版社 2017 年版，第 III 页。

②　朱熹：《朱子全书》，朱杰人、严佐之、刘永翔（主编），上海古籍出版社和安徽教育出版社 2002 年版，第 565 页。

③　朱熹：《朱子全书》，朱杰人、严佐之、刘永翔（主编），上海古籍出版社和安徽教育出版社 2002 年版，第 3836 页。

④　何晏（注）、邢昺（疏）：《论语注疏》（李学勤主编，《十三经注疏》之十），北京大学出版社 1999 年版，第 4 页。

⑤　何晏（注）、邢昺（疏）：《论语注疏》（李学勤主编，《十三经注疏》之十），北京大学出版社 1999 年版，第 159 页。

⑥　何晏（注）、邢昺（疏）：《论语注疏》（李学勤主编，《十三经注疏》之十），北京大学出版社 1999 年版，第 68 页。

知人也"（《论语·学而》）①、"不患人之不己知，患其不能也"（《论语·宪问》）②；对待他人，则是"三人行，必有我师焉"（《论语·述而》）③、"见贤思齐，见不贤而内自省也"（《论语·里仁》）④。如此，即令入于"蛮貊之邦"（《论语·卫灵公》）⑤，身为君子，"言忠信"（《论语·子罕》《论语·卫灵公》）⑥ 也能感染众人，故而"何陋之有"（《论语·子罕》）⑦？这样，儒家以天下为己任，强调"万物并育而不相害，道并行而不相悖"（《礼记·中庸》）⑧，如何会偏狭或肚量小到不能容许或容忍他人"异见"或曰不同于自己的思想的地步？

其次，而就人的本性而论，夫子讲得明白："性相近也，习相远也。"（《论语·阳货》）⑨ 因后天熏染，发生变化，故而出现人与人的不同。但既然同为人，具有人的品格和本性，那不过是"文化"上的差异、习俗上的不同而已。儒家既然抱着对人的"原初之好"的本性的认可，发生学意义上的这种态度，如何会使之将他人之"异"视为"异己之思"，非要剪除不可？因而，后者应是后世儒家的说辞，不会是夫子本人的思路。

---

① 何晏（注）、邢昺（疏）：《论语注疏》（李学勤主编，《十三经注疏》之十），北京大学出版社1999年版，第13页。
② 何晏（注）、邢昺（疏）：《论语注疏》（李学勤主编，《十三经注疏》之十），北京大学出版社1999年版，第197页。
③ 何晏（注）、邢昺（疏）：《论语注疏》（李学勤主编，《十三经注疏》之十），北京大学出版社1999年版，第92页。
④ 何晏（注）、邢昺（疏）：《论语注疏》（李学勤主编，《十三经注疏》之十），北京大学出版社1999年版，第51—52页。
⑤ 何晏（注）、邢昺（疏）：《论语注疏》（李学勤主编，《十三经注疏》之十），北京大学出版社1999年版，第208页。
⑥ 何晏（注）、邢昺（疏）：《论语注疏》（李学勤主编，《十三经注疏》之十），北京大学出版社1999年版，第121、208页。
⑦ 何晏（注）、邢昺（疏）：《论语注疏》（李学勤主编，《十三经注疏》之十），北京大学出版社1999年版，第118页。
⑧ 郑玄（注）、孔颖达（疏）：《礼记正义》（李学勤主编，《十三经注疏》之六），北京大学出版社1999年版，第1460页。
⑨ 何晏（注）、邢昺（疏）：《论语注疏》（李学勤主编，《十三经注疏》之十），北京大学出版社1999年版，第233页。

最后，儒家既然坚持"天人合一"的宇宙论路线，那么，远在"另一端"的"天"一定是"我"存在的另一端，其他可为天所代表的万物以及大地当然也是这样：凡"我"所在之处，必有另一存在物为其存在的条件，否则"我"的存在便是不可能的。如此的存在态势，只能说明，两端并起，才能确保世界的在场。如此，对于如此至关重要的"异于我"的"另一端"，儒家如何可能加以否定？不坚持世界构建的原理，甚至为了思想权力的争夺而否定有关原理，夫子会如此"低俗"吗？

既然"执其两端，用其中于民"（《礼记·中庸》）① 是儒家中庸之道的基本路径，又如何可能单单突出一端，同时将另一端视为异己之物，必予灭除而后快？

但是，传统疏解影响所及，使今日权威解释也忘掉了"极高明"。因此，《论语》字典②对"端"的解释便是"事物的一头或一方面"，而根本没有将之提升至更高层面。不过，若以此界定为"基础"，极而论之，概而括之，"端"难道不能向外溯至遥不可及的天，于内触及奥妙无端的人心；大而趋向涵盖万有的"无"，下可走向纷繁不可胜数的"有"；从存在方式来看，静可视之为"本有"，动能述其作"生成"？若不如此提升或延展，释义的结果便只能是局限于"人的视界"，而将眼光投射于"人"与"物"的"两端"，但同时又将后者变为"人物"，即"人面对或已为其所掌控的物"或"因人而变的物"，亦即为"业已人化的物"。如此眼光实则已将一个丰富的世界扁平化，将之变为只有"一端"存在的所在，也就是哲学上根本无法成立的"畸形的"世界。但长期以来，对"攻其异端"的攻治，或将之释为思想的异端、观念的邪说，或将之解为有害的观点或学派思想，故而重精神而轻物性，或曰重思想而不及于物；同时一力贬低他方以突出我方，如此偏执偏向偏面偏见偏爱，因而，即使解释将

① 郑玄（注）、孔颖达（疏）：《礼记正义》（李学勤主编，《十三经注疏》之六），北京大学出版社1999年版，第1425页。
② 安作璋：《论语辞典》，上海古籍出版社2004年版，第331页。

"异端"局限于人,那也是一个"少了一条腿的人的世界",完全不具备生气和活力:似乎这里只有合理性的争执和争斗,而不存在些许的感受上的和谐。

这种思想倾向,如何称得上正确、完备甚或健康?今译和英译诸家,也会是这样的吗?看一下此语的有关译文,就会一目了然。

第三节 "异端"的今译和英译:不及"极高明"便会走极端

不过,应该承认,当代并非无人关注从中庸之道的角度来解释"异端"之意,惜乎有关解释并未重视如何做到"极高明而道中庸",因而最终还是偏离了基本原理。就疏解而论,赵又春特地强调,"攻其异端斯害也已"讲的是"中庸"。但他在解释时,一样偏重的是"中庸",而对"极高明"仍未能触及。偏于一端,而不及另一端,或徒见"中庸"之名?

赵又春先是指出杨伯峻将"异端"解为"不正确的议论"不通,因为,孔子时代尚无百家争鸣,所以"异端""很难译为'不同的学说'"[1];继而批评李泽厚将之处理为"攻击不同于你的异端学说"是"有害的",属于时代错乱的理解,并非夫子之意;进而再批钱穆译文"并不比原文好懂一些"[2],并且指出傅佩荣的译文是在说,夫子"反对进行学术批判",所以"也肯定不是事实"[3]。他最终提出此章乃是夫子名言"过犹不及"(《论语·先进》)[4] 的另一种表达,强调夫子的"最好的思想方法和行事原则"即为中庸之道[5]。因而,他认为,此章应译为:

---

① 赵又春:《论语名家注读辩误》,崇文书局 2012 年版,第 134 页。
② 赵又春:《论语名家注读辩误》,崇文书局 2012 年版,第 133—134 页。
③ 赵又春:《论语名家注读辩误》,崇文书局 2012 年版,第 134 页。
④ 何晏(注)、邢昺(疏):《论语注疏》(李学勤主编,《十三经注疏》之十),北京大学出版社 1999 年版,第 148 页。
⑤ 赵又春:《论语名家注读辩误》,崇文书局 2012 年版,第 134 页。

只看到自己方面的道理，完全不顾及对方的想法，这样去行事，那一定会伤害了自己。①

如此释义，如上文所说，的确体现出了"道中庸"的意向，因为注意到了"两端"双方的互动以及不顾及这样的关系会造成什么样的后果。但我们对之的疑问还是"两端"本身：若执着地将之解为"人与人之间的两端"，那么，依儒家的宇宙论，"天人关系"便被排除在外；更何况，还有人与物、人与心的关系等，难道它们不都需遵依中庸来理解吗？所以，一旦把解释的目光局限于"人事"，则必然不能解释其他"关系"，中庸的作用也就限于"一端"，因而，由此推出的道理或做出的解释其本身难免会成为"异端"。

这，还是因为未及将"极高明而道中庸"纳入视界，所以，才会偏执于"一端"而难及"另一端"，更遑论"两端"的关系。

实际上，若依"极高明而道中庸"而行，则很容易推论出"攻乎异端斯害也已"中的"异端"其所指究竟是什么。从字面上看，"异端"是"异于我的那一端"、"不同于这里的那边的那一端"或"他者所处的那一端"。若推而广之、极而大之，"异端"便可能成为处于时间和空间"之外"，超乎世界的"异端"。因为，一旦至其"极"，它（们）就不仅会因为"不在这里"而异乎寻常，而且，由于不属于"我"以及人类而极端神秘。

而如此不在时空之中的"异端"，与世界的存在或有相较，只有一个表达或可及之。这就是不存在或曰无。以之为据，我们就可思考"有无相生"（《道德经》第二章）的道理。而夫子在"极高明"之处，也必然在宇宙论和存在论意义上与老子殊途同归，尽管方法论或并不一致。那么，以中庸作为方法论，可否用来解释此章意蕴呢？答案是肯定的。

---

① 赵又春：《论语名家注读辨误》，崇文书局2012年版，第136页。

上文点出，赵又春的解释偏重太过，那么，我们将"异端"解为"无"，远在云霄之外，如何及之？答曰：那只是一个符号，说明的是"最为极端"的走向，而这样的"异端"或最具代表性而已。如此理解，处于"这一端"的世界的"有"，与作为"异端"的那一端的"无"，也就可以同时并起，共同发挥作用：有了此世之所"无"，此世之"有"才会是真正的"有"，正如"极高明而道中庸"才是真正的"中庸"一样。

依之审查有关译文，可以见出将中庸付诸解释的要义：

经文：攻乎异端，斯害也已。（《论语·为政》）①
译文 1. 批判那些不正确的议论，祸害就可以消灭了。②

"不正确的议论"就是"祸害"？夫子如此偏狭？他既无容人之量，"能"中庸吗？若不能，"中庸之为德，其至矣乎，民鲜久矣"（《论语·雍也》）③ 在他这里依然是"鲜"的？消除甚至是"消灭"异己之见，就能灭掉"祸害"？但是，谁能证明，那些"议论"就是"不正确"的，非要"消灭"不可？这种以"我方"为中心，而贬斥异己的做派，是否已经形成一个特定的"异端"，而将灭除他人的思想视为能事？

译文 2. 专向反对的一端用力，那就有害了。④

此译前半句确有歧义：因既可解为"专门向反对的一端"发动"攻击"，亦可释为对之"发力"、"用功"，即研讨、攻治。如此，原

① 何晏（注）、邢昺（疏）：《论语注疏》（李学勤主编，《十三经注疏》之十），北京大学出版社 1999 年版，第 20 页。
② 杨伯峻：《论语译注》，中华书局 1980 年版，第 18 页。
③ 何晏（注）、邢昺（疏）：《论语注疏》（李学勤主编，《十三经注疏》之十），北京大学出版社 1999 年版，第 82 页。
④ 钱穆：《论语新解》，生活·读书·新知三联书店 2002 年版，第 41 页。

文之中的"攻"的两个意涵都已含于译文。但是，不论正面还是负面意思，怎么就是"有害"的呢？那是夫子讲话不讲道理，还是在说，"反对的一端"，不论怎么对待，以什么样的态度待之，都是"有害"的？而这，是否意味着，"反对的一端"根本就不应存在，只有"我"的才是好的、正确的，因而，也就是值得存在的？如此偏激的观点，会是夫子对待"异端"的态度吗？若依此译，夫子要突出的便是"非我族类，其心必异"（《左传·成公四年》）？的确，如此描述，夫子本人也就成了狭隘至极的"异端"或"异类"？

此译最后半句虽与前译不同，但是，基调是一致的：若是"他方"的就是"异己"的，也就是要不得的：那是与"我方"相对立的"反对"，因而，只能"不容讨论"。这样，如果"专向反对的一端用力"，当然就不会"有益"？那么，"不以人废言"（《论语·卫灵公》）① 也就是一句空话，因为凡是"（异于我的或我不认同的）对立的一端"就一定是"可恶"的？夫子会"狭隘"到了连"话"也不让人讲吗？更何况，即使讲错了话，对之认真加以思考，不还可从中学到东西，尽管那可能是"负面"的？也就是说，如此解释，有可能"将婴儿与洗澡水一起倒掉"，还要沾沾自喜认为那是夫子的教诲？

上引二译对"攻"的解释不同，但对"异端"的深恶痛绝跃然纸上：剪除之，才可大快人心。但是，这里描述的夫子之"我"也就背离"为己之学"的"反省"要求，而将之塑造成一个眼界狭隘而不能容人的"学者"？

译文 3. 攻治杂学邪说，这是祸害啊。②

此译只是取上译之一端（"攻治"），但同样是将夫子本人也描写

① 何晏（注）、邢昺（疏）：《论语注疏》（李学勤主编，《十三经注疏》之十），北京大学出版社 1999 年版，第 214 页。

② 孙钦善《论语本解》，生活·读书·新知三联书店 2009 年版，第 17 页。

成了狭隘的"异端"。此解亦与邢昺、皇侃和朱熹如出一辙，且添加的"邪说"，又将"异端邪说"连为一气。但问题还是，若"杂学"即"邪说"的另一种说法，那不还是在说，如译文2所示，"对立的一端"最好是别说话吗？如此争夺讲话的权力，会是夫子的作为吗？难道说，只允"我方"存在，因为"我方"是"这一端"，而另一端的"异端"就不能存在，若"思想"就是这一"异端"的代表，那就一定是不能存在的？这的确是强行定罪，难免杀气腾腾？

以下这些译例与之思路一致：

译文4. 研习那些不正确的学说，这就有害了。①
译文5. 攻治两极的学说，这是一种祸害啊！②

此二译取向一致。而译文5的"两极"极其特别。因为假若它指"两个极端"，那么，这说的究竟是，不论是哪一极，都是要不得的，还是"两极"同时都要不得？比如说，人类本身所赖以生存的地球，能没有"两极"吗？而且，依儒家不是要"执其两端，用其中于民"（《礼记·中庸》）③吗？

译文6. 钻研那些不正确的学说，这是祸害啊。④
译文7. 去攻读钻研邪说，那就有害了。⑤

夫子生怕他人的学说之"不正确"害人，便小心翼翼提示或提醒世人？但究竟什么才是"不正确"的学说？判定的依据何在？若是点明，是否就可依之来解本来是在讨论"中庸"的"中庸"？

① 杨逢彬：《论语新注新译》，陈云豪（校），北京大学出版社2016年版，第32页。
② 《四书》，王国轩等译，中华书局2007年版，第9页。
③ 郑玄（注）、孔颖达（疏）：《礼记正义》（李学勤主编，《十三经注疏》之六），北京大学出版社1999年版，第1425页。
④ 朱振家：《论语全解》，上海古籍出版社2014年版，第127页。
⑤ 徐志刚：《论语通译》，人民文学出版社1997年版，第15页。

译文 8. 攻习那些偏离正道的学说，这是很有危害的事情。①
译文 9. 攻习异端邪说，就会贻害无穷。②

什么是"正道"？"偏离"了这一"学说"之"正道"的这一今译，岂止是译文 8 所说的"学说"，还不已将这一今译本身也包含在内了吗？而且，既然已经"定性"为"偏离正道"，为什么还要"攻习"？预先设定了一个"邪说"，又说不要人"攻习"？这不分明是说，"异端"即为"偏离正道的学说"，因而，仍然是以"我方"为特定的正确甚或"唯一"正确的一方或一端？如此刻画，"我方"不还是另一种"异端"？

下引诸例，则是将"攻"解为"攻击"或"批判"，故而与译文 1 思路相同：

译文 10. 批判那些歪理邪说，这样，祸害就可以停止了。③

此译与上引译文意向相反："攻"释为"批判"；"斯害也已"解为"祸害"最终"停止"。如此译解，用庄子的话来说，真可谓"彼亦一是非，此亦一是非"（《庄子·齐物论》）④。若相互比较，看到的只是（可能完全无谓的）"是是非非"，而不是超越此世而又不离此世的那种别具真理意向的表达。相反，所有译解者都站在自己的立场上，"以是其所非，而非其所是"（《庄子·齐物论》）⑤。这样形成的语境便是，无休无止的意见分歧、没完没了的"斗嘴"？这就是《论语》的今译？

---

① 杨朝明：《论语诠解》，山东友谊出版社 2013 年版，第 29 页。
② 来可泓：《论语直解》，复旦大学出版社 1996 年版，第 45 页。
③ 张其成：《张其成全解论语》，华夏出版社 2017 年版，第 72 页。
④ 王先谦：《庄子集释》，中华书局 1954 年版，第 10 页。
⑤ 王先谦：《庄子集释》，中华书局 1954 年版，第 9 页。

译文 11. 批判那些不正确的异端邪说，祸害也就可以消除了。①

若是现代意义上的"异端邪说"，无所谓"正确"，当然是"祸害"？但"异端"就是或就等同于"异端邪说"吗？

庄子所说的"是是非非"还没有了结，因为，另一种声音强调，"异端"是不能"攻击"的，否则后患无穷。如此，译解的语境之中仍然是"'人间四月芳菲尽'式的是是非非"，而不是"'山寺桃花始盛开'性的无是无非"：

译文 12. 攻击不同于你的异端学说，那反而是有危害的。②

译文 13. 批判其他不同立场的学说，难免造成争论不休的祸害。③

译文 12 译者强调，他之所以如此选择，是因为"这可以表现儒家的宽容精神：主张求同存异，不搞排斥异己"④。的确如此，不过，惜乎译者并没有点出，他的思想依据是什么。

尽管两个译文是为了摆脱上引译文中夫子狭隘、偏激的形象，但译文 12"异端"并未译出，添加的修饰语"不同于你的"也只是在说，二者之间是有差异的。那么，"异端"若可指后世诸多杀人邪教的那种"异端"，夫子加以"攻击"，如何"反而是有危害的"？矫枉过正，同样有违中庸？

依译文 13，对"不同立场的学说"进行"批判"，就会"造成祸害"，那么，假若有关"学说"是非人性的、不人道的呢？因而，以与人事甚至一般的争论相纠缠，来传译"异端"之意，势必因其不

---

① 邹憬：《论语通解》，译林出版社 2014 年版，第 20 页。
② 李泽厚：《论语今读》，中华书局 2015 年版，第 36 页。
③ 傅佩荣：《人能弘道：傅佩荣谈论语》，东方出版社 2018 年版，第 47 页。
④ 李泽厚：《论语今读》，中华书局 2015 年版，第 36 页。

能"极高明"而难以行通。超越是非，才可抵及"真正的是与非"？

译文 14. 攻击见解不同的异端，这是最有害的。①
译文 15. 批判不同于自己的立场观点，这样是会产生祸害的。②

和译文 13、译文 14 一样，若"不同于自己的立场观点"可指如后世杀人恶魔的立场观点，又当如何？夫子不应痛加"批判"吗？

译文 16. The study of strange doctrines is injurious indeed!③

此译将"异端"译为 strange doctrines，"攻"则作 study 即攻治解。夫子的形象被再现得偏狭至极。因为，假设夫子要求同代和后世都不去攻习"奇异"或"奇特"或"不熟悉"的"教义"，人们固守于陈陈相因的东西，而且不思改变，那么，这与"苟日新，日日新，又日新"（《礼记·大学》）④ 的儒家有何共同之处？更何况，假若不能向异而生，人有可能存在吗？即令可以存在，在复踏或重复之中，时时如此，日日如是，年年亦复如斯，还会有人生吗？难道说，夫子就是这样连最基本的道理也不懂得？而且，他不明白，只有使"两端"同时并起，构成互动关系，才可"执其两端"？夫子既然强调"执其两端，用其中于民"，他又如何可能将"异端"视为"祸害"而避之唯恐不及，进而要求他人也加以规避？他真的不明白，生存本身就需要这样的"端"吗？

"奇怪的"或"奇特的"（strange），正因为奇怪或奇特，所以，也就是不能"研究"、"研习"的"教义"（doctrines），那么，这不还是"以自我为中心"，而排斥异己的表现吗？而且，一旦攻习此类"教

---

① 何新：《论语新解：思与行》，北京工业大学出版社 2007 年版，第 19 页。
② 刘君祖：《新解论语》（上篇），中信出版集团 2016 年版，第 72 页。
③ James Legge, *The Analects*, Nanjing: Yilin Press, 2010, p. 12.
④ 郑玄（注）、孔颖达（疏）：《礼记正义》（李学勤主编，《十三经注疏》之六），北京大学出版社 1999 年版，第 1594 页。

义"，也就会成为"有害的"，那么，即使是对之批判性的吸收，也不能允许，因为其毒甚深，其害无穷？那么，世界上若是还有"奇怪的"或"奇特的"甚至"陌生的"（strange）东西，是否也要"明令禁止"而不准研习呢？夫子之教，难道说，就这样封闭而偏狭，至少那夫子之教不会向"陌生之物"、"奇异之事"开放？夫子之思想已经对整个世界都是"熟知"、"熟悉"的？那么，他为什么要自称"好学"（《论语·公冶长》）①，而且，"入太庙，每事问"（《论语·八佾》）②？

译文 17. To give oneself up to the study of metaphysical theories — that is very injurious indeed. ③

在 strange doctrines 出现的地方，此译代之以 metaphysical theories（形而上理论），同样将"攻"解为"攻习"，但范围进一步缩小。不过，此译难道注意到了，"子不语怪力乱神"（《论语·述而》）④，也连带上了"形而上的理论"，因而才会提示世人，那是要不得的？那么，"极高明"从何说起？此译是否也是在否定如此的"高明之道"？

"异端"在这里被释为"形而上学理论"，后者不准许"钻研"有什么道理吗？怎么知道那一定就是"危害世人的"？那么，尧"则天"（《论语·泰伯》）⑤，不预先研习"则天"的"理论"，如何可能？夫子感叹"天何言哉"（《论语·阳货》）⑥，若是"不知天"，不

---

① 何晏（注）、邢昺（疏）：《论语注疏》（李学勤主编，《十三经注疏》之十），北京大学出版社 1999 年版，第 69 页。

② 何晏（注）、邢昺（疏）：《论语注疏》（李学勤主编，《十三经注疏》之十），北京大学出版社 1999 年版，第 37 页。

③ Hongming Ku, "The Discourses and Sayings of Confucius", ed. Huang Xingtao, *Gu Hong Ming Wen Ji*, Haikou: Hainan Publishing House, 1996, p. 357.

④ 何晏（注）、邢昺（疏）：《论语注疏》（李学勤主编，《十三经注疏》之十），北京大学出版社 1999 年版，第 92 页。

⑤ 何晏（注）、邢昺（疏）：《论语注疏》（李学勤主编，《十三经注疏》之十），北京大学出版社 1999 年版，第 106 页。

⑥ 何晏（注）、邢昺（疏）：《论语注疏》（李学勤主编，《十三经注疏》之十），北京大学出版社 1999 年版，第 241 页。

能"下学而上达"（《论语·宪问》）①，又如何行得通？

　　译文 18. He who sets to work upon a different strand destroys the whole fabric. ②

　　此译讲的是，人若致力于不同的线缕（头），就会破坏掉整个织物［的构造］。思路不可谓不别致。但这是在释解经文，并不是真正的翻译？否则，"异端"如何可能仅仅是"不同的线缕"？攻治"不同的线缕"，就会"打破整个织物"，说明"不同的线缕"极端重要，那么，为什么不首先加以正视、认可，进而将之纳入视野，最终使之真正成为这一"织物"的中坚呢？很明显，译文仍未引入"异端"之"极高明"的取向，不通是当然的结果。

　　或者，在译者看来，"异端"和"线头"差不多，一旦开始出错，步步出错，甚至会影响到整个织物的构造。但是，就思想而言，若是连"异端"的开端，就不许涉及涉足，反过来看，那不是在要求，人只能固守于另一端甚或另一隅，故而，终其一生，只能在"一端"用力用心，因而也就构成了真正的"异端"，亦即，完全背离了"执其两端"了吗？

　　译文 19. Attacking erroneous ideas will put an end to the harm they have caused. ③

　　此译以其行文而论，似无可议之处。但"异端"也一样被弱化或世俗化为"错谬的观点"（erroneous ideas）。若依此译推之，则凡是

---

　　① 何晏（注）、邢昺（疏）：《论语注疏》（李学勤主编，《十三经注疏》之十），北京大学出版社 1999 年版，第 199 页。

　　② Arthur Waley, *The Analects*, Beijing: Foreign Language Teaching and Research Press, 1998, p. 109.

　　③ Lin Wusun. *Getting to Know Confucius — A New Translation of The Analects*. Beijing: Foreign Language Press, 2010, p. 45.

"错误的观念"，只要加以"攻击"，就可以"终结它们所造成的危害"，那么，这不是"常识"吗？但是，若仔细分辨，就有疑问说，比如，"观念"之正误，何以别之？又怎么知道，只要发起"攻击"，就能"终止"其"误"？相反，若是"见不贤者内省不疚"不也可行吗？

译文 20. To attack a task from the wrong end can do nothing but harm. ①

"异端"在这里被译为"任务"或"职责"，"攻击任务"使之类如战斗，的确别出心裁？而依此译，若不从正确的一端入手，即令是"任务"也会造成伤害。这样，"端"便成了思想认识的"出发点"？但这样的出发点，并不能像"有无"那样不仅可以囊括天地，而且也必将人纳入其中。

此译说的可能是，若是从错误的一端（the wrong end）入手来"攻击一个任务"，那就可能造成危害。但为什么要"攻击任务"，而不是加以"从事"？"任务"（task）之可行，难道只有"正确的一端"而且很可能那是"唯一的正确"？一旦"唯一"，独断是否已经包含其中，因而，也就形成了"偏激"或曰"偏于一端"，故与儒家的思想倾向背道而驰？

译文 21. If one is attacked from different starting points, it is indeed damaging. ②

此译更是别致。因为，译文可能在说，若人在其出发点上就受到攻击，则的确是毁灭性的。但这似乎是在强调，西方现代那种"民主"：不论你如何与我相对立，我都会维护你讲话的权力。如此，也

① D. C. Lau, *Confucius: The Analects*, Beijing: China Publishing House, 2008, p. 23.

② Raymond Dawson, *Confucius: The Analects*, Oxford: Oxford University Press, 2008, p. 7.

就超出了夫子的"异端"，而的确走向了西方的"另一端"。

此译强调，若是人从各种不同出发点遭到攻击，那的确是有破坏性的。情况可能是这样，因为毕竟有"各种不同出发点的攻击"，但夫子这么讲目的何在？他不明白，人不能遭到那么多攻击；攻击者不善待他人，故而肆意而为？抑或是，夫子所处时代，思想界都是这种情况，故而加以贬低，那么，载入《论语》意义何在？

译文 22. To antagonize a different view, said the Master, would reveal one's own weakness. ①

此译愈发出奇："与不同的观点相抗衡，可以揭示出人自己的不足？"但是，这样的话，"异端"有可能并不真正存在，因为观点上的"不同"是可以化为"同"的？此译以为，若与不同的观点相对立，或能揭示出你的弱点。但既然是不同的观点，即令不能对立，也会"道不同，不相为谋"，故而，见解迥异，而对立已呼之欲出？从宽容的角度视之，此译可能是强调，不能将"不同的观点"与自己的观点"对立起来"，否则就太过狭陋。但是，此译似并未突出甚或未能译出"异端"？

译文 23. It is harmful to focus your attention only on the extremes. ②

若依此译，"注意力仅仅聚焦于极端"就是"有害的"。但若那是哲学需要，为的是探究事物的本质，又该如何？而且，国人传统上并没有"焦点"之类的观念③，将现代和西方的观点混入经文解释，有悖于经文义理。此译的字面意思是，若将注意力聚焦于极端，那是

---

① Xu Yuanchong, *Thus Spoke the Master*, Beijing: China Intercontinental Press, 2012, p. 16.

② Wu Guozhen, *A New Annotated English Version of the Analects of Confucius*, Fuzhou: Fujian Education Press, 2015, p. 76.

③ 刘继潮：《游观：中国古典绘画空间本体诠释》，生活·读书·新知三联书店 2011 年版。

有害的。但若是不经历这样的过程，又如何"执其两端，用其中于民"？因为，"两端"还是有必要求知、认定的？

译文 24. To become accomplished in some heterogeneous doctrine will bring nothing but harm. ①

此译将"攻"译为"善于"或"精于"（become accomplished），指向的是汉语的"攻治"，但是，"攻治"若对准"异质的"（heterogeneous：consisting of elements that are not of the same kind or nature）"教义"，不还是在说"非我族类"吗？若指的是"异种的"（originating outside the body），不是会强化这方面的意思，因而与夫子的"异端"之教无关？heterodox 意为：characterized by departure from accepted beliefs or standards，译为汉语，即为：异教的、异端的、离经叛道的、非正统的或持异端见解的。此词来源于希腊文 *heterodoxos = heteros*（the other，他者）＋ *doxa*（opinion，意见）②。此译明白告诉读者，夫子所认定的"异端"即为"异于我方的那一端"。但"异于我方的"，就一定是"离经叛道"的吗？

英文 25. To pursue strange theories or to get sidetracked in your studies can only bring harm. ③

此译比译文 16 更进一步，似乎在说，不仅不能"探究不熟悉的或陌生的理论"（pursue strange theories），而且，那一定是"走了岔路"、"不走正道"、"别道而行"甚或"歪门邪道"（sidetracked），如此，也就会"带来伤害"？那么，究竟什么才是"旁门左道"？"异

---

① Roger T. Ames and Henry Rosemont, *The Analects of Confucius：A Philosophical Translation*, New York：The Ballantine Books, 1998, p. 79.

② 详见"youdict 优词"网（http：//www. youdict. com/w/heterodox），2018. 8/14。

③ Annping Chin, *The Analects*, New York：The Penguin Group, 2014, p. 21.

端"即为"邪道"？

译文 26. To throw oneself into strange teachings is quite dangerous. ①

此译警示世人不可沉湎于奇异之教，那会是相当危险的。如此将夫子描述为狭隘不堪之人，与其温柔敦厚的风貌相去甚远。但是，诸多英译又何尝不是这样？

译文 27. Attacking false systems merely harms you. ②

此译的确是诗人奇见：对谬误系统发起攻击，只能伤害你。因一般而言，相反的情况才合理？

下引译文，问题与以上诸译类同——未见"极高明"的走向，故不再详论：

译文 28. Criticizing those incorrect ideas may eliminate harm. ③

译文 29. Work on strange doctrines does harm. ④

译文 30. To delve into strange doctrines can bring only harm. ⑤

译文 31. Working from the wrong starting point will lead to nothing but harm. ⑥

---

① A. Charles Muller, *The Analects of Confucius*, http：//www. acmuller. net/con-dao/ana-lects. html, 2018.

② Ezra Pound, *Confucius：The Great Digest*；*The Unwobbling Pivot*；*The Analects*, New York：A New Directions Book, 1959, p. 199.

③ Pan Fuen and Wen Shaoxia, *The Analects of Confucius*, Jinan：QiLu Press, 1993, p. 15.

④ James R. Ware, *The Sayings of Confucius*, New York：Bartleby Com. , 2001, p. 5.

⑤ Burton Watson, *The Analects of Confucius*, New York：Columbia University Press, 2007, p. 22.

⑥ Edward Slingerland, *Confucius：Analects with Selections from Traditional Commentaries*, In-dianapolis and Cambridge：Hackett Publishing Company Inc. , 2003, p. 13.

译文 32. If someone attacks from another end, he will do harm.①

译文 33. To attack (*gong* 攻) alternative ends (*yiduan* 异端) will bring harm, what else (*yeyi* 也已)?②

译文 34. Oppose false principles, for they are injurious.③④

---

① E. Bruce Brooks and A. Taeko Brooks, *The Original Analects*: *Sayings of Confucius and His Disciples*, New York: Columbia University Press, 1998, p. 112.

② Peimin Ni, *Understanding the Analects of Confucius*: *A New Translation of Lunyu with Annotations*, New York: State University of New York Press, 2017, p. 125.

③ David Collie, *The Chinese Classical Work*: *Commonly Called the Four Books*, Malacca: The Mission Press, 1828, p. 8.

④ 此章发表之后，又看到最新的译文：If you confine your taste to heretical beliefs alone, you are in for mishaps (Shi Zhikang, *Confucius's Analects*: *Translation & Critical Comments*, Shanghai: Shanghai Foreign Language Education Press, 2019, p. 38). 回译其意或为：如果你将趣味仅仅限制于异端的信念，你就是自找麻烦。就词而论，heretical 意思是 of or relating to heresy or heretics（属于或关乎异端或异端邪说的），heretics 所牵涉的，在西方语境之中，应是非或反基督教的信仰；此词的另一个常见的意思是，characterized by, revealing, or approaching departure from established beliefs or standards（具有与既定信念或标准相脱离特色的、予以揭示或趋向之的），也一样是在突出"非常"、"异常"或"异乎于正常"的信念或信仰的东西。而confine（限制、设置限制，局限于），或不能见"攻"之意向？因对此"攻"及其对象如此否定，所以，译文后用 be in for（遭到、必遭到、免不了遭到）mishaps（an unpredictable outcome that is unfortunate; an instance of misfortune 灾祸、不幸、灾难，晦气）。译文似乎在说，若情趣上局限于异端，就会导致意料不到的麻烦或祸事。而这里的 taste 若是指 a strong liking（强烈的喜好），其趋势仅仅以信仰甚或信念为尚，喜好唯思想是从？若意为 delicate discrimination (especially of aesthetic values)［精致的区分（尤指审美价值）］，那么，有可能是要求，审美的品味本身因以精神上的至高力量为转移，而最终导致对审美本身的抛弃？故而，移译经文还是要依据正规，而正规并不一定是在字面意义上。蔡尚思强调："［杨伯峻所著的］《论语译注》对'攻乎异端，斯害也已'（2.16），认为《论语》共用四个'攻'字当作'攻击'解，这里也不例外。很多人却把它解为'治学'的'治'。这误解有二：一、'攻'字原有二义，《论语》此处应作'治'解，如'专攻'的'攻'，与其他三处不同。二、不知用《论语》以证《论语》的直接证据，联系孔子在他处所说'道不同不相为谋'（15.40）。要知道，孔子是反对争鸣的，而不是主张争鸣的，所以此处的'攻'字不应作'攻击'解。"［引自蔡尚思（导读）、吴瑞武（评注）《论语》，中华书局 2018 年版，第 56 页］尽管这里蔡尚思所说不免有些缠绕，但其主导观点还是清楚的："攻"在这里意指"治"，进而便可说，"异端"并不是让人退避三舍因而必加警惕甚或除之而后快的那种"罪恶"的"异端"。不过，还应强调，释解经文，毕竟是要有依据的，蔡尚思之解，即令方向正确，也未见道出这样的依据。他的解释仍停留在文字字义的释解上。

372

那么，究竟"攻乎异端，斯害也已"如何解释呢？怕还是要回到中庸之道，才可企及正解。因为，从"极高明而道中庸"入手，就会发现，作为人类历史上最为伟大的精神导师之一，夫子之"正道"必然首先要敞开人的生存的时空。而这意味着，只有走"至德"之路才能趋向合理的宇宙论创造格局。相应地，我们的解释也首先应是"极限化"的，唯有如此，才可企及"极高明"的要求。为什么是这样呢？在儒家的视野之中，只有将时空扩展到空前的极限，人的生存才是"最大化"、"最有容量"及"最能适宜于人居"的。正因为是这样，我们认为，只有"无"才可表示"异端"或"另一端"、"另一方面"。有了世界的此一"无"，它这里的"所有"才可有其基本的定位：那就是与"无"相对而立而持的"这一端"的"有"。而且，也只有这样，"两端"同时启用，才可能体现世界的正常运动。这也就是"一阴一阳之谓道"（《周易·系辞上》）①之意指。

依此思路，也才可说，所谓的"端"首先并不是人间的事情，而是天人关系的问题。确定了那一点或那一端，人间的事情才可仿照天地间最为基本的规律来运作，而具有"客观"的面貌和特色。

因此，设若可将"无"引向"有"，进而有能力加以"攻错"，那么，那不就是在说，即使是存在之所"无"，我们也有望将之引入这个世界之存在之所"有"，"如切如磋，如琢如磨"（《诗经·国风·卫风》，《论语·学而》子贡引）②，就像是对待普普通通的石头一般，要将之打磨成可以欣赏玩味体贴的一块美玉。那不正意味着，"无"之为"无"作为"艺术品"既可保持自身之为"无"，同时又可与我们人类相亲相近，并且显现出它特有的光辉和温热，散发出与我们所追求的君子的"温润如玉"的人格完全一致的"天道"力量吗？

---

① 王弼（注）、孔颖达（疏）：《周易正义》（李学勤主编，《十三经注疏》之一），北京大学出版社 1999 年版，第 268 页。

② 何晏（注）、邢昺（疏）：《论语注疏》（李学勤主编，《十三经注疏》之十），北京大学出版社 1999 年版，第 12 页。

因而，夫子通过"攻乎异端，斯害也已"要教导我们的不就是："无"作为"异端"尽管不在我们这里，不在人间；正因为这样，它根本上才是我们人生存在必不可少的一个"端"、一个部分，尽管不能"与我同类"因而相异且相悖，但它必然又要"与我相合相依相宜"，这个世界如此才可成就自身。因此，"异端"并非"我端"，但更似"我端"；"异端"既非"我端"，一定要比"我端"重要：那不仅是存在论意义上人向异而生的必要条件，而且，也一定是伦理学指向上"我"与人交接交往所必需的。"有无"之"端"不仅是"天道"之事，同时也就是"人道"之所求——夫子"求知"的方向，就在这里。如此说来，夫子之所以说"三人行，必有我师焉"（《学而·述而》）①，不就含有此一方向的要义？

因而，"攻乎异端，斯害也已"实则透露出极其美妙的思想：

译文35.攻治异端之无，恰似琢磨一块美玉，［既然这样的无也已得琢磨，那么，］人间还有什么事情会成为危害呢？

译文36. If we can cultivate the non-being as the other end, ［as grounding and polishing a piece of fine jade,］ what on earth can be harmful［, since even the non-being has been grounded and polished in such a way］?

第四节　本章小结

龚鹏程指出："凡诋毁儒学，认为已不适用于今日者，只不过是不懂儒学，又不知如何将它作用于当代的书呆子；凡不思有儒学改造社会者，亦只是对现代社会无感受、无反省的可怜人罢了。"② 不过，即使承认儒学是有益的，若学养不足，则可能连其基本精神也难以把

---

① 何晏（注）、邢昺（疏）：《论语注疏》（李学勤主编，《十三经注疏》之十），北京大学出版社1999年版，第92页。

② 龚鹏程：《第一版自序》，载龚鹏程《儒学与生活》，东方出版社2018年版，第8页。

握。但是，经历过近代以来的诸多"文化运动"，反讽的是，我们还具有这方面的真正学养吗？因而，对之的研究就思想的不断升华而期其真正回归而论，则一定具有历史性的意义。龚鹏程强调："从宋明理学或陆王式孟子学来看，中国思想文化的根株主脉，在于心性论。"[①] 与之相应亦相继，当代"新儒学"哲学家牟宗三强调，哲学的追求最终是要"建体立极"[②]，其"极高明"的追求显而易见。

但是，我们可以清楚地看到，就"异端"而论，不论是解经者还是现代译解者，不论是今译还是英译，几乎没有人关注，如何从"极高明而道中庸"也就是中庸之道的一般原理的进路，来审视以往的解读并加以纠偏，以使解释回归正规。我们读到的，大半是"人事"的纠纷，极力抬高自己的偏颇观点，贬斥并且否定所谓他人的异见。在不能真正"建体立极"、不能关注真正的"端"的形而上导向的情况下，有关活动的"世俗化"甚至"庸俗化"倾向有可能还会持续下去。如此，也就应了本章开篇提及的黑格尔所说的无意义、无价值的"常识"的重复，是不用翻译的狂论。历史，真的无须重写？

---

① 龚鹏程：《人文美学的研究》，载龚鹏程《儒学与生活》，东方出版社 2018 年版，第 104 页。

② 龚鹏程：《人文美学的研究》，载龚鹏程《儒学与生活》，东方出版社 2018 年版，第 104 页。

第十四章 《论语》英汉译"天"与 "德"的缺席：中庸解 "子以四教"

第一节 问题的提出

张君劢指出："西方人论中国哲学者，谓为无系统的写作，如评《论语》一书为零星格言，然吾人试思之，系统性之有无在思想内容，不在乎写作形式。"① 但他不无矛盾地又认为："孔孟书中对于人生问题，如论孝悌忠信仁义礼智，皆就弟子所问者零星答复，未尝以全部人生观或宇宙观，作为一个系统而阐发之。"② 可那不是"非形式化"地"阐发之"吗？不过，这倒或可引出一个不无时代意义的话题：若儒家著作"形散"而"神不散"，则今天我们首先应做的，便是以特定的方法论对之有所揭示，进而依之将其贯穿起来；以往的解经活动未及关注于此，留下不少问题。故此一时代问题或可成为一历史性的课题？

本章以"子以四教：文，行，忠，信"（《论语·述而》）③ 为例，试图说明，若不以既定的系统思想来理解经文，译解会如何不通；若依之而行，便可趋向正解。以儒家思想方法论来释解儒家经

---

① 张君劢：《儒家哲学之复兴》，中国人民大学出版社 2009 年版，第 14 页。
② 张君劢：《儒家哲学之复兴》，中国人民大学出版社 2009 年版，第 7 页。
③ 何晏（注）、邢昺（疏）：《论语注疏》（李学勤主编，《十三经注疏》之十），北京大学出版社 1999 年版，第 93 页。

典，不仅不与传统解经相合，也和依文解经的现代做法不相为谋，因而，其本身就是对以往的解经活动的挑战，更何况又要为跨文化的翻译寻找新的途径和思想工具，难度自然可知。但若不迎难而上，何以葆有最珍贵的精神力量，并且使之传之久远？

第二节　"子以四教"传统及当代疏解的乱局

"子以四教"是《论语·述而》第二十四章的内容。论者指出："本章述孔子之教。然而'文'之所指不明，一般理解为六经之类。行与忠、信为统摄关系，此处竟然并提，亦难理解。以至于陈天祥《四书辨疑》以为'弟子不善记也'、'传写有差'。本章是孔子弟子总结之词，未必得孔教之真之全。方骥龄《论语新诠》认为，'文'是'文质'之文，人之威仪风度也；行指'待人接物之方'，犹今之公共关系。可备一说。"① 既然"文"字"所指不明"，"行与忠、信"为"统摄关系"，二者"并提"亦不可解，那么，不正需找到一种系统性的理论思想来解之？否则，方法论缺失，此章意义如何得之？而又偏偏认为，此章"未必得孔教之真之全"，从何说起？在这里，或可注意，若"忠信"为"行"所"统摄"，则"四教"必为"二教"。而此"二教"之中，"文"字尚不可解：夫子之教之中竟然"四"与"三"与"二"难以分辨，且其中一教难知或未知其意？即令夫子之弟子，所传"有差"，也不至于如此荒诞吧？

清时黄式三亦曾触及"三教"之说："博典籍，敏践履，尽思虑，实言语，四教之判也。《经》有以信指言者道其心之所尽而无隐者为言之忠，《经》有以信指心者不渝初心之谓信，合言者也。判言合言，义不相悖，此《经》则判言之也。陈安卿曰：'五常之信，以心之实理言。忠、信对言，忠是尽心，信是据实而言。'陈说是也。后儒谓于己言忠，于物言信，分体用也，合言之则诚耳。近解宗此四

---

① 杨朝明：《论语诠解》，山东友谊出版社 2013 年版，第 127 页。

教为三，非也。或曰：《易》文言传曰'忠信所以进德，修辞立诚所以居业'，其说疑与此相悖。曰业，德之发诸事也。修辞，信也；立诚，忠也：是进德之事也；正与此相发明矣。或曰《注》言忠、信为本，何说曰：'学文不忠，信无实学；力行不忠，信无实力。'《注》意如此。然四教并重，不宜偏重忠、信，《经》戒忠、信不好学可鉴也。"① 黄主要区分"忠"、"信"："心无隐为忠"，"不渝初心为信"；但若围绕着"心"说话，不还是在强调，二者并无大的区分？因而，"四教"实为"三教"？隐含的意思或是，夫子之高弟"传言不信"？那么，他们又为何要在"四教"之中安置"信"？

因而，仅凭"文行忠信"的字面意思，并不能说明夫子之教的意向。易言之，需将之置于一个系统性理论之中，才可趋向相应正确的解释。

但"四教"之"四"不是被解为"三"，就是被说成"二"，已成解经史上一个奇特的现象。即便深晓儒家学说如皇侃、邢昺，也作如下解释：

> 孔子为教，恒用此四事为首，故云"子以四教"也。李充曰："其典籍辞义谓之文，孝悌恭睦谓之行，为人臣则忠，与朋友交则信，此四者，教之所先也。故文发其蒙，行以积其德，忠以立其节，信以全其终也。"②
>
> 此章记孔子行教以此四事为先也。文谓先王之遗文；行谓德行，在心为德，施之为行；中心无隐，谓之忠；人言不欺，谓之信。③

两个解释分明说的就是"四"，哪里会有"三"和"二"的影

---

① 黄式三：《论语后案》，张涅、韩岚（点校），凤凰出版社 2008 年版，第 186 页。
② 皇侃：《论语义疏》，高尚榘（校点），中华书局 2013 年版，第 172 页。
③ 何晏（注）、邢昺（疏）：《论语注疏》（李学勤主编，《十三经注疏》之十），北京大学出版社 1999 年版，第 93 页。

子?但稍稍留意一下,就会产生疑问:不论"文"和"行"指的是什么,其中不都包含着"忠"和"信"吗?如此解"四"为"三"或"二",难道说,夫子真是不明事理?

"文行忠信"作为"四教",本有两种解释,一说指其施于所有弟子的教育内容,如上引皇、邢都是这样。另一解则认为,"四教"唯施于成人弟子。如刘宝楠,就是如此。那么,他的《论语正义》是否厘清上述问题?看看他的论述也就清楚了:

> 文,谓《诗》《书》《礼》《乐》,凡博学、审问、慎思、明辨,皆文之教也;行,谓躬行也;忠以尽心曰忠;恒有诸己曰信。人必忠信,而后可致知力行。故曰:忠信之人,可以学礼。此四者,皆教成人之法,与教弟子先行后文不同。[1]

这里不仅未将"文行"和"忠信"的关系厘清,反而将"忠信"视为一物。而蔡尚思却说,这一解释"比较可取","刘宝楠把二者[引者按,即'忠信']看作实为一'教',是有见地的"[2]。

朱熹也未进一步说明,而是引程子曰:"教人以学文修行而存忠信也。忠信,本也。"[3]若此"本"只是一个或一种,这是否还是在说,"忠信"二而一,因而,"四教"即为"三教"?

上引解释是否真的在说,夫子糊涂至极,竟然分不清"四"和"三"或"二"?不过,"四教"中"各教"之间的关系如何?若能弄清它们的关系,同时,将之置于同一个系统之中,其意向不就昭然若揭了吗?

惜乎历来解经者对之毫无顾忌,出语失据,随意解说,因而才会导致"不三不四"的局面;更有甚者,还因并不清楚夫子"四教"何所指,反而加以歪曲、抨击,甚至怀疑经文本身在编纂时出了问

---

① 刘宝楠:《论语正义》,中华书局1954年版,第147页。
② 蔡尚思:《孔子的思想体系》,上海人民出版社1982年版,第196、206页。
③ 朱熹:《四书章句集注》,中华书局1983年版,第99页。

题。如程树德《论语集释》引《四书辨疑》曰：

> 行为所行诸善之总称，忠与信特行中之两事。存忠信便是修行，修行则存忠信在其中矣。既言修行，又言而存忠信，义不可解。古今诸儒解之者多矣，皆未免牵强。王遂南曰："夫文之与行故为二物，至于忠信特行中之两端耳，又何别为二教乎？读《论语》者圣人本意固须详味，疑则阙之。若夫弟子之所志，虽指称圣人，亦当慎取，不必尽信也。"此盖谓弟子不善记也，所论极当，可以决千古之疑。或曰："若作行焉政文，对四科而言，似为有理，恐传写有差。"今不可考。①

《四书辨疑》和王遂南在解"忠信"时，都丢开了"文"。试想，"文"也不是一样要讲"忠信"，不论它指"六艺"的学习，还是先贤的"遗文"？但程氏仍称其"决千古之疑"。若未从思想系统上解决问题，此"疑"仍在那里；所以，现代的解经者几乎是对"四教"报以嘲弄。

相对而言，匡亚明还是轻描淡写："《论语·述而》所说'子以四教：文、行、忠、信'的提法不够确切。"② 在正文如此亮出观点之后，他加注引用《论语集释》所引王遂南的话，但并未进一步说明，为什么夫子那里会出现（西方或现代意义上的？）"概念"？也未分析，为什么要说"四教""不够确切"？

而宋淑萍却横加指责："'子以四教'章，恐不是资质高明的弟子所记；后人把文、行、忠、信传合为'四科'更是牵强。"③ 南怀瑾更是嬉笑怒骂："这是孔子的教育的四个重点，是不能够分开的。

---

① 程树德：《论语集释》，程俊英、蒋建元（点校），中华书局 1990 年版，第 486—487 页。
② 匡亚明：《孔子评传》，南京大学出版社 1990 年版，第 300 页。
③ 宋淑萍：《中国人的圣书》，中国青年出版社 1990 年版，第 43 页。

如果说他是分科了,那就是笑话。"①

看来,问题的症结就在于,究竟"文行忠信"能不能分开,而夫子为什么又要将之分开?还需通过现代译解,看一下译解者所作的说明,以便找到办法,解决有关问题。

第三节　今译及其解说的不通:儒家宇宙论的塌陷

经文:子以四教:文、行、忠、信。(《论语·述而》)②

译文 1. 先生以四项教人。一是典籍遗文,二是道德行事,三和四是我心之忠与信。③

译文 2. 孔子用四种内容教育学生:历代文献,社会生活的实践,对待别人的忠心,与人交际的信实。④

译文 3. 孔子用四种内容来教育学生:文化技艺,礼义实践,待人忠诚,办事信实。⑤

译文 4. 孔子在四个方面教育学生:文献,行为,忠实,信任。⑥

译文 5. 孔子从四个方面教诲弟子:典籍文献、实践德行,忠诚待人,诚心至上。⑦

译文 6. 孔子从四个方面来教育学生:历史文献,生活实践,待人忠诚,讲究信用。⑧

① 南怀瑾:《论语别裁》(《南怀瑾选集》第一卷),复旦大学出版社 2014 年版,第290 页。

② 何晏(注)、邢昺(疏):《论语注疏》(李学勤主编,《十三经注疏》之十),北京大学出版社 1999 年版,第 93 页。

③ 钱穆:《论语新解》,生活·读书·新知三联书店 2002 年版,第 187 页。

④ 杨伯峻:《论语译注》,中华书局 1980 年版,第 83 页。

⑤ 孙钦善:《论语本解》,生活·读书·新知三联书店 2009 年版,第 87 页。

⑥ 李泽厚:《论语今读》,中华书局 2015 年版,第 187 页。

⑦ 邹憬:《论语通解》,译林出版社 2014 年版,第 100 页。

⑧ 《四书》,王国轩等(译),中华书局 2007 年版,第 331 页。

译文 7. 孔子用四种内容教育学生：历史文献典籍，以礼义为中心的社会实践，待人忠诚，办事信实。①

译文 8. 孔子用四种内容教育学生：历代文献，社会实践，对人忠诚，讲求诚信。②

译文 9. 孔子教学的四项重点：做事的能力、行为规范、忠于自己、言而有信。③

译文 10.孔子采用四种教学内容：文献，践行，忠心，诚信。④

译文 11. 孔子从四个方面教导弟子：学问、德行、忠心、诚信。⑤

译文 12. 孔子从四个方面教导学生：学术，德行，忠诚，信义。⑥

译文 1 分明将"四教"改为"三教"，其余译文看似保留了"四"，但因"文行忠信"之中的"文行"与"忠信"关系并没有厘清，有可能已将"四教"更改为"二教"。

从以上译文来看，因依文解义，不关注义理，所以，（一）今译之中见不到"忠信"到底有什么区别。比如，译文 10 和译文 11 的"忠心"和"诚信"，似乎完全是同义词。译文 8 的"忠诚"和"诚信"、译文 12 的"忠诚"和"信义"几乎也都是同义反复。（二）这样的同义反复之所以出现，大概是因为，译文并未表现出它们在"流转"之中的区别。也就是说，诸多译文根本没有关注这二者所昭示的是一种过程：忠是指尽一己之心，信则突出待人信实。一内一外，内

① 朱振家：《论语全解》，上海古籍出版社 2014 年版，第 101 页。
② 杨逢彬：《论语新注新译》，陈云豪（校），北京大学出版社 2016 年版，第 140 页。
③ 刘君祖：《新解论语》（上篇），中信出版集团 2016 年版，第 222 页。
④ 张其成：《张其成全解论语》，华夏出版社 2017 年版，第 164 页。
⑤ 杨朝明：《论语诠解》，山东友谊出版社 2013 年版，第 127 页。
⑥ 何新：《论语新解：思与行》，北京工业大学出版社 2007 年版，第 88 页。

外结合。"含章内映"①，才可内在充盈，"忠心"已立，才能待人以"信"，二者里表如一，同时又自有分别，故而可以相互推移，而彼此构成。这，正是中庸的"合外内之道也，故时措之宜也"（《礼记·中庸》）②的原理的体现。显而易见，译者对之少有体会，更遑论运用于译解。（三）既然"忠信"讲的是动态过程，那么，前二者必然也是如此。如此，"文"主要也就不是指"文献"、"文化典籍"、"学问"或"学术"等，而是指经由"文"的锤炼而使人得到升华的那种力量，美其名曰"德"。

若依之释义，则"文行"二者也便可解为，"文"突出的是，"文德"的培养，是人内在力量的集中、优化和强化，因而，作为起始步骤，它强调的是内在化的力量，而"行"则试图将如此培养出的"德"置于日常具体的行为之中，不断加以见习、检验和验证，进而使之具备指导实践的力量，并使人生因而变得更具规范性的意义。这也一样是一内一外的"阴阳推移"的体现。作为第一个阶段的"文行"，亦即夫子之教在起始，"德性"因之不断养成；进而将之导向具体的行为，使之发扬光大、不断增强力量。而在第二个阶段，人则需重新回归，在"内省"或自我反顾之中，体贴日常所习是否符合"文德"的基本要求，是否与"德行"的礼义要求相互呼应，此之谓"忠"；同时，在继续社会化的过程中，与人交往、往还时，时刻以"信"为据，而不可须臾有违。

也就是说，我们认为，"子以四教：文，行，忠，信"可分为两个阶段：第一阶段是"文德"内化以及外显，第二阶段则首先是内德的复归自反自顾，进而又是外显，突出的是不忘初心的那种"信实"。一内一外，复又一内一外。如此循环往复，夫子或其高弟要突出的是，人的"内外合一"之道，就是这样，阴阳翻转，而得时化

---

① 何晏（注）、邢昺（疏）：《论语注疏》（李学勤主编，《十三经注疏》之十），北京大学出版社 1999 年版，第 3 页。

② 郑玄（注）、孔颖达（疏）：《礼记正义》（李学勤主编，《十三经注疏》之六），北京大学出版社 1999 年版，第 1450 页。

之宜。易言之，以中庸的视角解之，夫子"四教"，其目的就是要把人打造成与天合一的人物。再换句话说，夫子之教的精义就在于，人的社会性和自然性的统一、一体。而这意味着，"四教"不仅仅是"四教"，因为它不论在内涵上，还是在形式表达上，都在突出一个思想导向：中庸可以调适上遂，将人引向一个最为美好的所在。在那里，人心与天道同化，而可真正赢得"天德"。

于是，"四教"便又一次启动，仍然是以"德"为起点，而现在的"德"则是涵括了更大的力量。如此，人生就在这样的循环和推移当中，在无限的自然的复归和自我反省之中，趋向一个又一个理想的新的境界。

这样来理解，夫子"四教"如何可能是"三教"或"二教"？又如何因为所谓矛盾而"可笑"？不解儒家哲学原理，不明其既定的方法论，又如何探得其中的奥妙，如何真正得知"文"之"德"？

不妨先看一下台湾学者的疏解是否真的把握到了夫子之教的要义。毓鋆解释："'文'，一，礼法制度；二，属智慧之事，开始为知，有结果为智"；"'博学于文'，经纬天地之道，能扭转乾坤。御天，政治学，不是讲的，在行"；"尧为'文祖'，是政治家的祖师爷"。① 这样的论述，没有一处论及"文"的"德"意，尽管在他的解释中，几乎每一处都极易推出"文"的"德"之内涵。比如，不论是"知"还是"智"，不论是"开始"还是"结果"，人所要造就的能外在于其自身吗？若答案是肯定的，那不是要导向"内化而成的德"吗？至于"博学于文"，其目的不是要造就见多识广的君子人？不如此，"扭转乾坤"岂非神话？再如，若尧为"文祖"，他难道不首先是"焕乎，其有文章"（《论语·泰伯》）②，而彰显为普天下最

---

① 爱新觉罗·毓鋆：《毓老师说论语》，陈絅（整理），中信出版集团 2016 年版，第 185 页。

② 何晏（注）、邢昺（疏）：《论语注疏》（李学勤主编，《十三经注疏》之十），北京大学出版社 1999 年版，第 106 页。

为光辉的典范，因而，才有"人皆可以为尧舜"（《孟子·告子下》）① 一说吗？

"德之不修"（《论语·述而》）② 的确是夫子当年所忧之事，而时至今日，即令在解经者这里，也一样不见其"修"？在另两位论者那里，一位如此论述："'文'就是经纬天地、管理众人之事乃至管理整个宇宙的能力与学识。"③ 按照一般理解，夫子"下学而上达"（《论语·宪问》）④，为的是"与天成为知己"⑤，或立与天齐。但，这不是意味着，如尧的榜样力量所显示的，那是要"则天"（《论语·泰伯》）⑥，也就是仿效天之所为，而不是对之加以"管理"？而要想"则"之，也一样要内化天德？另一位则如是说："'文'，天地间流丽辉耀的都是文，天有天文，地有地文，《中庸》的'博学之'即是博文、博我以文。"⑦ 但难道说，那就是"博学"的代名词，仅仅广见多识，就算是"文"？若这样的见识，不及于人甚或与之无关，其"客观化"趋向与夫子所倡导的"为己之学"相干吗？

第四节　英译的不堪：天之缺席与德的不在

由于跨文化、跨语言的缘故，更因对经文不解，英译对经文的传布或只有字面意义，而最重要的元素——缺席：最主要的是，天并未蕴含其内，德亦不翼而飞。

---

① 赵岐（注）、孙奭（疏）：《孟子注疏》（李学勤主编，《十三经注疏》之十一），北京大学出版社 1999 年版，第 321 页。

② 何晏（注）、邢昺（疏）：《论语注疏》（李学勤主编，《十三经注疏》之十），北京大学出版社 1999 年版，第 84 页。

③ 刘君祖：《新解论语》（上篇），中信出版集团 2016 年版，第 223 页。

④ 何晏（注）、邢昺（疏）：《论语注疏》（李学勤主编，《十三经注疏》之十），北京大学出版社 1999 年版，第 199 页。

⑤ 牟宗三：《中国哲学的特质》，上海古籍出版社 1997 年版，第 35 页。

⑥ 何晏（注）、邢昺（疏）：《论语注疏》（李学勤主编，《十三经注疏》之十），北京大学出版社 1999 年版，第 106 页。

⑦ 许仁图：《子曰论语》（上册），上海三联书店 2014 年版，第 300 页。

译文 13. There are four things which the Master taught, — letters, ethics, devotion of soul, and truthfulness. ① （Legge，2010：62）

此译的意思是：夫子教诲四种东西：文化、伦理学、心灵的奉献及信实。在这四项之中，letters 可指"文化学习"，但既然"伦理学"列布其后，前者不能容纳后者？而这样的"伦理学"又和"心灵的奉献"及"信实"无甚干系？译文无视人需对自己加以自省和自顾，不明中庸之法导向人的自然化与其社会化的并行不悖，因而，不通是不可避免的。

译文 14. Confucius through his life and teaching taught only four things：a knowledge of literature and the arts，conduct，conscientiousness and truthfulness. ②

此译特地强调，夫子毕其一生及其教育生涯，只传授四种东西：文学艺术知识、行为、良知及忠实。依此直译，其结果也一样不通："行为"需要讲授或传授吗？抑或是，行为的规范需要传授，也就是，人视听言动所要遵守的礼义一定要传授，如此，才可成就君子人？"文学艺术知识"完全是现代话语，以之取代"文"，或只有外在化倾向，因而，也只是"文德内化"的一种手段（且是以现代为名？），而不是"文"的真正目的。舍重就轻，而不能使译文连贯一致，因而，也就有了"行为"和"良知"与"忠实"二分，这样，似乎后二者与"行为"无关，或者说，人的"行为"不要或不能体现后二者？荒诞如此，译文能传达夫子之教的基本意向吗？

---

① James Legge, *The Analects*, Nanjing：Yilin Press, 2010, p. 62.
② Hongming Ku, "The Discourses and Sayings of Confucius", ed. Huang Xingtao, *Gu Hong Ming Wen Ji*, Haikou：Hainan Publishing House, 1996, p. 395.

译文 15. The Master took four subjects for his teaching: culture, conduct of affairs, loyalty to superiors and the keeping of promises. ①

依此译,"文化"与后三者分设,似互不联系?而后三者也一样彼此无关?因而,"事务性的行为"并不要求"对长者忠诚"和"信守诺言"?而不论三者如何联系,行为者自身皆无须自反、自顾和自省?这,还是在传译儒家思想吗?

译文 16. The Master instructs under four heads: culture, moral conduct, doing one's best and being trustworthy in what one says. ②

依此译,夫子讲授要在四个题目下进行:文化、道德行为、尽一己之力及讲话要信实。同样地,"文化"与后三者无关?而"道德行为"等,不属于这样的"文化"?也就是,文化不能统摄人的"行为"?而人的行为也和"尽心尽力",以及"诺必行"无关?这是在再现夫子之教,还是在丑化这位伟大的思想家不通理数,甚或胡说乱诌?

译文 17. The Master taught four disciplines: historical documents, social conduct, loyalty to superiors and faithfulness to friends. ③

夫子讲授四种"学科",discipline 一词太过现代,或为夫子所不能预知?历史文献,如何会成为"文"的全部,而此一"文",仍和

---

① Arthur Waley, *The Analects*, Beijing: Foreign Language Teaching and Research Press, 1998, p. 87.

② D. C. Lau, *Confucius: The Analects*, Beijing: China Publishing House, 2008, p. 117.

③ Lin Wusun. *Getting to Know Confucius — A New Translation of The Analects*. Beijing: Foreign Language Press, 2010, p. 127.

"行"（这里译为"社会行为"）无关？进而，也和"对长者尊者忠诚"，以及"对朋友忠实"没有联系？和别的译文一样，行事者也无须反身自顾，在德性上不断提升？"文"的导向何在？"忠信"又如何反映？不明文辞背后的理论系统，译文避重就轻，而且最重要的是，不论是在哪一个地方，都是不通的？

译文 18. The Master taught under four categories：culture（*wen* 文）, proper conduct（*xing* 行）, doing one's utmost（*zhong* 忠）, and making good on one's word（*xin* 信）. ①

依此译之所述，夫子要在四个范畴下或范围中传授学问，但这里的"范畴"（category）也一样太过现代化。此译的书名之中有"哲学"一字，译者将其定位为"哲学"，但如此概念化的指向，并非儒家的特色。"文"仍以 culture 代之，也一样是因为对之不解之故。而后文的问题与上引各译文一样，或已无须再论？

译文 19. The Master taught four things：Culture, correct action, loyalty and trust. ②

译文 20. The Master took four subjects for his teaching：culture, conduct, loyalty and good faith. ③

译文 21. The Master taught in these four aspects：cultural knowledge, conducts, faithfulness and creditability. ④

译文 22. The Master taught four things：culture, conduct, faith-

① Roger T. Ames and Henry Rosemont, *The Analects of Confucius：A Philosophical Translation*, New York：The Ballantine Books, 1998, p. 116.

② A. Charles Muller, *The Analects of Confucius*, http：//www. acmuller. net/con-dao/analects. html, 2018.

③ Raymond Dawson, *Confucius：The Analects*, Oxford：Oxford University Press, 2008, p. 26.

④ Wu Guozhen, *A New Annotated English Version of the Analects of Confucius*, Fuzhou：Fujian Education Press, 2015, p. 197.

fulness and trustworthiness. ①

译文 23. Confucius taught four things: culture (*wen*), conduct, loyalty, and faithfulness. ②

译文 24. There were four things the Master taught: culture, conduct, loyalty and trustworthiness. ③

译文 25. The Master taught these four things: culture, conduct, doing one's best, and trustworthiness. ④

六种译文不通，与上引译文类同；而且，它们之间几乎用词也是雷同的。但问题在于，我们在这里，一看不到儒家乃至中华文化培养人、造就人才的那种动态过程，是与大自然当中日月星辰的流转，以及中国古人所创造的阴阳大化流行的那种宇宙论相互一致的；二读不出深深浸蕴于"文"的世界的古代的中国学者，是要不断打造文德的。而此德、此能之源头，既有先贤的文献的遗传，同时亦即为上天的赐予。二者合力，营造出的是一个秩序井然而又日月相推的世界，人之"德"得之于天，而内化于人。如此的内在性寄托着空前的力量，是人之为人最可珍视的灵性之源。这样的源，其外化之上及于天，内化之深蕴含于心的倾向，在上引译文之中，的确也是不在场的。

第五节 "德"兮归来，"天"亦复见： "四教"之再现的导向

中国古人确定不易的宇宙论即为"天人合一"。而偏偏这样"人

---

① Xu Yuanchong, *Thus Spoke the Master*, Beijing: China Intercontinental Press, 2012, p. 49.

② Wing-tsit Chan, *A Source Book in Chinese Philosophy*, Princeton: Princeton University Press, 1963, p. 32.

③ Irene Bloom, "Confucius and Analects", eds. Wm. Theodore de Bary and Irene Bloom, *Sources of Chinese Tradition (Vol. 1)*, Princeton: Princeton University Press, 1991, p. 51.

④ Annping Chin, *The Analects*, New York: The Penguin Group, 2014, p. 46.

人熟知"的思想，在解经史上几乎缺席，尽管这一思想，如钱穆所强调的，是中华文化对人类未来可能的最大贡献。他认为，此一观念是"整个中国传统文化思想的归宿处"，"中国文化对世界人类未来生存之贡献，主要亦在此"。其特色是："把'天'与'人'配合着讲"；"中国人认为'天命'就表露在'人生'上。离开'人生'，也就无从来讲'天命'。离开'天命'，也就无从讲'人生'。所以中国古人认为'人生'与'天命'最高贵最伟大处，便在能把他们两者和合为一。离开了人，又何处来证明天。所以，中国古人认为一切人文演进都顺从天道而来"，"违背了天命，即无人文可言"①。孔子无疑是对此体会最深者，所以，对他而言"人生就是天命，天命也即是人生"；"故就人生论之，人生最大目标、最高宗旨，即在能发明天命。孔子为儒家所奉称最知天命者，其他自颜渊以下，其人品德性之高下，即各以其离于天命远近为分别。这是中国古代论人生之最高宗旨，后代人亦与此不远。这可说是我中华民族论学分别之大体所在"②。

对此，即使是儒学专家也未必真正认识到它的价值。比如，杜维明推出一个同心圆，认为人的存在是以自我为中心，而向家庭、社会、国家及天下一层层外扩、延伸、放射开去，"甚至还通向万物"。他强调，"如果个人不能和其他网络互动，就变成了封闭的'个人主义'（egoism）；如果家庭不再往外扩展，就变成了'裙带关系'（nepotism）；如果社会不再往外扩展，就变成了狭隘的'国族主义'（nationalism）；如果人类不再向外发展，就变成了'人类中心主义'（anthropocentrism）"③。不过，在这里，人的生活的极限仍是"天"。如此，人在一端，天便在另一端；因而，终极意义上人与之的互动，

---

① 钱穆：《中国文化对人类未来可有的贡献》，载刘梦溪（编）《中国文化》（第4期，1991年春季号），生活·读书·新知三联书店1992年版，第93页。
② 钱穆：《中国文化对人类未来可有的贡献》，载刘梦溪（编）《中国文化》（第4期，1991年春季号），生活·读书·新知三联书店1992年版，第94页。
③ 杜维明：《体知儒学：儒家当代价值的九次对话》，浙江大学出版社2012年版，第98页。

决定人必须走出自身，而与所有"网络"相互关联、彼此影响。对之的理解，当然也就不可偏执。

对天人合一宇宙论的忽视，造成了对"天"的作用的无视，进而也就不会顾及"文"的真正意向，而将之外在化和物质化，最终背离了"为己之学"的真意。

可以明显看出，的确因为对"文"的要义未能理解，众多译文直接代之以现代意义上的"文化"，大多数的英译则以 culture 出之。如此，则此一 culture 必定包含着后文所说的任何一项内容，包括行为、忠诚等，那么，大小不分、轻重无别，是否已经成了英译带给夫子的特别的印记，而且，一定也会让读者感到，这位中国思想家头脑不甚清楚，因而，连大小"概念"也分不清？更何况，如此重复，到底为的是什么？难道说，夫子之"教"，其"名"已经如此不堪，其"实"就更加不可思议了吗？如此对待经文，英译能通吗？而这意味着，反过来说，只有回到儒家思想系统，才可能真正把握夫子之教之真意，而不至于再如此荒诞下去。

任何"文行"之中都应包含着"忠信"，而在上引译文之中"文行"与"忠信"也并未区分，因而，"四教"也就实际上被解为"二教"。这样，我们也只能说，所有的译文都是不通的，亦即不成功的。看来，需要再看一下有关注解，以寻找解决方法。

钱穆解释："文，谓先代之遗文。行，指德行。忠信，人之心性，为立行之本。文为前言往行所萃，非博文，亦无以约礼。然则四教以行为主。""四教"要"以行为主"①。这是推测之词。对我们寻找解决问题的方法的努力不会有什么帮助。因为，即便如此，"四教"若"以行为主"，"忠信"归入"行"，仍无法解释"文"：若真像钱所说，指的是"先代之遗文"，且能包揽于"博我以文，约我以礼"（《论语·子罕》）② 中，"文"的意义可囊括于"行"，那么，为什么

---

① 钱穆：《论语新解》，生活·读书·新知三联书店 2002 年版，第 187 页。

② 何晏（注）、邢昺（疏）：《论语注疏》（李学勤主编，《十三经注疏》之十），北京大学出版社 1999 年版，第 116 页。

夫子又要提及"文",而不是加以规避?同样的道理,既然"四教""以行为主",夫子何以不予以明言,而偏偏还要强调那是"四教",且将之置于平等的地位,同时还把"文"放在首位?因而,钱的解说,明显不通。

孙钦善则认为:"此四者包括德和才,其中行、忠、信属于德,占据其三;文属于才,仅占其一。孔子总是把德放在重要地位,把才放在次要地位。参见 1·6,7·6,7·33。"① 孙氏所说的有关经文是"行有余力,则以学文"②(《论语·学而》)。但"余力"是依照"剩余",而不是"绰绰有余"之"余"来解的。若依后者,则"学文"本身也一样是"修德"的过程表现。第二个引文指的是"志于道,据于德,依于仁,游于义"(《论语·述而》)③,比较清楚地突出了夫子对"德"的强调。第三个引文指的是"文莫,吾犹人也。躬行君子,则吾未得之"(《论语·述而》)④。其中的"文莫"二者确指为何,争议很多。不过,夫子之教对"德"的突出,当是不刊之论。

尽管如此,这一解说也一样并没有辨明问题,反倒使之更加沉重。这是因为,若"文属于才",那么,"文才"之说,是否也就不要强调"德"?如此,《颜渊》"以文会友"⑤ 之中的"文",难道不就是指的"文德"吗⑥?依此视之,孙氏之解,就是不对应的。

---

① 孙钦善《论语本解》,生活·读书·新知三联书店 2009 年版,第 87 页。

② 何晏(注)、邢昺(疏):《论语注疏》(李学勤主编,《十三经注疏》之十),北京大学出版社 1999 年版,第 7 页。

③ 何晏(注)、邢昺(疏):《论语注疏》(李学勤主编,《十三经注疏》之十),北京大学出版社 1999 年版,第 85 页。

④ 何晏(注)、邢昺(疏):《论语注疏》(李学勤主编,《十三经注疏》之十),北京大学出版社 1999 年版,第 97 页。

⑤ 何晏(注)、邢昺(疏):《论语注疏》(李学勤主编,《十三经注疏》之十),北京大学出版社 1999 年版,第 169 页。

⑥ 何晏引孔安国注曰:"友以文德合。"邢昺正义云:"言君子以文德会合朋友。"[何晏(注)、邢昺(疏):《十三经注疏·论语注疏》(李学勤主编,《十三经注疏》之十),北京大学出版社 1999 年版,第 169 页]朱熹对"文"的注解,模糊不清,或未能突出其"文德"之义:"讲学以会友,则道益明,取善以辅仁,则德日进。"(朱熹:《四书章句集注》,中华书局 1983 年版,第 140 页)

那么，李泽厚的又是什么样子？李氏肯定《四书辨疑》的疑问，同时大段引用程树德《论语集释》所引的《论语集注考证》的论述，称此注"以为学次第解之，由内及外，由认知至情志，颇费心而贴切"①。

既然能达到"贴切"，那么，"千古之疑"得到解决了吗？有必要再加征引分析：

> 文行忠信，此夫子教人先后深浅之序也。文者，《诗》《书》六艺之文，所以考圣贤之成法，视事理知当然，盖先教以知之也。知而后能行，知之固将以行之也，故进之于行，既知之又能行之矣，然存心之未实，则知或务于夸博而行或出于矫伪，故又进之以忠信。忠发于心而信周于外。程子谓发己自尽为忠，循物无违谓信。天下固有存心忠实，而于事物未能尽循而无违者，故有以信终之。至于信，则事事皆得其实而用无不当矣。此夫子教人先后浅深之序，有此四节也。②

此注强调，"四教"乃夫子"教人先后浅深之序"，也就是一种过程：它起自"文"，亦即《诗》《书》六艺方面的知识，再抵及"行"，亦即以践履对所学之知加以检验，进而至于"忠"，而此为"发己自尽"，最后是"信"，意为"循物无违"。

但与上引所有解释和译文一样，此解存在一个大的问题：若"文"仅仅指向知识，而与"德"不产生联系，学子没有培养出一定的道德见识，又如何可能走向下一步的"行"？

也就是说，将"文"与"行"及"忠信"割裂开来，仍是讲不通的。更何况，既然夫子注重的是"德"，那么，为什么其他"三教"都趋向它，而偏偏"文"不属于这一维度？不管"文"指的是

---

① 李泽厚：《论语今读》，中华书局 2015 年版，第 188 页。
② 程树德：《论语集释》，程俊英、蒋建元（点校），中华书局 1990 年版，第 487 页。

"先贤遗文"，还是"诗书礼乐"等文化制度，抑或一般的典籍，其中不都含有前人的"德"的映照，足以使学子"一隅三反"（《论语·述而》）① 而别有会心？也只有如此，学子才能奠定做人的基础，也就是，既能在家庭和社会生活之中接触贤者，同时也能通过书籍典册来亲近先贤，在此基础上不断趋近理想的人格？离开了此一"德育"基础，夫子之"文行忠信"如何可能？这不就是在说，"四教"以"文"为始，而"文"的意思不就是"德"或"德之始"吗？那么，又怎么证明这一点，进而完成上文所说的使之系统于其他"三教"之中，并与之形成一体呢？

第六节 "文"的意义与"四教"之正义

我们认为，就《论语》本身而论，"文"作为"内德"或"德"的内在化打造，例子是很多的。比如，夫子本人对孔文子这一谥号的解释：

> 子贡问曰："孔文子何以谓之'文'也?"子曰："敏而好学，不耻下问，是以谓之'文'也。"（《论语·公冶长》）②

"好学"的目的何在？当然是做人，后者的根本就在于内德的打造。如此，尽管卫国大夫孔圉为人并不好，但他的"好学"本身却值得称道。因而，"文"之"德"的意向极其明显。

再进一步推敲，夫子对尧的赞美，其中所用的"文"字也一样首先是"德"的意思：

① 何晏（注）、邢昺（疏）：《论语注疏》（李学勤主编，《十三经注疏》之十），北京大学出版社1999年版，第87页。
② 何晏（注）、邢昺（疏）：《论语注疏》（李学勤主编，《十三经注疏》之十），北京大学出版社1999年版，第62页。

巍巍乎，其有成功也！焕乎，其有文章！（《论语·泰伯》）①

"成功"说的是政治、文化方面的贡献，也就是事功，因而，可见于外，故而"巍巍"；而"文章"突出当是"德"，因而，自内"焕发"出来。二者或有不同，而后者才是夫子要特地强调的。

在先秦文献之中，"文"之"德"意十分清楚，不知为何解经者业已忘记。比如，《尚书·文侯之命》："追孝于前文人。"孔传："使追孝于前文德之人。"《国语·周语下》："夫敬，文之恭也。"韦昭注："文者，德之总名也。"② 又如，郑玄也在《周礼注疏》之中注曰："文，犹美也，善也。"③ 而《荀子·不苟篇》中"夫是之谓至文"之中的"至文"意即"最高的道德"。另如，《诗经·周颂·清庙》有云："济济多士，秉文之德，对越在天。"《毛诗正义》解释："执文德之人也。执行文王之德，谓被文王之化，执而行之，不使失坠也。王既是有德，多士令犹行之，是与之相配也。"④

夫子也在《论语·卫灵公》之中强调："人能弘道，非道弘人。"⑤ 人之所以能"弘道"，是因为人有能力将"道"内含于中，使之形成一种空前的力量，进而再向外投射出去，用之于人际交往、立身行事乃至对万事万物的认识，以及别的事务之中。这样的能力一言以蔽之即为"德"。

实际上，"文"之"德"意早已深入人心，因此，罗贯中《三国

---

① 何晏（注）、邢昺（疏）：《论语注疏》（李学勤主编，《十三经注疏》之十），北京大学出版社 1999 年版，第 106 页。
② 转自《汉语大字典》，四川辞书出版社和湖北辞书出版社 1993 年版，第 909 页。
③ 郑玄（注）、贾公彦（疏）：《周礼注疏》，上海古籍出版社 1990 年版，第 209 页。
④ 毛亨（传）、郑玄（笺）、孔颖达（疏）：《毛诗正义》（李学勤主编，《十三经注疏》之三），北京大学出版社 1999 年版，第 1282 页。
⑤ 何晏（注）、邢昺（疏）：《论语注疏》（李学勤主编，《十三经注疏》之十），北京大学出版社 1999 年版，第 216 页。

演义》第六十六回以回文手段写道:"用武则先威,用文则先德;威德相济,而后王业成。"而董仲舒《春秋繁露·服制像第十四》之中"文德"也是互用:"故文德为贵,而威武为下,此天下之所以永全也。"汉代易家荀爽发挥《象传》"君子以同为异"指出:"大归虽同,小事当异,百官殊职,四民异业,文武并用,威德相反,共归于治,故曰'君子以同为异'也。"① 其中的"文德"的用法亦复如是。反过来,若是不修文德,则很可能像贾宝玉那样:"[……]纵然生得好皮囊,腹内原来草莽。潦倒不通世务,愚顽怕读文章。[……]"

国人对"文德"的重视,起自一种信念,因为那意味着对自己的精神世界的维护。故而,杜维明论儒家的影响指出:

> [……]儒家的传统则靠百姓日用间的一种关联,这是它在开始的时候就有的信仰,对人的自我转化、自我超升、自我实现的信仰。②

显而易见,这样的信念是要向内伸展,进而成就其自身的。易言之,人就是要靠这样的信念,成就立身行事的根本。正是因为"文德"的至关紧要,因而杜维明强调,"新儒家"才会不计一切地为之不懈努力:

> [……]新儒家们忧虑的是心灵的生命,这种心灵生命的缺失和价值取向的误导,表面上治疗心灵的创伤和调整价值观念的迷惑并非当务之急,即使全力以赴也未必有效,何况有此自觉的少数哲人也因为深受穷困、分裂和解构的痛苦而大有屈辱和悲愤的情绪,维持内心的平静已是非常困难,甚至要有超凡的定夺;在自家分内的日常生活都无法安顿的乱世竟然奋身而起,为民族

---

① 李鼎祚:《周易集解》,中国书店1984年版,第4页。
② 杜维明:《儒学第三期发展的前景》,载郭沂(编)《开新:当代儒学理论创构》,北京大学出版社2013年版,第20页。

千百年的心灵再造之大计而思考，这是需要非常大的勇气和非常大的智慧的。①

作为精神世界的基本支撑，"文德"的重要性不言而喻，因而刘述先也如此加以突出：

> 毫无疑问，中国的传统有丰富的伦理资源。特别在伦理方面，尤其是儒家的传统，是有十分丰富资源的。［……］儒家伦理绝不可以化约成为封建时代某种阶级的伦理，孔子最大的开创在于体证到"仁"在自己生命里内在的根源，故他说："为仁由己，而由人乎哉?"［实行仁德，完全在于自己，难道还在于别人吗?］（《论语·颜渊》），这是他对于所继承的传统的深化。孟子又进一步继承孔子的思想，与告子力辩"仁义内在"的问题。如今连西方学者如狄百瑞（Wn. Theodore de Bary）也十分明白儒家精神传统的精粹在于"为己之学"，每一个人都可以在自己的生命内部找到价值的泉源。②

"文德"已经形成了儒家的思想传统强大的精神力量，因而不加以正视，势必造成"价值理性"的沦落。陈来如此论述：

"'东西古今'的问题其实本质上就是价值理性和工具理性的关系问题。"③ "光有改革不行，还要有价值和精神的补充，需要一种人文主义的世界观来引导中国人的一般精神方向。"④ "1989 年我有篇文章叫《价值、权威、传统与中国哲学》是我在东西方哲学家会

---

① 杜维明：《新儒学论域的开展》，载郭沂（编）《开新：当代儒学理论创构》，北京大学出版社 2013 年版，第 33—34 页。

② 刘述先：《儒家哲学的三个大时代》，郑宗义（编），中华书局 2017 年版，第 85 页。

③ 陈来：《陈来儒学思想录：时代的回应和思考》，翟奎凤（编），华东师范大学出版社 2014 年版，第 6 页。

④ 陈来：《陈来儒学思想录：时代的回应和思考》，翟奎凤（编），华东师范大学出版社 2014 年版，第 8 页。

议的报告，现在看起来还是有意义的。就是传统价值体系的恢复或修复，最重要的是我们要对古圣先贤及其经典有敬畏的心理，就是说要恢复圣人和经典的权威。每个社会都要依照某种形式建立价值权威，若无权威就无法规范社会和引导个体，任何价值体系一定要有个权威，中国社会有个特点，就是其文化系统里的价值权威不是依靠宗教的最高存在，不是依靠上帝，而是靠人文主义的文化传统。中国文化在世界历史上拥有最长的连续性，其价值权威既然不依靠上帝，那么就要从历史文化和历史人物中取得权威性。在中国文化中，这个权威就是圣人及其经典，包括历史本身也是权威的重要根源。但是这种权威，'五四'以来已经被破坏了。"① 而"文化价值系列中，越是外在的价值越是容易随时改变，而越是内在的价值越具有超越时代的意义"②。"［……］人的直接的生活秩序是地方性的。人在现代化生活之外，要求道德生活，要求精神生活，要求心灵对话，而道德秩序都是由地方文化来承担的，宗教信仰也都是由地方文化来承担的。"③

他强调："儒家哲学强调阴阳互补和谐与永久变易的自然主义以及天人合一的宇宙观念，它的实践解释体现为士君子人格的挺立与培养，其社会功能基本上是建立和维护价值理性。这一切，也可以看做一种内在意索（ethos）的体现。"④

"文德"养成了国人的精神世界，因而，如何培养这样的"价值理性"始终是人思想上的头等大事。更何况，如此对人自身的向内打造，同时也是"汉语思想最为独特的经验"：

---

① 陈来：《陈来儒学思想录：时代的回应和思考》，翟奎凤（编），华东师范大学出版社 2014 年版，第 15 页。
② 陈来：《陈来儒学思想录：时代的回应和思考》，翟奎凤（编），华东师范大学出版社 2014 年版，第 8 页。
③ 陈来：《陈来儒学思想录：时代的回应和思考》，翟奎凤（编），华东师范大学出版社 2014 年版，第 30 页。
④ 陈来：《陈来儒学思想录：时代的回应和思考》，翟奎凤（编），华东师范大学出版社 2014 年版，第 55 页。

让生命的年岁、个体独一的身体，与时间的变化、德能的实现，内在地联系起来，此乃汉语思想最为独特的经验！①

这不禁让人联想到朱熹的诗《观书有感》："半亩方塘一鉴开，天光云影共徘徊。问渠那得清如许？为有源头活水来。""心源"即心是源，此心即源，无此心便无此源。如何打造进而培养这一心源，永远是值得考虑的，甚至可以说，永远是必须置于思想最为优先的位置的："为己之学"的意义，或许就在这里。

《诗经·大雅·江汉》云："矢其文德，洽此四国。"《毛诗正义》曰："［……］又施布其经纬天地之文德，以和洽此天下四方之国，使皆蒙德。"② 郑玄注、孔颖达疏曰："驰其文德，协此四国。驰，施也。正义曰：此亦《江汉》之诗，［……］《诗》本文云：'矢其文德。'矢，陈也。［……］言大王施其文德，和此四方之国，则大王居邠，狄人侵之，不忍斗其民，乃徙居岐山之阳，王业之起，故云'大王之德也'。"③

有了以上论述，若是将"文"之"德"意引入"文行忠信"，"四教"的意思不就昭然若揭了吗？这就是，夫子在说，作为教育，先要关注"德"的培养，人只有先行具有一种内在承接文化精神锻造力量的那种内德，他才可能走向人生的其他步骤、方面。也就是说，德的培养始终是教化的重中之重，因而，它也一定要贯彻人生之始终。

也就是说，依我们的观点，"文"本身就是两方面结合的产物：它虽然主要是指内德的打造，但这样的打造却是来自父母的、社会

---

① 夏可君：《〈论语〉讲习录》，黄山书社 2009 年版，第 29 页。
② 毛亨（传）、郑玄（笺）、孔颖达（疏）：《李学勤主编·毛诗正义》（李学勤主编，《十三经注疏》之三），北京大学出版社 1999 年版，第 1248 页。
③ 郑玄（注）、孔颖达（疏）：《礼记正义》（李学勤主编，《十三经注疏》之六），北京大学出版社 1999 年版，第 1399 页。

的、祖先的乃至上天的力量所形成的那种巨大的文化渗透力和影响力。因而，它的特色就是天人合一。

明白了这一点，也就可以将"文"与"行"区分开来了：后者主要是指人的外在行为，可引申为立身行事的礼仪规则，因而，才是"教"的内涵之一。因为这样的"行"必是"义行"，亦即，依照内德之涵养的因时而动、因地制宜的"行"，故而又称"德行"。

若是将"文行忠信"视为一个动态的过程，那么，从"文"到"行"，即是由"内"走向"外"；也就是，在不断打造的"德"的基础上，人才能将"德"打造的结果付诸行动，使之接受进一步的检验。也只有这样，人才可能无限度地趋近"德"之完备。但是，这并不意味着，"文行"和"忠信"已经区别开来。我们还需进一步的解释。

实际上，解释已经变得十分容易：若"文行"一主于内一行于外，构成了内外交融而促使人前进的教化力量，那么，"忠信"便也是这样。这是因为，"忠"，若以朱熹的解释，意在"尽己之谓忠"①，也就是，以认真的"自省"（《论语·颜渊》)②的态度和精神力量来检讨自己的不足，改掉毛病，维持自修的动源之力。而"信"再向外走：在与人交接之时，坚持"信实"之念，与人为善，清除自私之意，放开一步，施惠于人。这样，从"忠"到"信"，也一样是由内到外，但重点已与"文行"稍有不同：在前者那里。比较单纯的"文"可能意味着"文德"之美的内化，而"行"更可能是一己之作为，因而，二者都很难说有某种衡量的杠杆或手段，真正加以验证。

也就是说，"文行忠信"可分为两个阶段，而且，这两个阶段其本身就在不断交合和循环。第一个阶段主要突出的是个体的自修，而第二个阶段强调的则是社会性的制约或监督，以某种交接或因与人的接触，而促成它检查的效果。

---

① 朱熹：《四书章句集注》，中华书局1983年版，第72页。
② 何晏（注）、邢昺（疏）：《论语注疏》（李学勤主编，《十三经注疏》之十），北京大学出版社1999年版，第159页。

"四教"引人回到的，就是一个类如四季循环，时时更新、适时变化同时不断自我完善的动态过程。而这正意味着，夫子之"四教"要带我们回到的，就是人社会性的自然化的实现。换言之，由社会最为优秀的精神施加影响，将人引入他其来有自的所在；再由原初出发，经由礼义的锻造，而不断投入社会实践。人生之追求，如此也就与自然之循环相一致；人对自己的打造，也一样和日落日出的规律性的生活相趋同。

如此，这样的"四教"首先是动态的、循环性的，而且，也是不断在扩大范围、同时强化它的力量的。而这样的过程，造成的是人内外兼顾而表里如一，自然而又实在。这，不就说明：（一）中庸之道的确可视为解经的方法论；因而，也只有它，才可突出。（二）人的社会性需要和自然性结合起来，才能做到人之为人最为需要的那种精神力量。而这不就是朱熹在解释"学而时习之"的"学"时所说的"明善而复其初"① 吗？

夫子之"四教"果然妙不可言！再来看先贤的注解，如何会形成"千古之疑"，进而成为一个"笑话"呢？答案只能是："百姓日用而不知"（《周易·系辞上》)② 的"君子之道"，真的是被遗忘了。至少对此章的注解，一直就是这样。

若依中庸来作解，则可认为：（一）"文"指的是人"文—化"自身，亦即为，人以灿烂的文化典籍来进行修身的活动；（二）"行"则是指依照道德要求而行于世的行动；（三）"忠"总结上两项，强调不论是"文"的内在完善，还是"行"的外在倾向，都应"忠实于自身"——邢昺疏曰"忠，谓尽中心也"③；（四）"信"和"忠"一样，也是对"文"之"文化自身"和"行"之"行己有耻"（《论

---

① 朱熹：《四书章句集注》，中华书局 1983 年版，第 47 页。
② 王弼（注）、孔颖达（疏）：《十三经注疏·周易正义》（李学勤主编，《十三经注疏》之一），北京大学出版社 1999 年版，第 269—270 页。
③ 何晏（注）、邢昺（疏）：《论语注疏》（李学勤主编，《十三经注疏》之十），北京大学出版社 1999 年版，第 53 页。

语·子路》）的道德要求的另一方面的归纳：对待他人，理应不轻然诺、言之有信、信守承诺。依此，可出新译：

译文26. 夫子在四个方面教育学生：文以修身，行己有耻，忠己之心，及信实于人之心意。

译文27. The Master taught his students in the following four orientations：Cultivating their heart and guiding their behavior in light of the moral principles, and （in turn,） being-true-to-heart and keeping-to-the-word. ①

如此译解或可与中庸之道保持一致。因为，以"文以修身（心）"来说"文"，可显现"文"的内化作用或精神力量；用"行己有耻"来论"行"，能突出人生在世，每一个人都应怀抱特别使命，不忘自身的追求或曰责任，勤勉而又知耻，必以道德原则约束自己的一言一行。这两方面，一主内，一向外；二者彼此对应，显现的当然都是"教化"的力量。后两个方面，对之的解释，则凸显的是，不论内蕴还是外化，都应表现在对己对人两个方面：一对己忠；二对人信。二者不可或缺，形成另一个"对子"：内外俱在，相互配合。

因此，夫子提倡"教化"的要求：张扬"文"对于后来者的"内化"力量，亦即，使之成为"后觉者"的精神蕴涵；进而，这样的充盈内中的精神，其外化便可形成一代代人灿烂的"文"明成果。因而，这样的"文"作为教育的起始的一面，即"德"，要突出的就是如何在后备力量那里发挥出先天的力量，以便接纳、体味、消化并且发扬有关传统，最终形成强大的精神力量，并且在"行"的过程

---

① 此章最新译文为：Confucius teaches his pupils four chief things：historical literature, practical ways in dealing with the world, being faithful and reliable in human dealings and being credible and comsistent in words and deeds （Shi Zhikang, *Confucius's Analects*：*Translation & Critical Comments*, Shanghai：Shanghai Foreign Language Education Press, 2019, p. 161）. 译文回译意义应为："孔子教导学生四种主要的东西：历史性文献，对应世界的实际方式，与人交往时的忠诚与可靠以及言行可信和一致。"这明显是依文解经。

中显现出来。如此，"文"与"行"一重"内德"之养成，一偏"外显"之功用。不过，"行"也需坚守一定的规则和规矩，最重要的当然是"孝悌"等道德原理了。人生在世，当以天下为己任，志存高远。因而，行己有耻，也就成了士子的不二法则。

再进一步，"忠"说的是人自身：对己要"忠"。不论成败毁誉，都不可忘掉"诚心实意"而坚守自己的追求。最后，也是最重要的，当是待人以"信"。依上文之解，"信"不仅是指信实于人，而且还应信守语言本身——那是家园之所在，亦即"文"的精神传统之所寄。

而这意味着，从"文"到"行"到"忠"到"信"，"文"或"德教"的力量贯穿始终，形成了一个特定的整体性的过程，最终突出的是"文"对"语言"的坚守的强大力量。

之所以说译解遵循的是中庸之道，是因为，这一译解将"文行忠信"分为两个阶段，每一个阶段都是在突出内外一致、表里如一。第一阶段"文行"如此，第二阶段"忠信"更是这样。夫子强调，"内外"的交合和互动，形成不断展开的动态，引出"文教"（德教）的"修身"作用在不停延展和强化："文"有以致之，可将内转化为外，外再引入内；在内外不断转化的过程中，人走向社会所应坚守的"信"，并依之造就一个"和谐"的世界。一个过程的结束，最后的落实，是"信守语言"的力量的显现，已将"文"的阶段成果体现出来：从内在（"文"）走向外在（"行"），然后再一次回到内在（"忠"），最终回到外显的力量（"信"）。内外不断交合，内蕴的力量之"德"不停加大、增强。"教化"对人的思想的促进，或者说，它所形塑的人，其力量的体现，其本身不就是这样的"生生不息"？从"文"到"行"，再到"忠"与"信"，然后过程再次开始，形成新的动态：夫子要突出的，不就是这样的生机盎然的"文"的力量吗？

第七节　本章小结

若上文所说不无道理，那么，儒家就不一定像论者所说，与道家距离遥遥：

> 老子基于对人的自然化的道德属性的强调和肯定，而认为正是人类礼仪生活的形式化的矫饰与造作导致和造成了人类忠信之德的败坏与世间乱象的丛生，并最终失望地走上了离弃礼仪化的现实世界的人生归隐之路；而孔子则基于对人的社会化的道德属性的强调和肯定，而认为正是礼仪规矩的规范作用再配合以人类忠信仁义的德行才能维持一种有意义的人类生活样式，故终其一生其都对自己的人生信念坚守不渝，并致力于兴复日趋衰败的周文传统以重新构筑一个富有仁爱精神的人道化的礼仪世界。①

首先，老子和孔子在宇宙论的思想构成上是一致的，因为前者也强调"万物负阴而抱阳"（《道德经》第四十二章）。其次，在儒家那里，是否"礼仪"的"形式化"一定重于"仁爱"的精神化，已是问题；因而，不当以如此"形式化"的"礼仪""再配合"以"忠信仁义"，来言说夫子之教。因为，思想上的力量有可能大于现实之中的力量。最后，若老子取的是自然化的路径，孔子也一样有此取向。不过，夫子的选择，既脚踏实地，同时也一样在坚持宇宙大法的大义大用。所以，杜维明强调，"［……］所谓圣人就是孔子的讲法源于道家。在道家看来，孔子的境界要高于老子"②。而这也就意味着，在古代思想家之中，夫子的创造的确已成为我们打造"文德"最为重要的思想源泉。

---

① 林存光：《孔子新论》，人民出版社 2012 年版，第 187 页。
② 杜维明：《儒学第三期发展的前景》，载郭沂（编）《开新：当代儒学理论创构》，北京大学出版社 2013 年版，第 17 页。

　　夫子感叹"天何言哉？四时行焉，百物生焉。天何言哉"（《论语·阳货》）①，突出他要效仿"天"的志向；如论者所说。后者"构成了自然万物生生不息和人类世界治理之道的终极意义根源于根本价值依据"②。如此，中庸之道一定可趋近"天道"运行的规律，因为不论"四时之行"还是"百物之生"，它们都要对之加以体现：所谓寒来暑往，日出日落，动态过程显现，才有"生生不息"。因而，《论语·公冶长》记载："子谓子产：'有君子之道四焉：其行己也恭，其事上也敬，其养民也惠，其使民也义。'"③"恭"指向自身之内在，"敬"则是诚心敬意之外化；"养民"以"惠"必然落到实处，使之有"获得感"，因而再次向内运行，而"使民"以"义"则是如此的"惠"的外化。如此，一内一外，内外合一，不断强化，循环不已，正是"一阴一阳之谓道"的体现，与"天何言哉"之叹之所含以及"子以四教"之所向完全一致。因而，与老子的"道法自然"（《道德经》第二十五章）一样，夫子之教所倡导的当是如何回到最为自然的动态过程当中。只有如此，人才可能像天那样生存着。既然他所倡导就是这样的宇宙大法，那么，以之作为诠释的方法论也便是顺理成章的了。先儒在这方面应当说失误是明显的。因为，假如不能坚持这样的释义之法，那么，有关解释不能对准人之生存的基本规律，也就先行丢掉了真正走向夫子之教之精义的可能性；同时，又因随文而释，无法系统化，也就造成零散、混乱的局面。

　　而就本章的论题而言，可以认为，只有回到中庸之道，才可触及"四教"之要义，回归"夫子之教"的伟岸和平易。同时，还应指出，英译最后所突出的"坚守语言"的"信"字，或可印证"文"的不断内涵和内化的那种空前的力量。但有关讨论以及译文，只是初

---

　　① 何晏（注）、邢昺（疏）：《论语注疏》（李学勤主编，《十三经注疏》之十），北京大学出版社1999年版，第241页。
　　② 林存光：《孔子新论》，人民出版社2012年版，第189页。
　　③ 何晏（注）、邢昺（疏）：《论语注疏》（李学勤主编，《十三经注疏》之十），北京大学出版社1999年版，第62页。

步的、探索性的。王阳明强调：

> 人一日间，古今世界都经过一番，只是人不见耳。夜气清明时，无视物听，无思无作，淡然平怀，就是羲皇世界。平旦时，神清气朗，雍雍穆穆，就是尧舜世界。日中以前，礼仪交会，气象秩然，就是三代世界。日中以后，神气渐昏，往来杂扰，就是春秋、战国世界。渐渐昏夜，万物寝息，景象寂寥，就是人消物尽世界。学者信得良知过，不为气所乱，便常做个羲皇已上人。①

羲皇即伏羲氏，是中华民族敬仰的人文始祖。伏羲因其在中华文明史的巨大贡献，被尊为"三皇之首"、"百王之先"，受到中华儿女的共同敬仰。阳明先生要我们做个"羲皇已上人"，意欲何为？

这里的论述，（一）描述了两种时间——宇宙或自然时间，以及历史时间。依之所论，我们主要生存在宇宙时间，亦即，万古如斯的循环之中，但需要做的是，（二）以切实的态度和精神面貌，保持"坦然平怀"的心境，进而趋近"羲皇已上人"的境界。易言之，阳明先生要我们所做的就是，走向"成人"最为崇高的境界："圣人"。诗人毛泽东有云"春风杨柳万千条，六亿神州尽舜尧"（《七律·送瘟神》），此之谓也。与这里的讨论的议题相结合，就会明白：

（一）阳明先生所主张的，也就是儒家的理想的做人境界。如孟子所说："舜何人也？予何人也？有为者亦若是。"（《孟子·滕文公上》）② 故而，"孟子道性善，言必称尧舜"③。也就是，一切的事务都是要走向一种人生理想。其中应该包括翻译活动。那也是一种修身的活动，也就是"修己"以与古人相往还的体现：如何将古人之心

---

① 王阳明：《传习录注疏》，邓艾民（注），上海古籍出版社 2012 年版，第 252 页。

② 赵岐（注）、孙奭（疏）：《孟子注疏》（李学勤主编，《十三经注疏》之十一），北京大学出版社 1999 年版，第 128 页。

③ 赵岐（注）、孙奭（疏）：《孟子注疏》（李学勤主编，《十三经注疏》之十一），北京大学出版社 1999 年版，第 127—128 页。

意透过一己之努力,形成"新"的精神力量,那才是"译解"所要做到的。翻译亦即为纯化意识、打造自我的过程。此亦可解为"学","明善而复其初也"①。(二)这样的铸造实质上就是走向他人、他者、异于我的伟大生命力量,总是高于我的生命力量。因而,"我"不是在翻译别的什么,而是首先在翻译"我自己":将之译入他者的思想之中,使之在他者的教导之下,尽可能趋向人格上的完美。翻译最为重要的,当是自我翻译,是精神翻译或曰思想翻译。(三)切不可忘记"简易之道"(《易·系辞上》:"易则易知,简则易从〔……〕易简而天下之理得矣"②)。阳明先生强调,那是人类生存的"背景"、"基础"或曰"实质"。一切都是在它的"衬托"、"承载"和"支撑"之下展开,没有它就不可能有这个宇宙,也就不可能再有别的什么。归入其中,才会有"羲皇世界"。回归其中,也才可能有翻译。因此,(四)有必要诵读阳明先生的另一段话,并以此作结:

> 盖天地万物,与人原是一体,其发窍之最精处,是人心一点灵明。风雨露雷,日月星辰,禽兽草木,山川木石,与人原只一体。故五谷、禽兽之类皆可以养人,药石之类皆可以疗疾。只为同此一气,故能相通耳。③

如此,翻译的最高要求,就是要向着宇宙最为崇高的力量转化。故而,中国古人所推崇的"天",又如何能忘记?

---

① 朱熹:《四书章句集注》,中华书局1983年版,第47页。
② 王弼(注)、孔颖达(疏):《周易正义》(李学勤主编,《十三经注疏》之一),北京大学出版社1999年版,第259—260页。
③ 王阳明:《传习录注疏》,邓艾民(注),上海古籍出版社2012年版,第251页。

第十五章　结论

通过上述的探讨，本书的主题论述的导向应已清楚。不过，其中最关键者，有两点仍有必要加以强调。

第一，儒家经文的跨文化翻译必然要求"以儒解儒"，也就是要求按照儒家的思想原理来传译儒家的思想。因而，回到儒家思想，才可能再现儒家思想。

第二，这一思想，其精髓，应确定为指导性的理论方法，用之于具体的经文的传译活动。也就是说，此一理论方法可称为方法论，用以指导传译。

我们所做的，就方向上看，应是朝着改写历史而努力的思想探讨。

就第一点来看，黑格尔以来，有关研究中以及译者并不重视或者说很是轻视"中华文化思想"，目前仍在学界争论的"中国有没有哲学"乃是这一历史问题的遗留。就否定的一方说，既然认定，中国人缺乏形而上求索的精神，也就会轻视或无视中国古人营建其精神世界的那种原理性的思想。如此，孔子之所论，便如黑格尔之所说，也就会被视为"常识"，绝非"思辨"，故而，还不如不译。

"中国思想"成为另一类思想，不是思想的思想，或者说，不属于"思辨"的常识性的思想。故而，在跨文化翻译的出发点上，也就不会顾忌，站在什么样的立场之上，在什么样的哲理或哲学层面，将经文之中的种种进行跨文化的处理。经文中竟然不能包含思想？

但是，这种荒谬的思想导向，所引出的，也就是如此的不堪。故而，黑格尔之谬论，依然大行其道，而基本上并没有改观，也就有了印证：儒家经文的跨文化传译，的确也就一次次成了对黑格尔的谬论的印证。这意味着，很多译文不仅在重蹈覆辙，而且，是在以其译作，丑化儒家思想及其代表人物的形象。同时，这样的倾向，也是在丑化生活在历史文化传统之中的我们。

应对之法，只能是，将儒家思想的真实情况呈现出来。而要想做到这一点，也就只能是重新回归其中，厘清究竟什么样的思想才可抵及形而上的品格。实际上，如果敢于面对"天人合一"的宇宙论，有关问题便可迎刃而解。如钱穆之所论，"天人合一"有可能是中国未来对于世界最大的贡献。在这个意义上，人在这样的宇宙论之中的地位，所凭之得以确定的力量之源，也便可得到揭示。

这样，我们面对经文，首先要趋向的也便是：人人具有，而必期之走向儒家理想境地的那颗"仁心"。

而这样的"心"的取向，也就需以"中庸之道"加以把握，才可见其真实。这也就是我们在本书之中所要突出的第二点：经文的跨文化传译，只有以此为方法论，才谈得上真正的传译。

不过，要想走出历史，需做的工作很是繁重。这意味着，儒家经文的思想化传译，其中包括的任务，如果是历史性的，必然还需思考：

第一，本书所做的，基本上焦点定在"单字"上。若是置于语境之中，结果会如何？我们毕竟需要在语流之中，而不是断章取义式地胡乱取舍。

第二，与此相关，如本书所讨论的，固然可谓经文中的关键字，但是，它们在具体的语境或语流之中起着什么样的作用？是关键字带动文句，还是文句带动关键字？依后者，语境或语流说了算；依前者，关键字才是决定因素。中庸之道对此一难题，如何处理？

第三，对于关键字以中庸之道处理，毕竟是异化之法；也就是，不能以自然的目的语的表达行文，那么，其他文字又该如何处理——

是以类同的方法对待，还是用目的语原有的词语加以替代，抑或是统统以异化之法处理？

第四，紧接着的一个问题是，如此传译，接受方面的问题，如何解决？

第五，儒家经文的传译，可谓思想输出，依本书的观点，这样的传输是不成功的，因而，才需加以改变。但是，这样的改变，在何种程度上是有效的或高效的，拿什么来进行判断，其标准又是什么？

因而，我们的研究还需强化这一方法论的解释力，扩大其适应性。一方面，需进一步探究其可行性；另一方面，则应以实证性的材料来印证，它在更大范围的适用性。也只有如此，才可说明，中庸之道能见出其路径的拓宽和路基的加固。

最后，应再一次强调，我们之所做，试图接续的是一种根植于心的历史传统：套用《论语·尧曰》中的话来说，"天之历数在尔躬"①。

---

① 何晏（注）、邢昺（疏）：《论语注疏》（李学勤主编，《十三经注疏》之十），北京大学出版社 1999 年版，第 265 页。

附录 认识论的侵入与"道"、"德"的 失守：许渊冲英译《论语》 问题之管见

[笔者按] 许渊冲译《论语》无视中西哲学的基本差别，引入西方特有的认识论，直接以"主体"、"客体"之类的概念来传译夫子之教，将夫子描述为需要向西方学习的人物。这样，在此译的语境之中，"天人合一"缺席，"人"的存在显然已成问题；儒家主张的"教化"之和谐，畸变为"统治者与被统治者之间的关系"，"好德"之"德"外在化为"义务"，或成为"偶然之事"。如文中举例所示，如此等等，都可说明，只有回到"合外内之道"才可谈得上此一经典的翻译，但也只能从"内德打造"入手。问题是，这样的历史仍有待未来？

第一节 问题的提出

《论语》（或许还有别的经典）的英译有一奇特现象：对经文的思想内涵不予重视，更关注言语表达的顺畅和美。许渊冲的《论语》英译就是一例。但如此付出的代价却是，在重要问题上，夫子所讲的畸变为"西方原有的"。

现代"新儒家"的代表人物牟宗三早就指出："它［中国哲学］的进路或出发点并不是希腊那一套。它不是由知识上的定义入手的。所以它没有知识论与逻辑。它的着重点是生命与德性。它的出发点或

进路是敬天爱民的道德实践，是践仁成圣的道德实践，是由这种实践注意到'性命天道相贯通'而开出的。"① 但在对"道"和"德"的处理上，许译似并未关注如何使《论语》避免认识论的侵入，反倒热情加以拥抱，甚至将之作为指导性的思想框架，尽管异质而难谐。若夫子之教已成"西方早就有的"，传译《论语》有何意义？问题严重，非常值得关注：在翻译之中，通过英文言语表达，如何走出"认识论"，真正回到儒家思想？但本章只是点出问题，真正地解决仍有待未来。

第二节　"学"的支离与"道"的沦陷

许译《论语》一开篇就表现出特定的认识论取向：

例1. 学而时习之，不亦说乎？（《论语·学而》）②

许译：

Is it not a delight, said the Master, to acquire knowledge and put it into practice?③

但程树德早就指出："今人以求知识为学，古人则以修身为学。"④ 或有疑问说，经文译解，本来就是"智者见智，仁者见仁"，又何妨因应时代而自得其是？不过，问题是，"求知"并非夫子的主要关切。如许氏另一部著作所示，其取向即西方思想：

---

① 牟宗三：《中国哲学的特质》，上海古籍出版社 1997 年版，第 10 页。

② 何晏（注）、邢昺（疏）：《论语注疏》（李学勤主编，《十三经注疏》之十），北京大学出版社 1999 年版，第 1 页。

③ Xu Yuanchong, *Thus Spoke the Master*, Beijing: China Intercontinental Press, 2012, p. 9.

④ 程树德：《论语集释》，程俊英、蒋建元（点校），中华书局 1990 年版，第 4 页。

"学"就是取得知识，"习"就是付诸实践，"说"字和"悦"字通用，就是喜悦、愉快。整句的意思是：获得了知识，并且经常应用，那不是很愉快的事吗？这句话说明了认识和实践的关系，说明了实践是得到知识的方法，愉快是得到知识的结果，也可以说是目的，一句话中包含了认识论、方法论和目的论，真是内容丰富、言简意赅。①

但这种观点，正说明，译者对中西哲学的区别缺少常识性的了解：

中国学术思想既鲜与西方相合，自不能以西方哲学为标准来定取舍。若以逻辑与知识论的观点看中国哲学，那么中国哲学根本没有这些，至少可以说贫乏极了。若以此断定中国没有哲学，那是自己太狭陋。②

如此，许译之"学"正是要"学西方"，且根本上要"仿效"苏格拉底式的"认识你自己"？若夫子取向希腊，儒家还有什么译解、译介的价值？但对此问题，译者似并没有清楚的认识，因而，在另一例中，对"道"的译介亦是直接运用西方哲学的表达方式：

例 2. 人能弘道，非道弘人。(《论语·卫灵公》)③

许译：

---

① 许渊冲：《〈论语〉译话》，北京大学出版社 2017 年版，第 2 页。
② 牟宗三：《中国哲学的特质》，上海古籍出版社 1997 年版，第 17 页。
③ 何晏（注）、邢昺（疏）：《论语注疏》（李学勤主编，《十三经注疏》之十），北京大学出版社 1999 年版，第 216 页。

The subjective can amplify the objective, but the objective can not amplify the subjective. ①

邢昺"正义"：

> 此章论道也。弘，大也。道者，通物之名，虚无妙用，不可须臾离。但仁者见之谓之仁，知者见之谓之知，是人才大者，道随之大也，故曰人能弘道。百姓日用而不知，是人才小者，道亦随小，而道不能大其人也，故曰非道弘人。②

皇侃"义疏"：

> 道者，通物之妙也。通物之法，本通于可通，不通于不可通。若人才大，则道随之而大，是人能弘道也。若人才小，不能使大，是非弘道之人也。③

朱熹"集注"：

> 弘，阔而大之也。人外无道，道外无人。然人心有觉，而道体无为；故人能大其道，道不能大其人也。张子曰："心能尽性，人能弘道也；性不能检其心，非道弘人也。"④

刘宝楠"正义"：

---

① Xu Yuanchong, *Thus Spoke the Master*, Beijing: China Intercontinental Press, 2012, p. 146.
② 何晏（注）、邢昺（疏）：《论语注疏》（李学勤主编，《十三经注疏》之十），北京大学出版社 1999 年版，第 216 页。
③ 皇侃：《论语义疏》，高尚榘（校点），中华书局 2013 年版，第 409 页。
④ 朱熹：《四书章句集注》，中华书局 1983 年版，第 167 页。

> 道随才为大小，故人能自大其道，即可极仁圣人之旨。而非道可弘人，故行之不著，习矣不察，终身由之，而不知其道，则仍不免为众。①

杨伯峻认为，此章意不可解，朱熹强作解人是不对的。② 而钱穆的解说，似可视为对之的批判：

> 弘，廓大之义。道，指人道。道由人兴，亦由人行。自有人类，始则浑浑噩噩，久而智德日成，文物日备，斯即人能弘道。人由始生，渐至长大，学思益积益进，才大则道随而小。《中庸》云："苟不至德，至道不凝焉。"［……］惜乎后之学者，不能于此章真切体悟，歧说兹兴，而人之弘道之力因亦未能大有所发挥，洵可憾也。③

李泽厚进一步从儒学角度解释说：

> 这又是后世理学家（如王阳明）、今日新儒学（如牟宗三）的一个大题目。无非是讲中国的"道体"、"本体"均与人的"心"、"性"相联，而非另一物。"本体"即在人的"心"、"性"中，所以"道"靠人（当然是"道心"）去光大，而人不可依赖任何外物即使是"道"来光大自己。这从形上角度说明了儒学"自力更生"、"自强不息"的非人格神的人文精神。④

依此见，本章是说，心有多大，则道便能弘大到多高。而许译完

---

① 刘宝楠：《论语正义》，中华书局 1954 年版，第 346 页。
② 杨伯峻（译注）：《论语译注》，中华书局 1980 年版，第 168 页。
③ 钱穆：《论语新解》，生活·读书·新知三联书店 2002 年版，第 416 页。
④ 李泽厚：《论语今读》，中华书局 2015 年版，第 300 页。

全脱开"心源"的立场，转向"主客"二分，将"道"与"心"割裂开来，如此也就将经文之中并不存在的"神"引入译文：若"主体"能"扩大"（amplify）"客体"，其中隐含的意向一定是"人必胜于神"！这种典型的"浮士德精神"，《论语》之中如何会含有？

"学"的"心源"在英文之中尚未建立，译者就已启用另一套"哲学"语汇，将此"源"更改为"主体"的能动性之类的东西，因而，也就与儒家之"心"渐行渐远，而几不相涉。许渊冲指出，理雅各（Legge James）的译文 A man can enlarge the principles which he follows；those principles do not enlarge the man，①"说的是一个人能扩大他所遵循的原则，这些原则不会使这个人变得更高大"，因而，"译的是词"。强调，"如要译意"，则需考虑他的主客二分的译文。② 理雅各的"人能扩大他所遵循的原则"，已将"人"与"原则"区分开来，同时也就将"人之心"排斥在外；而且，"原则"（principle）本身或是"客观的"东西，而不再寄寓于人心之中：从伦理学的视角来说，如英文中 act on principle［依原则而行］之所示，那是外在于"人心"的。即便如此，许氏还认为理译不足以体现"译意"之所需，故需再进一步"同化"；于是，"主体能扩大客体，而客体并不能扩大主体"也就成了他的"最佳选择"。但如此走向认识论的纵深，译文只能离夫子之教越来越远。因为，此译若是正确，那是否意味着，夫子之道也就是在仿效西方的"认识论原则"？这，是在翻译《论语》，还是在宣扬"西方思想至上"？

在儒家乃至中国哲学看来，人与天道本为一体，而主体客体之类的西方哲学论说，主张的则是主客二分。这是人人皆知的"知识论"。不知为什么，译者要张冠李戴，完全不顾忌"离合"之别？比如，在解说过经文和译文"意义"之后，他特地提出："今天看来，孔子的这句话可能要改成'人能弘道，道能弘人'，就是时势造英

① James Legge, *The Analects*, Nanjing：Yilin Press, 2010, p. 151.
② 许渊冲：《〈论语〉译话》，北京大学出版社 2017 年版，第 146 页。

雄，英雄造时势，互为因果的辩证关系了。"① 这，难道是要"弘扬"所谓的"主体（性）"，因而译者可以对经文随意"更改"？若是一般解释，或可随心所欲；但既是翻译，又如何能如此"随意"？这里的"随意"，早已远离经文之意。而认识论的主客二分其本身就一定会因二分而导致不断地分裂。这意味着，译者的主体性并不能及于文本的主体性，因为后者只能以客体的面目出现，而难能见出其真正自我归属的一面。于是，译者作为主体，便可随意甚或蛮横地从经文之中抽取他所需要的"认识"，而根本无须顾忌其中的众多人等的思想和精神走向，同时也自然可以完全无视经文所要凸显的儒家的价值取向，反而将一己之思强加其中？在一方是主体，另一方是客体，亦即，在一方可以作为人，另一方无权作为人或具有生命形态的思想的前提下，解经本身已经存在着极大的不平等，这一活动怎样落实，译解又如何走向生命？

而且，即依许译，若"学"之趋向为"求知"，那么，依其"主体"之"认识论"，今人之"认识"或"知识"必比古人高明，那么，所谓"圣贤之书"便会成为明日黄花，夫子之"好古，敏以求之"（《论语·述而》）② 及其"述而不作，信而好古"③ 的倾向，乃至他以尧舜为榜样的理想追求，不就毫无意义了吗？这样的"进步论"，不会影响译者的"认识"至于《论语》经文译解的合理性和可行性吗？

也就是说，一方面，译者将认识论引入，同时也就把作为主体的译者定位为可以对经文随意而为的"神"；而另一方面，这样的"神化的人"当然远远比古人高明，尽管这暗含着这样一种思路：《论语》已经过时，因为夫子的教导问题多多，故而可另行解释。但此一

---

① 许渊冲：《〈论语〉译话》，北京大学出版社 2017 年版，第 147 页。

② 何晏（注）、邢昺（疏）：《论语注疏》（李学勤主编，《十三经注疏》之十），北京大学出版社 1999 年版，第 92 页。

③ 何晏（注）、邢昺（疏）：《论语注疏》（李学勤主编，《十三经注疏》之十），北京大学出版社 1999 年版，第 84 页。

观念的两难之处在于，《论语》仍需翻译，尽管其本身并不具有"主体性"！因此，它只能是某种"过去、过时的文本"或"故典"，作为客体对象，也就无所谓人生哲理的内涵；即令有这方面的思想，那也是作为主体的译者赋予的！？

例 3. 天生德于予。(《论语·述而》)①

许译：I have the inner virtue in me. ②

依照中国古人的"天人合一"宇宙论，假若没有"天"，人不可能存在；同样地，假若没有人，天也一样是不可能存在的。但是，若依此译，则"人本身可能就拥有自生的内在美德"(inner virtue)，那么，人便完全是"自主""自足"的，而这不是中国古人的宇宙论所能接受的。依后者，如此"独立"的人，根本就是不存在的。因为，"德"不可能是一个方面的"德"，而一定是有两种力量同时运动造成的：诸如阴阳、天地、乾坤等，说的就是这样的意思。

天人相合，用今人的话来说就是："超越的"就是"内在的"，反之亦然，③ 突出"生命天道相贯通"。④ "中国的'天'这个观念也是负责万物的存在，所谓'天道生化'。"⑤

就英译而论，"天"的翻译当然一直是一个问题。如安乐哲⑥所说，"天"在英文中有六种表达，但与之罕见对应。故而，他与人合译的《论语》，直接以音译处理。⑦ 尽管如此，毕竟过去的译文都做

① 何晏（注）、邢昺（疏）：《论语注疏》（李学勤主编，《十三经注疏》之十），北京大学出版社 1999 年版，第 93 页。

② Xu Yuanchong, *Thus Spoke the Master*, Beijing：China Intercontinental Press, 2012, p. 49.

③ 牟宗三：《中国哲学的特质》，上海古籍出版社 1997 年版，第 36 页。

④ 牟宗三：《中国哲学的特质》，上海古籍出版社 1997 年版，第 25 页。

⑤ 牟宗三：《中国哲学的特质》，上海古籍出版社 1997 年版，第 72 页。

⑥ ［美］安乐哲：《中国哲学的翻译问题》，何金俐（译），载安乐哲《和而不同：中西哲学的会通》，北京大学出版社 2009 年版，第 346 页。

⑦ Roger T. Ames and Henry Rosemont, *The Analects of Confucius：A Philosophical Translation*, New York：The Ballantine Books, 1998, pp. 46 – 48.

出了努力，译出了相应的"天"。但许译反是，译文体现出的完全是"自我"的力量。如此，"内在的美德"中的 virtue，最为突出的力量当是"理性的思想能力"。果如此，则一己之挺立，也就不是中国古人的天地之间的那种挺立，而是可以掌控万有的独立。此一个体主义，当然不会是中国哲学之中原有的，而正是认识论框架下的个体主义：自我的自足自满，正源自个人的理性力量的登峰造极，因而可以胜似上帝。

但是，如上所述，在《论语》的语境中，若"天"缺席，人也一样是不存在的：天人相合，天才存在，人也才可能存在。

不过，译者并未关注，应如何回到夫子之道或中国哲学的一般导向，才可真正传译经文的微言大义，而是一再突出认识论特有的"分离"：

例4. 予一以贯之。(《论语·卫灵公》)①
许译：I know only one in many and many in one. ②
例5. 吾道一以贯之。(《论语·里仁》)③
许译：[…] my principles can be simplified. ④

邢昺"正义"：

贯，统也。孔子语曾子言，我所行之道，唯用一理以统天下万事之理也。⑤

---

① 何晏（注）、邢昺（疏）：《论语注疏》（李学勤主编，《十三经注疏》之十），北京大学出版社 1999 年版，第 207 页。
② Xu Yuanchong, *Thus Spoke the Master*, Beijing：China Intercontinental Press, 2012, p. 105.
③ 何晏（注）、邢昺（疏）：《论语注疏》（李学勤主编，《十三经注疏》之十），北京大学出版社 1999 年版，第 51 页。
④ Xu Yuanchong, *Thus Spoke the Master*, Beijing：China Intercontinental Press, 2012, p. 29.
⑤ 何晏（注）、邢昺（疏）：《论语注疏》（李学勤主编，《十三经注疏》之十），北京大学出版社 1999 年版，第 207 页。

皇侃"正义":

> 贯，犹统也。孔子语曾子曰：吾教化之理，唯用一道以贯通天下万理也。故王弼曰："贯，犹统也。夫事有归，理有会。故得其归，事虽殷大，可以一名举；总其会，理虽博，可以至约穷也。譬犹以君御民，执一统众之道也。"①

朱熹"集注":

> 贯，通也。夫子之一理浑然而泛应曲当，譬则天地之至诚无息，而万物各得其所也。自此之外，固无余法，而无待于推矣。②

"一贯之道"非常神圣，因为那意味着，夫子之教有一个"主线贯穿其中"，而那体现的正是"天人相合"的伟大宇宙精神，亦即为人间社会理想的基本走向。

但是，对此形而上指向非常强烈的思想论断，许译竟将之释为"可以简化"的"原理"。如此，中国古人之"道"化为必加"分析"、"析理"（或"析离"）的"推原才可求知之理"，也就是"认识论"支配或指导下必以"分解"的方式才可"认识"的那种"原本之理"。那么，若作为"主体"的"解析者"，随意加以"简化"，可有客观的标准予以分辨，以期求得客观的效果，同时使之具有"真理"的价值或形态？反之亦可问，那会不会是主体自己的虚构，因为根本就找不到第三方来鉴定和判断？

正因为，在"认识论"之中，原本就没有可谓"客观"的"第三方"，因而，译者便可随心所欲地处理经文？如例4文之所示，"一贯"已被"析离"为"一与多"和"多与一"（的"一贯"），那么，

---

① 皇侃：《论语义疏》，高尚榘（校点），中华书局2013年版，第90页。
② 朱熹：《四书章句集注》，中华书局1983年版，第72页。

在"一与多"的那个"之间"，有没有"断裂"的可能，而使"贯"之"贯穿"、"贯通"或"串连"、"串并"的作用不能发挥，从而导致"一贯之道"出现破裂并最终失效？许译的"一与多"的关系的"一贯之道"，不就是这样非常"无效"的翻译吗？它仅仅聚焦于"一与多"的关系，而"贯"本身并没有突出；或更准确地说，此译之中根本就没有"贯"出场。如此，也就说明，"一"和"多"之间的那个"之间"，其本身就是一种"裂隙"和"断裂"。"贯"在许译中的缺席，恰恰又是其认识论导向的一种表现：夫子的"一贯之道"在如此的主客体的分别和对立之中，必然失去它"贯通"或"通贯"的作用："一"与"多"彼此有可能隔绝，正如主客体本来就是泾渭分明的一样！

第三节　道听而涂说，德之弃也

例 6. 道听而涂说，德之弃也。（《论语·阳货》）①

许译：To spread the rumor you have heard on the way is to neglect your duty. ②

"德"当是"内德"。夫子说的是，人若以讹传讹，或传谣道路，那便是放弃修德的表现。因而，经文这里的"德"应是指对"内德的打造"。而许译中相应的 duty，实则并不相应：其意为 moral or legal obligation（道德上或法律上的）责任、义务；task or action that sb must perform（某人必须执行的）任务或行动。③ 二者相较，一内一外，一指人的自我之修炼，一指社会性的道德的约束，取向截然相

① 何晏（注）、邢昺（疏）：《论语注疏》（李学勤主编，《十三经注疏》之十），北京大学出版社 1999 年版，第 239 页。

② Xu Yuanchong, *Thus Spoke the Master*, Beijing：China Intercontinental Press, 2012, p. 29.

③ A. S. Hornby, *Oxford Advanced Learner's English-Chinese Dictionary*, Beijing：The Commercial Press, 1997, p. 452.

反，如何起到传译"德"的作用？但译者对此似毫不顾忌，在翻译另一名句时，也一样如法炮制：

例7. 吾未见好德如好色者也。(《论语·子罕》《论语·卫灵公》)①

许译 A：I have never seen a man who loves his duty more than beauty. ②

许译 B：Never have I seen a man who loves his duty more than beauty. ③

许译 C：In vain have I looked for one who loves his duty more than beauty. ④

"德"本应指人的第二天性：夫子感叹人心不古，不能像先贤那样秉持"德教"，打造自己。他认为，人若能像保持先天的"好色"之心那样来"好德"，来构建第二天性，善莫大焉。如此理解，便会发现，以 duty 来传译"德"的"第二天性"意义，根本起不到作用；它所能突出的反倒是，"人爱自己的责任（或义务）"应像"爱美"一般。但如此解释，就词语搭配本身而言，不论英文还是汉语，能否成立已是一个问题：义务或责任，需要人的喜欢或爱吗，若那是真正的义务或责任？不从学理入手解经，而只是关注言语表达，显然此路不通。而译者在将此译与理雅各和韦利（Arthur Waley）进行比较之后，坚持认为："以意而论，似乎不如前译。以意美、音美、形美论，

① 何晏（注）、邢昺（疏）：《论语注疏》（李学勤主编，《十三经注疏》之十），北京大学出版社 1999 年版，第 119、212 页。

② Xu Yuanchong, *Thus Spoke the Master*, Beijing：China Intercontinental Press, 2012, p. 61.

③ Xu Yuanchong, *Thus Spoke the Master*, Beijing：China Intercontinental Press, 2012, p. 137.

④ 许渊冲：《〈论语〉译话》，北京大学出版社 2017 年版，第 107 页。

却有超越。"① 但是，这里的悖论意味极其强烈：若"意"已成问题，译文不能再现经文的"原意"，那么，无论如何"美"，还能使之复归"意"之正道吗？

《卫灵公》的"好德如好色"，前文有"已矣夫"，那是在描写夫子的感叹：难道真的是完了吗？因为，我并没有见过"好德"之人呐。若是将后者解为"完成"的情况，如"我见不到像喜欢美色一样喜欢美德的人了"② 之所示，那么，要么是在写，讲话者行将就木，故而，没有机会再见到；要么是说，"好德之人"业已灭绝。如此极端的取义之法，应该不是夫子教人之道。实际上，"已矣夫"的感叹，与"好德如好色"的期许相配合，二者之间的相辅相成，才正是译者应捕捉到的。这里应发挥作用的，也就是中庸之道。作为一种方法论，最为重要的当然是它的"内化"导向。惜乎，我们在今译之中已很难体会得到。因为，众多译者是将之作为"道德"来解了。

将"德"外化为"道德"的结果是，后者可能成为理想，如加以"追求"（如"我没有见过追求道德像追求女色一样努力的人"③），似乎就是难以企及的。而且，"追求道德"难道不是在强调，有关人等没有道德吗？如此，"喜爱道德"能说得通吗（"我没有见过喜爱道德如同喜爱美色的人"④）？经文的意思不就是，对必然要打造的、内修的一己之德的那种美德追求吗？实际上，如果道德是不变的或很难变化的，人的美德的打造却需要时时体贴，二者应该是内外分明的，尽管彼此有相互重叠的部分，但"德"毕竟不能等同于"道德"。

"德"外化为"道德"，在英译中也一样会产生不无争议的效果。依辜鸿铭的英译 I do not now see a man who can love moral worth in man as he loves beauty in woman,⑤ 似乎 "人对人身上的道德价值的喜爱"

---

① 许渊冲：《〈论语〉译话》，北京大学出版社 2017 年版，第 91 页。
② 《四书辞典》，吴量恺（主编），崇文书局 2012 年版，第 138 页。
③ 《四书》，王国轩等（译），中华书局 2007 年版，第 43 页。
④ 杨逢彬：《论语新注新译》，陈云豪（校），北京大学出版社 2016 年版，第 178 页。
⑤ Hongming Ku, "The Discourses and Sayings of Confucius", ed. Huang Xingtao, *Gu Hong Ming Wen Ji*, Haikou: Hainan Publishing House, 1996, p. 410.

所"能"做到的程度，不如对"女色"的喜爱，那么，这是否在说，在夫子眼中，普天下的人有可能都是"好色之徒"？在另一译文 I do not now see a man who can love moral worth as he loves beauty in woman①中，他将 in man 删除，是否要进一步说明，他对"内在之德"或"心源之力"是无所谓的，或者说没有注意？因而，前一译文中的这一词组只和 in woman 形成对比，而不是要说明，"人内在里的"？

"德"并不是也不能等同于"道德"，因为它不具备"现代"意义上的那种"规范性"和约束力。依《论语》，人的典范是圣人。而圣人不过是"南面"而已，抱持的是一颗待人恭敬的心，故而，经文之中讲舜帝"无为而治者，其舜也与？夫何为哉？恭己正南面而已矣"（《论语·卫灵公》）②。因而，"为政以德，譬如北辰，居其所而众星共之"（《论语·为政》）③ 之中的"德"是"无为之德"，并不对庶民百姓产生强制力。同样地，《论语·泰伯》记载夫子对尧帝的赞美"唯天为大，唯尧则之"④，而"天何言哉"（《论语·阳货》)⑤。圣人如此，而人人都可成为尧舜，我们还有什么理由一定要说，"德"是社会化的"道德"约束力，并且"逼使"人接受呢？

实际上，正如夫子所说"天生德于予"（《论语·述而》)⑥，我们普通人的"德"也一样来自上天，因而，对它的修造也就意味着

---

① Hongming Ku, "The Discourses and Sayings of Confucius", ed. Huang Xingtao, *Gu Hong Ming Wen Ji*, Haikou: Hainan Publishing House, 1996, p. 465.

② 何晏（注）、邢昺（疏）：《论语注疏》（李学勤主编，《十三经注疏》之十），北京大学出版社 1999 年版，第 208 页。

③ 何晏（注）、邢昺（疏）：《论语注疏》（李学勤主编，《十三经注疏》之十），北京大学出版社 1999 年版，第 14 页。

④ 何晏（注）、邢昺（疏）：《论语注疏》（李学勤主编，《十三经注疏》之十），北京大学出版社 1999 年版，第 106 页。

⑤ 何晏（注）、邢昺（疏）：《论语注疏》（李学勤主编，《十三经注疏》之十），北京大学出版社 1999 年版，第 241 页。

⑥ 何晏（注）、邢昺（疏）：《论语注疏》（李学勤主编，《十三经注疏》之十），北京大学出版社 1999 年版，第 93 页。

"生命力"本身的打造，如此才可能"据于德"（《论语·述而》）①。圣人"道之以德"（《论语·为政》）②，并不是要硬性地将"德"强加于人，而是更加关注如何"不言"而胜千言万言，在不断地"吾日三省吾身"（《论语·学而》）③和"内自讼"（《论语·公冶长》）④、"反求诸己"（《孟子·公孙丑上》）⑤或曰"自反"（《孟子·离娄下》）⑥之中，体贴上天的"好生之德"（《尚书·大禹谟》）⑦，"如切如磋，如琢如磨"⑧，不断强化这一第二天性；只有如此，才可"以身作则"，进而以"风化"之力影响众人和文化创造。还应指出，这第二天性其本身应是活泼的，一如"好色"之"色"。如此，才可真正成就朱熹所说的"源头活水"而应物不穷。

这样，"好德"之"德"也就是时时需要修造、打磨的那种"内德"，是"不可须臾离也"⑨的。那么，又如何可以译为 duty 这样表达的是"义务"或"责任"的词语呢？此词可与"道德"外在的约束作用相提并论，却与"德"所要求的内修和内化背道而驰，显然是不可取的。

---

①　何晏（注）、邢昺（疏）：《论语注疏》（李学勤主编，《十三经注疏》之十），北京大学出版社 1999 年版，第 85 页。

②　何晏（注）、邢昺（疏）：《论语注疏》（李学勤主编，《十三经注疏》之十），北京大学出版社 1999 年版，第 15 页。

③　何晏（注）、邢昺（疏）：《论语注疏》（李学勤主编，《十三经注疏》之十），北京大学出版社 1999 年版，第 4 页。

④　何晏（注）、邢昺（疏）：《论语注疏》（李学勤主编，《十三经注疏》之十），北京大学出版社 1999 年版，第 68 页。

⑤　赵岐（注）、孙奭（疏）：《孟子注疏》（李学勤主编，《十三经注疏》之十一），北京大学出版社 1999 年版，第 96 页。

⑥　赵岐（注）、孙奭（疏）：《孟子注疏》（李学勤主编，《十三经注疏》之十一），北京大学出版社 1999 年版，第 233 页。

⑦　孔安国（传）、孔颖达（疏）：《尚书正义》（李学勤主编，《十三经注疏》之二），北京大学出版社 1999 年版，第 91 页。

⑧　何晏（注）、邢昺（疏）：《论语注疏》（李学勤主编，《十三经注疏》之十），北京大学出版社 1999 年版，第 12 页。

⑨　郑玄（注）、孔颖达（疏）：《礼记正义》（李学勤主编，《十三经注疏》之六），北京大学出版社 1999 年版，第 1422 页。

例8. 凤兮凤兮，何德之衰？（《论语·微子》）①

许译：Oh, phoenix! Oh, phoenix! How unfortunate you are!②

何晏引孔安国注曰："比孔子于凤鸟。凤鸟待圣君乃见，非孔子周行求合，故曰衰。"（《论语·微子》）③ 因而，"德衰"是楚狂接舆对夫子的讥讽：认为他修德不力，一己努力毫无作用，根本不能补弊兴衰。不过，尽管"往者不可谏"，但"来者犹可追"，还是可以选择以像他这样的隐士的方式继续生存的。

因而，杨伯峻将"何德之衰"处理为"为什么这么倒霉"④，并没有突出重心。一个今译将解为"德运"⑤，二字联姻或意味着"修德不到位，因而没有遇到好时候"，故而结果只能是"衰"。注者对此处的"德"的其他解释为："德行"⑥、"道德"⑦、"风格"⑧。钱穆

---

① 何晏（注）、邢昺（疏）：《论语注疏》（李学勤主编，《十三经注疏》之十），北京大学出版社1999年版，第249页。

② Xu Yuanchong, *Thus Spoke the Master*, Beijing：China Intercontinental Press, 2012, pp. 127 – 128.

③ 何晏（注）、邢昺（疏）：《论语注疏》（李学勤主编，《十三经注疏》之十），北京大学出版社1999年版，第249页。

④ 杨伯峻：《论语译注》，中华书局1980年版，第193页。

⑤ Wu Guozhen, *A New Annotated English Version of the Analects of Confucius*, Fuzhou：Fujian Education Press, 2015, p. 468.

⑥ 何新：《论语新解：思与行》，北京工业大学出版社2007年版，第24页；来可泓：《论语直解》，复旦大学出版社1996年版，第509页；李泽厚：《论语今读》，中华书局2015年版，第342页；彭忠飞：《〈论语〉选评》，岳麓书社2006年版，第251页；孙钦善：《论语本解》，生活·读书·新知三联书店2009年版，第235页；《四书》，王国轩等（译），中华书局2007年版，第93页；《四书辞典》，吴量恺（主编），崇文书局2012年版，第160页；杨朝明：《论语诠解》，山东友谊出版社2013年版，第328页；杨逢彬：《论语新注新译》，陈云豪（校），北京大学出版社2016年版，第355页；朱振家：《论语全解》，上海古籍出版社2014年版，第290页；邹憬：《论语通解》，译林出版社2014年版，第271页。

⑦ 详见徐志刚《论语通译》，人民文学出版社1997年版，第236页；另参见张其成《张其成全解论语》，华夏出版社2017年版，第358页。

⑧ 刘君祖：《新解论语》（上篇），中信出版集团2016年版，第221页。

则保留"德"字未译。①

此语的英译一般是要突出：美德衰落。如理雅各：How is your virtue degenerated②；韦利：How dwindled is your power③（若 power 指的是以"内在之力"［inner power］来喻德，则或许也可接受？）。

后世译文一般仿照理雅各。④ 但辜鸿铭关注的或是时间，故而译为：Where is the glory of your prime⑤。意为：昔日难追，凤凰的辉煌业已不再。不过，凤的"德"却很难体现？而吴国珍将之译为 How come you are so unlucky?⑥ 与许渊冲的译文 How unfortunate you are!⑦ 如出一辙，无奈和杨伯峻的处理也一样，避重就轻，而未及于楚狂的心中之语："德之不修"（《论语·述而》)⑧，正好体现在你孔子自身身上，所以，你四处奔走，才会一无所获；那不仅仅是时候不好的缘故吧？既然内在里的"德性"之力已呈衰落之象，还不尽快避开疯狂的尘世，像我这样隐居山野，而善加调养，以便真正"起衰"？因而，时机不遇的意向是次一级的，不当将之作为主要意义译出。

许译对"德"的回避还表现在以下两个表达上：其一，在"执德不弘"的译文中，将人本身的内在力量推向另一种存在；其二，忽视"德"之"风化"之力。

---

① 详见钱穆《论语新解》，生活·读书·新知三联书店 2002 年版，第 470 页。

② James Legge, *The Analects*, Nanjing: Yilin Press, 2010, p. 151.

③ Arthur Waley, *The Analects*, Beijing: Foreign Language Teaching and Research Press, 1998, p. 243.

④ 如 D. C. Lau, *Confucius: The Analects*, Beijing: China Publishing House, 2008, p. 339; Raymond Dawson, *Confucius: The Analects*, Oxford: Oxford University Press, 1993, p. 74; Roger T. Ames and Henry Rosemont, *The Analects of Confucius: A Philosophical Translation*, New York: The Ballantine Books, 1998, p. 213.

⑤ Hongming Ku, "The Discourses and Sayings of Confucius", ed. Huang Xingtao, *Gu Hong Ming Wen Ji*, Haikou: Hainan Publishing House, 1996, p. 489.

⑥ Wu Guozhen, *A New Annotated English Version of the Analects of Confucius*, Fuzhou: Fujian Education Press, 2015, p. 467.

⑦ Xu Yuanchong, *Thus Spoke the Master*, Beijing: China Intercontinental Press, 2012, p. 128.

⑧ 何晏（注）、邢昺（疏）：《论语注疏》（李学勤主编，《十三经注疏》之十），北京大学出版社 1999 年版，第 84 页。

例 9. 执德不弘，信道不笃，焉能为有？焉能为无？（《论语·子张》）①

许译：If a man holds what is right only in a narrow sense and believes in right principles but not firmly, could he be said to hold and believe in what is right? Or could he not?②

此译连用两个 right，那么，"正确的或对的东西"指的是"德"，而"正确的或对的原理"可以表达"道"的主导意向吗？就形式而论，what is right 是从句，而 right principles 为名词词组，二者并不相当；且后者还是复数，如果"道"多种多样或多样变化，又如何"信道笃焉"而一心一意？确需考虑。

邢昺"正义"曰："此章言人行之不备者。弘，大也。笃，厚也。亡，无也。言人执守其德，不能弘大，虽信善道，不能笃厚，人之若此，虽存于世，何能为有而重？虽没于世，何能为无而轻？言于世无所轻重也。"③《周易·坤卦·象传》云"含弘光大"④。论者引入将此语解为："一个人执德不能含弘光大，信道不能笃实辉光，安能成为有行之人，又安能避免成为无行之人？"⑤"无行"即"无德"，既然是"无德"，"有无"之"生死存亡"之意昭然若揭：这样的人可有可无。

许渊冲认为，理雅各将问句处理为：What account can be made of his existence or non-existence?"'存在'说得太大，其实只是有无道德

---

① 何晏（注）、邢昺（疏）：《论语注疏》（李学勤主编，《十三经注疏》之十），北京大学出版社 1999 年版，第 255 页。

② Xu Yuanchong, *Thus Spoke the Master*, Beijing: China Intercontinental Press, 2012, p. 132.

③ 何晏（注）、邢昺（疏）：《论语注疏》（李学勤主编，《十三经注疏》之十），北京大学出版社 1999 年版，第 255 页。

④ 王弼（注）、孔颖达（疏）：《周易正义》（李学勤主编，《十三经注疏》之一），北京大学出版社 1999 年版，第 25 页。

⑤ 许仁图：《子曰论语》（下册），上海三联书店 2014 年版，第 673 页。

的问题"。① 这可说明，译者的确没有正确领会"德"的打造对人生存在至关重要的作用，因而，才会将视线拉向"道德"？而以"狭义上的正确的东西"来译"执德不弘"，不但是"狭义"得意义一片模糊，且大有"凡是正确的、对的"就是"德"的意涵的架势？这是在讲黑格尔所说的"存在的就是合理的"，抑或是"客观的"（如 what is right 之所示）就是"正确的"？不论所指为何，它与"人心之德"有什么关系？

但是，将"德"释为"道德"，今译不少都是如此。② 不过，如上文所不断强调的，"德"并不应解为"道德"："道德：社会意识形态之一，是人们共同生活及其行为的准则和规范。道德通过社会的或一定阶级的舆论对社会生活起约束作用"③，且经文中毕竟还有一"道"字。如此，"执德不弘，信道不笃"，"德"、"道"二者在这里的确是应该分开来解释才说得通。不过，由于译解者对之漠不关心，于是，今译之中，在"道"本应出现的地方，除杨伯峻将之解为"信仰"外④，众多译者都将之处理为"道义"⑤。这样，"道德"若是成了业已板结化的"概念"，那肯定不再能趋向儒家"内德打造"的过程的意涵，"人德"或曰"仁德"的丰富意味也会因静态化而不复存在。同时，"道义"之中也一样有一"道"字。那么，"德"与"道"的今译如此重复，二者有无区别？如何解释，才更为合理？

———————

① 许渊冲：《〈论语〉译话》，北京大学出版社 2017 年版，第 180 页。
② 何新：《论语新解：思与行》，北京工业大学出版社 2007 年版，第 248 页；李泽厚：《论语今读》，中华书局 2015 年版，第 350 页；孙钦善：《论语本解》，生活·读书·新知三联书店 2009 年版，第 242 页；《四书》，王国轩等（译），中华书局 2007 年版，第 97 页；杨伯峻：《论语译注》，中华书局 1980 年版，第 199 页；杨朝明：《论语诠解》，山东友谊出版社 2013 年版，第 336 页；朱振家：《论语全解》，上海古籍出版社 2014 年版，第 298 页。
③ 《现代汉语词典》，外语教学与研究出版社 2002 年版，第 399 页。
④ 杨伯峻：《论语译注》，中华书局 1980 年版，第 199 页。
⑤ 何新：《论语新解：思与行》，北京工业大学出版社 2007 年版，第 248 页；李泽厚：《论语今读》，中华书局 2015 年版，第 350 页；孙钦善：《论语本解》，生活·读书·新知三联书店 2009 年版，第 242 页；《四书》，王国轩等（译），中华书局 2007 年版，第 97 页；杨朝明：《论语诠解》，山东友谊出版社 2013 年版，第 336 页；朱振家：《论语全解》，上海古籍出版社 2014 年版，第 298 页。

来可泓将之译为："保持仁德，但不弘扬，信仰道义，但不忠诚。"① 但若译解者能关注儒家的思想方法论——中庸之道，问题便可迎刃而解。因为，"弘德"必突出人本身的努力，因而，可解为"人的内在知德"的不断打造的"含弘光大"；而"信道"必是相应的"天道"，只能对之"心志弥坚"。如此，一内一外，一远一近，人天相待，相辅相成，不正是经文的意义吗？对基本的思想导向不予深究，甚至置之不理，或已成惯习，因而，"道德"的"道"与"道义"的"道"的重复抑或不重复，已不再重要？那么，许译导向"德"的 what is right only in a narrow sense（只是在狭义上正确的东西），以及指向"道"的 right principles（诸多正确的原理），也一样不需要区以别之？但是，在儒家经典之中，重要性胜似生命的"内在的（美）德"，为什么会"只能"在"狭义上"加以界定？又为什么"（天）道"竟然复繁不已，人又如何"持守"，更遑论"笃之"？！

人"执德不弘"被译为，"在狭义上执持正确的东西"。但是，那不还是"执持正确的东西"吗？"狭义"不是更能聚焦，或注意力更加集中，因而，有可能更为"正确"？那不同样是一种"弘扬"？又如何讲那是要不得的？难道说，这样的人如此执持或坚持，就说不上"正确"？同时，"道"骤然复繁起来，以至于人不知如何集中注意力，以求循何"道"而行，才可成为"有行之人"？如此翻译，一方面否认"狭义"，另一方面又不承认"精简为一"的必要性，因而与例4"吾道一以贯之"的译文 my principles can be simplified 恰相反动。这样，两方面的撕扯，"（行）德"不允许"狭义"或"简化"，而"道"则不认同"简化"或"纯一"；同时，又与"一贯之道"的"道"的译解的"简化"形成相反的取向，那么，我们到底如何理解，才能说是达到了"德"的那种"正确"（what is right）？而且，又该如何判断，"德"与"道"原本一体，少有分别，因而，不当以"认识论"的眼光区以别之？但是，遗憾的是，我们所能读到的，却

---

① 来可泓：《论语直解》，复旦大学出版社1996年版，第522页。

还是价值取向截然相反的"德"与"道"！

的确，若这样修"德"，不能"狭义"，有可能不能对准？若如此信"道"，则也一样会因为太过复繁，而不能认可？那么，"德"内化之"弘"如何可能，"道"的提升之"笃实"又何以趋近？而且，在二者完全撕裂开来的情况下，"修道修德"之合一，还能进入儒家之思的视域吗？如此，人之"德"不可"狭义"或已否定了它的"被修"的可能性，而"道"的"复数化"也已否定了它的"被信"的可行性？那么，再追问下去，果真如此，"我们"在"西方"、在英文之中，何以为"人"？许译所显现的问题，难道还不严重吗？

而在英译之中，辜鸿铭将"德"译为 goodness，而"道"则作 truth（真理），同时仍以 his principles（原理）加以回应，[1] 似乎二者都可为"道"。Waley 将之处理为 moral force（道德的力量），而"道"则是 the Way。[2] 不过，若"道德之力"足以成为"德"，那会不会是社会化的力量反过来对人施加的压力，使之就范，进而才营造出这种东西？"德"的先天性质或曰天赐之质，是否已隐而不彰？同时，人本身对它的打造之力也一样不见踪影？此外，最为重要的是，"心德"不是内在的吗，和外在的社会力量的约束与支配有何干系？

吴国珍将之译为 morality，[3] 意为"道德素养"（moral qualities），一样是典型的抽象表达。这样的素养，为什么要 carry forward 呢？难道说，不是只要具备如此的"素养"，就能在社会之中立身行事了吗？因此，为什么又要"额外"在社会上"推广"开来呢？也就是说，若"德"不从"内在"角度说起，而拉向外在的东西，则可能就是说不通的。不然，道德（性）就成了"发扬光大"的对象；而那只能意味着，有关的社会之中的人物"业已亡德"？

① Hongming Ku, "The Discourses and Sayings of Confucius", ed. Huang Xingtao, *Gu Hong Ming Wen Ji*, Haikou：Hainan Publishing House, 1996, p. 494.

② Arthur Waley, *The Analects*, Beijing：Foreign Language Teaching and Research Press, 1998, p. 251.

③ Wu Guozhen, *A New Annotated English Version of the Analects of Confucius*, Fuzhou：Fujian Education Press, 2015, p. 477.

而在 Dawson 那里，"执德不弘"，转化为英文之后，成了 If some-one grasps hold of virtue but does not hold it firmly① （若人捕捉到了美德，但并不能紧抓）。但这样的"美德"（virtue）或并非人本身所具有，因而，才要去"捕捉"、"紧紧抓住"?

例 10. 子欲善而民善矣。君子之德风，小人之德草。（《论语·颜渊》)②

许译：If you rule in the right way, people will be good. The relation between the ruler and the ruled is like that between the wind and the grass. ③

经文"善"字一句之中二见。但一向推崇"三美"的译者在这里却并没有加以突出，而是别道另行。但问题是，"子欲善而民善矣"分明说的是，若你追求心中的善，那么，众民也自然一样会追求。这正是你的"德"之"风化"的结果。因而，那是使人"衷心感动"的结果，而不是通过主动的渲染或强力逼使，来争取到的；否则，也就算不上"心服"，"民善"也会成为空话。儒家强调的是"德政"的"无为"（详上），因而，此句当不是讲"治理之法适宜"（rule in the right way)。

就第二句来看，译者直奔"君子小人之间的关系"而去，却忘掉了这样的"关系"本应建立在"君子之德"和"小人之德"的基础之上。若是君子没有这样可为"立身之据"的"德"，不论以"位"还是以"德"称，君子之名还能及其实吗？而"小人之德"不也是这样：难道说，地位不高的人，没有生存所必需的"（内）德"? 刻

① Raymond Dawson, *Confucius: The Analects*, Oxford: Oxford University Press, 1993, p. 77.
② 何晏（注）、邢昺（疏）：《论语注疏》（李学勤主编，《十三经注疏》之十），北京大学出版社 1999 年版，第 166 页。
③ Xu Yuanchong, *Thus Spoke the Master*, Beijing: China Intercontinental Press, 2012, p. 83.

意加以回避的结果是，经文对"德"的凸显，在译文中荡然无存，余下的只是赤裸裸的"统治者"和"被统治者"的"关系"！这是在彰显"二者之间的张力"、"错落"、"距离"或"斗争"，还是在显示如后世诗歌之中所歌颂的"风吹草低见牛羊"的景象——"风教"即为"风育"，其中蕴藏着勃勃生机，一旦机会来临便会喷薄而出。如此，"君子"和"小人"只有在这样的"德教"的"风化"之下，才可体现为"一体"，或曰"水乳交融"甚或"如胶似漆"的整体性。其中当然不会存在许译之中所含有的那种"之间"的"裂隙"！

在这里，我们再一次读到了认识论的"味道"：一向强化和突出"和谐"的文化思想，一旦外传，一个难以避免的结果就一定是这样的"撕裂"？在前文之中，我们看到的是"主体客体"的二分的"撕裂"；而在这里，我们注意到的，则是"统治者与被统治者"的"斗争之戏"所必然导致的"撕裂"！若此解不谬，那么，"德"实际上在它缺席的情况下也已被撕裂。

此处的"君子之德风"的"德"，各家今译分别是，杨伯峻、杨逢彬及张其成："作风"①；钱穆：未译②；孙钦善、李泽厚、王国轩等、杨朝明及朱振家："道德"③；徐志刚："品德"④；邹憬、吴量恺、刘君祖及何新："德行"⑤；来可泓："行为"⑥。

---

① 杨伯峻：《论语译注》，中华书局 1980 年版，第 129 页；杨逢彬：《论语新注新译》，陈云豪（校），北京大学出版社 2016 年版，第 234 页；张其成：《张其成全解论语》，华夏出版社 2017 年版，第 258 页。

② 钱穆：《论语新解》，生活·读书·新知三联书店 2002 年版，第 320 页。

③ 孙钦善：《论语本解》，生活·读书·新知三联书店 2009 年版，第 154 页；李泽厚：《论语今读》，中华书局 2015 年版，第 233 页；《四书》，王国轩等（译），中华书局 2007 年版，第 59 页；杨朝明：《论语诠解》，山东友谊出版社 2013 年版，第 225 页；朱振家：《论语全解》，上海古籍出版社 2014 年版，第 186 页。

④ 徐志刚：《论语通译》，人民文学出版社 1997 年版，第 153 页。

⑤ 邹憬：《论语通解》，译林出版社 2014 年版，第 179 页；《四书辞典》，吴量恺（主编），崇文书局 2012 年版，第 115 页；刘君祖：《新解论语》（下篇），中信出版集团 2016b 年版，第 54 页；何新：《论语新解：思与行》，北京工业大学出版社 2007 年版，第 160 页。

⑥ 来可泓：《论语直解》，复旦大学出版社 1996 年版，第 333 页。

Ware 译的是 mind①，Ames and Rosemont 译为 excellence②，Dawson 和 Muller 译作 the nature③，刘殿爵用的是 by nature④，Collie，Watson，Slingerland，Brooks and Brooks，Bloom 及倪培民的译文为 the virtue⑤，陈荣捷和金安平的是 the character⑥，而 Waley 用的则是 the essence⑦；林戊荪则用 the morality⑧，辜鸿铭译为 the moral power⑨。所有这些译文的特点几乎都是将之处理为抽象名词，也就是将之与"人心之德"的涵养与强化相分离，进而将之拉出"内在世界"，甚至最终突出"不变的本质"，因而，难免与儒家之追求背道而驰。而如此异样且多样的选择，不正可说明，"德"像众多儒家思想观念一样，在英文中仍"不定型"，且未为人所接受故而译者亟须在起步点上做出相应努力？

---

① James R. Ware, *The Sayings of Confucius*, New York: Bartleby Com. , 2001, p. 32.

② Roger T. Ames and Henry Rosemont, *The Analects of Confucius: A Philosophical Translation*, New York: The Ballantine Books, 1998, p. 158.

③ Raymond Dawson, *Confucius: The Analects*, Oxford: Oxford University Press, 1993, p. 47; A. Charles Muller, *The Analects of Confucius*, http://www. acmuller. net/con-dao/analects. html, 2018.

④ D. C. Lau, *Confucius: The Analects*, Beijing: China Publishing House, 2008, p. 217.

⑤ David Collie, *The Chinese Classical Work: Commonly Called the Four Books*, Malacca: The Mission Press, 1828, p. 55; Burton Watson, *The Analects of Confucius*, New York: Columbia University Press, 2007, p. 83; Edward Slingerland, *Confucius: Analects with Selections from Traditional Commentaries*, Indianapolis and Cambridge: Hackett Publishing Company Inc. , 2003, p. 134; E. Bruce Brooks and A. Taeko Brooks, *The Original Analects: Sayings of Confucius and His Disciples*, New York: Columbia University Press, 1998, p. 94; Irene Bloom, "Confucius and Analects", eds. Wm. Theodore de Bary and Irene Bloom, *Sources of Chinese Tradition* (Vol. I), Princeton: Princeton University Press, 1991, p. 57; Peimin Ni, *Understanding the Analects of Confucius: A New Translation of Lunyu with Annotations*, New York: State University of New York Press, 2017, p. 296.

⑥ Wing-tsit Chan, *A Source Book in Chinese Philosophy*, Princeton: Princeton University Press, 1963, p. 40; Annping Chin, *The Analects*, New York: The Penguin Group, 2014, p. 70.

⑦ Arthur Waley, *The Analects*, Beijing: Foreign Language Teaching and Research Press, 1998, p. 155.

⑧ Lin Wusun, *Getting to Know Confucius — A New Translation of The Analects*, Beijing: Foreign Language Press, 2010, p. 215.

⑨ Hongming Ku, "The Discourses and Sayings of Confucius", ed. Huang Xingtao, *Gu Hong Ming Wen Ji*, Haikou: Hainan Publishing House, 1996, p. 437.

　　还应指出，许译的处理仿照的是理雅各的译文：The relation between superiors and inferiors, is like that between the wind and the grass。① 如此，"之间"的裂隙，在英译中，或早就嵌入并且深入儒家的"四海之内皆兄弟"（《论语·颜渊》)② 的和谐社会之中，使人与人"之间"的界限分明，进而将人类引入恒久的对峙、分歧甚或对立？而且，不论"君子"还是"小人"，都已"亡德"？抑或情况至少是，人无须"德"，因而，也就有必要将之转换成"关系"，而将"人心之德"或"精神世界"完全外化为社会性的某种东西，让人纠缠于说不清道不明的"主子"和"属下"的纠纷，而好似一阵风，将草儿吹起吹落？那是在说，众多的"属下"如同"草芥"吗？但这样的话，一个问题便会应运而生：若"小人"已经如此，与之对应存在的"君子"还算是"君子"吗？那不还是要反过来强调：君子一定要发挥其"德性"的"风化"作用，才可将整个世界变成一个上下互动、彼此呼应的"生生不息"的所在吗？

第四节　本章小结

　　认识论既是西方特有的思想系统，那就不应将之运用于《论语》的跨文化翻译，更不应将之作为思想框架来引导甚至范导译文的思想指向。实际上，或是因为译者并未关注基本常识，所以，才会那么突出地强调"美"的重要性，尽管将之置于《论语》的哲学语境之中，显然并不对应。

　　上文或已清楚地告诉我们，《论语》英译的关键在于，思想的提高，必走中国道路，儒学著述的翻译要求回归儒家的"感兴"，而不是"认识"的理性化；需回到"体知"的"向心力"，而不是"主

---

① James Legge, *The Analects*, Nanjing：Yilin Press, 2010, p. 113.
② 何晏（注）、邢昺（疏）：《论语注疏》（李学勤主编，《十三经注疏》之十），北京大学出版社 1999 年版，第 159 页。

体"的"客观化"和外在化。翻译活动，也应像人一样："如切如磋，如琢如磨"；而且，需要打造的，当不止于词句，而首先还有译者自己的"德性"。

儒家提倡"尊德性而道问学"①。"德性"指的是"人的自然禀赋"②。儒家认为，人性本善，但需不断修炼，所以，"君子不可以不修身"③、"修身则道立"④；作为人的"自然禀赋"，而力求其"止于至善"⑤，也只能如此"琢磨"。这既是人生存在的要义，也应是跨文化翻译的历史导向。但是，长期以来，我们过多地接受西方影响，几乎淹没其中，已经近乎遗忘了安身立命的这一根本依据。

熊十力曾经强调：

> 近世列强之才，于物理知识方面确有训练，惜于天道不肯究。⑥

他的这一论断突出的是，西方文化帝国主义的侵略背后的诸多思想实际上并没有关注如何"修身"，而是外向侵凌、施暴于大自然和其他民族国家，如此的霸权导致的是，一方面，"现代学者"不知"做人"为何物；另一方面，不"求诸于己"有可能使人蜕变为另一种族类，而彻底遗忘人之为人其根本就在于"德

---

① 郑玄（注）、孔颖达（疏）：《礼记正义》（李学勤主编，《十三经注疏》之六），北京大学出版社 1999 年版，第 1455 页。
② 《辞源》（第二册），广东、广西、湖南、河南辞源修订组，商务印书馆 1979 年版，第 1089 页。
③ 郑玄（注）、孔颖达（疏）：《礼记正义》（李学勤主编，《十三经注疏》之六），北京大学出版社 1999 年版，第 1440 页。
④ 郑玄（注）、孔颖达（疏）：《礼记正义》（李学勤主编，《十三经注疏》之六），北京大学出版社 1999 年版，第 1442 页。
⑤ 郑玄（注）、孔颖达（疏）：《礼记正义》（李学勤主编，《十三经注疏》之六），北京大学出版社 1999 年版，第 1592 页。
⑥ 熊十力：《韩非子评论》，载熊十力《熊十力全集》（第五卷），湖北教育出版社 2001 年版，第 323 页。

性"的培养、充实和强化。

若"内德"的打造已被忘记，那么，"合外内之道也，故时措之宜也"① 的中庸之道也就无从发挥其作用，《论语》的跨文化翻译还能算是翻译吗？

---

① 郑玄（注）、孔颖达（疏）：《礼记正义》（李学勤主编，《十三经注疏》之六），北京大学出版社 1999 年版，第 1450 页。

参考文献

经典文献

程颢、程颐：《二程集》，王孝鱼（校），中华书局 2006 年版。

程树德：《论语集释》，程俊英、蒋建元（点校），中华书局 1990 年版。

戴望：《戴氏注论语小疏》，郭晓东（校疏），华东师范大学出版社 2014 年版。

公羊寿（传）、何休（解诂）、许彦（疏）：《春秋公羊注疏》（李学勤主编，《十三经注疏》之八），北京大学出版社 1999 年版。

何晏（注）、邢昺（疏）：《论语注疏》（李学勤主编，《十三经注疏》之十），北京大学出版社 1999 年版。

皇侃：《论语义疏》，高尚榘（校点），中华书局 2013 年版。

黄式三：《论语后案》，张涅、韩岚（点校），凤凰出版社 2008 年版。

黄宗羲：《明儒学案》（下册），沈芝盈（点校），中华书局 1985 年版。

孔安国（传）、孔颖达（疏）：《尚书正义》（李学勤主编，《十三经注疏》之二），北京大学出版社 1999 年版。

孔子：《孔子诗论》，载俞志慧《君子儒与诗教——先秦儒家文学思想考论》，生活·读书·新知三联书店 2005 年版。

刘宝楠：《论语正义》，中华书局 1954 年版。

陆九渊：《陆九渊集》，钟哲（校），中华书局 1980 年版。

毛亨（传）、郑玄（笺）、孔颖达（疏）：《毛诗正义》（李学勤主编，《十三经注疏》之三），北京大学出版社 1999 年版。

司马迁：《史记》（上、中、下），裴骃（集解）、司马贞（索隐）、张守节（正义），中华书局 2005 年版。

《四书》，王国轩等（译），中华书局 2007 年版。

《四书辞典》，吴量恺（主编），崇文书局 2012 年版。

宋翔凤：《论语说义》，杨希（校注），华夏出版社 2018 年版。

王弼：《老子注》，中华书局 1954 年版。

王弼（注）、孔颖达（疏）：《周易正义》（李学勤主编，《十三经注疏》之一），北京大学出版社 1999 年版。

王阳明：《王阳明全集》（上、中、下），吴光等（编校），上海古籍出版社 2011 年版。

王阳明：《传习录注疏》，邓艾民（注），上海古籍出版社 2012 年版。

王先谦：《庄子集释》，中华书局 1954 年版。

魏源：《老子本义》，中华书局 1954 年版。

张载：《张载集》，张锡琛（点校），中华书局 1978 年版。

赵岐（注）、孙奭（疏）：《孟子注疏》（李学勤主编，《十三经注疏》之十一），北京大学出版社 1999 年版。

郑玄（注）、贾公彦（疏）：《周礼注疏》，上海古籍出版社 1990 年版。

郑玄（注）、贾公彦（疏）：《周礼注疏》（下）（李学勤主编，《十三经注疏》之四），北京大学出版社 1999 年版。

郑玄（注）、孔颖达（疏）：《礼记正义》（李学勤主编，《十三经注疏》之六），北京大学出版社 1999 年版。

朱熹：《四书章句集注》，中华书局 1983 年版。

朱熹：《朱子语类》（第二册），黎靖德（编），中华书局 1986 年版。

朱熹：《朱熹集》（第四、六卷），郭齐、尹波（点校），四川教育出版社 1996 年版。

朱熹：《朱子全书》，朱杰人等（主编），上海古籍出版社和安徽教育出版社 2002 年版。

左丘明（传）、杜预（注）、孔颖达（正义）：《春秋左传正义》（李学勤主编，《十三经注疏》之七），北京大学出版社 1999 年版。

中文专著

爱新觉罗·毓鋆：《毓老师说论语》，陈䌹（整理），中信出版集团
2016 年版。

爱新觉罗·毓鋆：《毓老师说易传》，陈䌹（整理），中信出版集团
2016 年版。

安作璋（主编）：《论语辞典》，上海古籍出版社 2004 年版。

暴庆刚：《心》，载王月清等（编著）《中国哲学关键词》，南京大学
出版社 2011 年版。

王延林（编著）：《常用古文字字典》，学林出版社 2012 年版。

蔡尚思：《孔子的思想体系》，上海人民出版社 1982 年版。

蔡尚思（导读）、吴瑞武（评注）：《论语》，中华书局 2018 年版。

胡培俊（编著）：《常用字字源字典》，崇文书局 2010 年版。

陈大齐：《论语辑释》，周春健（校订），华夏出版社 2016 年版。

陈丹青：《谈话的泥沼》，广西师范大学出版社 2014 年版。

陈鼓应：《庄子今注今译》（中），中华书局 1983 年版。

陈鼓应：《老子注译及评介》，中华书局 1984 年版。

陈来：《陈来儒学思想录：时代的回应和思考》，翟奎凤（编），华东
师范大学出版社 2014 年版。

陈赟：《新版自序》，载陈赟《中庸的思想》，浙江大学出版社 2017
年版。

成中英、麻桑：《新新儒家启思录——成中英先生的本体世界》，商务
印书馆 2008 年版。

东方桥：《论语的方法学》，上海书店出版社 2007 年版。

杜道生：《论语新注新译》，中华书局 2011 年版。

杜维明：《体知儒学：儒家当代价值的九次对话》，浙江大学出版社
2012 年版。

杜维明：《龙鹰之旅：从哈佛回归东海的认同和感悟》，北京大学出
版社 2013 年版。

杜维明：《儒学第三期发展的前景》，载郭沂（编）《开新：当代儒学理论创构》，北京大学出版社 2013 年版。

杜维明：《新儒学论域的开展》，载郭沂（编）《开新：当代儒学理论创构》，北京大学出版社 2013 年版。

废名：《我怎样读论语》，载吴晓东（编）《废名作品新编》，人民文学出版社 2009 年版。

冯友兰：《中国哲学史新编》（第一册），人民出版社 1980 年版。

傅佩荣：《庄子》，东方出版社 2012 年版。

傅佩荣：《大学中庸》，东方出版社 2016 年版。

傅佩荣：《人能弘道：傅佩荣谈论语》，东方出版社 2018 年版。

龚鹏程：《第一版自序》，载龚鹏程《儒学与生活》，东方出版社 2018 年版。

龚鹏程：《人文美学的研究》，载龚鹏程《儒学与生活》，东方出版社 2018 年版。

广东、广西、湖南、河南辞源修订组，商务印书馆编辑部（编）：《辞源》（第四册），商务印书馆 1979 年版。

广东、广西、湖南、河南辞源修订组，商务印书馆编辑部（编）：《辞源》（第二册），商务印书馆 1979 年版。

《汉语大字典》，四川辞书出版社和湖北辞书出版社 1993 年版。

《汉字源流字典》，谷衍奎（编），华夏出版社 2003 年版。

韩鹏：《捍卫论语：第一卷　构建一个理想国》，中央广播电视大学出版社 2012 年版。

何新：《论语新解：思与行》，北京工业大学出版社 2007 年版。

黑格尔：《中国的宗教或曰尺度的宗教》，载夏瑞春（编）《德国思想家论中国》，江苏人民出版社 1995 年版。

黄怀信：《上海博物馆藏战国楚竹书〈诗论〉解义·复原》，社会科学文献出版社 2004 年版。

金惠敏：《后儒学转向》，河南大学出版社 2008 年版。

康有为：《论语注》（一），广西师范大学出版社 2016 年版。

匡亚明:《孔子评传》,南京大学出版社 1990 年版。

来可泓:《论语直解》,复旦大学出版社 1996 年版。

赖贤宗:《道家诠释学》,北京大学出版社 2010 年版。

李长之:《中国文化传统之认识(上):儒家之根本精神》,载李长之《迎中国的文艺复兴》,商务印书馆 2013 年版。

李鼎祚:《周易集解》,中国书店 1984 年版。

李锦全:《正名》,载中国孔子基金会(编)《中国儒学百科全书》,中国大百科全书出版社 1997 年版。

李零:《丧家狗:我读〈论语〉》,山西人民出版社 2007 年版。

李零:《人往低处走:〈老子〉天下第一》,生活·读书·新知三联书店 2008 年版。

李零:《郭店楚简校读记》,中国人民大学出版社 2009 年版。

李木生:《人味孔子》,河南文艺出版社 2007 年版。

李泽厚:《说儒学四期》,上海译文出版社 2012 年版。

李泽厚:《论语今读》,中华书局 2015 年版。

林存光:《孔子新论》,人民出版社 2012 年版。

刘炳善:《英汉双解莎士比亚大词典》,河南人民出版社 2002 年版。

刘继潮:《游观:中国古典绘画空间本体诠释》,生活·读书·新知三联书店 2011 年版。

刘君祖:《新解论语》(上篇),中信出版集团 2016 年版。

刘君祖:《新解论语》(下篇),中信出版集团 2016 年版。

刘述先:《从当代新儒家观点看世界伦理》,郭沂(编),《开新:当代儒学理论创构》,北京大学出版社 2013 年版。

刘述先:《儒家哲学的三个大时代》,郑宗义(编),中华书局 2017 年版。

卢雪崑:《常道:回到孔子》,广西师范大学出版社 2016 年版。

马恒君:《庄子正宗》,华夏出版社 2014 年版。

毛泽东:《毛泽东选集》(第二卷),人民出版社 1991 年版。

毛子水:《论语今译今注》,台湾商务印书馆 1979 年版。

蒙培元:《蒙培元讲孔子》,北京大学出版社 2005 年版。

牟宗三：《中国哲学的特质》，上海古籍出版社 1997 年版。

牟宗三：《从陆象山到刘蕺山》，吉林出版集团有限公司 2010 年版。

南怀瑾：《论语别裁》（南怀瑾《南怀瑾选集》第一卷），复旦大学出版社 2014 年版。

墨子刻：《论唐君毅哲学与西方哲学的权威性问题》，载刘笑敢（编）《中国哲学与文化》第八辑《唐君毅与中国哲学研究》，广西师范大学出版社 2010 年版。

尼采：《权力意志——1985—1989 遗稿》，孙周兴译，商务印书馆 2007 年版。

彭亚非：《论语选评》，岳麓书社 2006 年版。

启功：《读〈论语〉献疑》，载启功《光掠影看平生》，陕西师范大学出版社 2008 年版。

齐如山：《齐如山回忆录》，辽宁教育出版社 2005 年版。

钱穆：《中国文化对人类未来可有的贡献》，载刘梦溪（编）《中国文化》（第 4 期，1991 年春季号），生活·读书·新知三联书店 1992 年版。

钱穆：《论语新解》，生活·读书·新知三联书店 2002 年版。

钱穆：《孔子传》，生活·读书·新知三联书店 2012 年版。

钱锺书：《管锥编》（第一册），中华书局 1986 年版。

钱锺书：《说"回家"》，载钱锺书《钱锺书散文》，浙江文艺出版社 1997 年版。

钱锺书：《说"回家"》，载钱锺书《写在人生边上·人生边上的边上·石语》，生活·读书·新知三联书店 2012 年版。

《诗经》：朱熹（集传）、方玉润（评）、朱杰人（导读），上海世纪出版集团 2009 年版。

宋淑萍：《中国人的圣书》，中国青年出版社 1990 年版。

孙海通：《庄子》，中华书局 2007 年版。

孙钦善：《论语本解》，生活·读书·新知三联书店 2009 年版。

孙周兴：《语言存在论——海德格尔后期思想研究》，商务印书馆 2011 年版。

王博:《中国儒学史》(先秦卷),北京大学出版社 2011 年版。

王国维:《书辜氏汤生英译〈中庸〉后》,载王国维《王国维论学集》,中国社会科学出版社 1997 年版。

王国雨:《早期儒家〈诗〉学中的心性论建构》,载潘德荣、施永敏(主编)《中国哲学再创造:成中英先生八秩寿庆论文集》,上海交通大学出版社 2015 年版。

王文锦:《礼记译解》,中华书局 2016 年版。

王翼成:《论语说什么》,西北大学出版社 2011 年版。

夏传才:《十三经讲座》,广西师范大学出版社 2006 年版。

夏可君:《〈论语〉讲习录》,黄山书社 2009 年版。

《现代汉语词典》,中国社会科学院语言研究所词典编辑室(编),外语教学与研究出版社 2002 年版。

肖永明、陈锋:《〈四书〉诠释与儒学演进》,中华书局 2017 年版。

熊十力:《韩非子评论》,载熊十力《熊十力全集》(第五卷),湖北教育出版社 2001 年版。

熊十力:《十力语要初续》,上海书店出版社 2007 年版。

熊十力:《原儒》,中国人民大学出版社 2009 年版。

熊十力:《读经示要》,中国人民大学出版社 2009 年版。

徐复观:《中国人性论史·先秦篇》,台湾商务印书馆 1969 年版。

徐复观:《在非常变局下中国知识分子的悲剧命运》,载徐复观《中国思想史论集》,台湾学生书局 1975 年版。

许仁图:《子曰论语》(上册),上海三联书店 2014 年版。

许渊冲:《〈论语〉译话》,北京大学出版社 2017 年版。

徐志刚:《论语通译》,人民文学出版社 1997 年版。

严复:《严复集》(上),中华书局出版社 1986 年版。

严复:《天演论·译例言》,商务印书馆 1981 年版。

杨伯峻:《论语译注》,中华书局 1980 年版。

杨朝明:《论语诠解》,山东友谊出版社 2013 年版。

杨逢彬:《论语新注新译》,陈云豪(校),北京大学出版社 2016 年版。

杨义：《论语还原》（上册），中华书局 2015 年版。

余东海：《论语点睛》（上），中国友谊出版社 2016 年版。

俞志慧：《君子儒与诗教——先秦儒家文学思想考论》，生活·读书·新知三联书店 2005 年版。

臧知非：《论语》，河南大学出版社 2008 年版。

张岱年：《中国古典哲学范畴要论》，中国社会科学出版社 1989 年版。

张亨：《思文之际论集：儒道思想的现代诠释》，新星出版社 2006 年版。

张其成：《张其成全解论语》，华夏出版社 2017 年版。

张君劢：《儒家哲学之复兴》，中国人民大学出版社 2009 年版。

张涛：《孔子家语译注》，人民出版社 2017 年版。

张彦远：《历代名画记》，俞剑华（注释），上海人民美术出版社 1964 年版。

赵又春：《论语名家注读辩误》，崇文书局 2012 年版。

郑慧生：《汉字结构解析》，河南大学出版社 2011 年版。

朱振家：《论语全解》，上海古籍出版社 2014 年版。

宗白华：《中国美术史中重要问题的初步探讨》，载宗白华《美学散步》，上海人民出版社 1981 年版。

宗白华：《中国诗画中所表现的空间意识》，载宗白华《美学散步》，上海人民出版社 1981 年版。

宗白华：《中西画法所表现的空间意识》，载宗白华《美学散步》，上海人民出版社 1981 年版。

邹憬：《论语通解》，译林出版社 2014 年版。

中文译著

［美］安乐哲、郝大维：《道不远人——比较哲学视域中的〈道德经〉》，何金俐（译），学苑出版社 2004 年版。

［美］安乐哲：《和而不同：中西哲学的会通》，温海明等（译），北京大学出版社 2009 年版。

［美］安乐哲、郝大维：《切中伦常：〈中庸〉的新诠与新译》，彭国翔（译），中国社会科学出版社 2011 年版。

［美］杜维明：《仁与修身：儒家思想论集》，胡军、丁民雄（译），生活·读书·新知三联书店 2013 年版。

［英］冯友兰：《中国哲学简史》，涂又光（译），北京大学出版社 2013 年版。

［日］冈田武彦：《王阳明与明末儒学》，吴光等（译），重庆出版社 2016 年版。

［德］海德格尔：《诗·语言·思》，彭富春（译），文化艺术出版社 1991 年版。

［德］海德格尔：《存在与时间》，陈嘉映、王庆节（译），生活·读书·新知三联书店 1999 年版。

［德］海德格尔：《海德格尔与有限性思想》，孙周兴等（译），华夏出版社 2002 年版。

［德］海德格尔：《在通向语言的途中》，孙周兴（译），商务印书馆 2004 年版。

［德］海德格尔：《讲演与论文》，孙周兴（译），生活·读书·新知三联书店 2005 年版。

［德］海德格尔：《面向思的事情》，陈小文、孙周兴（译），商务印书馆 2012 年版。

［德］海德格尔：《路标》，孙周兴（译），商务印书馆 2013 年版。

［美］郝大维、安乐哲：《通过孔子而思》，何金俐（译），北京大学出版社 2005 年版。

［德］黑格尔：《哲学史讲演录》（第二卷），贺麟、王太庆（译），商务印书馆 1959 年版。

［英］罗素：《西方哲学史》（上卷），何兆武、李约瑟（译），商务印书馆 2008 年版。

［中］任继愈：《老子绎读》（英汉对照），任远（译），商务印书馆 2009 年版。

［希］亚里士多德：《形而上学》，吴寿彭（译），商务印书馆1959年版。

［希］亚里士多德：《形而上学》，李真（译），上海世纪出版集团 2005年版。

［希］亚里士多德：《形而上学》，苗力田（译），中国人民大学出版 社2015年版。

中文期刊

蔡新乐：《从儒家方法论的"恕"看"恕"的英译》，《外语教学》 2015年第1期。

蔡新乐：《"夫子之文章"译解的阴阳之道观》，《中国翻译》2016年 第5期。

蔡新乐：《〈论语〉中"文章"译解的阴阳之道观》，《解放军外国语 学院学报》2017年第1期。

蔡新乐：《〈论语·八佾〉第八章的解经方法论的初步探讨——与鄢 秀、郑培凯商榷》，《东方翻译》2017年第5期。

蔡新乐：《中庸解〈论语〉及其跨文化问题：以"端"为例》，《解 放军外国语学院学报》2018年第5期。

蔡新乐：《〈论语〉英译要求中庸的回归：以"异端"的处理为例》， 《东方翻译》2018年第5期。

刘家齐：《"学而时习之"章新解》，《齐鲁学刊》1986年第6期。

乔辉：《"相人偶"之"偶"字字义管窥》，《现代语文》（语言研究 版）2011年第5期。

鄢秀、郑培凯：《"素以为绚"与"绘事后素"的注疏与英译》，《东 方翻译》2017年第3期。

外文专著

A. Charles Muller, *The Analects of Confucius*, http：//www. acmuller. net/ con-dao/analects. html, 2018.

Annping Chin, *The Analects*, New York：The Penguin Group, 2014.

Arthur Waley, *Laozi*, Changsha: Hunan Publishing House, 1994.

Arthur Waley, *The Analects*, Beijing: Foreign Language Teaching and Research Press, 1998.

A. S. Hornby, *Oxford Advanced Learner's English-Chinese Dictionary*, Beijing: The Commercial Press, 1997.

Bertrand Russell, *A History of Western Philosophy*, New York: Simon and Schuster, 1945.

Burton Watson, *The Analects of Confucius*, New York: Columbia University Press, 2007.

David Collie, *The Chinese Classical Work: Commonly Called the Four Books*, Malacca: The Mission Press, 1828.

David Hinton, *I Ching: The Book of Change: A New Transaltion*, New York: Farrar, Staus, & Girous, 2015.

D. C. Lau, *Confucius: The Analects*, Beijing: China Publishing House, 2008.

E. Bruce Brooks and A. Taeko Brooks, *The Original Analects: Sayings of Confucius and His Disciples*, New York: Columbia University Press, 1998.

Edward Slingerland, *Confucius: Analects with Selections from Traditional Commentaries*, Indianapolis and Cambridge: Hackett Publishing Company Inc. , 2003.

E. R. Hughes, *The Great Learning and The Mean-in-Action*, New York: E. P. Dutton and Company, Inc. , 1943.

Ezra Pound, *Confucius: The Great Digest; The Unwobbling Pivot; The Analects*, New York: A New Directions Book, 1959.

Ezra Pound, *Confucius: The Great Digest; The Unwobbling Pivot; The Analects*, New York: A New Directions Book, 1963.

Hongming Ku, "The Discourses and Sayings of Confucius", ed. Huang Xingtao, *Gu Hong Ming Wen Ji*, Haikou: Hainan Publishing House, 1996.

Hongming Ku, "The Universal Order, Or Conduct of Life", ed. Huang Xingtao, *Gu Hong Ming Wen Ji*. Haikou: Hainan Publishing House, 1996.

448

Hongming Ku, *The Discourses and Sayings of Confucius*, Kunming: Yunnan People's Publishing House, 2011.

Irene Bloom, "Analects", eds. Wm. Theodore de Bary and Irene Bloom, *Sources of Chinese Tradition* (Vol. I), Princeton: Princeton University Press, 1991.

James Legge, *The Li Ki*, Oxford: The Clarendon Press, 1885.

James Legge, *The Yi King*, Oxford: The Clarendon Press, 1899.

James Legge, *The Four Books*, Beijing: The Commercial Press, 1912.

James Legge, *The Chinese/English Four Books*, Changsha: Hunan Press, 1992.

James Legge, *Book of Changes*, Changsha: Hunan Press, 1993.

James Legge, *The Analects*, Nanjing: Yilin Press, 2010.

James Legge, *The Doctrine of the Mean*, Beijing: Foreign Language Teaching and Research Press, 2011.

James R. Ware, *The Sayings of Confucius*, New York: Bartleby Com., 2001.

Leonard A. Lyall and King Chien-Kün, *The Chung-Yung or The Centre, The Common*, London: Longmans, Green and Co. Ltd., 1927.

Lin Wusun, *Getting to Know Confucius – A New Translation of The Analects*, Beijing: Foreign Language Press, 2010.

Lin Yutang, *The Wisdom of Confucius*, Beijing: Foreign Language Teaching and Research Press, 2009.

Martin Heidegger, *Basic Writings*, London: Routledge, 1993.

Martin Inwood, *A Heidegger Dictionary*, Oxford: Blackwell Publishers, 1999.

Pan Fuen and Wen Shaoxia, *The Analects of Confucius*, Jinan: QiLu Press, 1993.

Peter Sedgwick, *Descartes to Derrida: An Introduction to European Philosophy*, Oxford: Blackwell Publishers Inc., 2001.

Peimin Ni, *Understanding the Analects of Confucius: A New Translation of Lunyu with Annotations*, New York: State University of New York Press, 2017.

Qian Zhongshu. "The Return of the Native", Qian Zhongshu, *A Collection of Qian Zhongshu's English Essays*, Beijing Foreign Language Teaching and Research, 2005.

Raymond Dawson, *Confucius: The Analects*, Oxford: Oxford University Press, 1993.

Raymond Dawson, *Confucius: The Analects*, Oxford: Oxford University Press, 2008.

Roger T. Ames and Henry Rosemont, *The Analects of Confucius: A Philosophical Translation*, New York: The Ballantine Books, 1998.

Roger T. Ames and David L. Hall, *Focusing the Familiar: A Translation and Philosophical Interpretation of the Zhongyong*, Honolulu: University of Hawaii Press, 2001.

Shi Zhikang, *Confucius's Analects: Translation & Critical Comments*, Shanghai: Shanghai Foreign Language Education Press, 2019.

William Shakespeare, *William Shakespeare Complete Works*, eds. Jonathan Bate and Eric Rasmusse, Beijing: Foreign Language Teaching and Research Press, 2008.

Wm. Theodore de Bary, *Neo-Confucian Orthodoxy and the Learning of the Mind-and-Heart*, New York: Columbia University Press, 1981.

Wing-tsit Chan, *A Source Book in Chinese Philosophy*, Princeton: Princeton University Press, 1963.

Wu Guozhen, *A New Annotated English Version of the Analects of Confucius*, Fuzhou: Fujian Education Press, 2015.

Wu Guozhen, *A New Annotated English Version of the Great Learning & the Doctrine of the Mean*, Fuzhou: Fujian Education Press, 2015.

Xu Yuanchong, *Thus Spoke the Master*, Beijing: China Intercontinental Press, 2012.

Xu Yuanxiang, *Confucius: A Philosopher for the Ages*, Beijing: China International Press, 2014.

外文译著

Aristotle, *Metaphysics*, trans. W. D. Ross, Oxford: The Clarendon Press, 1928.

Fung Yu-lan, *A Short History of Chinese Philosophy*, trans. D. Bodde, New York: Free Press, 1948.

J. Derrida, *Rogues: Two Essays on Reason*, trans. J P. Brault and M. Naas, Stanford: Stanford University Press, 2005.

Martin Heidegger, *On the Way to Language*, trans. P. D. Hertz, New York: Harper & Row, 1982.

Martin Heidegger, *Hölderlin's Hymn The Ister*, trans. William McNeill & Julia Davis, Bloomington & Indianapolis: Indiana University Press, 1996.

Martin Heidegger, *Basic Concepts*, trans. Cary E. Aylesworth, Bloomington and Indianapolis: Indiana University Press, 1998.

Martin Heidegger, *Contributions to Philosophy*, trans. Richard Rojcewicz and Daniela Vallega-Neu, Bloomington and Indianapolis: Indiana University Press, 2012.

Martin Heidegger, *Contributions to Philosophy*, trans. Richard Rojcewicz and Daniela Vallega-Neu, Bloomington and Indianapolis: Indiana University Press, 2012.

Sophocles, "Antigone", trans. E. H. Plumptre, *Nine Greek Dramas*, New York: P. F. Collier & Son Corporation, 1937.

外文期刊

François Vezin, "Translation as Phenomenological Labor", *Heidegger Studies*, Vol. 3, No. 4, 1987/1988.

后　记

　　记得杜维明先生曾经在《体认》一书中讲过，儒学博大精深，需要投入毕生精力加以体认，认真对待，才可能有所收获。当时，还很不服气，以为不就是"知识积累"，书看多了，不就行了？随着研究的推进，这才明白，长期以来深受西学影响，实际上个人已经早已不知经文为何物。的确，假若不能投入自己的"心意"去体会，《论语》的精神实质是没有办法领会的。龚鹏程先生强调："对生命的感怀，往往是一个人问学的基本起点。"（《龚鹏程讲佛》）

　　儒家特别强调，"人皆可以为尧舜"（《孟子·告子下》）、"涂之人可以为禹"（《荀子·性恶》）。我们如果丢掉这样的做人标准，不在这方面用心用力，中华文化面临的危险便将仍然存在。而在译界，这方面的讨论非常少，似乎有关研究已经失去意义。这正是本书的着力之处。

　　这也就要求深入"人心"之中，以期其起以"初始之纯之善"，而得不断趋向"仁心"，成就天道之于人的一切。钱穆先生强调："仁道出于人心，故反诸己而即得。"（《论语新解》）在跨文化传译的过程中，一样需要关注如何"内行"或曰"向内运作"。比如，《论语》中的"文章"（《泰伯》《公冶长》）之"文"本非现代意义上的"文章"。但是，不少人早已不知其确解。王佐良先生就将严复《天演论·译例言》"三者［信达雅］乃文章正轨，亦即为译事楷模"中的"文章"译为 good article（《王佐良全集》第七卷《论新开端——文学与翻译研究集》）。严复是以儒家思想来确定译事之规律的。如此重要的引用，的确也已为世人所遗忘：严复译论研究汗牛充栋、不知凡几，但学界竟然无人论及"儒"字。儒学之失传，此又为一显例。"修己以安人"、"修己以安百姓"（《宪问》）、"老人安之"（《公冶长》）之"安"，也一样常常不从人的心灵世界的角度释之，造成译文滞碍难通。钱穆先生批评清儒："必欲避去一心字，则全部《论语》多不可解。门户之见，乃学问之大戒。"（《论语新解》）今天的有关情况，可能更为严重。如此，"现代"的"概念化"趋势，造成的一个结果就是，以"逻辑化"取向释解经文，因而，起步之时就已此路不通。故而，《论语》之英译与其他诸多儒家经文一样，其根本问题首先需要正视和研究。

　　不过，应该承认，这本小书的探讨和讨论是初步的，其中所推出的有关译文也只是实验性的。但是，诚如朱熹引程子之所云："学者当以《论语》《孟子》为本。《论语》《孟子》既治，则'六经'可不治而明矣。读书者当观圣人所以作经之意，与圣人所以用心，圣人之所以至于圣人，而吾之所以未至者，所以未得者。句句而求之，昼颂而味之，中夜而思之，平其心，静其气，阙其疑，则圣人之意可见矣。"（《四书章句集注·读〈论语〉〈孟子〉法》）"接合"圣人之意，才可能"接续其统"。对于跨文化英译而论，这一点尤其重要。因为，也只有如此，才能真正入乎其内，而出乎其外，为圣人"代言"而传译之。"《诗》有之：'高山仰止，景行行止。'虽不能至，然心向往之。"（司马迁《史记·孔子世家》）

　　本书出版，要特别感谢中国社会科学出版社的刘艳老师不计繁杂的合同签订手续和各方面的辛劳，费心费力地投入编辑工作，使得我们笔耕的这一点点成果能够与读者见面。我们非常期待得到批评，同时也希望有更多的学人投入儒家经文的跨文化传译的探索，以期有关问题的研究更为深入。

蔡新乐

2021 年 9 月 1 日

深圳大学汇文楼